혁명과 역사

혁명과 역사

Revolution and History

중국 마르크스주의
역사학의 기원
1919~1937

아리프 딜릭 지음 | 이현복 옮김

산지니

한국어판 서문

자신의 저작이 다른 언어로 번역되어 다른 세계의 독자들과 만나게 되는 일은 누구에게나, 그리고 언제나 가장 큰 기쁨이다. 그런데 이번에는 그 기쁨이 두 배이다. 『혁명과 역사*Revolution and History*』는 1978년 처음 세상에 나왔다. 40여 년의 성상이 지난 지금도 학술적으로 환영받고 있다는 것, 또한 재출간될 가치를 인정받는다는 것은 너무도 보람 있는 일이다.

재출간은 또한 수정의 기회이기도 하기 때문에, 나는 여기서 이 책이 수정 없이 재출간되는 이유에 대해 설명을 좀 해야 할 것 같다. 지난 20여 년 동안 중국 역사학계에는 너무나 많은 일들이 일어났다. 『혁명과 역사』가 쓰였을 때, 혁명의 역사에서 비롯된 문제들은 여전히 중국 역사학을 만들어나가고 있었고, 미국, 중화인민공화국, 타이완, 대한민국 등지의 학자들은 대개 서로 따로따로 고립되어 활동하고 있었으며, 혁명에 대한 관심에도 불구하고 마르크스주의 역사학과 정치학은 2차 세계대전이 끝난 후 20여 년이라는 시간 동안 헤어나지 못하던 모멸감을 막 치유하는 중이었다. 이 책의 장절 일부가 한국에서 저명한 고 민두기 교수가 편집한 중국 역사 관련 저작들에[1] 포함되었다는 것을 알았을 때, 나는 소장학자로서 행복감을 느꼈었다는 것도 밝혀두고자 한다.

모든 것이 바뀌었지만 마르크스주의 정치학과 역사학에 대한 경멸은 여

1) 민두기 편, 「아시아적 생산양식론과 시대구분론」, 『中國史時代區分論』(서울: 창작과비평사, 1984), pp.359-384. 본서 제6장 번역; 민두기 편, 「1930년대의 마르크스주의 사학과 혁명」, 『中國의 歷史認識』(下)(서울: 창작과비평사, 1985), pp.728-758. 본서 제7장 번역.

전히 남아 있다. 사실 이 경멸은 과거보다는 지금, 특히 혁명이 약화되면서 실제 마르크스주의 이론에 대한 관심이 사라진 지금의 중화인민공화국에서 더 심각해졌다. 그렇기 때문에 『혁명과 역사』가 대한민국에서 재출간된다는 사실은 더 의미가 있다 할 수 있다. 2004년 중국어판이 출간되었을 때, 나는 약간의 수정을 고려했었다. 그러나 영어로 되었든 중국어로 되었든 중화인민공화국의 마르크스주의 역사학에 대한 나의 해석을 수정할 필요는 없다고 보았고, 그래서 나는 본서의 해석을 바꿀 어떤 이유도 없다고 생각했다. 1980년대 이래 마르크스주의와 역사가 포스트 사회주의적으로 재해석되어왔지만, 오히려 나는 그것으로 인해 혁명과 역사 서사 사이의 긴밀한 관계를 유지하는 것이 보다 중요하다고 생각하게 되었다. 그것은 이 연구에 나타나는 해석의 바탕이 될 수 있었다. 지금 이 책을 쓴다고 한다면, 나는 전처럼 확신에 차서 들판의 농민이나 공장의 노동자들을 유명한 마르크스주의 역사서의 독자로 지칭하지는 않을 것이다. 몇몇 농민과 노동자들은 이러한 책을 읽기도 하지만 말이다.

내가 1960년대 말 이 주제에 관해 연구를 시작했을 때(처음에는 학위논문을 위한 것이었는데 뒤에는 책으로 출간하기 위한 원고로 바뀌었다), 미국의 학자들은 중화인민공화국의 도서관에 소장된 자료에 접근할 수 없었다. 논쟁에 연관된 개인들의 자료는 구할 수 있었지만, 그것들도 의미 있을 만큼 충분하지 않았다. 특히 중국의 독자들은 분명, 나로서는 1970년대 거의 정보를 알 수가 없던 옌린펑(嚴靈峰)과 같은 논쟁의 참가자들 중 일부(결코 전체는 아니다)에 대해서 손쉽게 알 수 있었을 것이다.

보다 의미 있게 수정을 하려고 한다면 책이 다루는 범위를 고려해야 했다. 나는 처음 책을 썼을 때, 전시戰時 역사를 더 많이 다루지 않았던 것을 늘 후회해왔다. 그 시기는 1930년대와 1949년 이후 역사학 발전을 연결시켜주는 고리였다. 이제는 자료들에 접근할 수 있는 가능성이 훨씬 높아졌지만, 그러는 동안에 나는 전시 단계에 대한 별도의 연구가 필요하다고 생각하게 되었다. 그것은 마르크스주의 역사학의 제도화에 의문을 제기하는 것일 뿐 아니라 마르크스주의자가 아닌 역사학자들도 연구에 포함해 새로운 그림을 그리는 것이기도 했던 까닭이다. 나는 최근 「근대의 승리: 마르크스주의와 중국 사회사*The Triumph of the Modern: Marxism and Chinese Social History*」[2]에서 전시와 1949년 이후의 마르크스주의 역사학에 대해 간략히 탐색했다. 이 시기 주요한 사건으로는 물론, 마르크스주의 역사학이 옌안(延安) 시기 시작된 공산당의 민족주의에 포로가 된 상황을 꼽을 수 있다.

다른 논점들은 본서의 출간 이후 봉건제, 자본주의 "맹아", 그리고 계급 문제에 관해 논한 저술에 통합되어 있다. 이 문제들은 1949년 이후 역사 논쟁에서 제기된 것이었다. 1920, 30년대 다양한 혁명전략을 모색하던 상대적으로 개방된 연구와 대조적으로 정통성을 강요하는 공산당이 권력을 장악하게 되면서 그 맥락이 바뀌게 되었다. 전시에 대한 탐색 없이 이와 같은 연구를 책에 포함시킨다면 서술의 연속성에 지장을 초래할 상황이었다. 이것은 책에서 필수적인 요소가 아니라 부록처럼 보였을 것이다. 2004년 중국판 번역가가 지적했던 대로, 이로 인해 연구의 폭은 넓힐 수 있지만 연구의 일관성이 어긋나게 될 수 있었다. 그래서 우리는 내용을 추가하지 않기로 결정했던 것이다. 나는 한국어판에도 이러한 판단이 여전히 유효하다고 생각한다.

그래서 본서는 1978년에 출판되었던 내용 그대로를 유지하고 있다. 세목은 변화했을 수도 있지만, 저자로서 나는 내 주장이 유효하다고 생각한다. 본서에서 가장 중요한 것은 혁명이든 역사든 그 어느 쪽에 대해서도 목적론적 관점을 피했다는 것이다. 내가 결론의 마지막 줄에서 썼듯, "혁명의 문제가 지속되는 한 역사의 문제도 그럴 것이다." 나는 포스트 사회주의 중국에서의 역사학의 전개가 이러한 예측과 맞아떨어졌다고 보는

---

2) 『혁명 후 중국의 문화와 역사*Culture and History in Postrevolutionary China*』, chap.3(香港: 中文大學出版社, 2011).

것이 타당하다고 생각한다. 1978년 정치적 환경이 변화함에 따라 혁명뿐 아니라 중국의 역사에 대해서도 다시 쓰기가 이루어졌다. 그것은 "중국성中國性" 자체에 대한 문제제기가 확대되면서 보다 복잡한 양상을 띠게 되었다. 오늘날 혁명이 퇴조함에 따라 마르크스주의 역사학을 폄하하려는 경향이 있지만, 마르크스주의 사학자들의 발견은 자유주의적이든 보수적이든 이미 주류 사학계의 일부가 되었고, 역사학 그 자체는 여전히 정치와 역사의 돌이킬 수 없는 관계를 강조하는 데 있어 결정적인 역할을 하고 있다.

고려대학교 중국학연구소가 중국번역총서에 본서를 포함시킨 것에 대해 사의를 표한다. 아울러 이현복 박사의 열의에 찬 번역에도 감사의 말을 전한다. 내게는 영광스러운 일이다.

2015년 2월 오레건 유진에서

Arif Dirlik

서문

앞으로 나는 일부 마르크스주의 역사가들에게 때로는 가혹해 보이는 비판을 가할 것이다. 그러나 이 비판은 그들의 작업의 상대적 장점에 대한 평가에 근거한 것이기 때문에 지적이면서 역사학적이라는 것을 기억해 주었으면 한다. 나는 누군가, 무엇인가에 공이 있다면 그것을 인정하기 위해 노력해왔다. 개인적으로 공감하고 있는 사람들이 꼭 역사학상 존경할 만한 공헌을 했던 이들도 아니었다. 마르크스주의를 언급하는 것만으로도 적대시당하기 일쑤이고, 특히 권력을 가진 이들이 이데올로기적 적대자들에게 폭력을 사용하는 것을 주저하지 않는 나라에서는 단순한 역사학적 행위에 종사하는 것조차도 상당한 개인적 용기가 필요했다. 마르크스주의자들은 이 책에서 논의된 생각들을 출판했다는 이유로 추적, 검열, 투옥, 심지어 고문 등을 당해야 했다. 중국 마르크스주의 역사가들의 이러한 경험을 무시한다면, 그것은 내가 그 경험이 중요하지 않다고 생각해서가 아니라, 그 경험에 대한 논의는 완전히 다른 종류의 연구에서 이루어져야 하기 때문이다. 본 연구의 맥락 내에서, 나는 모든 역사 저작들은 평가받아야 한다는 생각에 따라 그들의 공헌을 평가할 것이다. 왜냐하면 이들 저작들은 역사**로서** 쓰였기 때문이다.(강조는 저자-역자) 이것이 그들이 행한 것을 진지하게 인식하는 유일한 방법이다. 마르크스주의의 역할이 역사 이해理解에 공헌을 하는 것이라 한다면, 마르크스주의적 역사 저작은 그것에 담긴 역사학 외적인 의미 때문에 비판적인 역사적 판단의 기준으로 평가하기에 적합하지 않다는 일부 마르크스주의자들의 주장은 성립될 수 없다.

나는 이 책을 출판하는 데 많은 부분 1964년에서 1965년 로체스터(Rochester) 대학 사학과 멤버들에게 빚을 졌다. 그때 나는 대학원에 입학했었다. 그들이 선수과목에 대한 열린 마음을 갖고 있지 않았다면, 그리고 그들이 역사에 대한 선행 훈련이 거의 되어 있지도 않고, 중국 연구에 대해서는 아무런 지식도 갖고 있지 않은 외국인 학생과 모험을 해보려는 의사가 없었다면, 이 책의 장점이 어떠하든 이 책은 아마 결코 세상에 나올 수 없었을 것이다. 사학과의 전 멤버였던 해리 하루투니언(Harry Harootunian)과 시드니 모나스(Sidney Monas)에게는 특별한 감사를 표한다. 그들은 나를 훈련시킨 장본인들이다. 학과는 나의 요구가 대학 내에서 해결될 수 없을 때는 다른 곳에서 연구를 계속할 수 있도록 연구비를 제공해주었을 만큼 내게 늘 너그러웠다. 뒤늦게 학과에 들어온 랄프 크로이치어(Ralph Croizier)는 독특한 식견을 갖춘 사람이었는데, 바로 이 주제를 내게 제안했던 이가 바로 그였다(처음에는 타오시성[陶希聖] 연구로 기획했었다). 그는 조언자를 필요로 하던 대학원생에게 감정적으로 많은 도움을 주었을 뿐 아니라, 친구로서도 도움을 주었다.

출판되기 전 전체 원고를 유일하게 읽어보았던, 내 친구 래리 슈나이더(Larry Schneider)는 많은 시간을 내게 할애해주었고 용기를 북돋아주었다. 그의 열정적인 답변들에 정말 큰 고마움을 느낀다. 벤야민 슈워츠(Benjamin Schwartz)는 논문을 읽어달라는 수차례의 요구에도 기꺼이 시간을 내주었으며 출판할 수 있도록 용기를 북돋아주었다. 또 서론 초안을 읽고 비평과 제안을 해준 에드 프리드먼(Ed Friedman)과 장하오(張灝)에게도 감사를 드린다. 노스캐롤라이나 대학교 채플힐(University of North Carolina at Chapel Hill) 사학과의 사무엘 배런(Samuel Baron)은 고맙게도 아시아적 사회(Asiatic society)와 관련되어 동시대 소련에서 벌어진 논쟁에 관한 정보를 제공해주었다.

원고 준비를 도와준 듀크 대학(Duke University) 사학과의 도로시 샙(Dorothy Sapp) 양과 대학원생 패트리샤 햄프셔(Patricia Hampshire) 양에게도 고마움을 표한다. 마지막으로—그렇지만 결코 하찮을 수 없다—글을 쓸 때면 평소보다 유별나게 변하는 나의 이상한 성격을 참고 인내해준, 나의 아내 캐롤(Carol)과 아이들, 네딤(Nedim)과 무랏(Murat)에게도 감사의 마음을 전하고 싶다.

일러두기

1. 본문의 인용문 중 원문이 중국어인 문장은 중국어판에 인용된 원문을 번역하였다.
2. 한자어 표기 시 한국어 독음과 같은 경우는 괄호 없이 표기하며, 인명이나 글자의 의미를 풀어 쓰는 것과 같이 한자와 표기사항이 일치하지 않는 경우 괄호 안에 넣었다.
   예) 전前근대, 도道, 장쉐청(章學誠), 개인(私), 사회역사논쟁(社會史論戰)
3. 주석에서는 중국인 명칭이나 단체명을 한자로 표기하고 독음을 병기한 경우 중국어를 따랐다.
4. 주석은 모두 원저자 주이고 역주인 경우 *로 표시하였다.

차례

Ⅰ. 서론

Revolution and History

1

문제

어느 비판적 해석자는 "마르크스주의는 역사학에서 하나의 전환점으로, 우리는 그 혁명적 효과를 지금에서야 이해하게 되었다"고 말했다.[1] 역사적 유물론(혹은 마르크스가 그의 역사관으로 묘사한 바, 역사에 대한 유물론적 개념)이 1920년대와 30년대 중국의 사유로 들어왔을 때, 마르크스주의는 그 기원이 외래적이었기 때문에 중국의 사유에 근본적인 충격을 줄 수 있었다. 마르크스주의자들의 이론 체계에서, 중국의 지식인들은 아마도 19세기 유럽의 사고[2]로부터 비롯된 가장 포괄적인 "변화의 사회학"을 마주하게 되었을 것이다. 이 사회학은 사회를 역사 연구의 출발점으로 삼았으며, 사회적 과정에서 역사를 형성하는 힘을 찾았다. 이러한 새로운 맥락 안에서 마르크스주의 역사학은 중국의 역사 개념을 혁명적으로 바꿈으로

1) G. Leff, *History and Social Theory*, (New York: Doubleday Anchor, 1971), pp.141-142.

2) L. Bramson, *The Political Context of Sociology*, (Princeton, N. J.: Princeton University Press, 1961), p.21.

써, 사회적 구조에서 역사의 뿌리를 찾아가는 전대미문의 작업을 보여주었다. 명백한 마르크스주의적 특징을 갖는 사회경제학적 역사학이 1930년대에 집중적으로 확산된 것은 역사적 유물론이 중국 역사 연구 분야에 있어 우월한 위치를 차지했음을 보여주었다. 이러한 경향은 중화인민공화국에서도 여전히 유지되고 있다. 중화인민공화국에서 유물론적 역사 개념은 공식적인 비호를 받으며 역사학계를 독점했다. 또 그만큼 의미가 있는 것은 그것이 수많은 인민들의 역사의식에 녹아 있다는 사실이다. 요컨대 역사적 유물론은 공산주의가 20세기 중국 사회에 야기한 혁명적 변화에 대한 지적 영역의 대응물이라고 할 수 있다.

1919년 이후 중국으로 마르크스주의 역사 이론이 소개됨으로써 중국 역사에 대한 급진적 재해석의 가능성이 마련되었다. 이것이 바로 본 연구의 주제이다. 여기서 필자는 논의의 상당 부분을 마르크스주의적 역사 해석을 연구하는 데 할애했다. 1927년 이후 마르크스주의 역사학자들은 중국에서 처음으로 자신들의 주요한 역사 분석을 발표했다. 중국 지식인들은 1910년대에 이미 마르크스주의 역사 이론을 알고 있었지만, 초기에는 중국 역사에 그것을 적용시키는 데에 거의 관심을 기울이지 않았다. 20세기 초반에 그들은 역사적 유물론을 피상적인 수준에서 이해하는 데 머물러 있었다. 그 당시 마르크스주의에 대한 지식은 특히 1차와 2차 자료가 뒤섞여 있는, 일본의 선집에 의존할 수밖에 없었다. 이것을 중국 역사 분석에 적용했던 소수의 저술가들은 이 당시 역사에 대한 유물론적 개념과 다른 사회경제학적 접근법을 명확히 구분하지도 못한 채, 절충적으로 자료를 사용했다. 이러한 이유로, 마르크스주의 역사학은 1927년까지는 분명한 경향이 되지 못했다. 1927년은 중국 역사학에 있어서 아마 가장 역동적이고 자극적인 경향이랄 수 있는, 소위 '사회역사논쟁'이 빠른 속도로 부상한 해였다. 이 시기 생산된 영향력 있는 저작들은 1930년대 역사적 작업에 확연한 흔적을 남겼다. 그들이 제기한 질문들은 마르크스주의 역사학자들이 중국에서 향후 수년간 수행한 수많은 역사 연구의 기초가 되었다. 사실, (중국인이든 비중국인이든) 마르크스주의 역사학자들은 중국 역사학자들에게 방향을 제시하는 보다 사회과학적인 역할을 하였으며 중국 역사의 가장 근본적인 문제를 해결하는 출발점이 된 질문들의 중요성을 처음으로 보여준 이들이었다.

본 연구는 이러한 문제들을 마르크스주의가 중국에서 만들어낸 정치·역사의식의 부수적인 상관물이 아닌 직접적인 파생물로 간주한다는 점에서 중국에서의 마르크스주의 역사학을 다룬 선행연구와 다르다. 후속 연구가 마르크스주의 역사학자들의 특정한 결론을 따르는지 어떤지는, 마르크스주의의 공헌을 평가하는 데 있어 결정적이지는 않다. 그들이 역사적 유물론에서 얻은 관점으로 중국 역사를 개념화함으로써 그때까지 존재했던 역사학보다 더 깊이 있게 역사 문제의 복잡성을 인식할 수 있었다는 것이 더 결정적이다. 게다가, 이 새로운 인식은 그 효과 면에서 역사 연구의 영역을 넘어섰다. 1927년 이후 십여 년간 마르크스주의 역사학 활동이 집중적으로 전개됨으로써 마르크스주의 사회역사학 개념이 광범위하게 확산되었고, 이에 따라 중국 지식인들은 과거, 현재, 미래에 대한 관점을 수립했다. 이 문제는 30년대 중국 인텔리겐치아의 분위기를 이해하는 데 중요하기는 하지만, 본 연구의 영역을 벗어난다. 본 연구에서는 1927년 이후 중국 지식인들에게 마르크스주의가 지녔던 매력을 추측하면서 이를 간략하게 다룰 뿐이다. 본 논문에서는 30년대의 마르크스주의적 역사 해석의 기원과 본질을 주요하게 분석할 것이며, 마르크스주의 역사학자들이 중국 역사에 마르크스주의 이론을 적용하는 데 있어 직면했던 문제들을 설명할 것이다. 그리고 당대 중국에서 혁명적 변화에 관한 보다 광범위한 문제와 연관시켜 선취한 인식을 통해 그들이 이론과 역사 양방면을 어떻게 다루었는지, 그 방법을 연구할 것이다.

필자는 본서에서 근대 중국에서의 사상의 발전, 다른 말로 사상의 역사라는 관점에서 마르크스주의 역사학에 접근할 것이다. 나는 이러한 접근을 수용하는 데 있어서, 마르크스주의 역사가들의 작업을 사상사에 관한 단순한 자료로 격하하려는 것이 아니다. 즉 그들의 작업이 역사학적 가치를 결여했다고 폄하할 생각은 없다. 그와 반대로 나는 그들의 학문에 비난받을 만한 결함이 있음에도, 그리고 마르크스주의의 개념이 종종 조악하게 조작되었음에도 불구하고 마르크스주의 역사가들이 중국 역사 연구에 지속적인 공헌을 했다고 믿어 의심치 않는다. 그러나 마르크스주의 역사학이 사상적이고 정치적인 맥락 아래에서 형성되었던 것은 사실이다. 같은 이유로 마르크스주의 역사학은 당시 중국에서 사상의 발전을 이해하는 단서를 제공한다. 마르크스주의 역사학은 시작과 발전에 있어서 신문화운동 이후의 사회적·사상적 경향과 관련이 있다.

필자가 보여주려고 하는 것처럼, 마르크스주의 역사학이 갖는 복잡성을 완전히 이해하기 위해서나, 근대 중국 사상에서 그것의 역할을 평가하기 위해서나, 모두 역사 기록에 배경이 되는 당대 혁명의 역사적 장면을 주목할 필요가 있다. 마르크스주의 역사가들에게 있어 역사는 단순한 취미의 대상도 아니며 학문적 사업도 아니다. 반대로 그것은 기능적이며 현저히 실용적이다. 마르크스주의자들은 절박하게 역사를 이해하려고 했다. 왜냐하면 마르크스주의 역사학자들은 당대 사회의 발전 동력에 관한 비밀이 역사 안에 담겨 있다고 믿었고, 스스로 사회의 운명을 변화시키고 싶었기 때문이다. 같은 이유로, 그들이 미래에 도래하리라 상상했던 변화는 분명히 그들의 역사관을 만든 근원이었다. 이러한 의미에서, 마르크스주의자들은 그들의 역사적 노력에 깔려 있는 정치적 의도를 공공연히 드러냈다는 점에서 그들의 선조 및 동시대인들과 달랐다. 그들의 역사학적 노력은 20세기 초부터 내려온, 중국 역사와 당시의 시대적 변화의 요구를 일치시키려는 역사 다시 쓰기의 최신의 경향을 대표했다. 변화의 문제가 새로운 차원에서 제기되었기 때문에, 역사의 문제를 수정하는 데 그 변화가 반영되었다는 것은 그리 놀랄 일은 아니다. 마르크스주의적 역사관이 부상해서 1920년대 후반 중국 지식인들 사이에서 인기가 높아진 것은 그러한 변화의 또 다른 예이다. 그러나 나는 한편으로 역사적 유물론은 역사적 방법으로서의 미덕 때문이 아니라 혁명의 문제와 연관되었기 때문에 이 시기 중국 지식인들 사이에서 호소력이 있었다고 생각한다. 왜냐하면 혁명의 문제는 1920년대에 와서야 인식되었기 때문이다. 반면에, 중국 역사 연구 영역의 전체 형식에서나 축소된 형식에서나 마르크스주의 역사학 이론이 자연적으로 확산된 사실은 그것이 단지 정치적인 함의만으로 어필되었던 것은 아니라는 것을 말해준다. 역사 그 자체는 당초에는 마르크스주의 역사학에서 단지 부차적인 관심의 대상이었다. 그럼에도 불구하고 역사에 대한 유물론적 개념은 근대주의자들의 인습 타파가 새로운 대체물을 제공하지도 못하고 전통적 해석의 권위를 손상시켰던 당시에 상당한 수준에서 요구되던 중국 역사 다시 쓰기에 방법론을 제공했다. 그래서 중국 역사에 적용하는 데에 결함이 있었음에도 불구하고, 역사적 유물론은 사실상 중국 역사의식의 위기들을 완화시킬 수 있었다.

본 연구에서는 중국 마르크스주의 역사학에 대한 평가를 이끄는 세 가지 전제를 제시할 것이다. 이 세 가지 전제는 중국의 역사 사상에 대한 마르크스주의자들의 공헌의 본질, 마르크스주의 역사학에서의 정치와 역사의 관계, 근대 중국 사상에서 역사에 대한 유물론적 개념의 위치를 말한다. 이들 전제에 대한 논의는 이후 탐색될 주장을 보다 잘 이해할 수 있는 개념을 제공하고, 중국 내 마르크스주의 역사학에 대한 초기 연구와 본서가 차별화되는 지점을 제시할 것이다.

역사의 새로운 개념화는 방법론과 해석의 문제뿐 아니라 역사 연구에 중요한 파급효과를 미쳤지만, 역사에 대한 마르크스주의자들의 공헌은 주로 개념적이었다. 만약 토마스 쿤(Thomas Kuhn)이 과학적 지식의 발전을 설명하는 데 사용한 것처럼 역사적 유물론을 "패러다임 이론"으로 간주한다면 역사에 가해진 마르크스주의의 충격을 더 쉽게 이해할 수 있을 것이다.[3] 쿤은 과학적 조사가 자료의 마구잡이 축적에 의해 진행되지 않으며 과학 공동체가 문제를 입안하고 그것을 해결하는 방법을 선택하는 데 언제나 당연하게 사용하는 전형적인 이론과의 조화 속에서 이루어진다고 주장했다. 쿤에 따르면, 과학 공동체는 점차적으로 하나의 패러다임을 버리고, 마지못해 현존하는 패러다임의 영역 내에서 설명할 수 없는 중요한 문제들을 오직 증거들을 축적하는 방법을 통해서만 드러낸다. 수용된 패러다임에 대한 거듭되는 도전에 따라 야기된 과학적 사고의 "위기"는 상당수의 과학 공동체가 새로운 패러다임을 깨닫는 "과학 혁명"이 일어났을 때에야 비로소 궁극적으로 해결된다. 새로운 패러다임은 "그 패러다임이 당연하게 받아들여지는 동안은, 풀이가 있다고 가정될 수 있는 문제를 선택하는" 데 기준을 제공한다. 또한 새로운 패러다임이 있기 때문에 "이전의 이론의 재구축과 이전의 사실의 재평가"가 가능하게 된다.[4] 이것은 역사적 유물론적 관념이 역사의 영역에서 얻은 성과였다. 이 역사의 영역 중 하나는 마르크스가 자신의 이론을 형성한 원초적 문맥을 말하며, 다른 하나는 이를 1920년대 중국 역사 분석에 적용한 것을 말한다.[5]

---

3) T. Kuhn, *The Structure of Scientific Revolutions* 2nd ed., (Chicago: University of Chicago Press, 1970). Sheldon Wolin은 정치 이론 및 사회 이론과 패러다임 개념의 관련성을 지적했다. 그는 마르크스주의를 근대적 정치 이론에서의 패러다임의 하나로 규정했다. Sheldon Wolin, "Paradigms and Political Thories", in P. King and B. C. Parekh(eds.), *Politics and Experience*, (Cambridge: At the University Press, 1968)을 참고하라.

4) T. Kuhn, *The Structure of Scientific Revolutions* 2nd ed., p.7.

5) 나는 각각의 영역 내적인 특징과 지위를 염두에 두고 자연과학의 패러다임과 사회과학의 패러다임을 구별할 필요를 인지하고 패러다임 개념을 사용할 것이다. 이 두 가지 패러다임의 구별에 있어서 나는 원천과 의미의 차이를 강조할 것이다. Kuhn에 따르면, 자연과학에서 패러다임의 이동은 과학적 연구의 위기에 대한 대응에서 일어나며, 오직 현역 과학자들의 공동체에만 직접적 연관성을 갖는다. 그러나 사회·정치 이론의 패러다임은 보다 밀접하게 사회적 맥락과 관련되어 있다. 사회·정치사상 내 주요 패러다임의 이동은

역사적 유물론의 기본적 강조점과 일부 필수적인 개념은 역사 발전의 사회적 근원에 대한 인식에 근거했다고 알려져 있다. 그러한 관념은 19세기 유럽의 역사 사상이 점차 사회학을 지향해갔던 경향을 반영하는 것이었다. 그러나 패러다임으로서 역사적 유물론은 역사의 형성과 의미 있는 역사 문제에 대한 관점을 다루는 사회학적 요소의 상대적 중요성을 대담하게 정의한 것에서 다른 것들과 구별되었다. 동시대의 다른 역사 이론에 비해, 역사적 유물론 개념은 사회를 역사 연구의 중심으로 옮겨놓았으며, 논리적으로 사회적 특징에 우선권을 부여했다. 여기서 사회적 특징은 경제적 행위와 가장 밀접한 관련이 있다. 결과적으로 이러한 역사관은 역사적 현상과 역사 변화의 동력 사이의 내적 관계에 있어 기존의 역사관과는 근본적인 차이를 갖게 되었다.

중국에서 역사적 유물론이 역사사상에 가한 충격의 의미를 평가하려면, 역사사상의 선행 양식을 벗어나는 역사적 유물론의 개념을 고려해야 한다. 마르크스주의 역사학자들과 그들의 선배들 사이를 가르는 가장 급진적인 차이는 중국 역사의 마르크스주의적 개념화와 유교적 역사 전통으로 대표되는 전수된 역사관을 대비할 때 분명하게 드러난다. 유가의 역사관은 마르크스주의 역사가들이 그들의 선배들과 급작스레 단절함으로써

새로운 지적 문제의 도전보다는 존재하는 사회적 시스템 내의 위기들에 의해 야기되는 듯이 보인다. 새로운 패러다임들의 목표는 지적인 위기뿐 아니라, 체제 전체의 위기를 완화하는 것이기도 하다. 사회적 패러다임의 원천과 결과는 이러한 '현실적' 차원에서 정치적 이데올로기의 영향에 보다 민감하게 되고, 이는 이론의 형성에도 영향을 미친다. 마르크스주의의 경우, 마르크스주의 자체가 19세기 유럽의 사회사상을 재설정하는 과정의 일부였기 때문에, 사회적 문제를 해결하는 데 있어서 마르크스주의의 혁명적 입장은 그 이론적 전제가 되었다. 그 이래로 사회과학에서의 대부분의 다른 경향들이 시장 사회의 특징적인 "실천과 신념의 앙상블(Wolin, 'Paradigms')"을 당연한 것으로 받아들여 온 반면, 마르크스주의는 그 전제로서 사회 혁명(과 해체)에 관련된 요소들을 수용했다. 역사적 유물론 개념에 대한 이러한 전제가 유물론적 역사관에 가져온 결과는 8장에서 자세하게 논할 것이다.

상처를 입기도 했지만, 실제 치명상이 된 것은 마르크스주의가 촉발한 사회사 연구의 등장이었다.(원서 오류로 중국어판의 문장을 번역함-역자)

마르크스주의적 중국 역사관은 전통적인 유가적 역사관을 뒤집었다. 두 관점은 보편성을 향한 포부를 가지고 있으며 역사를 실천적이고 정치적인 결과라는 측면에서 본다는 점에서 함께 다룰 수 있다. 그러나 우리는 두 역사관의 역사학적 결과의 차이에서 분명하게 드러나듯, 정치와 역사에 대한 마르크스주의적 개념의 본질이 유가와는 완전히 상반된다는 점을 더 고려해야 한다.

중국의 정치학은 정치를 정치 지도자의 덕성의 작용으로 간주했다. 따라서 과거 지도자들에 대한 평가를 통해 현재와 미래의 지도자들을 위한 "정치적이고 도덕적인 교훈을 추출하는" 것은 역사의 중요한 역할 중 하나였다.[6] 역사는 거의 전全 영역에서 공식적인 지원을 받았으며 "'정부에 도움을 주기 위한', 즉 행정적 조치를 안내하고 권선징악을 고취하는, 본질적으로 도덕적 목적을 가지고 기능했다."[7] 이러한 전제로부터 만들어진 역사관은 개인(私) 중심적이었다. 그리고 역사는 자주적 영역이 아니라 인간의 행동을 인도하는 영속적인 도리들이 운명으로 발현되는 영역으로 시각화되었다. "전례의 창고로서 역사에 대한 존중"은 "(과정이 아닌) 영속의 관점에 따른 역사 해석"[8]과 함께였다. 장쉐청(章學誠)은 무엇이 역사 철학인가라는 문제를 직접적으로 언급했던 몇 안 되는 전前근대 중국 사상가 중 하나였다. 그는 역사를 궁극적 원칙인 도道의 운명의 시좌時座로서 간주했다. 니비존(Nivison)은 도는 "인간의 본성에 자리한, 질서 있는 삶, 문명

---

6) L. A. Struve, *Uses of History in Traditional Chinese Society: The Southern Ming in Ch'ing Historiography*, Ph. D. dissertation, Universtiy of Michigan, 1974, p.99.

7) J. Needham, "Time and Eastern Man", *The Grand Titration*, (London: Allen and Unwin, 1969), p.241.

8) J. Levenson, *China: An Interpretive History*, (Berkely and Los Angeles: University of California Press, 1971), p.49.

화된 삶에 대한 근본적인 가능성이다. 이 가능성은 그 자신을 역사 속에 점차 하나하나 써내려가며, 인간이 옳고 진실이라고 깨달아야 하는 것으로 그 자신을 실현한다"[9]라고 말했다.

이러한 생각은 전통 역사관이 질서와 조화를 열망하고 혼돈과 모순을 기피하려 한다는 입장에서 나온 것이다. 여기서 모순은 탈선, 즉 도덕의 파괴를 뜻했다.[10] 이러한 태도들이 모여 만들어진 역사관이 역사 서사와 역사 해석의 본질을 형성했다. 중국 역사가들은 "확보한 사실들을 분석·분류하여 자신의 두뇌로 가능한 최선의 논리적 배열로 나타내 시간의 흐름 속 사건들의 순서뿐만 아니라 인과 관계를 드러내기 위해 노력하지 않았다."[11] 전통 역사가들은 자신들의 관점의 한계 내에서 정확성을 기하기 위해 헌신했고 경험적 연구 방법을 정교하게 발전시켰다. 반면에 개인적 행위가 도덕의 성공이나 실패의 표지가 되는 역사관에서 역사를 그 내적 움직임으로 해석하려는 시도는 불필요한 것이었다. (보다 일반적인 왕실 역사가 아닌) 보편적으로 정치적이고 제도적인 역사를 기술한 이들조차도 **역사적** 과정이라는 관점에 근거한 해석으로 역사의 변화에 대한 그들의 인식을 보완하려 하지 않았다.[12] 일반적으로 중국의 역사가들은 "사건들을 인과관계에 따라 결합하여 연결된 전제로 다루는"[13] 데까지는 이르지 못

---

9) D. Nivison, *The Life and Thought of Chang Hsueh-ch'eng*, (Stanford: Stanford University Press, 1966), p.141.

10) J. P. Harrison, *The Communists and Chinese Peasant Rebellions,* (New York: Atheneum, 1969), p.77.

11) C. S. Gardner, *Chinese Traditional Historiography*, (Cambridge: Harvard University Press, 1961), p.69.

12) 과거 중국에서 주요 제도권 역사가 중 하나였던 馬端臨은 제도가 하나의 조대로부터 다른 조대로 이어진다고 생각했지만 "역사"가 연결된다는 것은 사고하지 못했다. "각 시대는 각 시대의 역사가 있으며, 다른 왕조사를 참고하거나 비교할 필요 없이 조대의 처음부터 끝까지 전체를 기술하는 것으로 충분하다." Wm. Theodore deBary (ed.), *Sources of the Chinese Tradition*, Vol.1, (New York: Columbia University Press, 1964), p.446.

13) E. G. Pulleyblank, "Chinese Historical Criticism", W. G. Beasley and E. G. Pulleybank (eds.),

했다.

마르크스주의적 역사관은 이러한 관점과 근본적으로 달랐다. 역사 발전의 동력을 사회경제 구조의 내재적 힘들 사이의 상호작용에서만 찾을 수 있다는 전제는 역사 연구의 범위를 바꾸었다. 그리고 이 전제는 역사 해석의 복잡성에 대한 새로운 인식이 이루어졌음을 보여주었다. 이전의 역사가들은 (개인적 의미에서든, 왕조적 의미에서든, 혹은 제도적 의미에서든) 정치적 변화나 지적 변화에 따라 시간을 기록했지만, 마르크스주의 역사가들은 역사적 변화를 결정짓는 중요한 기준을 사회경제적 구조의 변화로 바꾸었다. 역사적 시간에 대한 이러한 새로운 관점으로 인해 역사의 범위 또한 새롭게 바뀌었다. 정치적이고 지적인 현상들을 규정하고 형성하는 사회적 공간에 집중하게 된 것이다. 장기간에 걸친 사회경제적 과정이 역사가들의 주된 관심거리가 되면서, 도덕성의 초역사적 개념에 기초한 해석은 역사적 과정에 따른 역사 해석에 자리를 내주게 되었다. 마르크스주의자들에게는 이러한 기본 과정들을 설명할 수 있는 역사 해석만이 유효했다. 그들은 역동적으로 연결된 전체로서의 역사를 보았다. 그것은 유가와는 완전히 다른 과거에 대한 그림을 제공했을 뿐 아니라 개인적 행위와 도덕성을 전체 사회의 단순한 구성요소나 반영으로 축소시켰다. 사회는 이제 그 안에 그 자체의 발전 동력을 담고 있는 자주적 영역으로서 나타났고, 인간 행위의 모든 다른 양상들을 형성했다. 더 나아가 이 역사관은 역사의 주요한 동인으로서 모순의 역할을 강조, 심지어는 미화하기도 했다. 이러한 관점은 유가적 역사 서사 내에서 가능했던 것보다 더 역동적이고 융합적인 해석을 만들어냈다. 보다 중요한 것은, 이 관점이 사회에 역사의식에서 최고의 위치, 즉 역사의 출발점이라는 지위를 부여했다는 점이다.

필자가 다음 장에서 언급하고 결론에서도 재차 확인하듯이, 중국의 사

Historians of China and Japan, (London: Oxford University Press, 1971), p.152.

상가들이 20세기에 역사 변화의 복잡성을 점차 인식함에 따라 이러한 사고들 중 일부는 마르크스주의 역사학이 등장하기 이전에 이미 중국 역사 사상에 출현했었다. 20세기 초반의 왕궈웨이(王國維)와 량치차오(梁啓超)로부터 1920년대 구제강(顧頡剛)에 이르는 역사가들은 유가 역사학의 범위와(혹은 범위나) 그 경험주의적(empirical) 근간에 함축적으로 혹은 명시적으로 도전했다. 중국 역사학에서 20세기 혁명과 관련된 그들의 저작의 중요성을 낮춰볼 필요는 없다. 그러나 그들의 공헌이 이전의 감춰지거나 무시된 중국 역사의 측면을 밝혀내거나, 구제강의 경우에서처럼 유가적 전통이 경험적으로 유효하다는 주장이 틀렸음을 증명한 것 정도에서 제한되었다는 점을 지적하는 것도 틀려 보이지는 않는다. 그들은 자신들의 작업을 통해 정당하게 이후의 역사가들에게 역사연구의 모델을 제공했지만, 역사 현상이나 역사적 변화의 동력에 관한 포괄적 이론으로 유가적 관점을 대체할 수는 없었다. 역사적 유물론의 관념은 정확히 이러한, 당시 긴급하게 요구된 이론을 제공했다. 그것은 역사를 자주적 영역으로서 인식하는 세속적 역사관으로 과거의 유가적 관점을 대체했을 뿐 아니라 20세기 지식인들의 숙원, 즉 "새로운 역사"를 창조하는 출발점이 될 수 있는 이론을 제공했다.

이러한 새로운 관념은 방법론적으로 역사학 문제에 관한 비판적 접근방식이나 과거에 대한 체계적 연구 가능성에서 뚜렷이 드러났다. 중국의 과거에 마르크스주의적 사회경제학 이론을 적용함으로써 중국 역사학에 초래된 변화는 서구에서 역사에 대한 근대 사회학적 접근의 발전에 마르크스의 공식이 가한 충격과 크게 다르지 않았다. 양쪽 모두에서 결과적으로는 역사적 동력에 대한 의식이 확장되었다. 이에 따라 역사적 문제를 근본적으로 재구성하게 되었고, 기존 역사 사상에서는 기껏해야 주변적 관심의 대상이던 기본적 문제들 전체에 대처하는 새로운 방법과 개념을 고안하려는 노력을 촉진시켰다.

새로운 관점에 근거해 중국의 마르크스주의 역사가들은 역사 현상의 상대적 의미를 다시 규정했고, 중국 역사에서 작동해왔던 경제적이고 사회적인 힘들을 이해하는 데 적절한 데이터를 찾기 위해 역사적 자료들을 재조사하는 것으로 방향을 돌렸다. 이는 경제적 · 사회적 제도와 정치적 · 사상적 현상 간 상호작용의 중요성을 분명히 밝히기 위한 것이었다. (기본적 경제 현상에서 문화적 현상에 이르기까지) 역사적 현상 사이에서 계급관계를 가정함으로써 그들은 역사적 사실과 해석을 다루는 비판적 시야를 확보할 수 있었다. 그들의 역사 해석(또는 이론적 발언)을 보면 그들이 단순히 역사적 사실의 정확성을 결정하고 역사의 진실에 닿기 위해 시간적이고 (혹은 시간적이거나) 공간적인 차원을 따라 그것들을 재배치하는 것만으로는 불충분하다고 생각했다는 것을 확연히 알 수 있다. 그들은 역사적 현상의 해석과 관련이 있는 상이한 사실들의 상대적 중요성을 고려할 필요도 있다고 믿었다. 그들은 중국의 역사학에 역사적 사실을 선택하고 해석하는 데 있어 작용하는 이데올로기적인 결정력에 대해 근본적으로 민감한 마르크스주의 역사 이론의 특징을 효과적으로 도입했다. 필자가 그들의 작업에 대한 분석을 통해 주장하듯, 마르크스주의 역사학자들이 그들의 예측에 부합하지 않는 데이터를 과감히 무시하고 새로운 해석에 빠져들어 상이한 역사 문제들에는 그에 적절한 상이한 데이터와 개념들을 활용할 필요를 일축해버렸다는 것은 쉽게 알 수 있다. 이러한 결함들의 부분적 원인은 마르크스주의 이론에 내포되어 있는 모호성이며, 또 일부는 그들의 역사 활용에 개입하는 초超 역사학적인 문제들로 인해 발생했다. 이러한 결점들은 마르크스주의 역사학 이론과 적용에 있어서 규범이 요구되는 지점들을 보여주나, 이러한 역사학에 담겨 있는, 역사 문제에 대한 독창적인 통찰력이나 기본적 가정에 섞여 있는 비판적 연구의 가능성을 무효로 만들지는 않는다. 이러한 모든 결점들에도 불구하고, 역사 해석의 복잡성에 대한 마르크스주의 역사가들의 인식은 동시대 강단 역사가들의 순진한 실증주의(positivism)보다는 분명 훨씬 더 정교했다. 강단 역사가들, 특히 당시 새로이 창립된 국립중앙연구원의 역사언어연구소(歷史語言硏究所) 회장 푸스넨(傅斯年)은 "사실들이 저절로 드러나도록 사료들을 배치하는" 것만으로 충분하다고 믿었다. 사실 푸스넨은 해석 작용의 역사적인 지위를 부정하고 역사학을 원전 비평과 대조로 국한시켰던 것이다.[14)]

긍정적인 면에서 역사적 유물론 관념은 통사通史 서술에 방법론을 제공했다. 세기 전환기에 량치차오나 장빙린(章炳麟)과 같은 중국 지식인은 이것이 "새로운 역사"를 만들어가는 데 필수적이라고 생각했다. 물론 통사는 중국 역사학에 있어서 새로운 형식은 아니었다. 그러나 근대의 통사 대변자들은 인과적 해석을 고안함으로써 역사적 사실을 하나로 묶는 전통적인 통사의 방법과 그들의 통사관을 구별하는 역사학적 과정을 보여주었다.[15)] 그러나 그들 자신은 통사 서술에 적용 가능한 방법을 제시할 수 없었다. 그 주된 이유는 그들이 문제에 지나치게 귀납적으로 접근했기 때문이었다. 그들의 계획은 우선 궁극적으로는 통사라는 건물의 벽돌이라 할 수 있는 전공 관련 연구를 모아 학위를 취득하는 것이었다.[16)] 그들이 제공하지 못한 것은 제대로 정의된 출발점과 연구와 해석 작업을 안내할 논리적인 구조構造의 원칙이었다. 또한, 역사 현상에서의 계급에 대한 마르크스주의적 관점은 그러한 문제를 푸는 데 도움이 되었다. 역사적 유물론은 사회경제적 현상을 분석의 출발점으로 제시했고 사회경제적 과정에서 광대하게 펼쳐진 역사를 하나로 묶는, 그래서 통사를 구축하는 데 사용될 기초를 제공하는 연결점들을 드러냈다. 중국 역사가들은 실제로 1930년대

---

14) 傅斯年, 「歷史語言硏究所工作之旨趣」, 『國立中央硏究員歷史語言硏究所集刊(第一本第一分册)』, (廣州: 1928.10), pp.8-9.

15) 通史에 대한 관심과 사고의 초기 표현들에 관한 논의는 金毓黻, 『中國史學史』, (臺北: 1944년 초판, 1968 재간), pp.296-326.

16) 梁啓超의 『中國歷史硏究法』, (臺北: 中華書局, 1968)를 참조하라. 金毓黻은 통사에 대한 章炳麟의 계획을 언급했다.

에 주요한 통사들을 만들어냈다. 여기서 말한 통사 저자들에는 비非마르크스주의자들까지도 포함되기 때문에, 이러한 성과에 대해 마르크스주의적 방법론이 어느 정도 공헌을 했는지에 대해서 논하기는 쉽지 않다. 그러나 마르크스주의 역사가들은 가장 인상적인 통사 저자들 사이에서도 두드러졌으며, 거의 모든 주요 마르크스주의 저작들은 이러한 형식을 채택했다. 이러한 저작들은 중국 역사의 다양한 자료들을 논리적이고 체계적으로 분석하는 데 도움을 주었으며 중국 역사 연구에 새로운 길을 열어주었다.

본 연구에서 마르크스주의 역사학의 분석과 관련된 두 번째 방법론적 문제는 마르크스주의 역사학에서 역사와 정치 사이의 관계의 문제이다. 역사적 유물론에는 기본적으로 정치적 동기가 내재되어 있기 때문에 많은 이들은 그것이 역사 이론으로서는 유효하지 않다고 보았다. 물론, 특히 역사가들 사이에서 역사적 유물론이 거부되는 다른 이유들이 있다. 이러한 이유 중 가장 중요한 것은 역사를 보편화하려는 접근을 전문적인 역사가들은 경멸한다는 사실이다. 필자가 서론에서 제시하는 정보만 보더라도 "역사가 보다 사회학화 될수록, 사회학이 보다 역사화 될수록 양자에게 모두 좋다"[17]라는 카(E. H. Carr)의 주장에 동의하는 역사가들만이 마르크스주의 역사학의 가치를 고려할 것이라는 점은 분명하다. 역사학의 임무를 정의하는 문제와 관련 있는 이러한 문제들은 역사적 유물론에 대한 역사학자들 특유의 반응이 아니라 역사학과 다른 사회과학 사이의 관계라는 보편적 문제를 다루는 태도에서 나온다. 따라서 역사에 대한 사회과학적 접근이 역사 변화의 동력을 설명하는 데 있어서 유용함이 입증되면서, 이러한 입장을 고수하는 것은 힘들어졌다는 것을 고려할 필요가 있다.

---

17) E. H. Carr, *What is History?*, (New York: Alfred A. Knopf, 1964), p.84.

역사적 유물론 개념을 전복시키려는 데 있어 보다 효과적인 비평들은 역사적 유물론적 역사 연구의 골간인, 노골적인 정치적 의도에 초점을 맞추었다. 물론, 마르크스주의자들은 그들의 것이든 다른 역사가들의 것이든 정치적 견해가 역사적 해석을 만든다는 점을 부인하지 않았다. 그러나 이것은 유물론적 역사관에 정치와 역사 사이의 단일한 관계가 가정되어 있다는 뜻은 아니다. 마르크스주의 역사학은 한편으로는 역사를 단순히 정치의 연장延長으로 간주한다. 이러한 관점은 정치적 변화나 심지어 단기의 정치적 정책이 이미 예정되어 있다는 인식을 수동적으로 정당화하는 것일 뿐이다. 이것은 역사가 정치적 운동이나 집권한 공산당의 필요에 종속되게 되었을 때 특히 그러했다. 이 경우 역사 해석에서는 마르크스 자신이 그의 정치적 가정을 뒷받침하기 위해 역사 이론에 부여했던 목적론적 결론과 역사의 결정론적 관점이 강조되었다.[18] 반면에, 역사적 유물론에서 역사는 또한 현실 비판적 관점의 원천으로서, 그리고 여러 힘들의 상호작용이 혁명가들에게 정확한 정치적 행동의 지침을 제공하는 자주적 영역으로서 의미가 있다. 이 경우 마르크스주의 정치관은 역사 분석이 현재에 대한 비판적 판단을 갖춘 상태에서 역사 현상 이면을 파고들어 그 역동성을 파악할 것을 요구했다. 어느 경우든 정치적 동기는 중심적이었지만, 그럼에도 불구하고 현실 사회 비판에서 시작한 마르크스주의자들이 그 사회의 필연적 소멸이나 변화를 입증하기 위해 그 안의 모순을 조사하는 것으로 돌아서는지, 아니면 특정한 운동이나 권력의 정치적 목표가 정당하다는 것을 증명하고자 하는지는 중요한 문제이다. 전자의 경우, 결과적으로 역사는 비판적으로 해석된다. 반면 후자의 경우 역사는 정치적 목적과 가정에 따른 이미지로 구축構築된다. 이러한 문제는 중국에

---

18) K. Marx, Letter to J. Weydemeyer(March 5, 1852), *Selected Works of K. Marx and F. Engels*, vol.1, (Moscow: Progress Publishers, 1973), p.528에서 그의 이론적 공헌에 대한 설명을 참조하라.

서 마르크스주의 역사 이론을 평가하고 적용하는 것 모두에 중요하기 때문에, 필자는 이를 7장에서 1930년대 마르크스주의 역사학의 맥락을 통해 자세하게 살필 것이다. 이를 통해 마르크스주의의 정치적 전제들이 역사 해석에 끼친 영향을 통찰할 수 있을 것이다. 필자는 본 연구를 통해 마르크스주의 역사학에서 정치와 역사 사이의 관계를 여러 선행 연구에서 가정해왔던 것보다 더 복잡한 것으로 가정하고 있다는 것을 말하고 싶다. 선행 연구들은 1949년 이후의 역사기록에 집중했고 따라서 공산당 정권 하에서 나타난 마르크스주의 역사학의 사례들만을 보고 중국 역사학에 대한 마르크스주의의 공헌을 판단했다. 이러한 선택이 중국 마르크스주의 역사학의 평가에 어떤 색깔을 입혔는지는 중국의 마르크스주의 역사학에 대한 가장 영향력 있는 연구 중 하나에 등장한 다음과 같은 언급에서 분명하게 드러난다.[19)]

> 그럼에도 불구하고 새로운 방법론을 기대할 수 있다는 인식이 있었다. 왜냐하면 마르크스주의 이데올로기와 언어의 어처구니없는 허풍 뒤에는 분명 역사 서술의 새로운 생각, 새로운 기술이 수용되어 있기 때문이다. 사실, 서구에서 발전한 많은 새로운 역사학적 기술과 방법론들은 때에 따라서는 형식적으로 모호하기는 했지만 분명 마르크스 · 레닌주의를 통해서 중국에 전해질 수 있었다. 마르크스주의는 이데올로기적 경계 안에서 제한되었지만, 어떤 방향에서는 근대 사회과학과 맞닿아 있다. 사회과학의 성과는 마르크스주의의 경계 안에 무단으로, 하지만 의심할 여지없이 스며들어 갔다.

위 인용문의 마르크스주의 역사학에 관한 설명에서는 중국 역사에 대한 마르크스주의 역사학의 공헌을 부차적이라고 보아 마지못해 인정하는 태

---

19) A. Feuerwerker, H. Kahn, "The Ideology of Scholarship: China's New Historiography", *History in Communist China*, (Cambridge: M.I.T. Press, 1969), p.6.

도를 취했다. 이 어조 자체는 일반적이지 않지만 그 내용은 이러한 문제에 관한 다양한 역사가들의 태도를 보여준다.[20] 이러한 태도를 평가하려면, 마르크스와 엥겔스가 그들의 이론을 구축할 때 얼마나 많은 "근대 사회과학"이 존재했는지를 반드시 물어보아야 한다. 좌익만이 아닌, 저명한 사회과학자들과 다양한 사회과학을 개창했던 인물들은 그들의 학문이 역사 변화에 대한 마르크스적 사고의 도전에 빚을 지고 있다는 것을 분명하게 인정했다.[21]

여기서 보다 직접적인 질문은 역사적 유물론의 이데올로기적 소속에 대한 것이다. 역사적 유물론은 틀림없이 마르크스주의 역사학 이론의 요소이지만, 상기의 인용문이 암시한 것보다 역사와 더 복잡한 관계를 갖고 있다. 역사적 유물론을 차용한 이들이 역사적 유물론의 정치적 동기를 남용한 경우도 있지만, 이 동기 자체는 마르크스주의 역사 이론 내에 스며 있는 비판적 태도의 원천이었다. 그러나 마르크스주의 역사학에 대한 연구는 대체로 전자에 집중하여 엄격한 정치적 목표에 마르크스주의 역사학이 종속되어 있다는 것을 입증하고 역사에 대한 마르크스주의의 공헌을 깎아내리고자 했다. 중국의 경우, 1949년 이전의 마르크스주의 역사학을 무시함으로써 중국 역사에 전해진 역사적 유물론의 충격을 평가하는 데 두 가지 부정적인 효과가 조성되었다. 우선, 이것은 중국 역사학에 대한 역

20) 같은 책 p.1, 주석을 보라. (형식이 아니라) 이 글에서 그러한 관점을 표현한 언급들은 1964년 11월 6일부터 12일까지 Dichtchely Manor, Oxford에서 중국공산당 역사학을 주제로 개최되었던 학회의 참가자들 사이에서 의견이 일치되었음을 보여준다. 참가자들에는 서구의 가장 저명한 중국 역사 전문가들이 포함되었다.

21) H. Gerth, C. W. Mills, *From Max Weber*, (New York: Oxford University Press, 1958), pp.46-50을 보라. Weber에 대한 마르크스의 영향에 관해서는 S. M. Lipset, *Political Man*, (New York: Doubleday Anchor, 1963), pp.20-21을 보라. 미국 사회학에 마르크스가 끼친 영향에 관해서 T. B. Bottomore는 마르크스에 관한 소개에서 사회학에 끼친 포괄적인 이해를 제공하고 있다. *Selected Writings in Sociology and Social Philosophy*, (New York: McGraw-Hill, 1964), pp.29-48.

사적 유물론의 공헌을 은폐하고 말았다. 중국 역사학에 대한 마르크스주의 역사가들의 가장 독창적인 공헌은 1949년 이후 역사연구에서 마르크스주의의 정통성이 확립되기 이전에 이루어졌다. 마르크스주의 역사가들은 1949년 이후에도 중국 역사 연구에 지속적으로 공헌했으나 그들의 임무는 보다 단조로운 것들이었다. 거기에는 초기에 제기되었던 문제들을 퇴고하고 정제하는 것, 그리고 수정하는 것 등이 포함되어 있었다. 둘째로, 1949년 이후 역사기록에 집중했기 때문에, 중국의 마르크스주의 역사학은 주로 그 정치적 기능 때문에 중요하다는 인상이 심어졌다. 1949년 이후 공식적 역사관이 조성되면서 역사가들이 활용할 수 있는 해석의 폭은 좁아지고 말았다. 이와 대조적으로, 1930년대 마르크스주의 역사학 연구는 역사적 유물론적 개념을 이해하고 이를 중국 역사에 적용하는 데 있어 상당한 다양성을 띠고 있었다. 이 시기 역사는 관방의 지도나 강요로부터 자유로웠다. 마르크스주의 역사가들의 정치적이고 이데올로기적인 소신은 그들의 역사 분석 형성에 결정적인 역할을 했지만, 정치와 역사 사이의 상호작용은 1949년 이후보다 훨씬 더 복잡했으며, 역사 저작에 있어 정치가 가지는 함의도 그러했다.

본 연구에서 언급될 마지막 문제는 역사적 유물론 개념이 중국 지식인들에게 어떠한 호소력을 갖고 있었는지, 20세기 사상에 어떠한 의미가 있는지를 평가하는 것과 관련되어 있다. 근대 중국의 역사관의 발전에 있어 역사적 유물론의 중요성을 처음으로 언급한 이는 레븐슨(J. Levenson)이었다. 그는 근대 중국의 역사 문제에 관한 상당히 고무적인 연구를 통해 이를 보여주었다.[22] 레븐슨은 중국 지식인들에게 마르크스주의 역사결정론이 서구가 중국에 침입함으로써 생산된 "역사와 가치" 사이의 긴장을 해결하는 길을 제공했다고 생각했다. 그는 마르크스주의 역사결정론이 있었기

22) J. Levenson, *Confucian China and Its Modern Fate*, vol.3, (Berkley and Los Angeles: University of California Press, 1968).

때문에 중국인들이 전통 문화의 기본적 가치들을 역사화할 수 있었고(이로 인해 그것들은 역사적 유물로 환원되었다), 그래서 그 가치를 포기해야 한다는 요구를 받아들일 수 있게 되었다고 생각했던 것이다. 동시에 그것이(지금은 부르주아적 가치로 축소된) 근대 서구적 가치와 마찬가지로 시대에 묶여 있다는 것을 보임으로써, 중국인들이 서구를 대면할 때 갖는 열등감을 완화시켰다.

이 책에서 제시되는 해석은 역사의 유물론적 개념의 사회적이고 혁명적인 함의를 강조한다는 점에서 레븐슨의 것과 다르다. 레븐슨이 발견한 문제는 결정적임에도 불구하고, 그는 사상으로 사상을 논하는 데 있어서 지나치게 나아간 면이 있었다. 이 사상은 역사적 맥락에서 추출된 것이었는데, 이러한 점은 중서 문화 충돌이 근대 중국 역사에 대한 근본적인 자료를 제공한다는 그의 확신을 보여주었다. 그러나 역사적 유물론의 기능은 단순히 중서의 가치 충돌에 의해 중국에서 야기된 심리학적 · 사상적 위기를 완화시키는 것이 아니다. 게다가 이것은 역사적 유물론의 가장 중요한 기능도 아니다. 이 충돌은 충분히 중요한 문제이기는 하지만, 가치에 대한 지나친 강조는 의도되었든 아니든 중서 충돌의 물질적 뿌리와 결과—서구 자본주의의 충격으로 인한 중국 사회의 혁명적인 변화—를 결과적으로 은폐한다. 중국에서 작동한 역사적 유물론의 유일한 기능이 중국적 가치의 역사화라고 한다면, 왜 다른 대체물이 아닌 마르크스주의 역사결정론이 선택되었는가를 이해하기가 쉽지 않다.[23] 여기서, 역사적 유물론은 역사 결정론일 뿐 아니라, 기본적인 사회경제학적 과정, 특히 시장경제의 흥기로부터 시작된 역사 변화의 동력에 대한 해석이기도 하다는 점을 반드시 상기해야만 한다. 역사적 유물론이 중국인들에게 호소력을 가졌던

23) 이 문제에 관련된 陶希聖의 주장에 대해서는 졸고 "T'ao Hsi-sheng: The Social Limits of Change", C. Fruth(ed), *The Limits of Change*, (Cambridge: Harvard University Press, 1976)을 참조하라.

시대의 사회적 조건이 마르크스가 자신의 역사 이론을 형성한 시기 유럽의 사회적 조건을 연상시키는 것은 우연이 아니다. 즉, 그것은 낡은 질서의 파괴와 새로운 세력의 등장에서 사회의 혁명적 변화가 나날이 확연한 사실이 되어가던, 급격한 변화의 형세였던 것이다. 가치와 사고에 최우선적인 관심을 보였던 이들은 아마도 20세기 초반 20여 년, 특히 신문화운동이 일어난 1920년을 전후한 시기에 중국 지식인들일 것이다. 그러나 이 20여 년을 현대 중국 역사 전체에 대한 패러다임으로 간주하는 것은 사실을 오도하는 것이다. 중국 사회의 혁명이 진전됨에 따라, 내적인 문제와 외적인 문제들은 그 자리를 바꾸었고, 중국과 서구의 사상적 충돌은 그중 하나의 측면에 지나지 않았다. 중국의 정치가 사회 혁명으로 나아갔던 20년대 중반에 이르자 사회 문제는 중국인들의 의식에서 두드러진 문제로 부상했다. 마르크스주의 역사학은 사실 직접적으로는 사회적 차원에서 현재의 혁명적 변화를 설명하려는 노력에서 성장했다. 그것은 또한 변화에 대한 새로운 혁명적 패러다임으로 표현되었다. 마르크스주의 역사가들이 30년대에 그들의 저작에서 전통적 사고와 문화에 대해—물론, 그들의 사회적 분석에 영향을 미치는 정도에 이르는 것을 제외하고는—비교적 거의 주의를 기울이지 않았다는 것은 주목할 만하다.[24] 그들의 주요한 관심사는 현재에 혁명의 임무를 수행하기 위해 과거를 이해하는 것이었다.

24) 이 언급에 대한 예외는 참고문헌에서 언급한 陶希聖, 郭沫若, 李季의 중국 사상과 사상가들에 대한 연구에서 찾을 수 있다. 그러나 이러한 연구들은 관련 저자들의 기본적인 관심을 대표하지 않으며, 단지 사회역사에 관한 그들의 저작의 파생물일 뿐이다.

2

맥락

1920년대 중반 중국 지식인들 사이에서 마르크스주의 정치사상이 보급됨에 따라 역사적 유물론은 중국의 사회역사사상 속으로 빠르게 흡수되었다. 1920년대 초반 마르크스주의가 친숙해지는 가운데 의미 있는 변화가 이루어졌지만, 마르크스주의는 중국 사상계에 즉각적인 충격을 주지는 못했다. 사람들은 역사적 유물론의 개념을 여전히 틀에 박힌 관점으로 이해하고 있었을 뿐이다. 중국 사회에 마르크스주의적 분석을 적용하려고 시도했던 일부 논자들은 마르크스주의 역사학의 개념이 만들어내는 복잡성을 무시했고, 그 결과 이론의 필요조건을 파악하는 데 실패했다. 20년대 중반 중국 정치가 발전함에 따라 마르크스주의와 중국 사회 문제의 연관성이 드러난 후에야 마르크스주의 분석에 대한 관심이 크게 일었다.

그렇지만 마르크스주의 이론이 수용되었다는 것이 반드시 공산주의가 사람들에게 호소력을 가졌다는 뜻은 아니었다. 사회적 · 정치적 구조의 결정자로서 계급 대립이라는 기본적인 전제를 최소한 이론적으로 유효하게 인식하는 것이 유물론의 이론적 공식을 흡수하는 필요조건이었다. 그러나 그러한 인식이 생겼다고 해서 사람들이 특정한 정치적 전략이나 사회적 변화에 관한 단일 모델에 빠져드는 것은 아니었다. 그 차이는 이론 자체의 호소력을 규명하는 것뿐 아니라 동일한 지점에서 시작했으면서도 왜 마르크스주의적 사회 분석이 다양하고 폭넓은 결론에 이르게 되는가를 설명하는 데 있어서도 중요하다. 중국 마르크스주의자들은 사실 마르크스주의의 정치적 전제들이 이론적 분석의 결론을 미리 결정지음으로써 이론을 제한하는 문제에 대해 서로 의견이 갈렸다. 중국 사회에 대한 최초의 진지한 마르크스주의적 분석은 공산주의 혁명 전략을 지지하기 위해서가 아니라 반박하기 위해서 만들어졌다. 당시 지식인들은 공산주의 혁명 전략이 중국 사회가 마르크스주의가 유럽에서 밝혀낸 것들과 동일하지는 않지만 유사한 계급 분리를 통해 형성되었다고 가정한다는 단정을 내렸다. 1920년대 말, 많은 중국 지식인들은 중국의 사회 문제를 규명하는 데 있어 마르크스주의가 효율적이라고 보았기 때문에 그에 접근했지만, 마르크스주의의 정치적 전제를 수정 없이 중국에 적용해야 한다는 요구는 거부했다.

마르크스주의에 대한 중국의 흥미의 강도와 특징에 따라, 중국의 사회사상에 마르크스주의 이론이 소개되는 과정을 거칠게나마 세 단계로 확인할 수 있다. 중국에서 처음으로 마르크스주의가 언급된 1899년[1)]과 1910년대 사이 마르크스주의에 대한 관심은 상당히 제한적이었으며 중국 사상이나 정치에 큰 영향을 끼치지 못했다. 1918년에서 1920년대 중반까지 마르크스주의에 대한 관심은 서서히 증가했다. 이 시기 마르크스주의가 중국 정치에 가한 충격은 중국의 사상계에 가한 것보다 훨씬 더 두드러졌다. 중국에서 공산당의 수립과 성장이 이 몇 해 동안 정치적 언어를

---

1) M. Bernal, *Chinese Socialism to 1907*, (Ithaca: Cornell University Press, 1976), p.37.

탈바꿈시켰지만, 이론적 관점에서 이 시기는 잠복기라고 할 수 있었다. 세 번째 단계는 1920년대 중반 혁명 운동으로부터 시작되었다. 이 운동은 수많은 중국 지식인들 사이에 마르크스주의 사상을 확산시켰으며, 1927년 이후의 마르크스주의의 성장의 예비적 단계였다. 혁명 운동으로 인해 중국에서 계급투쟁은 추상적인 문제에서 구체적인 문제가 되었고, 중국의 마르크스주의자들은 마르크스주의 이론 전체와 대면하게 되었다. 아이러니하게도 중국에서 공산주의의 퇴조기였던 이 시기에 마르크스주의는 중국의 사회사상에 있어서 가장 역동적인 경향으로 부상했던 것이다.

5 · 4 시기 마르크스주의 이론

이 연구에 있어서 마르크스주의 이론이 중국에 소개된 첫 단계를 세밀하게 다룰 필요는 없다. 20세기 첫 10년간 사회주의에 관심을 가졌던 급진주의자들은 마르크스주의에 담겨 있던 역사적 전망을 인식했지만, 중국 사회와 정치에 관한 논증에 이 지식을 활용하지 않았다. 량치차오와 동맹회의 이론가들이 중국에 사회주의가 적절한가를 가지고 논란을 벌였을 때, 그들은 역사적 유물론이나 변증법적 유물론에 대해서 언급조차 하지 않았다.[2] 도리어 그들은 마르크스주의 분석이 중국에 그렇게 적합하지는 않다는 데 의견이 일치했다.[3] 이러한 상황에서 12년이 흐른 후 중국 역사에 대한 첫 번째 유물론적 분석이 등장한다. 1905년에서 1907년까지 동맹회의 주 대변인이었던 후한민(胡漢民)은 초기 중국 사회를 "원시 공산제

---

2) Li Yu-ning(李又寧), *The Introduction of Socialism to China*, (New York: Columbia East Asian Institute, 1971), p.21.

3) 이에 관해서는 앞의 책을 보라. 또한 Bernal, *Chinese Socialism*, chap.7과 R. Scalapino, H. Schiffrin, "Early Socialist Currents in the Chinese Revolutionary Movement", *Journal of Asian Studies*, 16, (1957), pp.321-342을 보라.

사회"로 해석했고, 이로써 중국 사회사에 관한 논쟁이 일어나게 되었다. 이 논란은 마르크스주의 역사 사상이 중국 사회사에 야기한 최초의 논쟁이었다.[4)]

역사적 유물론은 1918년 이전에 중국 역사 사전에 도입되었지만, 중국 역사를 개념화하는 데 어떠한 의미 있는 충격도 던지지 못했다. 사상적인 의미에서 중국 내 마르크스주의의 기원은 1918년에서 찾아야 한다. 이 해 중국의 지식인들은 러시아 혁명을 알게 되면서 마르크스주의 이론에 대해 최초로 진지한 토론을 벌였다. 그 후 마르크스주의 이론에 대한 관심과 지식은 별다른 어려움 없이 확대될 수 있었다. 중국 지식인들은 주로 2차 자료에 의존해서 지식을 얻었지만, 역사적 유물론 관련 저작이 증가했다는 것은 새로운 흥미가 일어났다는 것을 반영하는 것이었다. 소련과 유럽에서 교육받은 학생들이 마르크스주의 텍스트를 중국어로 번역하기 시작한 1920년대 중반 이전에는 주로 일본 저자들이 (정치적 적용과는 별개로) 중국 지식인들에게 마르크스주의의 이론적 지식을 전해주었다. 이를 통해 1910년대에 시작된 경향이 지속될 수 있었다. 유물론 이론에 관한 주요 일본어 저작들이 중국어로 번역되었으며, 일본인들의 이름이 중국 저자들의 참고문헌에서뿐 아니라 유물론 이론의 해석과 관련된 논의에서 다른 어느 나라의 인물들보다 더 자주 눈에 띄게 되었다. 가장 자주 보이는 가와카미 하지메(河上肇)는 일본에서 유물론에 관해 가장 많은 글을 쓴 저자 중 하나였다.[5)] 가와카미의 번역서들은 마르크스주의 텍스트의 주요 원천이었

4) 井田制에 대한 논쟁이다. 이에 관해서는 다음 장을 보라.

5) 이 시기 河上肇는 마르크스주의로 막 전향한 상황이었기 때문에, 그의 저작에는 유물론의 문제들에 대한 인식이 담겨 있기는 하지만, 해석 자체는 깊이가 없었다. 심지어 어떤 전기 작가는 그의 마르크스주의의 경계를 어디까지 봐야 하는가에 대해서 의문을 제기했다. G. Bernstein, "Kawakami Hajime: A Japanese Marxist in Search of the Way", B. Silberman and H. Harootunian(eds.), *Japan in Crisis* (Princeton: Princeton University Press, 1974), p.89를 보라.

고, 수많은 중국 저자들은 그의 번역을 채택했다. 이 밖에 중국어로 저작이 번역된 일본인 저자들로는 야마카와 히토시(山川均, 1880~1958), 쿠와키 겐요쿠(桑木嚴翼, 1874~1946), 쿠시다 타미조(櫛田民藏, 1885~1934), 타카하타 모토유키(高畠素之, 1886~1928) 등이 있었다. 타카하타의 경우 『자본*Capital*』을 일본어로 번역했다.[6)]

이러한 저자들을 통해 중국 마르크스주의자들은 역사적 유물론의 공식적인 사고의 틀을 마련한 마르크스 · 엥겔스의 저작에 친숙해질 수 있었다. 마르크스의 역사 사상을 가장 설득력 있게 설파한 「정치경제학비판*A Contribution to the Critique of Political Economy*」의 서문은 1920년에 이미 『건설建設』에서 가와카미의 번역 기사로 만날 수 있었다.[7)] 「정치경제학비판」 서문은 가와카미가 특히 중요하다고 생각했기 때문에 중국어로 번역된 다수의 그의 저작들에 인용되었고, 또 다양한 잡지에도 게재되었다.[8)] 또한 『건설』에 게재된 가와카미의 글들에는 『자본』에 있는 다수의 역사 관련 문장들이 인용되어 있었다. 20세기 초 10년 동안 부분적으로 중국어로 번역되었던 『공산당선언*The Communist Manifesto*』은 이 시기에 전체가 번역되었다. 중국 마르크스주의자들은 또한 1912년 부분 번역된 엥겔스의 『공상에서 과학으로의 사회주의의 발전*Socialism: Scientific and Utopian*』[9)*]을 통해 마르크스주의에 대한 엥겔스의 생각에도 접근할 수 있었다. 후한민은 1912년 그의 「유물사관의 비판적 비판唯物史觀的批評的批評」에서 『신성가족*The Holy Family*』, 『철학의 빈곤*The Poverty of Philosophy*』, 『공산당선언』, 『임금노동과 자본*Wage*-

6) 이 글들은 반드시 마르크스주의적인 입장이라고는 할 수는 없는 잡지들에 실렸었다. 『新青年』, 『東方雜誌』, 『學藝』 등이 대표적인 예라고 할 수 있다.

7) 河上肇, 「見於資本論的唯物史觀」, 『建設』 第2卷 第6期, (1920.8.1.) pp.1151-1171.

8) 예로 「經濟學批評序中之唯物史觀公式」, 『學藝』 第4卷 第1期, (1922.7)을 보라.

9) 『新世界』에서 발간. 張靜廬, 『中國出版史料(補編)』, (北京: 中華書局, 1957), p.442를 보라.

* 중국어판 제목은 "社會主義從空想到科學的發展"이다.-역자

Labor and Capital』, 「루이 보나파르트의 브뤼메르 18일*The Eighteenth Brumaire of Louis Bonaparte*」, 『정치경제학비판』, 『자본』 등에서 역사와 관련된 문장들을 인용했다.[10] 이 저작들은 당시 여러 글에서 반복적으로 언급되었으며 마르크스주의 역사 사상에 관심이 있는 누구나 접근할 수 있었다.

1910년대 중반까지 당시로서는 최근 마르크스주의자들의 역사적 유물론 논문뿐 아니라 유물론 이론을 적용한 예들도 중국에 소개되었다. 1920년경에 훈다이잉(惲代英)이 칼 카우츠키(Karl Kautsky)의 『에르푸르트 강령*The Class Struggle*』*을 번역했고, 다이지타오(戴季陶)는 『건설』에 실린 카우츠키의 『마르크스 경제학 해설*Marx' Oekonomische Lehren*』의 일본어 번역본을 『마르크스 자본론 해설馬克思資本論解說』이라는 제목하에 중국어로 번역했다.[11] 왕이창(王宜昌)은 이 시기 마르크스주의의 위상에 대한 상당한 정보를 제공했는데, 엥겔스의 『가족, 사적소유, 국가의 기원』, 『사유재산과 국가*Private Property and the State*』가 1925년경에 중국에 번역되었다고 소개했다.[12] 러시아 마르크스주의자들의 유물론 해석은 중국의 유물론 사상에 더욱 의미 있는 충격이었다. 리유닝(李又寧)은 초기 사회주의자들과의 인터뷰를 통해 소련의 공식적인 관점을 대표했던, 부하린(N. Bukharin)과 프레오브라젠스키(Y. Preobrazhensky)의 『꼬뮤니즘ABC *The ABC of Communism*』가 이 시기 마르크스주의에 관한 정보를 얻고자 하는 이들에게 가장 인기 있는 자료였다는 것을 밝혀냈다.[13] 특히 취추바이(瞿秋白)가 『사회과

10) 『建設』 第1卷 第5期, (1919.12.1). 胡漢民, 『唯物史觀與倫理的硏究』, (上海: 1925)에서 재간.

* 국내에서는 서석연이 이러한 제목으로 번역했다.-역자

11) 『建設』 第1卷 第4期, 第5期, 第6期, (1919.11, 1919.12, 1920.1), 第2卷 第2期, 第3期, 第5期, (1920. 3, 1920,4, 1920.6)

12) 王宜昌, 「中國社會史論史」, 『讀書雜誌』 第2卷 第2-3期, (1932.3), p.19.

13) 李又寧, *The Introduction of Socialism to China*, p.110. 나는 『新靑年』 第9卷 第5期, (1921.9.1)의 광고에서 이 책이 최초로 언급되었다는 것을 찾아냈다.

학개론社會科學概論』이라는 제목으로 번역한 부하린의 『역사적유물론*Historical Materialism*』은 유물론을 가장 적절하게 설명하는 저작이었다.[14)] 보그다노프(I. Bogdanov)의 『경제이론 개요*Outline of Economic Theory*』 또한 1925년과 1927년 사이에 부분적으로 중국어로 번역되었는데, 일부 중국 저자들은 보그다노프의 사상을 중국에 적용하려 시도했었지만 저작의 실제적인 효과는 1927년이 되어서야 나타났다.[15)] 1926년, 『신청년新青年』은 포크로브스키(Pokrovsky)의 『러시아 역사 개요*Russian History in the Briefest Outline*』를 소개했다. 이 저작은 1927년 이전 간행된 저작들 중 드물게 역사 구조와 관련된 논의를 담고 있었다.[16)] 마지막으로 중국 마르크스주의자들 사이에서 인기가 있던 비 마르크스주의자 셀리그만(Edwin R. A. Seligman)을 언급할 필요가 있겠다. 그의 저작 『역사의 경제학적 해석*The Economic Interpretation of History*』은 이 시기 수많은 중국인들에게 역사적 유물론에 관한 해석을 제공했다.

분산되어 있기는 하지만, 이러한 광범위한 자료들은 유물론 이론의 개요를 알려주는 데 알맞은 자료였다. 1920년대 초반의 중국 저자들은 선배들에 비해 마르크스주의 이론에 있어 역사의 중요성을 잘 이해하고 있었다. 그들의 관심은 처음에는 철학적인 수준에서 표출되었지만, 사회 분석에 있어 역사적 유물론적 해석으로부터도 깊은 인상을 받았다. 이 시기 지식인들은 가용한 마르크스주의 자료들을 통해 사회 분석에 있어 역사의

---

14) N. Bukharin, *Historical Materialism*, (New York: Russell and Russell, 1965; 1925년 판 재간). 陶希聖은 瞿秋白본은 1925년에 출간되었다고 기억한다. 『潮力與點滴』, (臺北: 1964), p.81을 보라.

15) 王宜昌, 「中國社會史論史」, pp.19-20.

16) 王伊維 역, 「馬克思主義的歷史研究觀」, 『新青年』 季刊(『新青年』月刊의 후신). 번역자가 Pokrovsky의 관점을 단순히 "마르크스주의적"으로 간주한 것이 흥미롭다. 1920년대 중반 접할 수 있던 사회 구조에 대한 다른 주장은 周佛海, 「生産方法之歷史的觀察」(H. M. Hydman, *Socialist Economics*, chap.1의 번역), 『新青年』 季刊3期, (1924.8.1), 蔣光赤, 「經濟形式與社會關係之變遷」, 『新青年』 季刊2期, (1923.12.20.) 등이 있다.

중심성을 충분히 이해할 수 있었다. 가와카미는 상기의 글들을 통해 역사 분석과 경제 분석이 분리불가능하다는 것을 보여주었으며 이를 반복해서 강조했다. 마르크스의 저작들에서 역사의 역할을 연구한 쿠시다 타미조(櫛田民藏)는 자신의 저작에서 "마르크스주의 이론은 역사적 유물론과 생사를 같이한다"[17]라는 결론을 내렸다. 이 저자들 중 역사에 관해 가장 다작을 한 이는 리다자오(李大釗)였다. 리다자오는 마르크스주의에서 역사의 중심성을 강조했을 뿐 아니라 역사적 유물론을 마르크스의 가장 중요한 지적 성과의 하나로 간주했다.[18] 그는 마르크스가 역사와 사회학을 하나로 합쳐 처음으로 역사의 자주성을 보여주었다고 말했다. 마르크스 이전에 역사는 위대한 인물이나 정치가들에 관한 연구로 제한되어 있었고 정치적인 관심과 이론적 관심이 역사 연구를 지배해왔다.[19] 마르크스는 역사 변화에는 사회적 근원이 있다는 것을 지적했으며 역사 내의 모든 삶의 현상을 담아내고자 했다. 리다자오는 역사적 유물론이 삶의 총체성을 보여주는 데 성공했다는 것을 시적으로 언급했다. 그는 역사적 유물론이 처음으로 역사에 대한 진실한 해석과 과거, 현재, 미래를 하나로 엮는 끈을 제공함으로써 인류의 해방을 기대하게 만들었다고 말했다.[20]

역사적 유물론에 대한 새로운 이해는 마르크스주의적 관점을 바탕으로 중국 사회의 현재적 문제를 탐색하려는 즉각적인 시도나, 때로는 단기간 지속된 시도에서 분명히 드러났다. 마르크스주의적 영감을 보여준 최초의 역사 분석은 러시아 혁명 후에 나타났다. 1919년 11월 『건설』에 다이지타

17) 櫛田民藏 저, 施存統 역, 「唯物史觀在馬克思學上底地位」, 『東方雜誌』 第19卷 第11期, (1922.6.10.), pp.33-46. 인용은 p.46.

18) 李大釗는 많은 저작에서 이 문제를 다루었다. 가장 먼저 직접적으로 이 문제를 다룬 것은 「唯物史觀在現代史學上的價値」, 『新青年』 第8卷 第4期, (1920.12.1.), pp.515-520이다.

19) 같은 책, p.517.

20) 같은 책, p.518.

오의「경제적 관점에서 살펴본 중국의 혼란의 근원從經濟上觀察中國底亂源」[21]이 발표되었다. 이후 수개월에 걸쳐 같은 잡지에 중국 사상사와 중국에서 친족 조직의 진화에 관한 후한민의 장편논문 두 편이 실렸다. 두 논문은 역사적 유물론을 중국 역사에 적용한 이 시기 가장 야심차고 인상적인 글이었다.[22] 리다자오는 1920년 발표한 글을 통해 마르크스주의적 분석을 당시 중국의 최신 지적 변화와 접목했다.[23] 이 글들은 신문화운동 기간 동안 중국 역사에 관한 마르크스주의적 분석 전체를 담고 있었다.

주제도 다양하고, 저자들도 광범위하고 상이한 관심들을 보여주었지만, 중국 역사에 역사적 유물론을 적용하고자 한 이러한 초기의 노력들에는 두 가지 공통점이 있었다. 우선, 그들은 다른 자료에서 추출한 사회경제학적 개념을 마르크스주의적 개념과 자유롭게 혼합한 마르크스주의를 사용했다. 둘째, 그들은 경제학적 전위轉位와 제도 및 사상 방면의 변화 사이의 관계에 집중했다. 그들은 마르크스주의 역사 이론의 기본적인 문제들을 모두 에둘러갔다. 특히 역사에서 계급관계의 역할과 그것의 구조적 표현, 즉 특정한 계급관계에 대응하는 사회구성체의 문제를 지나쳤다.

개념의 혼합은 그 저자들이 공식적으로는 전문적인 마르크스주의자들이었음에도 불구하고 그들의 분석을 마르크스주의적이라고 선뜻 받아들일 수 없는 이유이다. 다이지타오는 중국 사회의 위기를 이해하는 수단으로서 마르크스주의적 방법을 사용할 필요가 있다고 보았고 자신의 글에서 특정한 주장을 뒷받침하기 위해 마르크스, 엥겔스, 카우츠키 등을 언급했다. 그러나 그는 다윈의 이론과 마르크스의 이론을 혼합할 것을 주장했

21) 戴季陶,「從經濟上觀察中國底亂源」,『建設』第1卷 第2期, (1919.9.1.), pp.1-19.

22) 胡漢民,「中國哲學之唯物底研究」,『建設』第1卷 第3期, (1919.10.1.), pp.513-543, 第1卷第4期, (1919.11.1.), pp.655-691.「從經濟的基礎觀察家族制度」,『建設』第2卷 第4期, (1920.5.1.), pp.731-777.

23) 李大釗,「由經濟上解釋中國近代思想變動的原因」,『新青年』第7卷 第2期, (1920.1.1) 이 글은『李大釗選集』, (北京: 1962), pp.295-302에 다시 실렸다.

고, 여기에 중국의 무질서의 원천을 설명하고 그것을 완화하기 위해 쑨원(孫文)의 민생民生 개념을 더할 것을 요구했다. 심지어, 이렇게 혼합된 사고들 가운데서 쑨원의 사고는 가장 두드러진 것이기도 했다.[24] 1920년까지 명백한 마르크스주의자였던 리다자오는 개념의 활용에 있어 다이지타오보다 더 절충적이었다. 그는 마르크스주의와 스펜서(H. Spencer)의 사회진화론, 몽테스키외(C. Montesquieu)와 버클(H. T. Buckle)의 지리적 결정론을 자유롭게 혼용했다.[25] 후한민도 마찬가지였다. 그는 명백하게 유물론적 역사관을 고수했지만 역사 분석에서 다른 사회학 이론을 배제하지 않았다. 특히 가족에 관한 연구에서 그는 마르크스보다 독일 사회학자인 그로세(E. Grosse)에 더 많이 의존했으며, 마르크스주의와 무관하다고는 할 수 없지만 그래도 거리가 있는, 19세기 사회학 이론에서 구한 견해를 자유롭게 사용했다.[26]

이 저자들은 마르크스주의의 이론적 공식이 중국 사회에 효용성이 있는가를 알아보는 데는 큰 관심을 가지지 않았다. 대신 그들은 역사적 유물론에서 신문화운동의 지식인 사회의 지배적 신념에 대한 확증을 찾으려고 했다. 다이지타오는 민생과 질서 사이의 관계에 집중했다. 그의 글은 과거

---

24) 戴季陶, 「從經濟上觀察中國的亂源」, p.11. 또한 pp.1, 6을 보라.

25) 李大釗는 중국 사회의 농업적 기반이라는 관점에서 가족의 힘을 설명했다. 그는 이것을 중국이 "남부 기후대"에서 속했기 때문이라고 보았다. 같은 이유로 그는 중국은 천연자원이 풍부하기 때문에 경쟁할 필요가 없었다고 생각했다. 그는 동서양 문명을 정적인 것과 역동적인 것으로 구분한 嚴復의 주장을 받아들였다. 嚴復의 구분에 관해서는 B. Schwartz, *In Search of Wealth and Power: Yen Fu and the West*, (Cambridge: Harvard University Press, 1961)를 보라.

26) 참고문헌은 E. Grosse, *Die Formen der Familie und die Formen der Wirtschaft*(1896)이다. 胡漢民은 Grosse의 친족관계의 진화에 대한 범주를 네 가지 역사적 형식에서 사용했다. 「從經濟的基礎觀察家族制度」, p.741을 보라. 이 글은 Engels, Howard, Westermaarck, Starcke, McLennan, L. H. Morgan, J. Lubbock, G. Schmoller 등 19세기와 20세기 초의 사회학자들과 인류학자들의 저작을 언급하고 있다. 이 저자들 중 상당수는 마르크스주의와 거리를 두고 있었다.

의 중국과 당시의 중국의 무질서(그는 이것을 혁명과 동일시했다) 모두가 민생의 불안정에서 기인했다는 것, 그리고 이러한 민생의 불안정은 지나치게 가혹한 착취와 자연재해라는 극한적 환경에서 야기된 과도한 부의 불균형에서 기인했다는 점을 보여주는 데 전념했다.[27] 리다자오는 주로 중국 가족의 운명에 관심을 가졌다. 그는 다른 신문화 지식인들과 마찬가지로, 중국의 가족제도가 유가의 사고와 가치를 자양분으로 하여 영속화되었다고 생각했다. 그는 자신의 글에서 가부장적 가족을 농업경제의 파생물로서 바라보았으며 중국에서 산업화가 진전되면서 이러한 유형의 가족은 사라지고 중국 사상계에서 유교의 지배력도 사라질 것이라고 예견했다. "경제적 변화가 모든 사상적 변화의 원인이다"라는 전제는 그의 분석에 유물론이 어느 정도 영향을 주었는지를 말해준다.[28]

같은 전제가 후한민의 주장에서도 되풀이되었다. 그는 "물질 생산 방법의 변화는" 문화의 사상적 요소와 태도의 요소뿐 아니라 "모든 사회적 관계의 변화를 촉발한다"[29]라고 말했다. 중국 철학과 중국 가족의 진화에 관한 후한민의 연구는 주제가 다른 분석들보다 훨씬 더 복잡하기는 하지만 유물론적 방법을 중국 역사에 처음으로 제대로 적용한 것이었기 때문에 더 자세하게 다룰 필요가 있다. 당시의 사회에 주로 관심을 보였던 다이지타오와 리다자오와 달리 후한민은 분석의 범위를 중국 역사 전체로 확장했다. 그리고 다이지타오와 리다자오가 역사적 유물론에 대해 거의 언급을 하지 않았던 데 반해, 후한민은 중국 철학 관련 논문 서두에서 역사적 유물론의 해석을 수용했음을 분명히 밝혔고 유물론적 방법의 정수라고 생각한 원칙을 열거한 방법론적 틀을 제시했다. 또한 그의 분석들은 경제 변화, 사회 조직, 그리고 철학 사이의 내적인 관계의 세세한 특징

27) 戴季陶, 「從經濟上觀察中國的亂源」, p.10.

28) 李大釗, 「由經濟上解釋中國近代思想變動之原因」, p.296.

29) 胡漢民, 「中國哲學之唯物底硏究」, 『建設』 第1卷 第3期, pp.513-514.

에 더 깊은 관심을 기울였다. 그럼에도 불구하고 후한민의 논문들은 주제 면에서, 그리고 마르크스주의의 역사적 인과관계에 대한 이해의 측면에서 다이지타오와 리다자오의 논문들과 상당히 유사했다. 후한민은 철학적 에세이에서 불안정한 시기에는 사상가들이 사회 조직의 새로운 원칙을 탐색하게 되기 때문에 지적으로 다양해지는 반면, 안정적 시기에는 정치적 권위에 굴복하고, 사상은 정치적 급선무에 굴복하기 때문에 지적인 창조성을 박탈당할 수밖에 없다고 말했다.[30] 또한 가족에 관한 글에서는 역사를 관통하는 친족 조직의 다양한 형식을 지배적 경제 체제가 요구한 노동 분업과 연관시켰다.[31] 그의 분석이 상당히 통찰력 있고 독창적이긴 했지만, 그 해석들이 특별히 마르크스주의적인 것은 아니었다. 경제적 변화에서 기인하는 사회적 관계와 물질 생산 사이의 "부조화"로부터 사회적 변화가 일어난다는 그의 해석은, 역사적 발전을 추동하는 사회 혁명의 근원에 생산양식과 생산 관계의 모순이 있다는 마르크스적 전제를 상당히 희석시키는 주장이었다. 보다 중요한 것은, 경제를 역사 변화의 동기로 강조한 후한민의 해석이 마르크스주의 역사 이론에 있어 가장 문제적인, 생산양식과 생산 관계 사이의 변증법적 관계를 은폐하고 말았다는 것이다. 이 관계의 변증법적 본질을 간과했기 때문에 후한민은 역사 변화의 원천으로서 생산관계의 독립적인 역할을 부정했다.

사실, 이러한 초기의 분석에서 역사적 유물론은 경제적 변화에 기초한 진화론의 변이였다. 다이지타오, 리다자오, 후한민은 모두 사회적, 정치적, 이데올로기적 안정과 변화에 대한 경제의 중요성을 강조했다. 그들은 역사에서 계급관계에 대한 문제에 주의를 기울이지 않았고, 그래서 마르크스주의적 범주를 중국 역사에 적용하는 데 있어 야기되는 난점을 거의

30) 같은 책, p.514.

31) 胡漢民,「從經濟的基礎觀察家族制度」, pp.741-755.

이해하지 못하고 있었다. 이는 중국 지식인들이 접할 수 있던 자료에서 마르크스주의를 어떻게 해석했는지를 일부나마 보여준다. 또한 그것들은 20세기 초반 중국 지식인들의 마르크스주의에 대한 관심의 한계를 보여주었다.

중국의 마르크스주의자들은 위에서 인용한 저작들, 특히 『정치경제학비판』과 같은 책을 통하여 역사적 유물론의 기본적인 사고에 친숙해졌다. 그러나 그들의 공식公式화된 어법은 이러한 사고들을 기계적이고, 심지어는 도식적으로 만들었다.[32] 아래는 이 시기에 다른 누구보다 활동적인 마르크스주의 저자이자 번역가였던 스춘퉁(施存統)의 역사적 유물론의 기초에 관한 주장이다. 이것은 동시대 유물론 이론이 보급되는 상황이 어떠했는지를 우리에게 보여준다.

> 역사적 유물론이 중국에서 어떻게 운용되었는지를 논의하기 위해서는 먼저 유물사관을 이해해야 한다. 유물사관의 개요는 이렇다. (1) 경제 조직(생산과 분배의 방법)은 사회 조직의 기초이다. 법률, 정치, 종교, 예술, 철학 등의 정신문화의 모든 요소들은 이러한 토대 위에서 상부구조를 구성한다. (2) 사회의 "물질적 생산력"이 일정 정도 발전하면, 기존의 생산관계들과 충돌하게 된다. 사회는 이 모순이 해결된 뒤에야 발전할 수 있다. 사회 혁명은 이 모순을 해결한다. 모순이 해결되면 경제적 기초가 변화하고, 상부구조도 이에 따라 변화한다. (3) (법이든, 정치든, 종교든, 예술이든, 철학이든) 모든 정신적 혁명은 생산력과 생산관계(또는 재산관계) 사이의 모순이다. 인류는 이 모순을 해결하려고 하고 그래서 정신적 혁명이 일어나게 된다. 모든 "위

32) 公式이라는 용어는 이 당시 있었던 수많은 이론적 논의에 실제로 쓰였다. 아마도 그 용어를 자유자재로 구사했던 河上肇의 영향 때문이었을 것이다(주8에서 인용된 글 참조). 河上肇에 근거해 자신의 관점을 확립한 중국 저자가 어떻게 "公式"을 사용했는지에 대해서는 高一涵, 「唯物史觀底解釋」, 『社會科學季刊』 第2卷 第4期, (1924.7-9), pp.473-487을 보라.

험한 사상(危險思想)"은 경제적 상황의 반영일 뿐이다. (4) (정치적이든, 경제적이든, 지적이든) 모든 투쟁하는 혁명적 계급은 생산관계와 생산력 사이의 모순에서 나타난다. 인류는 이러한 모순을 인식할수록 계급투쟁에 몰두하고, 그럴수록 조금이라도 일찍 이 모순을 해결할 수 있다. (5) 모든 문제는 "물질적 조건"을 갖추었을 때야 비로소 해결될 수 있다.[33](중국어판에 인용된 중국어 원문을 번역-역자)

이러한 단계적인 교과서적 접근 방식은 후한민의 유물론적 방법의 틀을 떠오르게 한다. 이것은 인과관계의 엄격한 층위를 확립했으며, 역사적 유물론에서 역사 발전의 동인動因인 경제와 사회 사이의 역동적인 긴장을 지워버렸다. 중국 마르크스주의자들은 변증법적 발전관에서 경제와 똑같이 사회의 중요성을 인식하고 있었다.[34] 그러나 그들에게 가장 큰 인상을 주었던 역사적 유물론의 특징은 "역사의 경제학적 해석"이었을 것이다. 경제양식의 사회적 표현을 묘사할 때, 마르크스주의 저자들은 계급관계를 거의 언급하지 않았으며 사회조직이라는 비교적 범위가 넓은 용어를 더 자주 사용했다. 사회조직에서 계급이 반드시 배제될 필요는 없다. 그러나 그것은 역사의 발전에서 계급의 주요 역할이 무엇인지에 대해서는 어떠한 단서도 보여주지 않았다.

이러한 태도에는 이 시기 중국인들이 접할 수 있었던 2차 저작이 역사적 유물론을 어떻게 해석했는지가 반영되어 있었다. 가와카미 하지메는 마르크스주의 역사 발전론의 복잡성을 이해하고 있었음에도 역사 발전에 있

33) 施存統, 「唯物史觀在中國的應用」, 『社會主義討論集』, (上海: 新青年社, 1922), pp.427-428.

34) 이 구분은 河上肇의 『建設』에 게재된 글에서 만들어졌으면서도 한편으로는 또 거부되었다. 비록 河上肇의 글이 사회 문제를 간과했음에도 그러했다. 다른 예로는 山川均, 「從科學的社會主義到行動的社會主義」, 『新青年』 第9卷 第1期, (1921.5.1.), pp.7-10을 보라.

어서 사회관계의 역할 거의 전부를 간과했으며 오직 그가 기술技術과 동일하게 인식한 생산력의 동인적動因的 기능에만 집중했다.[35] 그는 생산관계를 명시적으로 언급하면서도, "사회 조직"은 추상적으로 언급했다. 그는 계급을 한 번도 언급하지 않은 반면에 생산관계에 소통, 교환, 분배가 포함되는지 여부는 논했다.[36] 가와카미는 자신의 비평에서 사회적 관계를 소홀히 했다는 이유로 비판받았다. 일본사상을 다룬 서구 역사가 중 한 명은 역사 발전에 대한 가와카미의 접근은 마르크스보다는 셀리그만에 더 가깝다는 의미심장한 주장을 펴기도 했다.[37] 유럽에서 발간된 공식적인 전문서 중 이 시대에 유일하게 구할 수 있던 부하린의 『역사적 유물론』에서도 역사 발전을 다루는 방식에서 가와카미의 태도가 반복됐다. 취추바이는 이를 번역하면서 이러한 점을 더욱 강하게 드러냈다. 소위 "도구 사관(工具史觀)"이 취추바이의 책을 지배하고 있었다. 그것은 역사 전체에 걸쳐 노동의 기술적 축적이 생산력을 발전시킨다는 생각에 바탕을 둔 역사 발전론이었다.[38]

이러한 저작들은 역사적 유물론은 기술발전에 기초를 둔 진화론이라는 인상을 주었고, 중국 저자들은 마르크스주의와 진화론의 유사성을 종종 언급하였다.[39] 당시 중국 지식인들은 역사적 유물론과 사회의 경제적 기

35) 河上肇, 「唯物史觀中所謂"生産"·"生産力"·"生産關係"的問題」, 『學藝』 第4卷 第3期, (1922.11.1.) pp.1-18, 특히 p.12.

36) 같은 책, pp.15-18.

37) Gino Piovesana, *Recent Japanese Philosophical Thought, 1862-1962*, (東京: Enderle Bookstore, 1963), p.171.

38) Bukharin, *Historical Materialism*, 瞿秋白, 『社會科學概論』, pp.17-19, 특히 도표를 참조하라.

39) 高一涵은 이것을 단순히 진화론으로 설명했다. 「唯物史觀底解釋」, p.481을 보라. 瞿秋白의 책 역시 같은 생각을 전한다. Bukharin 자신은 혁명이 변화에 반드시 필요한 것은 아니라고 생각했다.(*Historical Materialism*, chap.8) 혁명가들은 마르크스주의를 진화론으로서 배격했다. 그러나 마르크스주의와는 다소 구별되는 역사적 유물론에서는 다른 문제였다. 『新靑年』 第9卷 第4期, pp.555-560에서의 蔡和森과 陳獨秀 사이의 서신을 보라. 蔡

초를 강조한, 19세기 후반 유럽의 사회인류학적 연구 간의 차이에 대해 거의 무지했다는 것을 보여준다.[40] 어느 누구보다 역사적 유물론을 경제적 측면으로 한정했던 이는 셀리그만이었다. 중국의 유물론자 중 사상 방면에서 셀리그만으로부터 직접적인 영향을 받은 이는 오직 리다자오 하나였다. 그는 이 시기까지는 마르크스주의자이자 확고한 공산주의자였다. 그러나 이 시기 다른 중국 저자들의 방법론에서도 셀리그만의 역사적 유물론에 대한 관점을 읽어낼 수 있다.[41] 리다자오는 역사적 유물론을 평가하는 데 있어 전체를 셀리그만의 『역사의 경제학적 해석』에 의지했다. 셀리그만은 역사적 유물론에서 계급분석의 중요성을 낮춰보았을 뿐 아니라 사회주의자로서 마르크스와 경제학적 역사가로서 마르크스를 동일한 사람으로 간주했다.[42] 그의 관점에서 보면, 마르크스의 위대한 공헌은 사회조직에 관한 통일된 관점을 만들어냈다는 것과 이와 더불어 경제를 사회의 근본적인 동인으로서 제시했다는 것이다. 마르크스는 셀리그만의 저서에서 19세기 후반 유럽과 미국 사회학에 활력을 불어넣은 역사적 방법론의 뛰어난 구현자 중 하나로 그려졌다.[43] 이러한 사고는 리다자오에게서도 볼 수 있다. 그는 "역사의 경제학적 해석(economic interpretation of history)"이라는 문구가 모호한 "역사적 유물론"보다 마르크스주의 이론을 더 잘 설명한다고 주장한 셀리그만에 동의했다. "역사적 유물론"이라는

和森은 마르크스주의가 "진화와 혁명"을 동기화시켰다고 주장했다. 재미있는 것은 蔡和森이 마르크스주의의 두 구성요소인 계급투쟁과 역사적 유물론을 분리시켰다는 것이다. 이 구분은 Seligman을 떠올리게 한다.

40) 이것은 앞서 언급된 역사적 유물론 해석 모두에 해당된다.

41) Edwin R. A, Seligman, *The Economic Interpretation of History*, (New York: Columbia University Press, 1924; 초판 1902).

42) 같은 책, pp.108-109.

43) 같은 책, 제2부 제6장. 또한 제1부를 보라. 여기에서 Seligman은 유물론을 단순히 사회학의 새로운 경향으로 다루는데, 마르크스주의는 당시 사회학의 경향 중 어쩌면 가장 강력한 것이었다.

말은 마르크스주의 유물론과 사회에 대한 다른 유물론적 해석 간의 차이를 보여주지 못했다.[44] 리다자오는 마르크스주의 이론에서 공식적으로는 사회학적 해석의 중요성을 강조했지만, 방금 거론한 이론적 논쟁이나 분석에서는 역사의 동력으로 작동하는 사회적 기제를 고려하지 않았다.

중국 지식인들은 획득 가능한 자료 내에서 마르크스주의를 경제적 진화론으로 해석하는 경향이 있었지만, 리다자오, 다이지타오, 후한민과 같은 마르크스주의자들이 마르크스주의의 사회학적 개념을 잘 몰라서 계급분석의 중요성을 간과한 것은 분명 아니다. 1927년 이후 처음으로 역사 분석으로 돌아선 마르크스주의자들이 초기의 마르크스주의자들보다 마르크스주의 저작을 더 많이 이해한 것은 아니었지만, 이 이론의 복잡성에 대해서는 훨씬 더 잘 이해하고 있었다. 리다자오는 공산당의 지도자였다. 그곳에서는 아마도 계급투쟁이라는 이슈가 매일매일 논쟁거리였을 것이다. 후한민과 다이지타오는 1920년대 초반 마르크스주의에 대해 가장 잘 교육받은 마르크스주의자에 속했다. 이 시기 다른 마르크스주의 저작에서 확인되듯이, 여기서 논의된 분석에서 마르크스주의가 사용된 양상은 계급이 그저 이 시기의 화두가 아니었다는 것을 말해준다. 후한민의 연구에 대한 반응은 이 점을 명백하게 보여준다.

다이지타오와 마찬가지로, 후한민은 자신의 분석에서 계급투쟁이 중국 역사의 중요 기준이라는 것을 부정하기 위해서만 계급을 언급했다.[45] 이것은 그 자체로 중요한데, 왜냐하면 이러한 경향이 1920년대 후반 국민당 내 마르크스주의자들의 중국 역사 분석의 기초적인 전제가 되었기 때문이다. 이때 후한민은 중국 역사에서 계급을 지워버린 이유를 자세히 설명하지는 않았다. 그러나 재밌게도, 그의 주장은 다른 마르크스주의자들

44) 李大釗, 「唯物史觀在現在史學上的價值」, p.515.

45) 胡漢民, 「中國哲學之唯物底研究」, 『建設』 第1卷 第4期, p.657. 戴季陶, 「從經濟上觀察中國底亂源」, p.10.

사이에서 어떤 의미 있는 반응도 이끌어내지 못했다. 1927년 이후 국민당 마르크스주의자들의 이와 유사한 주장들은 "사회역사논쟁(社會史論戰)"을 촉발했다. 후한민의 글이 야기한 유일한 반응은 후스(胡適)가 『건설』의 편집자에게 보낸 서신이었다. 후스는 후한민이 주周의 경제에서 기본이었던 정전제井田制의 존재를 의심 없이 받아들였다고 비판했다.[46] 후스는 정전제에 관한 역사 기록의 정확성에 의문을 제기했고, 이것을 맹자의 유토피아적 상상에서 기인한 것으로 간주했다. 후한민과 그를 방어하기 위해 달려들었던 국민당 이론가들은 정전제가 인류 역사 초기의 특징이었다는 근거를 방어하려고 노력했다. 그러나 후한민의 주장의 경험주의적 토대를 그리 성공적으로는 방어하지 못했기 때문에, 그들의 주장에 담긴 사회학적 유효성은 드러날 수 없었다.[47] 이어진 소위 "정전제논쟁(井田之辯論)"은 대부분 후스가 설정한 틀 내에서 전개되었으며, 넓게는 전승된 전통의 정확성에 집중했던 신문화운동 시기 지식인들의 사고를 배경으로 전개되었다. 이 10년 내에서 새로운 세대의 마르크스주의자들이 사료에서 이데올로기적인 함의를 읽어내면서, 논쟁은 그 배경에 변화를 맞이하게 되었다. 이어서 후스는, 정전제는 역사적으로 실재하지 않았고, 지나간 사회체제에 대한 향수라기보다는 단순히 유토피아적 꿈이라고 주장하기에 이르렀다.

공산주의를 방어하는 팸플릿이 금지된 상황에서, 이 시기 마르크스주의자들은 주로 신문화운동의 지적인 배경을 지배하고 있는 문제들에 대해 역사적 유물론적 답변을 찾으려 노력했다. 이 시기의 정치적 분석은 사회적 분석을 거의 담고 있지 않았다. 대신 제국주의자들의 침략하에 놓여

46) 『建設』 第2卷 第1期, (1920.2.1), pp.1-4.

47) 이에 대한 반박으로는 「井田制度與有無之硏究」, 『建設』 第2卷 第1期, (1920.2.1), pp.149-176, 第2卷 第2期, (1920.3.1), pp.241-250, 第2卷 第5期, (1920.6.1), pp.877-914를 보라.

있던 비유럽 사회에서의 계급구조와 정치조직에 대한 레닌주의자들의 관점을 중국에 옮겨와, 무정부주의와 자유주의적 사회주의자들로부터 공산주의와 볼셰비키를 방어했다(제3장을 보라).[48] 수적으로는 얼마 되지 않지만 이러한 마르크스주의적 사회 분석은 동시대 지식인들이 무엇에 몰두했는지를 말해준다. 정신적 변화와 물질적 변화의 관계, 유의지론과 결정론, 도덕성의 본질과 혈족 조직의 기초 등은 당시 마르크스주의자들에게는 주요한 주제였다. 그것들은 역사에서 드물게 보였던 계급관계나 사회구조에 대한 언술들을 압도하는 지배적인 테마였다. 중국의 지식인들은 마르크스주의에서 사상, 가치, 사회조직에 대한 기능적 설명을 발견했다. 그것은 동시대 중국에서 전통적 가치와 제도의 불충분성에 관한 신문화운동의 논쟁을 증폭시켰다. 새로운 관점은 서구로부터 들어온 가치를 명목삼아 전통을 자유롭게 공격하기보다는, 중국 전통의 초역사적 요구를 더욱 그럴듯하면서 결정적으로 거부하도록 만들었다. 유물론적 주장은 전통의 역사적 진실성을 주장함으로써, 동서 간의 충돌이 과잉돼 보이게 만들었다. 마르크스주의적 저자들은 전통적 가치와 제도를 사회의 상부구조에 포함시키고 새로운 경제구조가 낡은 것을 대체함에 따라 전통적 가치와 제도들이 포함된 상부구조가 "자연적"으로 사멸할 것이라 예언했다. 그들이 말한 가치는 특정한 사회 · 역사적 요구가 정신적 삶으로 투영된 것이었다. 삶의 물질적 기반이 변형됨에 따라 낡은 가치는 그러한 기능을 잃고 새로운 사회의 유지에 더 적합한 가치에 자리를 내주었다.[49] 5 · 4 시기 마

48) 이와 관련된 글들은 『社會主義討論集』에 수록되었다.

49) 李大釗, 「物質變動與道德變動」, 『新潮』 第2卷 第2期, (1919.12), pp.207-224. 李大釗는 도덕성의 역사적 본질을 설명하기 위해 다윈과 마르크스를 혼합했다. 그는 도덕성이 더 이상 "사회적 본능"이 아니며 주요한 기능은 사회적 결합을 보존하는 것이라고 말했다. 사회가 바뀌면, 낡은 도덕성은 그 기능을 상실하고 사라져야 하는 것이었다. 胡漢民은 그가 李大釗의 글에서 영향을 받았다고 말했다(「井田制度有無之硏究」, 『建設』 第2卷 第5期, p.872를 보라). 그는 도덕성을 지배계급의 힘을 보호하기 위한 계급적 도덕성으로

르크스주의의 즉각적인 효과는 경제적 차원에서 사회진화론을 다룸으로써 당시 만연해 있던 다윈주의적 변혁관을 공고히 하고 풍부하게 만든 것이었다.

동시에, 마르크스주의적 주장은 당시 비 마르크스주의 사상가들의 글에서 사라진, 역사와 사회라는 짐을 다시 변혁과 관련된 논쟁에 끌어들였기 때문에 신문화적 사고와 결별하게 되었다. 리다자오와 후한민과 같은 마르크스주의자들은 역사적 유물론의 결정론적 의미를 마지못해 받아들였지만, 그들의 주장은 일반대중에 대한 계몽을 통해 사회를 변혁할 수 있다는 신문화운동의 신념에 은연중에 도전하고 있었다.[50] 경제적 변화가 궁극적으로 전통사회의 운명을 결정한다면, 새로운 사회가 만들어지기 위해서는 똑같이 물질적 조건의 변화를 기다려야만 했다. 그리고 그것은 신문화운동의 자유주의자들이 제창한 교육만으로는 달성될 수 없는 것이었다. 이후 10여 년 동안 분명해졌듯이, 유물론은 변화의 제한조건이자 필요조건인 역사와 물질 요소에 관한 인식을 정치적 담론에 끌어들였다.

1920년대 중반의 사회정치학, 사회학, 그리고 마르크스주의 이론

1920년대 중반 도시의 대중운동이 급진화됨에 따라 중국 사회의 혁명운동은 점차 뚜렷한 모습을 갖춰갔다. 그리고 그것은 중국적 변혁관을 새로운 방향으로 몰고 갔다. 사회와 사회 문제를 다루는 서적의 갑작스런 증

묘사하는 것에서 더 나아갔다. 「階級與道德學說」, 『唯物史觀與倫理的硏究』, pp.221-224를 보라.

50) 역사의 진보와 종결에 대해 결정론적 입장을 취했던 이들조차 그러했다. 蔣俠僧, 「唯物史觀對於人類社會歷史發展的解釋」, 『新靑年』 季刊 第3期, (1924.8.1), pp.356-372를 보라. 李大釗에게서의 결정론과 유의지론 사이의 긴장은 M. Meisner, *Li Ta-chao and the Origins of Chinese Marxism*(Cambridge: Harvard University Press, 1967)을 보라.

가는 이 시기 중국의 사상계에서 이루어진 사회학적 변화를 보여주는 가장 분명한 지표였다. 자유주의적 사회학자들이 마르크스주의자들과 함께 중국 사회의 몰락을 드러내기 시작한 것이다. 그들은 몰락을 연구하지 않는다면, 중국을 하나로 묶고 있는 빈약한 끈이 끊어지고 말 것이라고 믿었다. 마르크스주의자들과 달리 자유주의자들은 사회적 갈등을 보편적인 정치적 해방으로 이끄는 선성先聲으로 인식하지 않고 제거되어야 하는 악으로 여겼지만, 중국 지식인들 사이에 사회의식을 확산시키는 데는 훨씬 더 많은 공헌을 했다. 1920년대에 정치적으로 성숙한 세대는 앞선 세대보다 사회 변화에 더 많은 관심을 가졌고, 나중에 밝혀졌듯이, 마르크스주의의 메시지에 더 익숙해져 있었다. 마르크스주의 이론이 중국의 사회사상에 동화된 것은 이 세대에 이르러서였다.

세기 전환기에 선배 세대가 던진 질문은 1920년대 중국의 새로운 세대를 급진적으로 만들었다. 어떻게 중국을 민족국가로 구성할 것인가, 이것은 곧 그 시대에 언급되었던 "중국 문제中國問題"였다. 그러나 이 세대는 문제 인식의 심도에 있어서 초기의 급진주의자들과 달랐다. 다소 도식적이긴 하지만, 이전 세대의 급진주의자들이 우선 정치적 제도에 집중하고 둘째로는 과거로부터 유전된 가치에 집중했던 반면, 3세대 급진주의자들은 사회적 토대를 다른 모든 문제의 해결책으로 바라보았다.[51] 초기 급진주의자들은 본토의 전통을 포기하는 "중국성中國性"의 의미로 골머리를 앓았으며 정치적 논쟁은 제도와 가치의 변화가 가져온 결과를 둘러싸고 전개되었다. 성숙 과정에서, 승리한 모더니스트들의 주장을 흡수한 당시의 신세대는 전통 혹은 민족적 정체성에 대한 관심을 차석으로 밀어냈다. 대신

51) 이러한 태도가 각 세대에 국한된 특징이라고 주장하려는 것은 아니다. 짧은 기간 내에 결정적인 변화가 일어났기 때문에, 세대 간에 태도가 상당히 중첩되는 면이 있었다. 그럼에도 불구하고 강조점에서는 차이를 읽어낼 수 있다.

그들은 중국을 변혁시키려던 시도가 실패한 원인을 찾으려고 했다.52) "사회 문제"를 1920년대 중반 관심의 중심으로 가져온 총체적인 사회적 동원을 통해, 사회와 사회적 역량에 대한 의식은 20년대에 상당히 큰 폭으로 증대되었다. 정치적 논쟁의 배경에서 일어난 이러한 변화는 중국 지식인들의 마르크스주의 사상에 커다란 영향을 끼쳤다.

정치적 현실이자 지적 관심사로서 "사회 문제"의 대두는 신문화운동과 5·4 운동의 부산물이었다. 이것은 초기 급진주의자들이 정치적 변화의 사회적 측면을 전혀 염두에 두지 않았다는 뜻은 아니다. 무정부주의자들에게 사회 변화는 정치의 한 측면이 아니라 정치를 대체하는 것이었다. 그러나 그들은 20세기 첫 10년간 사회 변화의 필요성을 주장했다.53) 량치차오와 동맹회의 급진주의자들은 같은 시기에 "사회 문제"에 관해 논쟁을 벌였다. 그러나 명심해야 할 것은, 그 논쟁은 즉각적인 이슈보다는 대부분 계획에 관한 것이었으며, 양측 다 즉각적으로 관심을 기울여야 할 사회 문제가 중국에는 없다는 데 일치된 의견을 보였다는 점이다.54) 오히려 사회로부터 개인의 독립이 우선적임을 주장해왔던 신문화운동의 사상가들

52) 선배 세대가 회의했던 것들을 새로운 세대는 당연한 것으로 받아들였다. 1923년의 인생관 논쟁은 대부분의 마르크스주의 역사가들에게 전환점이라고 할 수 있다. 王禮錫는후일에 1923년의 논쟁은 사회역사논쟁 이전에 벌어진 가장 중요한 지적 '전쟁'이라고 말했다. 그는 이 논쟁은 형이상학에 대한 과학의 승리, 형식논리학에 대한 변증법적 유물론의 승리를 보여준다고 말했다. 여기서 언급한 태도로 바뀜에 따라, 1923년의 논쟁을 경과해 관심은 지적인 이슈에서 "중국의 실제적이고 역동적인 사회"로 전환되었다. 王禮錫, 「中國社會史論戰序幕」, 『讀書雜誌』, 第1卷 第4期, 第5期, (1931.8)

53) R. A. Scalapino, G. T. Yu(于子橋), *The Chinese Anarchist Movement*, (Berkley: University of California Center for Chinese Studies, 1961), pp.9-13, 18.

54) 본 장의 주3의 인용을 보라. 李大林은 개혁파들과 공화주의자들이 사회 혁명의 문제를 논의했지만, 이 문제에 대한 그들의 차이는 결코 좁혀질 수 없고 정치적 제도의 문제는 부차적이라고 생각했다. *Foundations of the Chinese Revolution, 1905-1912*, (New York: St. John's University Press, 1970)을 보라. 동맹회의 사회 변혁에 대한 지지에 반대했던 梁啓超의 주장은 1920년대 공산당에 대한 국민당의 주장과 거의 일치한다.

이 "사회 문제"의 중요성을 보여주었다는 것이 아이러니하다. 신문화운동을 이끌었던 주요 동력은 국가의 정치 조직에서 중요하고 지속적인 변화가 이루어지기에 앞서 인민의 사고가 변해야 한다는 생각이었다.[55] 그리고 그것을 지향하는 첫걸음은 자유로운 신세대를 길러내는 것이었다. 가치의 문제가 제기됨으로써 신문화운동의 사상가들은 가차 없이 그러한 가치들을 영속화시키는 사회 조직의 문제로 나아갔다. 신문화운동의 지식인들이 가장 큰 관심을 가졌던 사회 문제는 가족 조직과 여성의 지위였다. 이 두 문제는 청년 세대의 해방과 직접적으로 관계가 있었다. 이것이 관심을 제한하고 있었지만, 사회 제도 변화의 필요성에 대한 자각은 더 커져만 갔다. 자유주의자들과 후일의 공산주의자들을 포함한 중국 지식인들이 1917년 러시아 혁명을 미래에 전 세계에 걸쳐 일어날 사회 혁명의 조류의 선성으로 받아들인 것은 우연한 일이 아니었다.[56] 이 발전은 또한 1919

55) 이것은 후일 마르크스주의자가 된 陳獨秀의 태도였다. 『新青年』 第1卷 第6期, (1916.2.15)의 기사에서 그는 "윤리적 각성은 최후의 각성 중의 최후의 각성이다"라고 말했다. Kiang Wen-han(江文涵), *The Chinese Student Movement*, p.32에서 인용. 「舊思想與國體問題」, 『新青年』 第3卷 第3期, (1917.5.1), pp.207-209). 그는 인민의 사고에서 낡은 사상을 제거하지 않는다면, 정치적 재조직화가 무의미하다고 주장했던 것이다. 사회 변화에 앞서 사상 개조가 필요하다는 것은 吳康, 「從思想改造到社會改造」, 『新潮』 第3卷 第1期, (1921.10.1) pp.25-52와 陳達材, 「社會改制問題」, 『新潮』 第2卷 第1期, (1919.10.13), pp.23-28에서 광범위하게 논의되었다. 이 저자들은 모두 사회 변화에 앞서 사상 변화가 이루어져야 한다고 생각했다. 사상 변화를 강조한 신문화운동의 일반적인 논의에 대해서는 B. Schwartz(ed.), *Reflection on the May Fourth Movement*, (Cambridge: Harvard University Press, 1972)와 J. B. Grieder, *Hu Shih and the Chinese Renaissance*, (Cambridge: Harvard University Press, 1970)을 보라.

56) 李大釗는 러시아 혁명이 프랑스 혁명으로부터 시작된 정치 혁명의 시대를 끝내고 역사에서의 새로운 시대를 시작한 사회 혁명이라며 이를 반겼다. 「法俄革命之比較觀」, 『李大釗選集』, pp.101-104(1918년 『研究』에 처음 게재)을 보라. 자유주의자들은 러시아 혁명에 대해 이와 같은 태도를 취했다. 蔡元培는 중국과 그것의 관련성을 언급했다. "중국에 유럽의 사상이 침투한 이래로 사회적, 경제적, 그리고 정치적 변화의 과정은 이 나라에서 (말 그대로) 발전해왔다. 중국 혁명은 정치 혁명이었다. 이제 이것은 사회 혁명으로 방향을 잡아가고 있다. 러시아는 중국에 좋은 예를 제공했다. 그것은 역시나 정치 혁명으

년 이후 분열의 뿌리였다. 그 하나는 제한된 사회적 혁명을 완수하기 위해 사상적 변화가 선행되어야 한다는 입장을 견지했던 이들이며 다른 하나는 사회 변화의 즉각적 실현을 우선시하는 방향으로 입장을 점차 바꿔갔던 이들이었다.[57)]

도시의 대중 운동이 중국 지식인들의 정치사상 속으로 사회의식을 끌어옴에 따라, 보편적 사회 조직과 정치 문제의 관련성은 보다 분명해졌고, 사회 문제는 범위가 훨씬 더 넓고, 훨씬 더 급박한 문제로 다가오게 됐다. 또한 사회적 동원은 교육을 통한 점진적 변화를 지지했던 이들이 아닌 급격한 사회 혁명을 선호했던 이들을 고무시켰다. 5 · 4 운동에 따라 등장한 대중운동, 특히 1925년 5 · 30 사건 이후 급부상한 대중운동은 중국에서 정치의 성질을 바꿔놓았고, 지식인들 사이에서 정치 변화의 개념화에 대한 생각을 바꿔놓았다.[58)] 20년대 중반 이후 정치의 지배적인 패러다임은 사회학이었다. 자유주의자들이나 급진주의자들이나 정치 변화를 사회 변화에 부수적인 것으로 간주했고 사회를 정치 분석의 일반적인 시작점으로 간주하는 데서 의견이 일치했다.[59)]

로 시작되었던 러시아 혁명의 교훈을 배우는 데 도움이 되었다. 선생님을 환영하는 학생들의 진심어린 마음을 받아주길 부탁한다." *China Year Book*, (1923), p.858(Kiang Wen-han, *The Chinese Student Movement*에서 인용). 또한 傅孟眞, 『社會革命-俄國式的革命』, 『新潮』 第1卷 第1期, (1918.11), pp.128-129과 羅家倫, 「今日之世界新潮」, 『新潮』 第1卷 第1期, (1919.12), pp.19-24(3쇄)를 보라.

57) Chow Tse-tsung(周策縱), *The May Fourth Movement*, (Stanford: Stanford University Press, 1967), pp.225-226. 그는 5 · 4 이후 변화를 문화적 · 사상적 강조에서 정치적 강조로 보았다. 이것은 "political"을 좁은 의미로 번역할 때만 유효하다. 신문화운동 사상가들의 문화적 주장이 정치적 영감과 결과 또한 가지고 있다는 것을 알게 된다면, 이러한 변화가 문화적이고 사상적인 것에서 사회적인 것으로의 변화라는 것을 보다 정확하게 파악할 수 있다.

58) 羅家倫, 「一年來我們學生運動的成功與失敗和將來應取的方針」, 『新潮』 第2卷 第4期, (1920.5), pp.846-861, 특히 pp.847-850. 또한 沈中究, 「五四運動的回顧」, 『建設』 第1卷 第3期, (1919.10), pp.599-612를 보라.

59) 이 주제에 관한 일부 자유주의자들의 관점은 梁啓超, 「社會學在中國方面的幾個重要問

새로운 관점에는 사회학과 사회과학에 대한 흥미가 고조되었다는 사실이 반영되어 있었다. 당시 급진주의자들, 자유주의자들, 외국 학자들과 중국의 사회사업가(social worker)들은 유사한 사회학과 사회과학을 공유하고 있었다. 1925년 이후 사회학과 사회 문제에 대한 학과 과정이 대학과 심지어 중등학교의 커리큘럼에도 편입되었다.[60] 정부 당국과 새로운 사회학 조직들은 중국 사회에 관한 구체적인 정보를 제공할 뿐 아니라 사회 문제의 깊이를 드러내는 광범위한 사회 조사를 실시했다.[61] 동시에 사회학 서적 출판 붐이 일었다. 당시의 저자 중 우*는 "소위 '신사회과학' 서적 출판의 증가"가 "1925년 5 · 30 사건 이후의 가장 중요한 트렌드"라고 말했다.[62] 새로운 경향은 1920년대 후반 최고조에 달했다. 우는 "1928년 봄에서 1930년 여름까지 출간된 400여 권의 신서 중 80%는 번역서였고 나머지 20%는 창작물이었다. 또 70%는 사회과학 서적이었고 20%는 소설, 시, 단편수필 등 일반적인 문학 서적이었다"[63]라고 말했다. 장징루(蔣靜廬)는 중국의 출판에 관한 연구에서 1929년은 중국 사회과학사에 있어서 "전환점"이 되는 해라고 결론지었다.[64]

사회학과 사회문제에 대한 관심은 중국에서 혁명적 상황에 있어 가장

題硏究學例」, 『社會學界』 第1期, (1927.6), pp.1-20, 蔡毓驄, 「中國社會學發展史上的四個時期」, 『社會學刊』 第2卷 第3期, (1931.4), pp.1-33, 許仕廉, 「中國社會學運動之目標經過和範圍」, 『社會學刊』 第2卷 第2期, (1933.3), pp.1-29를 보라. p.28에서 許仕廉은 사회학을 20세기의 "사조"라고 말했다.

60) 蔡毓驄, 「中國社會學發展史上的四個時期」, pp.22-24.

61) 같은 책, p.25.

* Y. T. 吳. 원전에도 이름이 한자 없이 표기되어 있다. 본서의 저자 역시 이에 대한 정보를 가지고 있지 않으며, 중국어판 저자 역시 성인 Wu만 한자인 吳로 표기했다.-역자

62) Y. T. Wu, "Movements among Chinese Students", *China Christian Yearbook*, vol.17, (上海: 1931), p.265(Kiang Wen-han, *The Chinese Student Movement*, p.97에 인용)

63) 같은 책.

64) 蔣靜廬, 『中國現代出版史料』 第2卷, p.7.

의미 있는 반응이었다. 따라서 혁명운동이 심화됨에 따라, 사회문제에 대한 관념에서 좌익으로의 이동이 일어났다는 것은 놀랄 일이 아니었다. 이로 인해 마르크스주의는 경쟁자인 자유주의를 넘어서는 호소력을 갖게 되었다. 이 시기 사회 문제에 대한 상반된 두 태도는, 후스와 리다자오 사이에 벌어진 "문제와 주의" 논쟁[65]에서 처음으로 명료화된 두 가지 입장이 확대된 것이었다. 자유주의적 실증주의에서 사회문제는 일련의 개별적인 문제들로서 제시되었다. 이것은 또한 후스의 관점이었다.[66] 이러한 해결책은 먼저 사회학적 분석을 요구하고 이어서 이러한 문제들을 경감시키기 위한 정부의 점진적인 개량 조치를 요구했던 자유주의 학파의 경향과 일치했다.[67] 급진주의자들은 다양한 문제들이 중국의 사회 구성의 기본적인 구조적 취약성을 보여준다고 생각했으며, 혁명적 수단을 통해 전체 사회를 변화시키고자 했다. 1925년에서 1927년까지 수많은 젊은 지식인들이 후자로 경도되었다. 이러한 경향은 심지어 1927년 이후에 더 많이 표출되었다. 리어우판(李歐梵)은 이 시기의 문학 운동에 대한 글에서 "좌익 작가들이 혁명 문학을 떠들어대기 시작했을 때, 혁명은 퇴조기의 정점에 있었다"[68]라고 말했다. 일반적으로 중국 사상 방면에서도 동일한 결론을 볼 수 있다. 국민당이 우경화된 1927년, 혁명운동에 대한 억압은 오히려 혁명 문제에 대한 지적인 흥미를 고조시켰다. 당시 좌익 출판물들이 다양해지고 풍부해졌다는 사실이 이를 증명한다.[69] 신속하게 혁명운동을 파괴하려

---

65) 이 논쟁에 대해서는 M. Meisner, *Li Ta-chao and the Origins of Chinese Marxism*, pp.105-114를 보라.

66) 許仕廉, 孫本文, 陶孟과 같은 저명 사회학자들의 사회문제에 대한 저작들은 모두 이러한 태도를 공유했다.

67) 蔡毓驄, 「中國社會學發展史上的四個時期」, p.32는 이에 대한 좋은 예이다.

68) 李歐梵, *The Romantic Generation of Modern Chinese Writers*, (Cambridge: Harvard University Press, 1973), p.253.

69) 3장을 보라.

고 했던 최초의 공격이 끝났을 때, 중국 지식인들은 오히려 좌익 문예운동과 같은 좌익 사상운동에 대한 지지로, 그리고 더 의미 있게는, 혁명 실패의 원인을 규명하려는 연구로 눈을 돌렸다. 1927년의 사건은 국민당과 공산당 양측의 신뢰를 무너뜨렸지만 1925년과 1927년 사이에 혁명을 활성화시키고 젊은 지식인들을 동원했던 사회 혁명의 목표에 대한 신념을 약화시키지는 못했다. 우는 당시에 만연했던 분위기를 다음과 같이 묘사했다.

> 공기가 변하고 있다. 우리의 사회적 삶이 최전선으로 나왔고, 이제 학생들의 모든 시야를 지배하고 있다. 이것은 학생들이 한때 집중적으로 관심을 가졌던 가족, 성적 관계, 문맹, 마약, 진부한 관습의 개혁과 같은 문제가 아니라 사회의 근본적인 재구축의 문제다. 보다 소소한 문제들이 여전히 인민의 관심을 차지하고 있지만 그것은 완전히 다른 틀에서 이루어지고 있다. 이제는 낡은 틀 내에서의 미미한 변화가 아닌 전체 사회의 구조적 차원에서의 변화가 강조되고 있는 것이다.[70]

중국 문제에 있어 구조 전체적으로 사회적 · 정치적 현상의 통합을 가정한 마르크스주의적 해결 방법은 이러한 사상적 경향에 더 부합했다. 사회적 갈등에 위협을 느낀 대다수 자유주의 그룹의 지도 인사들은 보수주의적 입장에 접근했으며 이로 인해 자유주의적 해결은 또한 신뢰를 잃고 말았다. 이 지도자들이 혁명을 배반했다는 사실 자체가 정치 투쟁과 사회 투쟁이 불가분하다는 마르크스주의적 관점을 증명해주었다.[71]

---

70) Y. T. Wu, "Movements among Chinese Students", p.259.

71) 5 · 4 운동 후 얼마 지나지 않아 그러한 공포감이 표출되었다. 주58에서 인용한 羅家倫의 글을 보라. 1928년의 글에서 胡適는 무질서를 "최대의 적"이라고 말했다(「我們走哪條路」, 『胡適語萃』, (臺北: 1970)에서 재간). 1930년대 이전의 자유주의자들 대부분은 국

중국 지식인들 사이에서 마르크스주의 정치사상의 확산이 사회 문제와 사회 변화의 중요성에 대한 인식을 심화시켰다면, 이제 사회학은 광범위한 대중이 마르크스주의 사회 이론에 관심을 갖게 되는 매개가 되었다. 역사적 유물론은 중국 대학에서 사회학 커리큘럼의 3대 조류 중 하나였다.[72] 마르크스주의적 전제와 개념이 사회 분석에 도입됨으로써 많은 중국 지식인들은 "사회사상" 혹은 "사회과학"과 사회주의를, 그리고 사회 역사와 역사적 유물론을 거의 구분하지 못할 지경에까지 이르렀다.[73] 저명한 사회학자였던 쑨번원(孫本文)은 1927년에 만연했던 사회학과 사회주의의 혼동에 대해 불만을 표했다. 1931년 우도 자신의 글에서 이러한 상황을 언급했다.[74] 마르크스주의 저작들은 단순하게 사회학 저작으로 출간되었고 구조 변화의 필요성은 중국 문제를 해결하는 유일한 방법으로 선전되었다.[75] 우의 보고에 따르면 1928년부터 1930년까지 출간된 47종의 사회과학 저작들은(혹은 400여 출간 서적 중 반이) "마르크스주의와 변증법적 유물론과 어떻게든 연관되어 있었다."[76] 궈잔보(郭湛波)는 마르크스주의에 대한 관심이 큰 폭으로 증가했고, 이로 인해 1928년에서 1935년 사이에 마르크스주의나 변증법적 유물론은 일반적으로 언급되는 중국 사상

민당 정부에 협조하게 되었다. L. Eastman, *The Abortive Revolution*, (Cambridge: Harvard University Press, 1974), C. Furth, *Ting Wen-chiang: Science and China's New Culture*, (Cambridge: Harvard University Press, 1970), J. Israel, *Student Nationalism in China, 1927-1936*, (Stanford: Stanford University Press, 1966)에서의 논쟁을 보라.

72) 栄毓驄, 「中國社會學發展史上的四個時期」, p.23.

73) 본인 또한 중국 사상사 연구자였던 郭湛波는 이러한 관점에서 용어를 사용했다. 『近五十年中國思想史』, (香港: 1965, 1935년 1쇄), p.196을 보라.

74) 孫本文, 「何謂社會問題」, 『東方雜誌』 第24卷 第21期, (1927.11.10.), p.53.

75) 『社會問題字典』, (上海: 1929), p.377. 이 책의 이름은 사회문제사전이지만 실제로는 사회학 사전이었다. 이는 이러한 용어들이 이 시기에 혼용되었음을 말해준다.

76) Y. T. Wu, "Movements among Chinese Students", p.265.

의 간판이 되었다고 말했다.[77]

중역본重譯本은 여전히 중국에서 마르크스주의에 관한 지식을 습득하는 데 중요한 수단이었지만, 마르크스주의 사회학 이론에 대한 관심이 증가함에 따라 사람들 사이에서 마르크스주의 저작을 직접 알고 싶다는 욕망도 커져갔다. 그 결과 이 시기 신세대는 마르크스주의 이론의 복잡성을 앞선 세대보다 정교하게 이해할 수 있게 되었다. 1927년 이전의 공산주의적 경향이 마르크스주의 이론의 대중화에 어느 정도 기여했는지를 말하기는 쉽지 않다. 다만 확실하게 이야기할 수 있는 것은 1925년에서 1927년 사이, 후일 마르크스주의 역사가들이 된 이들을 포함해 혁명운동에 참여했던 대부분의 중국 지식인들은 공산주의에 대한 이론적 기초를 확고하게 다지지 못한 상태에서 혁명운동을 수행했다는 것이다.[78] 1927년 이전, 그 확신에 차 있던 시절에, 마르크스주의적 경향을 보였던 지식인들은 거의 없었다. 또한 마르크스주의에 대한 이론적 토론을 펼 만한 충분한 지식을 갖춘 이들은 더더욱 드물었다. 대부분의 급진주의자들은 1928년이 되어서야 마르크스주의 이론에 관한 지식을 얻기 위해 러시아의 지도자들이나 일본의 중개인들에 의지하는 것에 만족하는 것처럼 보였다. 예를 들어 그들은 혁명 전략을 수립하는 데 있어 러시아의 사회 분석에 의지했다. 마르크스-엥겔스 저작들은 여전히 대부분의 사람들에게는 접근 불가능한 상태였지만, 외국어를 읽을 수 있는 이들에게는 예외였다. 중국 지식인들이 접할 수 있었던, 마르크스주의 그룹의 선도자들이 펴낸 저작선집을 보면

77) 郭湛波, 『近五十年中國思想史』, (香港: 1965), p.196.

78) 陶希聖은 1969년 가을 臺北에서 이루어진 인터뷰에서, 자신은 마르크스의 주요 저작들을 읽기 전에 이미 마르크스주의적 분석을 내오기 시작했다고 말했다. 마르크스주의 역사가들의 이력은 그들 중 상당수가 "마르크스를 향해 뒤로" 회귀했음을 말해준다. 그들은 개념적 도구로서 역사적 유물론 사상을 다수 포함한 19세기 말과 20세기 초의 사회학 저작뿐 아니라, 구할 수 있던 극소수의 마르크스주의 번역본들로부터 시작해 마르크스주의를 익히게 되었다.

1927년 이전에는 레닌과 스탈린(Stalin) 번역본이 마르크스-엥겔스 저작들보다 더 많았다는 것을 알 수 있다.[79] 더욱이 이 번역본들은 부실하고 파편적인데다가, 각 장절들에는 번역자들의 변덕스럽고 개인적인 경향이 반영되어 있었다.[80] 1927년이 되면서 이러한 상황은 극적으로 변화한다. 초기 지식인들이 마르크스주의를 거의 알지 못한 채 공산주의 혁명사상에 이끌렸다면, 이제는 많은 이들이 마르크스주의를 사상적 지침으로 취하면서도 공산주의적 정책과 절연을 선언했다. 주79의 표에서 보듯이, 1927년 이후에는 마르크스-엥겔스 저작의 중국어 번역이 급증한다. 1937에 이르러서는 플레하노프(G. V. Plekhanov)와 카우츠키 같은 기타 유럽 마르크스주의자들의 저작뿐 아니라 마르크스-엥겔스의 주요 저작들이 중국어로 번역되었고, 그 일부는 여러 판본으로 출간되었다.[81]

이 시기 중국 마르크스주의자들이 마르크스주의를 중국 사회의 분석에 적용하기 시작하면서, 중국에서 마르크스주의 사상은 성숙하게 되었고 소련의 지도로부터 벗어나게 되었다. 러시아의 마르크스주의 논쟁에 대한 관심은 1930년대 지속적으로 고조되었다. 그러나 이는 러시아의 지도를 맹목적으로 따르고자 해서가 아니라 1927년 이전에 잊고 있었던 비판적 태도를 다시금 갖게 되었기 때문이었다.[82] 1927년의 재앙을 만들어낸 코민테른(Comintern)의 전략에 실망했기 때문에 많은 이들이 이론의 원천에 접근해야겠다는 생각을 품게 되었다. 또한 그로 인해 중국 공산주의 운동

---

79)

	1927년까지	1928	1929	1930	1931	1932	1933	1934-1937
Marx-Engels	16	4	5	13	1	6	1	3
Lenin	35	—	8	3	6	5	7	9
Stalin	8	—	3		1	3	6	17

출처 : 蔣靜廬, 『中國出版史料』, pp.447-475.

80) Cheng Hsueh-chia(鄭學稼), "A Brief Account of the Introdcution of Karl Marx's Works into China", *Issues and Studies*, 4.2, (1967.11), pp.6-16, 특히, p.10.

81) 같은 책.

82) 같은 책, pp.12-13.

의 자주성을 추구하는 경향이 나타나게 되었다. 마르크스주의의 복잡성을 깨닫게 되면서 중국인들은 분명 소련의 지도 방침에 고개를 숙이고 싶어하지 않았으며, 심지어는 모스크바에서 나온 공식적인 마르크스주의에 대항해 마르크스주의에 관한 새로운 이해를 활용하기도 했다.

동시에 중국 저자들은 역사적 유물론과 그와 유사한 사회학 이론을 확연히 구분했다. 1920년대 후반 마르크스주의 저자들은 그들의 선배와 달리 사회구조와 계급관계에 매우 민감하게 반응했다. 특히 계급 문제가 중요했다. 초기 저자들은 중국에서 계급 문제에 거의 관심을 기울이지 않았지만 중국 정치의 특징으로서 사회 모순이 대두됨에 따라 중국의 급진주의자들은 이 문제에 입장을 표명하지 않을 수 없게 되었다. 1927년 정치적 위기가 발생하면서 계급은 즉각적인 해결을 요하는 긴급 현안이 되었다. 중국 급진주의자들이 중국 사회 구조를 분석하기 위해 초기에 수입된 슬로건을 포기한 것이 이때였다. 상이한 중국 혁명관에서 나온 정치적 갈등이 공공연히 드러남에 따라, 그 효과는 중국 사상계 전체를 통해 감지할 수 있었다. 뒤이어 나온, 소위 "사회사논쟁(社會史論戰)"은 1930년대 중국에서 가장 흥미로운 지적 현상이었다.[83] 논쟁이 야기한 소란은 논제에 대한 절박감을 보여준다.[84] 당시 중국 지식인들 사이에 마르크스주의에 대한 현재적인 관심이 있었기 때문에 사회과학 논쟁에 열정적인 반

83) "社會史論戰"이라 명명된 이 논쟁은 「中國社會史論戰」이라는 제목으로 네 차례에 걸쳐 발표되었던 『讀書雜誌』의 특집호들에서 비롯한 것이다. 『讀書雜誌』는 1931년에서 1933년 사이에 마르크스주의 논쟁의 주요 포럼이었다.

84) 사회사를 주제로 한 도서와 저널은 분명 중국 대중에게 인기가 있었다. 陶希聖의 책은 출간 즉시 베스트셀러가 되었다. 그의 첫 번째 책은 1929년부터 1933년 사이에 8쇄나 출간되었으며 부수는 매 쇄마다 2,000부에서 5,000부 사이를 오갔다. 郭沫若의 책은 몇 달 내에 3쇄까지 나왔다. 『讀書雜誌』의 첫 번째 특집호는 열흘에 두 번이나 나왔으며 그마저도 매진되었다. 대부분의 투고자들이 비교적 알려지지 않았던 사람들임에도 불구하고 그러했다. 齊思和, 「近百年來中國史學的發展」, 『燕京社會科學』 第2期, (1949.10), p.30을 보라.

응이 나타날 수 있었던 것이다. 이것은 다시 그에 대한 흥미를 고조시켰고, 논쟁 속에서 결과적으로 중국 마르크스주의는 성숙의 단계로 접어들 수 있었다.

마르크스주의 역사가들과 사회사논쟁의 기원

최초의 중국 마르크스주의 역사가들은 앞서 언급한 발전의 산물이었다.[85] 한두 명의 예외를 제외하고, 논쟁의 참여자들은 1900년에서 1910년 사이에 태어나 논쟁이 벌어지던 시기에는 20대에서 30대에 접어든 사람들이었다. 공화제가 시작된 1911년, 그들은 어린아이들이었으며, 5·4 운동이 일어난 1919년에는 사춘기 초입의 청소년(적어도 그들 중 하나는 아직 10대도 아니었다.)[86]에서 대학생이었다. 어떤 연구자들은 그들의 지적, 정치적 실천에 있어 그들의 젊음에 담긴 심리학적 의미를 강조했다.[87] 그러나 다른 모든 심리학적 환원주의처럼, 이러한 관점은 마르크스주의 역사가들의 개념과 교육을 형성했던 사회학적 요소들을 무시한다. 그들을 고립된 개인이 아닌 집단으로 관찰한다면, 그들의 연령의 더 큰 의미는 그들이 중국 급진주의자들의 세 번째 세대를 대표한다는 사실, 그리고 최초로 1915년

---

85) 사회사논쟁에 참여한 이들 대부분에 관한 정보는 거의 알려진 것이 없다. 나는 참가자들에 대한 제한된 정보만을 얻을 수 있었고, 어디서 정보를 얻을 수 있는지는 기타 자료로부터 증명할 수 없었다. 대부분의 마르크스주의 역사가들은 논쟁이 진행되는 동안 짧게 모습을 비춘 것 말고는 상대적으로 알려져 있지 않다. 아래에 이어지는 논의는 가능한 전기적 자료에 바탕을 둔 것이며 다른 저자들이 이 시기 중국에서의 지적 경향에 대해 연구한 자료들의 도움을 받은 것이다. 정보를 알 수 있었던 마르크스주의 역사가들에 대해서는 이어지는 장들에서 그 이력을 상세하게 제공할 것이다. 나는 이것들을 중국 역사에 대한 그들 각자의 관점을 논할 때 제공하는 것이 타당하다고 생각한다. 왜냐하면 그들의 사상적 발전은 그들의 마르크스주의에 대한 이해와 연관되어 있기 때문이다.

86) 胡秋原은 1910년에 태어났다.

87) 鄭學稼, 『社會史論戰的起因和內容』, (臺北: 1965)와 徐文珊, 『中國史學概論』, (臺北: 1967), pp.123-124를 보라.

신문화운동 이후 제공된 지식과 사상을 영양분으로 삼아 성장할 수 있었다는 사실에서 찾을 수 있다.[88] 그들은 5·4와 신문화운동으로 두드러져 보일 수 있었던 세대의 후계자였다. 상당 부분에서 이 운동들은 그들에게 시작점이 되었다. 1925년부터 1927년 사이에 대규모 대중 동원을 통해 성장했던 혁명운동은 그들의 삶에 전환점이 되었다. 타오시성(陶希聖)은 이러한 운동들이 그의 이력에 전해준 충격에 대해 기술했다.

> 5·4 운동은 일반적인 청년지식인들이 개인(의식)을 깨닫게 만들었다. 다양한 사회사상과 정치 이론 전체가 거부감 없이 학생과 대중 사이에 퍼져나갔다. 아마도 개인으로서 청년에게 가족과 결혼은 본질적인 문제였을 것이다. 사회문제의 주류인 노동문제 또한 점차 지식인의 공상空想에서 사회의 현실로 바뀌어나갔다. 노동문제는 사회와 정치의 연결 고리였고 5·30 사건은 이 고리를 푸는 열쇠였다.
>
> 5·30 사건은 청년지식인의 개인적 각성으로부터 도시 노동 대중의 사회적 각성에 이르는 관건이었으며, 정치사상의 중심을 광저우(廣州)에서 상하이(上海)로 옮겨와, 그 도시를 사회사상과 노동운동의 중심으로 만든 중추였다.
>
> 1919년, 나는 학생으로서 베이징(北京)에서 일어난 5·4 운동에 참가했다. 1925년 현재, 독립된 직업인으로서 나는 상하이에서 5·30 사건을 마주했다. 이 두 운동은 내 학업, 사상, 생활 모두에 중대한 영향을 끼쳤고, 자연

88) 여기서 '세대'는 생물학적 의미가 아니라 정치적인 의미로 사용되었다 "정치적 세대는 성장기에 동일한 기초적 역사적 경험을 한 개인들의 집단이다." Marvin Rintala, "Political Generations", A. Esler(ed.), *The Youth Revolution*, (Boston: D. C. Heath, 1974), p.17. 정치적 세대의 성원들은 공통의 끈을 공유하고 있다. 그것은 "그들이 역동적인 불안정화 과정의 사회적이고 지적인 증후에 노출되었기 때문에 만들어진 것이다." K. Mannheim, "The Problem of Generations", 같은 책, p.8.

스러우면서 필연적인 것이었다.[89)]

옌링펑(嚴靈峰)은 좀 더 사적인 맥락에서, 그가 어떻게 이 당시에 중국이 마주한 사회 문제의 중요성에 영향을 받아 결국은 사회과학 연구로 돌아서기로 결심했는지를 회상했다. 그 목적을 위해 그는 5·30 사건 이후 혁명가들의 메카였던 광저우로 갔고 다시 이듬해에는 모스크바에 갔다.[90)] 1925년에서 1927년 사이에는 사실 미래의 마르크스주의 역사가들 대부분이 다양한 신분으로 혁명운동에 참여했다. 그들은 처음에는 광저우에서 출발해 북벌을 따라 혁명 정부의 근거지인 우한(武漢)으로 이동했다.[91)] 그들 대다수가 실질적으로 정치적 삶에 뛰어든 시기는 중국 혁명의 사회 혁명적 성격이 갑작스레 강화되던 시기와 일치한다. 타오시성이 자신의 경우에 대해 말했듯이, 그들이 성장기에 5·4 후의 지적·정치적 경향에 노출되었던 것은 그들의 역사관뿐 아니라 정치관의 형성에 무형이지만 가장 결정적인 경험이었다.[92)]

이 젊은 지식인들은 1927년 이후 역사 기술에 뛰어들었는데, 이때 이들은 직업적 역사가가 아니라 혁명의 실질적인 문제에 대한 역사적 해답을

---

89) 陶希聖,『潮流與點滴』, (臺北, 1964), p.77. 이하는『潮流與點滴』에서 인용.

90) 嚴靈峰은 개인(자아)으로부터 사회로 관심을 바꾸게 만들었던 것이 1923년 인생관 논쟁이었다고 말했다.「我與社會科學」,『讀書雜誌』第3卷 第1期, (1933.1), pp.1-44, 특히 pp.12-13.

91) 陶希聖은 1927년 1월 중앙군사학교(軍事政治學校)에서 정치과학을 가르치기 위해 武漢으로 갔다. 郭沫若는 1926년 廣州에서 혁명에 참여했다. 朱佩我는 1926년부터 국민당 중앙선전부에서 毛澤東 아래에서 일했다. 胡秋原은 1925년부터 武昌大學에서 연구 활동을 하는 동안 혁명 활동에 참가했다. 王禮錫는 1926부터 1927년 중앙농민운동강습소(中央農民運動講習所)에서 毛澤東과 함께 일했다. 李季도 廣州와 武漢에 있었지만, 그가 어떤 역할을 했는지는 확인할 수 없다. 이들 젊은 지식인들 대부분은 그들의 경력에는 어울리지 않는 높은 군사적 지위를 부여받았다.

92) Rintala는 "청소년기 후반과 성인기 초반은 정치학에 있어 확연한 정치관을 형성하는 시기이다. 이러한 관점들은 노년기 내내 변하지 않고 잔존한다"라고 말했다.

찾았던 혁명가들이었다.[93] 사회사논쟁은 1927년 통일전선 내의 당 간 분파와 당내 분파에 따라 벌어진 혁명 전략 논쟁에서 출발했다. 정치적 분열에 대한 최초의 반응은 서로 다른 혁명의 목표와 전략을 표명하는 것이었다. 그것들은 이때까지 통일전선의 손쉬운 슬로건 아래에 잠복해 있었다. 국민당과 중국공산당 내에서 의견 충돌을 빚던 이들은 혁명이 막다른 곳으로 치닫고 있다고 확신했으며 실패의 원인을 밝힘으로써 혁명을 되살리기를 바랐다. 허간즈(何幹之)는 1937년에 "중국 사회의 성격에 대한 논쟁은 중국에서 민족해방운동이 일시적으로 정지 상태에 들어선 후에 나타났다"라고 말했다.[94] 논쟁 참가자들은 혁명의 부활이 그들의 주요 목표라는 것을 솔직하게 인정했다. 타오시성의 역사 해석은 사회 성격 논쟁의 이슈를 만들어내는 데 많은 영향을 끼쳤다. 그는 저서 『중국봉건사회사中國封建社會史』(1929)의 서문에서 혁명운동이 마주해야 했던 장애를 극복하기 위해 이전 시기의 사건들을 "재평가(回想)"할 것을 요구했다.[95] 논쟁의 참여자이자 논쟁을 처음으로 역사로 기록했던 왕이창은 1928년에서 1930년까지의 시기를 사회사의 발전에 있어 "재평가의 시기"라고 정의함으로써 이러한 태도를 일반적인 것으로 만들어버렸다.[96] 혁명에 초점이 모아지는 상황은 왕이창이 "과학"의 단계 혹은 "연구"의 단계라고 예상했던, 논쟁의 다음 단계에서도 여전히 지속되었다.[97] 『독서잡지讀書雜誌』의 편집자 왕리시(王禮錫)는 잡지의 서문 격인 기사에서 논쟁의 시작을 알리면서 혁명 전략의 발견은 여전히 논쟁의 가장 중요한 목표라고 선언했다. "이제 맹목적인 혁명은 벽에 부딪쳤다. 그러나 혁명의 잠재력은 폭압하에서 사라질 수는

93) 논쟁의 첫 번째 장에 참여했던 이들 중 아무도 직업적 역사가로 훈련받지 못했다. 陶希聖과 郭沫若와 같이 뛰어난 역사가들도 이때까지는 각각 법률가나 문학가에 속했다.

94) 何幹之, 『中國社會性質問題論戰』, (上海, 1937), p.1.

95) 陶希聖, 『中國封建社會史』, (上海, 1929), p.1.

96) 王宜昌, 『中國社會史論史』, pp.9-10.

97) 같은 책, p.39.

없다. 지금은 바야흐로 정확한 혁명이론의 지도에 따라 정확한 혁명의 새 길로 나아가야 할 때이다."[98] 여기서 왕리시가 언급한 이론은 사회 이론, 정확히 말한다면 사회 분석이었다.

반대자들은 사회학적 관점에서 혁명의 실패를 설명했다. 그들이 제거하고자 했던 반혁명적 사회 세력은 운동 속에서 성공적으로 힘을 얻을 수 있었고 그 목표를 전복시킬 수 있었다. 왜냐하면 혁명 지도자들은 중국에서 사회 세력의 배치를 잘못 계산함으로써 잘못된 전략을 좇았기 때문이었다. 이어서 그들은 당시 사회를 분석하는 틀에 있어 다른 혁명 전략을 제시했다. 그들은 그들의 이론적 전제를 바탕으로 당시 사회에 대해 문제제기를 함으로써 혁명을 역사와 연결시켰다. 왕리시는 정확한 혁명 "이론"은 "중국 사회가 도달한" 역사적 "단계"가 무엇인지가 확정된 후에야 만들어질 수 있다는 결론을 내렸다. 1928년에서 1930년 사이 "논쟁"의 시작 단계에 생산된 많은 저작들은 역사 초기까지 거슬러 올라가는 역사에 대한 논의와, 그들의 분석에 근거한다고 추정되는 혁명에 대한 처방을 자유롭게 뒤섞었다.[99] 역사학적으로 편향되기는 했지만, 허간즈는 사회사 논쟁의 목표를 설명했던 1937년의 그의 논문을 통해서 혁명, 현재, 과거를 연결시켰다.

> 사회사, 사회 성격, 농촌사회 성격의 논쟁은 하나의 문제에 대한 다층적 탐색이라고 할 수 있다. 현재의 중국 사회를 철저하게 인식하고 미래 사회를 추구하기 위해서 우리는 과거 사회를 청산할 것을 요구할 수밖에 없다. 중국 사회성격과 사회사논쟁은 바로 과거와 현재를 인식하고 미래를 추구하는 준비 작업이다. 이 논쟁이 포괄하는 문제는 매우 복잡하다. 현재의 중

---

98) 王禮錫,『中國社會史的論戰』第3版卷頭言, p1.

99) 陶希聖의 첫 논문들은 모두 이러한 형식으로 작성되었다. 그는 처음에는 周代의 중국을 다루었고 이어서 혁명 전략을 제안했다.

> 국에서 제국주의 침략 이전의 중국, 그리고 다시 중국 봉건제의 역사까지를 언급해야 하고, 또 봉건제에서 노예제로, 다시 아시아적 생산양식의 문제로 나아가야 한다. 이 모든 것은 미래의 방향을 정하기 위해 과거와 현재를 철저하게 청산할 것을 요구한다.[100]

혁명의 반대파들은 정치적 사건에 대한 영향력을 상실한 이후조차 혁명에 대한 논쟁을 지속시켰다. 적어도 1933년까지 역사를 관통해 적절한 혁명 전략을 찾으려는 관심이 지속됐다. 이 지점에서 마르크스주의 역사 논쟁과 중국 역사학에서의 다른 경향이 확연히 구분되었다.

마르크스주의 역사가들은 그들의 다양한 관점을 뒷받침하고 혁명운동에서 이데올로기적 우위를 점하기 위해 역사 논쟁을 벌였다. 그리고 그들 중 일부는 사후약방문 격으로 역사 해석 방면에서 그들이 승리했다고 선언했다. 그들은 다른 혁명이론에 대한 자신들의 혁명이론의 정치적 승리의 배경을 마련했다고 주장했던 것이다.

> 그들, 즉 "마르크스주의 역사가"들은 역사에서 일부 왕조의 사회성격을 규정하는 데 있어서는 다소 차이가 있었다. 그리고 그것은 논점이 일면적이거나 실제 역사에 완전히 부합하지는 않는다는 것을 말해준다. 그러나 그들은 마르크스-레닌주의의 원칙과 입장을 견지하였고, 가짜 마르크스주의자에게 심각한 타격을 가하고 마르크스주의와 혁명을 방어하는 험난한 임무를 수행했다는 데서 일치했다. 그들은 "신생명파新生命派"와 트로츠키파가 "역사적 유물론"을 더럽히는 "가짜 유물론자"이며 그들이 "대중을 혼란에 빠뜨리려 (…) 비루하고 부끄러운 시도를 한다"라는 무자비한 폭로를 감행했다. 반일항전의 전야에 이르자 "신생명파"와 트로츠키파는 중국의 인

---

100) 何幹之, 『中國社會性質問題論戰』, (上海, 1937), p.5.

민들에게서 추악한 명성을 얻었고, "플레하노프주의", "트로츠키주의"와 "신생명파", "트로츠키파"들은 반공주의와 반마르크스주의와 동의어가 되었다.[101](중국어판에 인용된 중국어 원문[呂振羽, 『呂振羽史論選集』, 上海: 上海人文出版社, 1981, pp457, 464]을 번역.-역자)

다른 이들은 중국에서의 정치 발전의 궁극적 결과에 실망했기 때문에, 패배의 원인을 사회사논쟁 탓으로 돌렸다. 정쉐자(鄭學稼)는 1965년 연구에서 이 논쟁이 중국 사회에 대한 마르크스의 빈약한 이해를 그대로 드러냈으며, 항일전쟁이 일어나지 않았다면 중국 지식인들 사이에서 마르크스의 인기를 떨어뜨렸을 것이라고 주장했다.[102] 또 다른 타이완 연구자인 쉬원산(徐文珊)은 정쉐자의 주장에 동의하면서 이 논쟁이 5·4 니힐리즘의 연장이라고 주장했다. 그러나 그는 이 논쟁에 대해 더 부정적인 결론을 내렸다.

그래서 우리 사학계의 일부 사람들은 그들(서구인)을 따라서 노예제 사회, 봉건 사회, 자본주의 사회 등등에 관해서 떠들기 시작했다. 그리고 또 이어서는 무슨 유물사관, 유심사관 등도 나타났다. 그러한 것이 역사에 존재했는지 어쨌는지에 대해서는 고려하지 않은 채, 그들은 혼란만을 가중시켰다. 결과적으로 그들은 사실을 왜곡시켰을 뿐 아니라, 국가를 망쳤고 공산당을 도왔다.[103]

---

101) 呂振羽, "The Struggle between Marxism and Pseudo-Marxism on History and Philosophy during the Time of the Second Revolutionary Civil War(第二次國內革命戰爭時期歷史哲學戰線上的馬克思主義和僞馬克思主義的鬪爭)", *Chinese Studies in History and Philosophy*, 1.2(winter), (1967), pp.46-80, 인용은 pp.68-69, 76.

102) 鄭學稼, 『社會史論戰的起因和內容』, p.104.

103) 徐文珊, 『中國社會槪論』, p.124.

당시에 제기되었던 중국 역사에 대한 여러 상이한 해석 사이에서 승자와 패자를 구분하는 것은 불가능하다. 중국 역사에 대한 가장 통찰력 있는 해석을 제공한 이들도 그들의 분석에서 승리라 말할 만한 결론을 내리지 못했다는 것, 그리고 (다른 혁명 전략과 달리) 가장 만족스러운 역사 분석에 의해 뒷받침된 승리를 궁극적으로 선언하는 혁명 전략도 없었다는 것은 분명하다. 더 정확한 것은 혁명이 새로운 단계로 접어들면서 여러 상이한 전략들은 무의미하게 되었고 정치적 승자들은 그들의 역사적 성취에 가장 부합하는 해석을 통해 자신들을 역사 영역에서 승자로 선언했다는 점이다.

이들 저자들은 한 치의 오차도 없이 사회사논쟁을 중국 혁명과 연결시켰고, 이것이 중국 사상에 끼친 영향을 설명했다. 이 논쟁은 1930년대 중국 사상계에 사회 혁명이라는 이슈를 존속시킴으로써 중국 지식인들의 급진주의를 영속화시키는 데 기여했다. 그들이 과장한 것은 혁명의 과정에 있어 이 논쟁의 실제적인 의미였다. 사상의 운명이 근본적인 사회 변화와 모순의 결과와 밀접하게 연결되어 있다는 것이 분명하다면, 지적인 활동 영역 내에서 중국 혁명의 원인과 결과를 포괄하는 것은 지나치게 단순하다. 사상 방면, 특히 역사 방면에서 이 논쟁에 대한 보다 명백하고 장기간에 걸친 충격이 가해졌다. 그들의 정치적 공약을 합리화하는 과정에서 마르크스주의 역사가들은 당면한 혁명의 문제를 넘어서 더 나아갔다. 다른 혁명 전망에 대한 믿음이 지속적으로 역사적 분석을 다채롭게 만들었지만, 이 논쟁이 정점에 이르렀던 1930년대 초반이 되어서야 과거는 그 자체만으로 논쟁의 주제가 되었다. 이 논쟁을 통해 새로운 역사관이 중국 역사 사상에 들어왔으며, 그것은 과거에 대한 이해에 돌이킬 수 없는 영향을 주었다.

Ⅱ. 사회역사논쟁과 마르크스주의적 중국 역사 분석

Revolution and History

3

혁명과 사회분석

1925년에서 1927년 사이의 혁명운동은 중국에서 마르크스주의 사상 발전과 정치 발전에 있어 전환점이 되었다. 1925년까지 마르크스주의자들은 유물론적 개념 주변을 맴돌 뿐이었다. 그들은 사회를 분석함에 있어 역사적 유물론을 거의 활용하지 못하고 있었다. 왕이창(王宜昌)이 말한 대로 그들은 중국 사회를 단순히 외부에서 관찰하기만 했고, 내부로 들어가는 일에 흥미도 없었고 들어가지도 못했다. 1928년 마르크스주의자들은 앞선 두 해 동안의 혁명 전략 '논쟁'의 실제적인 경험을 재연했었다. 이후 그들은 중국의 미래로 나아가는 길을 밝히는 마르크스주의적 사회 분석의 효과에 대한 무한한 신뢰를 보여주었다. 뿐만 아니라 적어도 1930년대 초반까지는 사회 · 역사적 분석에 대한 그들의 관심—왕리시(王禮錫)가 말한 "변증법적 유물론의 연습"—이 변증법 이론에 대한 이론적이고 철학적인 해석에 대한 관심들을 지워버렸다. 혁명운동 과정에서 문제들을 직면하면서 사람들은 사회 분석으로 방향을 돌렸다. 당시 나타난 문제점들은 국공합작國共合作의 지도 전제들이 불충분하다는 것을 보여주었다. 반면에 혁명의 실천은 혁명가들에게 혁명이 여전히 추상적이었던 때보다 자신들이 마주한 사회구조를 더 철저히 검토할 것을 요구했다. 1926년에서 1927년 사이에 처음으로 구체적인 사회분석이 나오기는 했었지만, 1928년이 되어서야 혁명이 야기한 문제들이 제대로 언급될 수 있었다.[1)]

1927년 이전의 혁명 분석들

1917년 러시아 혁명 이후 수년간, 당시 처해 있던 곤경으로부터 중국을 해방시킬 길을 공산주의에서 찾는 중국 지식인들이 급증했다. 그리고 그 결과 1921년 7월 중국공산당이 정식으로 결성되었다. 공산주의자들 혹은 당시로서는 잠재적 공산주의자들은 주로 공산주의가 중국에 적합하지 않다고 말하거나 공산주의는 아직 중국에서는 이르다고 말하는 이들로부터 공산주의를 지키고자 노력했다. 1922년 출간된『사회주의 토론집社會主義討論集』은 볼셰비키의 관점에서 중국 공산주의에 관한 문제를 전문적으로 다룬 논문집이었다.[2)] 기고자들 전부가 공산주의가 중국을 석권하는 것이 피할 수 없는 대세라고 믿었지만 그중 일부만이 이 시기 중국에 사회주의를

1) 당시 논쟁은 공산당이나 통일전선조직을 통해, 즉『新青年』,『向導』,『中國農民』과 같은 간행물을 통해 발표되었다. 보다 중요한 논문들은 1926년『中國革命問題論文集』(2권본) 같은 책에 수록되었다. 이 논문들은 여전히 통일전선 정책을 옹호했다. 그들은 전략적 문제보다는 전술적 문제(내부의 즉각적인 단결과 혁명의 임무)를 강조했다. 더욱 의미 있는 논문은『中國農民』에서 찾을 수 있다. 이 글은 농민혁명 관련자들이 갖고 있던 혁명의 실천 문제(이것은 毛澤東의 중국 사회에 대한 최초의 분석이다)와 연관된 농촌사회의 구조에 관한 관점을 담고 있다. 이 논문들은 또한 전략을 넘어 전술을 강조했다. 그러나 그 과정에서 그들은 중국의 사회 구조가 이전과 비교할 수 없을 정도로 밀접하고 구체적이 되었다는 것을 발견했다.

2) 이 논문들은 대부분 길드 사회주의(張東蓀이 대표한다)와 볼셰비키 조직에서 당과 국가로 권력이 집중되는 것을 반대했던 아나키스트에 반대하는 논증으로 구성되었다.

맞이할 조건이 성숙했다고 생각했을 뿐이다.[3] 중국이 사회주의로 나아가야 한다는 다수파의 주장의 근거도 불명확했다. 그들은 (현실을 고려하지 않은 채-역자) 오직 사회주의만이 중국의 독립과 발전을 보장할 수 있다고 생각했던 것이다. 그들은 자본주의(와 프롤레타리아)가 중국에서 맹아기에 있다는 것을 인정했다. 그러나 레닌이 지적했듯이 제국주의적 환경에서 역사 발전의 동력은 제국주의가 부상하기 전의 그것과는 달랐다. 중국의 자본주의는 제국주의의 부록으로 따라 들어온 것이기 때문에 성장해봐야 중국에 대한 제국주의자들의 침략을 심화시키는 것 말고는 중국에 거의 도움이 될 수 없었다. 자본주의의 발전을 통한 생산력의 완전한 성숙을 기대하는 것은 중국에게는 자살이나 다름없었다. 자본주의가 발전함에 따라 외국 세력들이 중국을 경제적으로 장악할 것이었기 때문이다. 게다가 제국주의자들은 중국에서 자본주의가 완전한 발전을 이룬다면 중국을 착취하는 데 있어 그들이 갖고 있는 이점이 줄어들 것이기 때문에 이를 결코 용납할 수 없었다. 반면 그들은 사회주의가 중국인들이 스스로 경제를 통제할 수 있게 함으로써 정치적 독립을 보장하고, 급박한 요구였던 생산력 발전을 촉진할 수 있을 것이라고 기대했던 것이다.[4]

이 논문에서 중국 사회에 딱 들어맞는다고 볼 수 있는 분석은 거의 없다고 봐도 무방하다. 사실, 저자들은 레닌이 민족해방 테제에서 제시한, 식민지와 반식민지 국가를 설명하는 조건들을 중국적 상황에서 발견하는 것 이상으로 나아가지 못했다.[5] 1923년 이후에도 국공합작을 방어하

---

3) 李季, 「社會主義中國」, 『社會主義討論集』, pp.312-321.

4) 예를 들어 周佛海, 「實行社會主義發展實業」, 『社會主義討論集』, pp.250-271.

5) Lenin의 생각 대부분은 그가 1920년 제2차 코민테른 대회에서 발표한 테제에서 분명히 드러났다. 간단히 말해, 그는 식민지와 반식민지에서 제국주의가 양면적인 역할을 한다고 생각했다. 제국주의는 이들 지역에 자본주의를 들여오고 현지 부르주아들을 길러냈지만, 반면에 제국주의자들은 현지 부르주아에 대한 그들의 이점을 상실할 것을 두려워하여 생산력의 성숙은 용납하지 않았다. 제국주의자들은 그래서 전통적 요소를 지향하

는 상황 속에서 동일한 경향이 지속되었다. 한편 왕이창이 말한 대로, 국공합작 정책에 담긴, 중국이 '봉건 사회'와 '취약국가'라는 사고 역시 지속적으로 선전되었다. 1923년과 1925년 사이에 국공합작에 참여한 중국 혁명가들은—그들이 무엇을 추구하든—혁명의 총구가 봉건세력과 제국주의를 향하고 있다는 데 생각을 같이했다. 그러나 여기서 후자가 더 큰 문제였다. 왜냐하면 제국주의는 경제적으로 한 국가를 착취할 뿐 아니라, 그 자신의 이익을 보전하기 위해 과거지향적인 정치 세력을 영속화시키기 때문이다. 더 나아가, 그들은 분명한 의견의 일치를 본 것은 아니지만 봉건세력이 군벌과 관료로 구성되었다는 것에는 동의했다.[6] 이 시기의 글들은 국공합작에 대한 의미 때문에 중국에서의 계급투쟁에 상당한 관심을 기울였다는 점에서만 1923년 이전의 글들과 차이가 있었다. 사회 "분석"은 제국주의자들(군벌, 관료, 매판)과 이해를 같이하는 소수를 제외한 대부분의 중국인들이 바로 그들이 처한 환경으로부터 혁명적일 수밖에 없으며, "민족 해방"을 지향하는 통일전선에 가담해야만 한다는 것을 주장했다. 그리고 이러한 사회분석을 통해 공당公黨의 정책이 확정될 수 있었다.[7]

는 세력을 지지하는 경향이 있었다. 이러한 환경에서 부르주아와 부상하는 프롤레타리아는 제국주의와 전통적 지배계급에 저항하려는 공통의 이해를 갖게 되었다. 그들 자체로는 민족해방을 위한 싸움을 수행하기에는 강하지 못했기 때문에, 적어도 그들의 공통된 이해가 잠재적인 분열을 수면으로 가라앉히고 있는 한, 민족민주혁명을 달성하는 데 있어서는 협력적일 수밖에 없었다. V. I. Lenin "Report of the Commission on National and Colonial Questions", *Lenin on the National and Colonial Questions*, (北京: 外語出版社, 1967)을 보라. 陳獨秀는 이를 훌륭하게 다시 언급했다. 「中國國民革命與社會各階級」, 『前鋒』 第1卷 第2期, (1923.12)를 보라. 陳獨秀의 논문은 국공합작 성립 전야에 발간되었다는 점이 눈에 띈다.

6) 아래 단락을 보라.

7) 陳獨秀, 같은 책. 陳獨秀는 제국주의에 의존적인 군벌과 "관료적 부르주아(官僚資産階級)"를 제외한 모든 중국인들을 통일전선에 포함시켰다. 그는 또한 분명한 어조로 당시와 같은 상황에서 중국의 부르주아는 취약한 편이지만 프롤레타리아보다는 발전되어 있기 때문에 지도권은 부르주아에게 가야 한다고 말했다.

그러나 사회분석의 최전선으로 계급에 대한 생각을 끌어낸 것은 통일전선 내의 모순이었다. 1932년 왕이창은 분석에서 1925년에서 1927년까지의 시기를 마르크스주의자들이 지속적으로 국공합작의 구호를 지지했던 이전 시기의 에필로그로만 바라보았다. 그러나 그 시기는 1928년 이후 혁명 분석을 위한 프롤로그이기도 했다. 이 시기를 뚫고 살아남은 혁명 분석은 1926년 봄 "5 · 4 시기에는 모두가 사회주의를 이야기했지만, 1925년부터는 모두 계급을 말했다"[8]라 했던 취추바이(瞿秋白)의 주장을 증명해주었다. 국공합작의 구호가 공적인 정책에 여전히 유지되었지만 혁명가들 중 상당수는 이 시기에 구호의 허용범위를 넘어 더 급진적인 사회 변혁으로 기울어졌다. 그리고 그러한 과정에서 그들은 점차 실제 혁명 활동의 과정에서 직면하게 되는 이해의 충돌을 해석하는 쪽으로 관심을 옮겨갔다.[9]

그들이 실망감을 안게 된 첫 번째 이유는 공산당원을 받아들이는 문제와 관련된 국민당 내부의 충돌이었다. 이 문제는 연합 시작부터 나타나기는 했지만, 1925년 봄 쑨원(孫文)의 죽음과 특히 공산당의 대중적 기반이 이례적으로 성장한 5 · 30 사건 후에 집중적으로 제기되었다.[10] 연합전선의 확장은 공산당의 자신감을 고취하고 통일전선 내 국민당의 지도력을 위협했지만 국민당 우파가 좌파 지도부의 권위를 부정하기로 결정하면서 연합전선의 분열은 공공연한 일이 되었다.[11] 이 사건 이후 "부르주아"가

8) 瞿秋白, 「國民革命運動中之階級分化」, 『新青年』 第14卷 第3期, (1926.3.25.), pp.307-327, 인용은 p.309.

9) 혁명의 실천과 사회적 힘에 대한 구체적 인식 사이의 관계는 『中國農民』에 게재된 논문에 잘 나타나 있다. "상층의 정치 지도자들은 신사계급의 죄악에 대해서 알지 못한다. 그러나 우리와 같이 인민 사이에서 성장한 혁명 동지들은 매우 분명하게 이 점을 인식하고 있다." 鄧亮生, 「農民運動的障碍-紳士階級」, 『中國農民』 第10期, (1926.10), pp.15-18, 인용은 p.15.

10) 5 · 30 사건 이후 중국공산당의 대중적 기반이 확장된 점에 대해서는 J. P. Harrison, *The Long March to Power*, (New York: Praeger, 1971), chap.3을 보라

11) 통일전선과 중국공산당에 대한 국민당 우파의 주장의 일부는 Arif Dirlik, "Mass

통일전선의 대열에서의 즉각적으로 이탈할 것이라는 예측과 함께 민족해방투쟁에서 프롤레타리아가 지도적 위치를 점할 것을 요구하는 제안서가 제출되었다.[12)]

더욱 중요한 것은, 혁명운동이 1926년 본격적으로 전개되면서, 투쟁의 목표에 중국 인민의 정치적 압제자뿐 아니라 노동자 · 농민과 이해를 달리하고 혁명의 발전을 가로막는 다른 계층까지 포함되었다는 사실이다. 즉, 혁명은 1925년까지는 주로 정치적인 것으로 인식되었지만, 5 · 30 사건 이후에는 점차 사회적 차원—계급투쟁—으로 인식되었던 것이다. 국공합작 내에서 양당을 하나로 묶은 끈은 끊어지기 쉬운 상태였는데, 계급투쟁은 결국은 이 끈을 끊어버리는 요인이 되고 말았다. 가장 먼저 공격받은 이들은 부르주아였다. 그러나 여기서 더 중요한 것은 사람들이 '봉건'이라는 개념을 다르게 이해하기 시작했다는 것이다.[13)] 이 시기 혁명 분석에서 "봉건 세력"은 더 이상 군벌과 군벌의 관료집단만을 가리키지 않았다. 사람들은 종종 이를 벗어나 군벌—지주계급의 엘리트—의 권력을 영속화시키고 보장하는 "토대" 개념을 언급했다.[14)] 당시 많은 저자들이 반反지주 투쟁과

Movements and the Left Kuomintang", *Modern China*, 1.1, (1975.1)을 보라.

12) 瞿秋白, 「國民革命運動中之階級分化」, p.326.

13) 이하의 언급들은 『中國農民』을 숙독해서 얻은 것이다. 당시에 국민당 지도부인 陳公博 같은 이들은 이 문제에 관해서 적어도 암묵적으로는 친공산당적 입장에 가까이 있었다. 陳公博, 「農民運動在國民革命的地位」, 『中國農民』 第6卷 第7期, (1926.7), p.699-702를 보라. 陳公博는 계급투쟁 문제의 근처에 다가갔지만, 그것은 혁명적이었던 '중농'을 고립시키는 것에 대해 경고하는 것에 그쳤을 뿐이다(p.702). 관방 문건에서 이 시기에 국민당 내에 급진주의가 증가했다는 다른 증거들을 볼 수 있다. Arif Dirlik, "Mass Movements and the Left Kuomintang", p.46-47을 보라.

14) 譚平山, 「國民革命中的農民問題」, 『中國農民』 第1卷 第1期, (1926,1), pp.20-21. 譚平山은 지주와 자본가들은 제국주의의 대리인이자 인민의 억압자라고 싸잡아 공격했다. 그의 주장은 지주 역시 제국주의자들로부터 고통을 당한다고 말한 이들을 겨냥한 것이었다. 혁명은 농민과 노동자를 이용할 뿐 아니라 그들이 혁명운동에 참여한다면 그들의 이해를 충족시켜야 하는 것이어야 한다고 그는 덧붙였다. 이것이 개인적인 관점이 아니라는 것은 같은 잡지에 실린 계급투쟁을 지지하는 다른 글들에서도 확인할 수 있다. 동일

농민의 토지분배의 필요성을 암시적으로 언급했지만 그들이 주로 강조했던 것은 농촌의 향신과 그 조직이 농민을 조직하기 위한 혁명가들의 노력을 약화시킨다는 사실이었다. 후자는 이 시기의 글들에서 "계급"과 "계급투쟁"을 언급하는 빈도가 증가했던 이유가 무엇인지 말해준다. "계급"이라는 용어의 정확한 의미가 무엇인지에 대해 여전히 다소간의 혼란이 있었던 것은 분명히 사실이다. 논자들이 어떻게 사용하는가에 따라 의미가 달라졌기 때문에, '계급'은 경계가 불분명한 채로 정치적 엘리트 혹은 경제적 엘리트로 지칭되었다.[15] 그럼에도 불구하고 모순을 더 잘 이해하게 됨으로써 이전에 필요했던 것보다 더 자세하고 복잡한, 중국 사회구조에 대한 분석이 등장할 수 있었다.[16]

정치권력이 외형상 통일되어 있는 상황에서, 이러한 경향은 완전하게 수면 위로 떠오르지는 않았다. 그것은 1926년 권력 상층부의 심각한 갈등으로 연합전선의 취약성이 드러난 후에야 나타날 수 있었다. 그해에 모스크바에서 최초로 국공합작에 대한 중대한 재검토가 이루어졌다. 다양한 대안들을 찾으려 했던 사회 분석들이 혁명 전략 논쟁들을 수반했다는 점은 우리의 목적과 관련하여 중요한 의미가 있다. 1927년에 대중에 공개되었던 이러한 분석들은 전형적인 혁명 정책을 합리화하려는 진부한 시도로부

자 발행분에서 羅其原의 「中國農民」의 글과 毛澤東과 彭公達의 문장을 보라.

15) 『中國農民』 第1卷 第10期에서는 신사계급이 검토되었다. 논자들은 신사를 혁명의 주적으로 공격했다. 그들은 신사를 지역의 경제적 이해와 군벌 · 관료 사이의 연결통로로 기능하는 중개인 성격의 정치적 엘리트로 인식했다. 그럼에도 불구하고 주9에 인용된 鄧亮生의 글이 보여주듯, 그들은 여전히 신사를 계급으로 규정했다. 1927년 이후 국민당의 마르크스주의자들이 신사를 중국 사회의 죄인으로 규정한 후, 오히려 명백히 다른 입장을 취했다는 사실은 흥미롭다. 그들의 입장에서 신사는 계급이 아니었으며 따라서 그들을 다루는 문제는 정치적인 것이 아니라 사회적인 것이었다.

16) 鄒靜方, 「中國農民的過去 · 現在和將來」, 『中國農民』 第4期, (1926.4), pp.425-440. 鄒靜方은 周의 시작부터 현재까지 토지재분배와 농민 문제의 관계를 연구했다. 그는 周에서 국가소유가 사유재산에 의해 대체되었다고 주장했다. 이것은 농민의 고통의 출발점이 되었다. 또한 그는 토지에 대한 국유화와 재분배를 미래의 해결책으로서 제안했다.

터 (항상 성공한 것은 아니지만) 중국 사회의 특수성을 보다 진지하게 설명하려는 혁명 분석으로 변화가 나타났음을 보여주었다.

코민테른 지도부와 중국 혁명

1926년부터 시작된 양당 사이의 심각한 갈등으로 인해, 통일전선의 슬로건을 통해 중국 혁명의 목표를 손쉽게 설명하려던 경향은 모스크바의 트로츠키주의자들에 의해 도전받았다. 코민테른(Comintern) 내에 존재하던 다양한 파벌들이 1926년 3월 중산함 사건(重山艦事件) 이후 장제스(蔣介石)가 자행한 최초의 쿠데타에 어떻게 반응했는지는 잘 알려져 있지 않다. 그러나 몇 가지 이견들이, 스탈린(Stalin)의 대 중국 정책에 대해 트로츠키(L. Trotsky)가 공개적으로 반대를 표한 몇 달 후인 1926년 12월 코민테른 집행위원회 7차 전체회의에서 중국에서의 코민테른의 위치에 대한 재성명이 나오게 된 이유가 되었던 것으로 보인다. 전체회의는 장제스를 "대大 부르주아"의 대표자로서 규정하면서도 통일전선을 유지하기로 결정했다.[17)]

1926년 중반 북벌이 시작되면서, 중국에서 "봉건세력"을 탄생시킨 것은 무엇인가라는 문제에 대해 공산주의자들과 민족주의자들이 다른 생각을 갖고 있음이 점차 분명해져갔다. 공산당이 점령지에서 토지 개혁과 계급투쟁의 확대를 고취하자, 국민당은 이에 재빨리 반응했다. 1927년 4월 12일, 장제스는 부르주아와 외국세력의 묵인하에 상하이에서 검속 가능한 공산당원들과 동조자 모두를 학살했다. 1927년 7월 우한(武漢)에서 공산당원들과 왕징웨이(汪精衛)의 지도 아래 있던 국민당 좌파가 분열함으로써 통일전선은 완전히 붕괴했다. 중국 정책에 관한 코민테른의 논쟁이 확

---

17) B. Schwartz, *Chinese Communism and the Rise of Mao,* (New York: Harper Torchbooks, 1967), pp.58-59.

대되고 그것이 중국에까지 영향을 미쳤던 것이 바로 이 시기였다.[18)]

트로츠키는 자신의 중국 사회 구조 분석에 기초해 스탈린의 정책에 도전했다. 그는 중국에서 권력은 군벌, 심지어 지주로 대표되는 "봉건세력"에게 있지 않으며 부르주아에게 있다고 주장했다. 향촌의 지도부는 사실 부르주아와 구별이 가지 않았다.

> (현재 중국에서 존재하는 대로) 대지주와 중등지주 대부분은 외국세력을 포함한 도시 자본과 얽혀 있다. 중국에서는 부르주아에 반대되는 위치에 있는 지주계급은 없다. 향촌에서 가장 보편적이면서 일반적인 증오의 대상이 되는 착취자는 고리대금업을 하는 농민이다. 그들은 도시 금융 자본의 대리인이다. 그래서 토지혁명은 중국에서 반反부르주아적이면서 반反봉건적이다.[19)]

도시와 농촌 엘리트들이 밀접하게 얽혀 있듯이, 중국의 복합적인 부르주아와 제국주의자들 사이의 관계 역시 그만큼 밀접했다. 제국주의와 중국 사회의 유대에 관해 포괄적으로 언급하면서 트로츠키는 다음과 같이 말했다.

> 특유의 관습으로 중국의 경제적 발전을 폭력적으로 방해하는 제국주의는 노동자들은 거지로, 농민들은 가장 고통스러운 노예로 만든다. 좀 더 좋은 근로 환경을 얻기 위한 반反대지주, 반反고리대금업자, 반反자본가 투쟁

18) 이것은 앞선 논쟁이 말해주는 것처럼, 소련에서의 논쟁이 혁명 논쟁을 시작하게 만들었다고 말하는 것은 아니다. 그러나 이것들은 나중에 중국에서 전개된 논쟁에 다른 논점들을 제공했다.

19) L. Trotsky, "The Canton Insurrection", (Alma Ata, 1928), Max Shachtman ed., *Problems of the Chinese Revolution*, (Ann Arbor: University of Michigan Press, 1967), p.125.

은, 그래서 중국 외부의 제국주의의 족쇄로부터 생산력을 해방시켜 중국의 민족적 독립을 쟁취하려는 투쟁 그 자체로부터 고양된다. 제국주의는 주적이자 강적이다. 그것이 강력한 것은 군사력 때문만이 아니라 은행, 고리대금업자, 관료, 군국주의자의 수뇌와 중국 부르주아들과의 뗄 수 없는 관계 때문이며 거대한 상업자본가 및 산업자본가와의 좀 더 직접적이고 그래서 그만큼 사적인 유대 때문이다.[20]

트로츠키는 계속해서 중국에서 민족해방을 위한 반제국주의 투쟁은 또한 계급투쟁이라고 말했다. 중국에서 민족해방과 생산력의 발전을 달성하려고 한다면, 프롤레타리아는 반反제국주의 투쟁에서 노동대중과 중국의 경제적, 정치적 엘리트들을 이끌어야 한다는 것이다.[21]

스탈린 및 그의 지지자들—여기서 가장 두드러지는 이가 바로 부하린(N. Bukharin)이다—과의 논쟁에서의 트로츠키의 사고를 요약한다면 다음과 같이 정리할 수 있다. (1) 중국에는 강력한 부르주아 계급이 있지만, 이 계급은 외부의 제국주의에 (어떤 면에서는 이해를 달리하지만) 경제적으로 의존하고 있기 때문에, 그리고 완전히 발전한 산업부르주아가 아니기 때문에, 부르주아 민주주의 투쟁을 책임질 수 없다. (2) 그래서 민족해방 투쟁의 지도부는 프롤레타리아에게 돌아가야 했던 것이며, 이와 동시에 그들은 부르주아와의 투쟁을 수행해야 했던 것이다. (3) 중국의 생산력은 부르주아 계급의 존재에도 불구하고 후퇴했다. (제국주의는 중국의 생산력 발

20) L. Trotsky, "First Speech on the Chinese Question", (Moscow, 1927.5), 코민테른 집행위원회 제8차 전체회의에서 발표. 같은 책, pp.110-111.

21) Trotsky는 물론 중국 부르주아의 利害가 무조건적으로 제국주의자들의 그것과 일치한다고는 생각하지 않았다. 그것보다는 민족투쟁의 과정의 어떤 점에서, 부르주아와 프롤레타리아 사이의 충돌이 부르주아와 제국주의 사이의 그것을 넘어선다고 보았다. 그 지점에서 부르주아는 프롤레타리아와 결별할 것이라는 것이 그의 생각이었다. 이러한 사고는 Lenin의 *National and Colonial Questions*에 근거했다.

전에 도움이 되지 못하고 방해만 되었다.) (4) 중국 혁명은 비자본주의적 발전의 길을 가야 한다.[22)]

자신의 정책에 대한 트로츠키주의자들의 비판에 반응해 스탈린은 중국 사회의 봉건적 특징을 되풀이해서 말하고 중국 혁명의 반反봉건적, 반反제국주의적 전략의 정당성을 재천명했다. 1927년 4월의 사건을 다룬 「중국 혁명의 문제*Problems of the Chinese Revolution*」에서 스탈린은 중국 혁명의 특징을 다음과 같이 나열했다. (1) 중국의 반半식민지적 상태와 제국주의의 경제적 · 재정적 지배. (2) 군국주의적 · 관료주의적 억압에 의해 그 효과가 강화되는 봉건적 생존의 사하중死荷重. (3) 봉건적 관료의 억압, 군국주의, 제국주의에 저항하는 투쟁에서 노동계급과 농민계급의 점증하는 힘. (4) 민족 부르주아의 정치적 취약성, 제국주의에 대한 의지依支, 점증하는 대중에 대한 공포. (5) 중국 북방의 프롤레타리아 독재의 존재.[23)]

이 시기에 대한 초기 연구를 통해 우리는 스탈린주의 지도부가 1927년의 비극적 사건 이후 중국에 관한 트로츠키의 제안에 매우 가까이 다가섰지만, 그 제안을 수용한 이면에서 반대자들이 틀렸다는 것을 증명하는 수많은 체면치레 격인 장치들에 의존할 수밖에 없었음을 알 수 있다.[24)] 이것은 중국 혁명의 목표의 문제와 관련되었다. 1927년 7월 28일 자 『프라우다*Pravda*』의 기사에서 스탈린은 중국 혁명의 목표를 설명하면서, 트로츠키의 생각에 반대하는 것 같으면서도 상당히 다가서 있는 태도를 보였다.

반대자들은 제국주의에 대한 중국 인민의 혁명적 투쟁의, 다른 무엇보다

---

22) 즉, 프롤레타리아는 부르주아 민주주의 혁명—유럽에서는 부르주아에 의해 선도되었다—을 선도할 것이고 러시아의 예를 따라 사회주의로 나아갈 것이다.

23) J. Stalin, "Problems of the Chinese Revolution", *Selection from V. I. Lenin and J. V. Stalin on National Colonial Question*, (Calcutta, 1970), p.197.

24) Schwartz, *Chinese Communism* 곳곳에서 볼 수 있다.

도 주요한 근거가 되는 사실들을 잊고 있다. 즉, 중국에서 제국주의가 중국 인민의 직접적인 착취자들—봉건주의자, 군국주의자, 자본가, 관료 등—을 지지하고 고무시키는 힘이며, 그래서 중국의 노동자와 농민들은 반反제국주의 투쟁을 동시에 전개하지 않는다면 그들의 착취자들을 정복할 수 없다는 사실 말이다.[25)]

스탈린은 여기서 노동자와 농민들에게 제국주의와 동맹을 맺은 다양한 지배계급의 모든 구성원들에 저항해 싸울 것을 요구했다. 그러나 다른 글에서는 중국 혁명의 내부의 주적이 "봉건세력"임을 분명히 했다. 그는 이 세력을 군국주의자들과 관료로 설명했을 뿐 아니라 "농민에 대한 봉건적이면서 중세적인 착취와 억압의 기제"라고 말했다. 이것들은 나중에 중국을 "봉건"사회라고 규정한 중국 마르크스주의자들의 주장의 기초가 되었다. 게다가 스탈린은 중국에서 상업자본이 중요한 역할을 했다는 것(이것은 트로츠키주의자들이 무기고에 담아두고 있던 효과적인 무기였다)을 부정하지 않으면서, 중국의 마르크스주의자들이 후일에 결론을 내린 것과 같이, (트로츠키가 주장한 대로 봉건적 생산양식을 변화시키기보다는) 이러한 상황이 나란히 공존했으며, 아마도 봉건적 착취에 봉사하고 그것을 강화시켰을 것이라고 주장했다. 스탈린은 중국 사회의 본질을 세밀하게 정리하였는데, 이것은 중국의 스탈린 추종자들에게 전해준 그의 주장이 얼마나 복잡했는지를 보여준다.

반대자들은 상업부르주아가 중국 농촌에 침투해 무산계급 농민들에게 토지를 임대해 주었다는 주장을 들어왔다. 반대자들은 상업이 봉건적인 것이 아니라는 것을 안다. 때문에 기성의 양식, 즉 봉건의 유물—봉건제의 존

25) J. Stalin, "Comments on Current Affairs in China", Pravda, (1927.7.28.), *Selection from V. I. Lenin and J. V. Stalin on National Colonial Question*, (Calcutta, 1970), p.205.

속에 저항하는 농민의 투쟁 또한 포함된다—은 중국 혁명에서 중요한 요소가 아니다. 현재 중국에서 중요한 것은 토지혁명이 아니라 제국주의 국가들로부터 중국의 관세 자주권을 지키는 문제이다.

그러나 반대자들은 중국 경제의 특수성이 중국 농촌으로의 상업자본의 침투가 아니라 중국 농촌에서 농민들을 착취하고 억압하는 봉건적이고 중세적 수단을 보전하는 봉건 잔존세력의 지배와 상업자본의 존재의 혼합이라는 것을 보지 못하고 있다.

반대자들은 중국에서 농민들을 비인간적으로 약탈하고 억압하는 현재의 군벌 관료 기구 전체가 본질적으로 농촌에서 봉건 잔존세력과 봉건적 착취 수단의 지배와 상업자본의 존재의 조합에 토대를 둔 정치적 상부구조라는 것을 모르고 있다. 그리고 실제로 역사적 사실은 이후 중국의 대토지혁명은 무엇보다도, 그리고 주요하게는 대·소 봉건 세력에 대항하는 것으로 발전했다는 것을 보여주었다. (…) 또한 역사적 사실은 봉건세력은 전 영토에 걸쳐 중국에 존재할 뿐 아니라 권력을 쥐고 있다는 것을 보여주었다. 그들은 (말 그대로) 국민당의 지도력에 복종하고 있으며 야금야금 중국 혁명을 좀먹고 있다.

이 이후로 토지 혁명을 현재 중국 혁명운동의 주요한 사실로서 받아들이지 않고, 중국 농촌의 주요한 억압 형식이 봉건 잔존세력과 봉건적 착취 시스템이라는 것을 부정한다면, 이것은 명백히 사실에 반하는 것이다.[26)]

혁명 전략과 관련된 코민테른 내 논쟁에서 대립되는 양측 주장의 혼란스러움은 다른 곳에서도 논의되어왔다. 이러한 중국 혁명 논쟁들에서 자본가, 봉건제, 부르주아, 봉건주의자와 같은 사회적이고 역사적인 카테고리가 일상적으로 사용되었기 때문에, 이들 용어가 사회-역사 분석의 개념

26) 같은 책, pp.205-206.

으로 문자 그대로 받아들여졌을 때 상당한 문제점이 나타났다. 그들이 이러한 용어를 채택한 맥락에서는 엄격한 정의를 요구하지 않았기 때문에, 트로츠키나 스탈린이나 모두, 중국 사회의 "부르주아화"나 "봉건 잔존세력의 지배"라는 말이 중국 사회가 역사 발전상 이미 자본주의의 단계로 접어들었다는 뜻인지, 아니면 봉건체제가 여전히 유지되고 있다는 뜻인지를 분명히 밝히지는 못했다. 트로츠키의 경우, 제국주의의 존재가 생산양식의 본질의 변화를 뜻한다는 점을 분명히 한 것처럼 보인다. 당시의 상황에서 중국의 생산력이 발전되지 않았더라도(그리고 그럴 수 없었더라도), 제국주의 세력의 활동과 지원은 중국인 부르주아의 힘을 증폭시키고 중국 사회 전체를 통해 부르주아적 생산양식(그는 이것을 시장경제라 칭했을 지도 모른다!)의 효과를 확산시켰다는 것이다. 그러나 러시아와 중국에서 그의 지지자들 중 일부는 그의 주장에 근거해 체제로서 자본주의가 이미 중국의 경제와 사회 조직의 지배적 특징이 되었다고 추론했다.[27] 반면, 스탈린은 중국의 사회적, 정치적 체제를 중세유럽의 봉건제와 동일한 봉건제로 보지 않았다. 그는 봉건 잔존세력 혹은 유물의 힘을 혁명 발전의 장애물(이것들은 경제적 혹은 정치적 세력으로부터 종족적 가치의 유지와 같은 이데올로기적 잔존물까지를 포함한다)로서 언급했을 뿐이다. 그럼에도 불구하고, 고정된 역사 발전 도식에 대한 신뢰와 함께 결합된 이러한 카테고리의 임의적 사용은 수년간 사회 분석과 역사 분석에 장애가 되었으며 중국 역사학에 있어서도 지속적인 방해가 되었다.

---

27) G. Zinoviev, "Theses on the Chinese Revolution", (1927.4.15.), *Problems*, p.316. 이러한 관점에 대한 가장 큰 지지자는 K. Radek이다. 그에 대해서는 다음 장에서 논할 것이다.

중국의 혁명 논쟁

코민테른의 논쟁에 관한 소식이 1927년 중국 혁명가들에게 전해지면서 중국에서 유사한 논쟁이 일어났다. 중국에서의 논쟁은 중국 혁명의 과정 전체에 만연한 불확실성과 갈등에 의지하고 있는 것이 분명했다. 우리는 1928년 이후 논쟁이 표현된 형식을 통해서만 논쟁들의 특징을 알고 있다.[28] 중국에서 논쟁은 공산당의 관점에 동의하지 않는 국민당 좌파의 관점이 따로 존재했기 때문에 출발부터 복잡한 양상을 띠었다. 그들은 다른 관점을 제시함으로써 공산당 내의 두 가지 입장(스탈린주의자와 트로츠키주의자-역자)의 정교화를 촉진했다. 게다가, 이 세 그룹 모두는 모스크바가 아닌 중국의 현실에서 문제를 인식하고 있었기 때문에 코민테른 지도자들이 강조하던 것과는 다른 방향을 제시했다.

1932년, 왕이창은 『중국사회사론사中國社會史論史』에서 1928년부터 1932년까지 지속된 "재평가의 시기"에 등장한, 중국 사회에 대한 세 가지 입장을 구분했다. 그는 이 중 세 번째 입장은 조직적인 초점 없이 개인 저자의 저작을 통해 표출되었던 반면, 다른 둘은 신문잡지 그룹을 통해 발표되었다는 것을 알려주었다.[29] 중국에서 역사적 유물론을 다룬 다른 저자들은 지금까지도 왕이창의 분류를 받아들이고 있다. 이 분류에는 오류가 없지 않지만, 1927년의 혁명이 패퇴한 이후 혁명적 지식인들 사이에서 혁명의 문제를 둘러싸고 어떤 이견이 갈라져 나왔는지를 정확히 설명해주었다.[30]

---

28) 陶希聖은 1969년 우리의 인터뷰에서 武漢의 혁명가들이 Stalin, Trotsky, (Stalin의 관점을 방어한) Bukharin, K. Radek의 관점을 알고 있었고 팸플릿을 통해 그들의 논쟁을 진행했다고 말했다. 王宜昌은 또한 모스크바 中山大學에서 중국에 대한 K. Radek의 강의가 1928년에야 인쇄되었음에도 불구하고 1927년에 벌써 알려졌다고 말한다. 王宜昌, 『中國社會史論史』, p.21.

29) 같은 책, pp.22-24.

30) 다시 말해, 이것은 어떤 잡지를 다른 잡지로부터 분리해 구분하는 것이 더 어렵기 때문

왕이창에 따르면 첫 번째 입장은 중국 사회에 대한 국민당 내의 급진적 입장을 대표한다. 이는 "신생명파新生命派"의 잡지들을 통해 발표되었는데, 여기에는 파벌명의 기원이 된 『신생명월간新生命月刊』뿐 아니라 『동방잡지東方雜誌』, 『혁명평론革命評論』 등이 있으며 『쌍십雙十』, 『전진前進』과 같이 그다지 유명하지 않은 단명 잡지들도 다수 포함되어 있었다.[31] 이들 잡지의 기고자들에는 『혁명평론』의 편집자 천궁보(陳公博)와 『쌍십』의 편집자 구멍위(顧孟餘)와 같은 가장 대표적인 국민당 좌파 성원들이 포함되어 있다.[32] 그러나 사회역사 분석을 통해 국민당 좌파를 가장 탁월하게 대변했던 이는 타오시성이었다. 반대자들 사이에서도 그의 이름은 국민당 좌파의 대명사였다. 그래서 반대자들은 국민당 좌파의 중국 사회역사관을 비판할 때면 종종 이를 "타오시성주의(陶希聖主義)"라 불렀던 것이다.[33]

왕이창은 공식적인 공산당의 입장을 대표하는 그룹을 그중 가장 엄격한 분석(특히 "논쟁"에 관한 특별판에서 그러했다)을 게재했던 잡지 『신사조新思潮』의 이름을 딴 "신사조파新思潮派"로 명명했다. 여기에 속한 다른 잡지들로는 『사상월간思想月刊』, 『세계월간世界月刊』과 『현대청년現代青年』 등이 있다. 이 잡지들에서 가장 두드러진 활약을 했던 인물은 궈모뤄, 리리싼(李立三), 판둥저우(潘東周), 왕쉐원(王學文) 등이었다.[34] 이들은 1927년 이후

이다. 예를 들어, 『東方雜誌』는 여기서 언급했던 다른 잡지와 비교해서는 정치 잡지가 아니었다. 그리고 물론 王宜昌이 특정 그룹으로 분류했던 사람들은 때로 또 다른 그룹의 잡지에 기고했다. 『新生命』은 陶希聖과 이 시기 그와 반대편 입장에 있던 朱佩我의 글을 같이 게재했고 郭沫若는 『東方雜誌』에 참여했다. 그러나 이러한 상황에도 불구하고, 王宜昌의 분류는 만족스럽다.

31) 王宜昌, 『中國社會史論史』, p.22.

32) 陳公博와 顧孟餘는 국민당 "개조파"의 지도자들이었다. 그들은 통일전선이 시작된 해이기도 한 1924년에 시작된 국민당 개조에서 적용될 원칙을 촉진시키기 위해 1928년 겨울에 만들어졌다. 그들의 정치적 입장에 대한 심화된 견해는 A. Dirlik, "Mass Movements and the Left Kuomintang"을 보라.

33) 『食貨』 第2卷 第11期, (1935.11.1.)의 사설을 보라.

34) 王宜昌, 『中國社會史論史』, pp.22-23. 王學文과 潘東周는 종종 이 그룹을 대표하는 저

공산당이 수용한, 공식적인 스탈린주의적 중국 혁명 노선을 변호했다. 간단히 말해 그들은 중국 사회의 "특수성"을 주장했지만 재빨리 중국이 봉건 사회라는 관점으로 돌아섰던 것이다.[35] 트로츠키주의자들은 이들의 관점을 반박했다. 그들은 공산당에서 축출되었던 1929년까지는 지면상에서 침묵을 유지했다가 축출된 후에야 중국 사회 분석을 발표하기 시작했다. 그중 가장 통찰력 있게 분석한 두 명을 꼽는다면 런수(任曙)와 옌링펑(嚴靈峰)—그들은 서로 반대되는 입장을 취했다—이 있었다.[36] 트로츠키파 역시 단명이긴 했지만 1930년에 그들만의 잡지인 『동력動力』을 발간했다. 그러나 역사 분석에 있어서 가장 중요한 성과들은 1931년 이후에야 『독서잡지讀書雜誌』를 통해 나타났다. 그중 상당수는 중국공산당에 반대하는 것이었다.

이 세 그룹의 대립적인 견해가 1927년 이후 논쟁의 경계선을 결정했다.

자들로 간주되었다. 나는 불행히도 이 두 저자에 대한 어떤 의미 있는 정보도 찾을 수 없었다.

35) 같은 책, p.35.

36) 두 책은 任曙의 『中國經濟研究緒論』(上海: 1932)과 嚴靈峰의 『中國經濟問題研究』, (上海: 1931)이다. 이 두 저자에 대해서는 잘 알려져 있지 않은데, 특히 『讀書雜誌』의 일부 독자들은 任曙를 陳獨秀로 받아들이기도 했다(『讀書雜誌』 第1卷 第4期, 第5期의 편집자 주를 보라). 트로츠키파에 속했던 嚴靈峰은 정체조차 알 수 없다. 『讀書雜誌』 第2卷 第2期와 第3期에 실린 편집자에게 보내는 서신에서 任曙는 자신은 任曙일 뿐이라고 말했다. 분명 그는 공장 노동자였고, 中央農民部에서 일했던 1925년에서 1928년 사이에 혁명에 참여했었다. 그는 1928년 중국을 떠나 모스크바로 간 것으로 보인다. 같은 호에서 王禮錫는 1932년부터 任曙에 대한 소식을 듣지 못했다고 말했으며, 그의 행방을 물었다. 嚴靈峰은 1926년 廣東으로 갔지만 그곳의 상황에 실망하고 그해 10월에 모스크바로 떠났다. 그는 모스크바에서도 환멸을 느꼈고, 東方大學 졸업 후 중국으로 돌아왔다. 잠시 동안 교직에 몸담았다가 이후 자문의 성격으로 국민당에서 일했고, 1949년에 臺灣으로 건너가 (1949년 이후-역자) 國家安全局, 臺灣大學 등에서 공직과 교직에 몸담았다. 1926년 이전의 嚴靈峰 사상의 발전 궤적을 보고자 한다면, 「我與社會科學」, 『讀書雜誌』 第3卷 第1期, pp.1-44를 보라. 嚴靈峰의 현재에 대해서는 Richard Kagan에게 도움을 받았다. 트로츠키파는 잡지 『動力』의 이름을 따라 동력파動力派라고 불렸지만, 다른 파벌 수준의 응집력은 없었다.

"중국은 대체로 봉건적이며, 제국주의가 중국의 봉건적 사회구조를 뒷받침하고(혹은 그것을 영속화시키고) 있다", "제국주의가 본질적으로 중국 사회에서(혹은 더 자주는 부르주아의) 자본주의적 발전을 지원하기 때문에 중국은 현저하게 자본주의적이다", "중국은 봉건적이지도 자본주의적이지도 않으며, 모호한 계급구조 때문에 봉건적 본성을 가진 기생적인 정치세력—이 세력은 동시에 제국주의자들의 이익을 보호한다—이 권력을 유지할 수 있는 사회이다."

논쟁은 세 번째 입장에 섰던 이들로부터 시작되었다. 그들은 1927년 이후 왕징웨이와 협력한 국민당 좌파로서 1924년, 당이 재조직되고 통일전선이 결성되었을 때의 혁명 공약이 1927년 좌우 양측으로부터 배반당했다고 생각했다.[37] 이 비공산주의적 급진주의자들은 1928년부터 이론적 논쟁을 벌이기 시작했다. 그들의 논쟁은 우익의 공격에 맞서 혁명을 지속시키고, 좌익의 압력 아래에서 무정부 상태로 나아가는 분열을 막기 위한 최후의 노력으로 칭해진다. 이들의 사회 분석은 1920년대 말의 풍경을 지배했다. 공산당으로 하여금 입장을 결정하도록 점차 압박을 가한 것도 바로 이들의 사회 분석이었다. 다소 엄격한 면이 있지만, 그들이 던진 사회구조적 관점에서의 다양한 혁명 전략에 대한 평가는 혁명의 주장을 한 단계 더 세련되게 만들었다.

국민당 좌파와 중국 혁명: 국민당 좌파는 1927년 이후 중국 사회를 지배한 힘을 "봉건세력"으로 규정했다. 그들은 공산당과 달리, 1927년 이전의 전제前提에 담긴 정신에 충실하게 "봉건세력"을 사회의 상부구조에 편입시켰다. 그들은 중국에서 봉건체제가 상업의 충격을 받으면서 주대周代(기

37) A. Dirlik, *Mass Movements and the Left Kuomintang*.

원전 1122~255) 중반부터 사라졌다고 주장했다.[38] 그러나 중국에서 봉건제가 이 시기에 사회체제로서 종말을 고했지만 중국은 중세 말의 유럽과 달리 다음의 역사 단계인 자본주의로 나아가지 못했다. 중국에서 단계의 변화는 유예되었던 것이다. 이 시기 전체를 관통해 유지되었던 농업 기반의 경제는 상업자본에 의해 장기간에 걸쳐 해체되어왔다. 중국 사회의 주요한 특징은 이러한 장기간의 변형 속에서 모호한 계급 구조를 유지했다는 것이다. 봉건제 몰락을 야기한 주대의 발전은 지주와 상업자본의 결합으로 이어졌다. 새로운 경제 엘리트가 등장하여 토지 투자와 상업과 고리대금업 참여를 결합시켰다. 서구에서 자본주의의 발전을 자극했던 상업은 중국에서는 토지에서의 착취와 지역적 특수성을 중개함으로써 유지되어 왔다. 이러한 요소들은 생산력의 발전에 거의 유인誘因이 되지 못했다. 이것은 치명적인 결과를 가져왔다. 지속적으로 토지를 잠식했던 상업자본은 주기적으로 토지소유에 집중했고 농민들의 빈곤을 야기했다. 이것은 결국 왕조를 교체할 정도의 혼란을 불러일으켰다. 이것은 생산의 지역적 차이와 관련되었기 때문에 더 나아가 지역적 분열을 영속화시켰다.[39]

마르크스주의 사회 이론은 정치적 상부구조가—적어도 일반적인 경우에서는—사회 내 지배계급의 이해를 반영할 것이라고 말한다. 국민당의 마르크스주의자들은 이러한 전제를 잘 알고 있었지만, 중국은 역사 대부분에 걸쳐서 이와 일치하지 않았다는 것을 증명하기 위해 노력했다. 그들은 중국 사회에는 확실하게 지배적이라고 할 수 있는 경제적 계급이 없었기 때문에, 지주나 자본가와 같은 어느 한 그룹도 국가 전체를 통제할 수

---

38) 陶希聖, 『中國社會之史的分析』, (上海: 1929), p.26. 또한 愈之(顧孟餘의 필명), 「農民與土地問題」, 陶希聖 편, 『中國問題之回顧與展望』, (上海: 1930), pp.261-262를 보라.

39) 陶希聖의 초기 저작 중 상당수는 중국 사회에서 상업자본의 문제를 다루고 있다. 초기의 논의에 관해서는 『中國封建社會史』, (上海: 1929), pp.41-60을 보라.

없었다고 주장했다. 봉건 사회의 특징이었던 동일 그룹 내에서 경제적이고 정치적인 권력이 집중되던 현상은 주대 말엽에 이르러 종말을 고했다. 새로운 지주-상인 계급이 경제적 권력을 장악했다면, 신사(사대부)에서 선발된 관료들은 정치적 권력을 장악했다. 그들은 경제 엘리트가 아니라 교육받은 정치 엘리트였다. 관료의 이해는 종종 농민에 반하는 지주의 이해와 일치했고, 서로가 서로의 영역을 지속적으로 침범했지만(관료는 토지를 구입하여 지주가 되었고 상업적 지주는 관계로 진출했다), 정치 엘리트와 경제 엘리트 사이의 구분은 여전히 명확했다.[40)]

혼란의 시대에 관료통치의 보호막으로서 관료와 군벌은 제국 중국의 정치 엘리트를 구성하는 이들이었다. 생산 활동에는 종사하지 않고 대체적으로 기생적인 존재였던 이러한 정치 엘리트들은 봉건 사회의 본질이었다.[41)] 이러한 관점에서 "봉건"은 군벌-관료적 지역주의로부터 가부장적 친족 조직과 그 자체가 봉건 시대의 산물인 유가 사상의 지배까지를 포함하는 개념이다. 공자가 사회의 근간으로서 농업을 강조한 것은 공자의 주장처럼 이타주의의 결과가 아니라, 상인 계급의 활동이 자신들의 지위에 영향을 미칠 것을 두려워한 정치 엘리트들의 존재의 기반을 반영한 것이었다. 이러한 정치 엘리트들로부터 억압을 받았기 때문에 상인은 결코 독립적인 계급으로 발전할 수 없었고, 대신 지주들과 공생 관계에 놓였던 것이다. 이러한 특성의 순수한 결과는 계급구조의 혼합이었다.

이러한 상황은 새로운 주요 외세로서 제국주의가 대두한 20세기까지 이어졌다. 과거에는 지배적인 정치 엘리트들이 지주의 이해를 위해 봉사

---

40) 陶希聖, pp.83-105. 陶希聖은 신사계급을 공식적인 경제적 지주와 공식적인 정치적 관료 사이에 낀 신분으로 간주했다. 그는 이 문제에 있어 다소 모호한 입장을 취했다. 그들을 어떤 계급에도 속하지 않는다고 말하면서도 때로는 그들을 계급으로도 간주했다. 앞으로 보게 될 李季는 신사계급에 대한 그의 이러한 관점을 신랄하게 비판했다.

41) 같은 책. 봉건 지주와 사대부의 구분에 대해서는 p.38을 보라.

했다면, 이제는 전통적으로 민족의식을 갖추고 있지 않았던 관료와 군벌 엘리트들이[42] 제국주의와 그들의 대리인, 즉 우연찮게 새로운 기술을 발전시켰던, 그 자신 사대부인 매판을 위해 봉사하게 되었던 것이다. 중국의 자본주의는 새로운 경제적 압박이 있었음에도 불구하고 여전히 취약했다.

> 사대부가 상존하고 있었기 때문에 자본가 계급은 강한 사대부적 본성을 가지게 되었고 군벌들과 연결되기도 쉬웠다. 또한 자본주의의 발전이 중국 경제 구조에서 내재적으로 이루어지지 않고 외부의 강제에 의해 이루어졌기 때문에, 결과적으로 자본가 계급이 형성되기는 했지만 봉건적 사고가 붕괴되거나 민주 혁명이 성공할 수 없었다.[43]

자본주의는 중국적 토양에서 성장하기 어려웠다. 게다가 제국주의의 효과는 아이러니하게도 존재의 조건을 더 악화시켰다. 서구의 압력으로 인해 중국은 불균등하게 발전했다. 산업적 기초가 뿌리를 내리기도 전에 근대 산업주의의 부산물이 먼저 들어와 버렸다. 예를 들어, 철도는 공장이 건설되기 전에 도입되었는데, 경제 활동을 성장시키기보다는 군벌들의 이동을 증가시켰고 이로 인해 중국의 탈중앙화에 영향을 끼쳤다. 제국 시기 거대했던 봉건국가는 이제 잘게 쪼개진 수많은 봉건적 지방자치체로 분할되었다.[44]

게다가, 제국주의는 중국에서 상업자본의 착취적 본성을 강화했다. 당시 제국주의는 주요하게는 금융자본이었다. 이 시기 중국 토착의 상업자본은 제국주의 금융에 종속되어 그들이 중국을 착취하는 것을 도왔다. 이

---

42) 陶希聖, 「中國之商人資本及地主與農民」

43) 陶希聖, 『中國社會之史的分析』, p.42.

44) 같은 책, p.142.

러한 자본은 과거에는 지역 간 무역에 연결되어 있었지만, 이제는 중국의 향촌을 외부 세계와 연결시켰다. 가장 고통을 받았던 중국 농민에 대한 착취는 중국의 가장 궁벽한 지역과 뉴욕과 런던의 은행가를 연결시키는 고리가 되었다.[45)]

국민당의 마르크스주의자들은 외국과 중국 간 금융을 연결시켜 하나로 생각했지만 산업은 구분해 생각했다. 그들은 이용 가능한 금융과 노동계의 급격한 성장으로 대별되는 자본주의 발전의 선행 조건이 오직 외국 산업에만 도움이 되었고, 중국에게는 도움이 되지 않았다고 주장했다.[46)] 외국 산업은 지속적으로 성장한 반면에, 중국 산업은 정체되어 있었고, 때로는 심지어 퇴보하기까지 했다.[47)] 정체의 원인은 다양했다. 외국 상품이 보급됨으로써 장인들이 몰락했고, 아편과 배상금 등으로 인해 국부가 유출되었다. 인민의 빈곤은 시장을 위축시켰고 이로 인해 인민들이 군벌들의 인력으로 충원됨으로써 무질서는 확대되었다. 그러나 가장 주요한 원인은 외국 산업과의 경쟁, 상업과 금융자본의 힘, 그리고 관료와 군벌 활동이 야기한 분열이었다.

외국 자본과의 경쟁으로 인해 중국의 산업은 경공업 부문으로 제한되었다. 반면에 외국세력은 더욱 전략적인 부문을 통제할 수 있었다. 외국 상품이 수입됨으로써 중국의 산업 발전은 더 큰 장애물을 만났다. 외국 세력은 풍부한 자본, 노동과 경영에 대한 전문적 지식, 기술적 우위를 바탕으로 중국의 경쟁자들에 비해 기술적으로 유리한 위치에 있었다. 그들은 이를 통해 금융과 운송을 지배했다. 이에 더해 그들은 관세 제한이나 치외법

---

45) 陶希聖, 「中國之商人資本及地主與農民」, 『新生命』 第3卷 第2期, (1930.2), p.7.

46) 같은 책, p.12.

47) 같은 책. 또한 何思源, 「中國在世界經濟的地位和中國的危機」, 『新生命』 第2卷 第5期, (1929.5), pp.1-4와 林民, 「資本主義社會硏究」, 『新生命』 第3卷 第12期, (1930.12), pp.1-11을 보라.

권과 같은 정치적 이점을 갖고 있었다. 중국 산업가들이 정치권력 때문에 강제징수의 고통을 감내해야 했던 데 반해, 외국세력은 이 덕에 갖가지 강제징수로부터 자유로울 수 있었다.[48)]

금융자본은 중국 상인을 대리인으로 삼아 중국 사회를 빈곤에 빠뜨렸을 뿐 아니라, 자본의 흐름을 비생산적인 부문으로 돌려놨다. 산업 성장이 느리고 비정상적으로 진행되었기 때문에, 수많은 사람들이 토지에 투자하거나 보상이 빠르고 높은 도시에 투기했다. 이 모두가 비생산적인 것이었다. 도시로 흘러들어 간 자본은 최종적으로는 외국세력의 수중으로 들어갔고, 향촌으로 흘러간 자본은 종전처럼 최악의 패배자인 농민에 대한 착취와 몰수를 심화시켰다. 농업이 쇠퇴하고 있다는 것은 분명했다.[49)]

결국, 이러한 불행한 상황을 악화시킨 것은 불균등한 중국 경제의 발전에 기인한 중국의 분열이었다. 여기서 상업은 중국 경제의 불균등 발전의 주원인이었다. 국민당의 논자들은 사회 계급과 국가를 분리시켰으면서도, 중국의 정치 문제와 경제 문제의 상호 의존성을 강조했다.[50)] 중국 경제는 지역적으로 분할된 조직을 갖고 있었다. 이것은 상업자본에도 이익이 되었을 뿐 아니라 그 자체 분열의 산물이자 대리인인 군벌의 정치적 · 군사적 힘의 토대를 제공했다. 일부 논자들은 중국을 독일과 이탈리아에 비교했다. 19세기 이 두 나라의 급선무는 프랑스나 러시아와 달리 혁명이 아니라 통일이었다.[51)] 이러한 상황에 처해, 국민당의 이론가들은 쑨원의 전략

48) 이 문제를 다룬 문장들은 인용하기에는 너무 많다. 중국에 대한 외국 세력의 우위에 대해서는 周谷城, 「現代中國經濟變遷概論」, 『讀書雜誌』 第2卷 第7期, 第8期, (1932.8), pp.1-69를 보라. 특히 pp.50-55를 참조.

49) 陶希聖, 「中國之商人資本及地主與農民」. 국민당 좌파는 지주의 착취는 큰 문제로 보지 않았고, 대신 상업자본의 착취는 비난했다.

50) 중요한 것으로는 陶希聖, 「統一與生產」, 『新生命』 第3卷 第4期, (1930.4)과 「長期和平之診斷」, 같은 책, 第3卷 第11期, (1930.11), 薩孟武, 「國民革命與社會革命」, 같은 책, 第1卷 第8期, (1928.8)과 「第一統一, 第二生產」, 같은 책, 第3卷 第6期, (1930.6) 등이 있다.

51) 薩孟武, 「國民革命與社會革命」.

이 중국 혁명에 가장 적합하다고 보았다. 중국 혁명의 두 가지 역할은 파괴와 건설이었다. 파괴의 목표는 사회의 전통적 착취계급이었다. 이들에는 제국주의자뿐 아니라, 여전히 정치적 상부구조를 지배하고 있던 관료와 군벌이 포함되었다. 파괴는 몇 가지 이유에서 계급투쟁으로 확대되어서는 안 되었다. 첫째, 계급 구조의 모호성 때문에 지배적인 계급이 없었다. 자본가들은 취약했고, 그 자신들도 외국세력의 압력과 군벌로부터 고통받았다. 지주는 상업자본의 악영향에 밀렸다. 그들은 오직 농민에게 착취의 짐을 지울 수 있다는 점에서만 유리했다. 그러나 그들은 그만큼 지배적인 계급은 아니었다.[52] 둘째, 중국에서 급선무는 통합이었다. 계급투쟁은 정치적이고 경제적인 통합을 이루기 위한 노력을 약화시킬 뿐이었고, 중국을 이전보다 취약하게 만들 뿐이었다. 제국주의자들에 맞서 가장 시급한 것은 제국주의자들이 중국을 침략할 때 가장 주요한 무기가 된 관세자주권의 확보와 치외법권의 폐지였다.[53]

반면 건설은 혁명의 성과를 공고화하고 진정한 사회주의의 기초를 세우는 것이었다. 이 방면에 있어 가장 중요한 것은 생산력을 발전시키고 산업을 발전시키는 것이었다. 그들은 이를 통해 농촌에 대한 도시의 지배(혹은 농업에 대한 산업의 지배)를 확립하고 상업자본의 위해한 효과를 제거하여 생산으로 이끎으로써 상업자본을 산업자본에 종속시킬 수 있을 것으로 기대했다. 국민당의 논자들은 공산주의자들이 견지하고 있는 것이 유가적 관료들의 "소비자 사회주의"라 비판하면서, 진정한 과학적 사회주의는 발전된 산업자본 위에서만 세워질 수 있다고 주장했다. 계급투쟁이 아닌 중국의 생산력 발전을 위해 모든 애국자들이 협력하는 것이 이 목표를 이루는 수단이라고 보았던 것이다.

52) 陶希聖, 「中國之商人資本及地主與農民」, p.16. 또한 愈之, 「農民與土地問題」, p.13을 보라.
53) 陶希聖, 「民族問題與民族主義」, p.13.

계급의 문제를 인식하고 있던 국민당 이론가들은 결국 쑨원을 따라 중국의 낙후된 상황이 중국 사회에서 계급의 중요성을 약화시켰다고 주장했고, 한편으로는 당은 그럼에도 불구하고 미래에 이것이 문제가 되는 것을 막아야 한다고 주장했다. 그래서 그들의 관점에서 국민당은 1926년 이래로 그랬던 것처럼 늘 당으로 침투할 준비가 되어 있는 군벌과 관료에 대항해 혁명적 순수성을 보장하기 위해서, 또한 미래의 계급 갈등의 위험성을 억제하기 위해서 대중정당으로 남아야 했던 것이다.

공산당과 당시 중국 사회의 성질: 공산주의자들은 계급문제와 관련하여 국민당 논자들과 생각이 달랐다. 후자가 계급투쟁을 국가의 통합에 불필요하고 해롭다고 생각한 반면에 공산주의자들은 이를 통합의 선제조건으로 인식했다. 그러나 공산주의자들 내부에는 중국 사회에서 지배계급의 본성이 무엇인가에 대해, 그리고 이에 따른 혁명의 목표가 무엇인가에 대해 다양한 관점이 산재했다.

1927년 이후 공산당의 신 지도부는 스탈린주의 정책에 호응하면서 중국 혁명이 여전히 본질적으로 반제반봉건反帝反封建적이라는 입장을 표명했다.[54] 이러한 입장의 대표자들은 논쟁을 통해 중국 사회가 봉건적이거나 혹은 좀 더 일반적으로 반半봉건적이라고 주장했으며 제국주의는 중국 사회에서 봉건 세력을 강화한다고 주장했다. "봉건 세력"을 정치적 상부구조와 연결시켰던 국민당의 논자들과 달리, 그들은 봉건제를 중국의 사회경제적 구조나 생산관계의 필수불가결한 성격으로 인식했다. 그들은 이 시기의 중국과 중세 유럽의 차이에 주의하면서, 표면적으로는 두 사회 사이

---

54) 1927년 '8·7회의'에서 瞿秋白는 陳獨秀를 대신해 당 총서기가 되었다. 瞿秋白는 이 지위를 연말까지 유지했으며 이후 1928년 모스크바에서 개최된 중국공산당의 '六大'에서 向忠發가 이를 넘겨받았다. 결국 6차 중앙위원회의 2중전회에서 李立三은 당내 권력을 장악했다. 그러나 이러한 변화는 전술적 변화 이상을 의미하지는 않았다. 이 시기에 지도부를 따랐던 이들은 '幹部派'로 불렸고, 반대로 트로츠키주의자들은 '反對派'로 불렸다.

에 유사성은 없지만 기본적인 착취구조는 동일하다는 주장을 통해 그들이 말하는 "봉건"을 정의했다.[55] 그러나 많은 이들이 봉건제는 봉건적 상부구조에서 사라졌기 때문에 반半봉건이 중국 사회를 좀 더 적합하게 설명하는 용어라는 데 동의했다.[56]

반면, 중국공산당의 논자들은 중국에서 자본주의의 존재를 전적으로 부정하지는 않았지만, 국민당의 이론가들과 유사하게, 이것을 외국 세력에 의해 통제되는 중국 경제의 영역으로 제한했다. 유럽의 산업부문과 상업부문이 지속적으로 성장했지만 이 부문과 연관된 중국인이나 세력은 거의 없었다. 심지어 몇 안 되는 연관자들도 악화되거나 정체되어 있는, 보잘것 없는 사업에 국한되어 있었다. 자본주의의 최고의 단계인 제국주의가 가져온 변화의 효과는 일부 연안 도시를 넘어서지 못했다. 그리고 이 도시들 자체가 광대한 중국 대다수 지역의 착취자가 되었다.[57]

딜레마는 외부의 제국주의의 압박과 내재적 모순 아래에서 진행된 사회의 근대화를 마르크스주의 범주를 통해 설명하는 데서 나타났다. 공산당의 논자들은 이 딜레마를 분명하게 드러내 보였는데, 이들은 말 그대로 그들의 주장 모두를 상반된 특징에 맞춰 수정해야 하는 딜레마에 처했다. 1920년대 중국 사회는 심각한 경제적, 사회적 전위轉位로 고통받고 있었다. 많은 이들에게 한 세기 동안 계속된 중국 농촌의 경제적 붕괴는 적어도 부분적으로는 경제적 근대화에 의해 야기된 긴장이 아니라 완전히 제국주의자들의 침략과 국내 지배계급의 붕괴의 결과로 보였다. 1차 세계대전 동안 유럽은 자신의 일에만 신경을 쓸 수밖에 없었는데 중국은 그 틈을 타

55) 지주의 농민 착취는 "비경제적"이나 "초경제적" 등으로 다양하게 묘사되었는데, 많은 이들이 이러한 양식을 봉건제를 정의하는 결정적인 관점으로 받아들였다. 朱其華(朱佩我의 필명), 『中國社會的經濟結構』, (上海: 1932), p.277을 보라.

56) 李立三, 「中國革命的根本問題」, 『布爾什維克』 第3卷 第2期, 第3期, (1930.3.15.), p.60.

57) 이러한 일반적인 관점에 대해서는 潘東周, 「中國國民經濟的改造問題」, 『社會科學講座』 第1卷, (上海: 1930), pp.246-251을 보라.

급격하게 성장하게 된다. 하지만 이 짧은 시기가 지나고 정체가 찾아왔다. 1920년대 중국 산업의 상대적인 정체는 이러한 인상을 심화시켰다. 여기에 당시 중국의 정치를 지배했던 군벌-관료 파벌에 1910년대와 20년대 외세의 지원이 더해졌다. 상호 파괴적 분쟁이 지속되면서 얽히고설킨 군벌-관료 세력은 엄청난 약탈과 징발을 자행함으로써 중국의 신흥 부르주아의 삶을 어렵게 만들었을 뿐 아니라 농촌을 약탈하고 파괴했다. 경제적 정체와 쇠퇴에 이러한 행위가 정확히 어떠한 기여를 했든지 간에, 그것들이 사회적 무질서와 혼란에 일조했으며 경제 발전을 방해하는 데 일조했다는 것은 분명했다. 군벌을 지원한 제국주의는 역설적이게도 중국 사회에서 "봉건" 회귀세력의 후원자로서 나타났다. 원래 이론적으로는 이러한 세력은 제거되었어야 했다.

이러한 딜레마는 중국공산당 논자들의 왜곡된 주장에서 분명히 드러났다. 그들은 이론적으로는 자본주의와 제국주의를 역사적 진보로 받아들이면서도 이러한 추상적 신념과 중국에서 이러한 세력이 만들어낸 효과에 대한 적대감을 조화시키지 못했다. 그들 자신의 절대적 사유 방법은 그들이 복잡하게 변화하는 사회를 다루는 것을 더 어렵게 만들었다. 그들은 유럽의 경험으로부터 만들어진 마르크스주의적 역사 범주를 통해 중국 사회에 무엇이 일어나고 있는지를 설명하고자 했다. 다음에 이어질 판둥저우(潘東周)의 주장은 이러한 모순을 어떻게 다루었는지를 가장 명확하게 보여준다. 논쟁에 참여한 역사가들은 그의 주장을 이러한 주장의 대표적인 예로서 종종 인용했다.

> 중국은 낙후한 농업 국가이기 때문에 반半봉건적 관계가 농업경제 속에서 우위를 차지한다는 것은 실질적으로 전체 중국 경제에서 우위를 차지한다는 것을 뜻했다. (…) 전체 중국 경제의 관계에서 본다면, 도시 자본주의는 이미 확실히 선도적 지위를 점했고 전체 경제발전의 추세 역시 자본주의

를 지향하는 과정에 들어섰다는 것이 분명해졌다. 그러나 전국적 차원의 경제생활에서 반半봉건적 관계는 비율적으로 여전히 상당한 우위를 점하고 있다. (…) 우리는 봉건적 관계가 중국 경제 속에서 우위를 점하고 있다는 것을 말하는 것이지, 절대로 중국에 자본주의가 부재한다고 말하는 것은 아니다. 중국에서 도시만이 금융자본주의적 제국주의의 지배를 받고 있는 것이 아니며, 농촌에도 이미 자본주의적 분화는 시작되었다. 그러나 어떻든 중국 전체의 국민경제에서 봉건적 관계는 여전히 가장 큰 우위를 점하고 있다. 중국의 자본주의에서, 우리는 제국주의가 절대적 우세를 점하고 있다는 것을 기억해야 한다. 제국주의는 두터운 금융자본주의 세력의 힘을 빌려 중국 경제 전체에 대한 공격을 가속화하고 있다.[58]

그래서 자본주의가 중국 경제에서 "선도적인", 역동적 세력이었기는 했겠지만, 퇴보하는 "봉건 세력"이 실제로는 더 중요한 역할을 했던 것이다. 트로츠키주의자들은 일찍이 그 모순을 깨닫고 "선도"가 또한 "우위"라 규정하면서 그들의 역할에 격렬하게 반대했던 것이고 그것이 반동적 부르주아의 손에 넘어가서는 안 된다고 요구했던 것이다.[59] 제국주의에 대한 모순적 시선은 이 주장에서 분명히 드러난다. 판둥저우는 제국주의가 중국을 자본주의, 즉 역사 발전 단계에서 봉건제보다 더 진보적인 단계로 나아가게 했다는 것에 동의하지 않을 수 없었다. 그러나 그는 또한 제국주의가 동시에 퇴보의 힘으로 등장해서, 중국 경제를 "공격"했다는 점도 비판했다.

이러한 논자들이 "봉건적 관계"라고 언급했던 것은 사회경제적 구조부터 관행까지를 포함하는, 중국 사회의 전통적인 농업적 특징으로 설명할

58) 潘東周, 「中國經濟的性質」, 任曙, 『中國經濟研究緒論』, (上海: 1932), pp.23-24.
59) 嚴靈峰, 『中國經濟問題研究』, p.50.

수 있다. 판둥저우와 그와 유사한 생각을 갖고 있던 이들은 원시적 수단에 의해 이루어지는 후진적인 농업 경제의 존재 자체를 "봉건제"의 증거로 삼았다. 이러한 퇴보의 부산물은 중국 경제의 지역적 불균등 발전 혹은, 다른 말로, 국내 시장의 부재였다. 중국이 봉건적이라는 주장은 기본적으로 중국 농촌에 만연했던 착취의 방식에서 비롯되었다. 이러한 노선과 관련된 주장 대부분은 1927년 5월 중국공산당 5차 대회(五大)의 선언에서 제기된 모델을 따랐다.[60] 이 선언은 특히 봉건적 착취 방식의 예를 다음과 같이 들고 있다. 고율의 지조地租, 임의의 과도한 임대료, 농민의 지주에 대한 정치적 · 경제적 종속, 상업자본과 고리대금업자에 종속된 군벌과 관료의 중국 농촌에 대한 통제 등. 여기서 상업자본과 고리대금업자들은 지주에 종속되어 있었기 때문에 이 역시 봉건적 착취의 수단으로 인식될 수 있다. 판둥저우는 이것들을 수익률 50%를 초과하는 임대료, 고액의 세금, 다양한 강제 징수, 지역의 폭압적 권력 등으로 구체적으로 설명했다.[61] 반면에 이 시기 중국공산당을 떠난 상태였음에도 중국을 봉건 사회로 보는 관점에 찬성했던 주페이워(朱佩我)는 여기에 현물 지급 방식의 임대, 강제노역, 공물(가금류나 주류와 같은 사치품)의 의무, 농노에 대한 봉건적 지주의 폭력에 준하는, 농민에 대한 지주의 가혹한 강압, 신분 차별의 유지와 같은 예들을 추가했다.[62] 마르크스주의자들은 이러한 모든 봉건적 착취를 "초경제적" 혹은 "비경제적"이라 정의했다.[63]

이러한 관점에서 지주들은 결코 국민당의 논자들이 말한, 제국주의와 군벌의 무고한 희생자가 아니었다. 지주는 군벌이 인민에 가한 군사적 억

60) C. Brandt, B. Schwartz, J. K. Fairbank 편, *A Documentary History of Chinese Communism*, (New York: Atheneum, 1967), p.496.

61) 潘東周, 「中國國民經濟的改造問題」, 『新生命』 第3卷 第2期, (1930.2), p.242.

62) 朱新繁, 「關於中國社會之封建性的討論」, 『讀書雜誌』 第1卷 第4期, 第5期, (1931.8), p.45.

63) 마르크스의 범주에 대한 이러한 해석이 갖는 의미에 대해서는 4장을 보라.

압을 지원했으며 농민들을 경제적으로 착취하기 위해 제국주의자들과 공모했고 농민의 비극을 전리품으로 공유했다. 사실, 지주는 제국주의적 착취의 실질적인 대리인이었다.

> 제국주의는 중국 농민에 관한 자료를 수집하기 위해 농촌의 봉건지주와 상업자본과 결탁했다. 제국주의는 자신들의 매판(상업자본)을 통해 지주에게서 원료를 구매했고 지주의 욕망을 키워서 그들이 농민을 착취하게끔 만들었다. 더 나아가 농민이 도탄에 빠져 있는 상황을 이용해 빚을 지우고 그들로 하여금 염가에 농산품을 팔도록 만들었다. 제국주의 세력은 이러한 다중의 속박을 통해 지주-상업자본만을 이용하는 것만으로도 농민으로 하여금 낡은 생산방법과 생산관계 아래에서 더욱 잔혹한 착취를 감내하도록 만들 수 있었다.[64]

제국주의는 중국을 본질적으로 자본주의로 나아가게 만들었지만, 반면 봉건적인 착취 방식을 통해 자신의 이익을 취했으며 중국 농촌의 좀 더 진보적인 세력의 희망을 저버리고 이것을 영속화하려고 노력했다.[65] 그러나 그것은 제국주의가 잉여상품을 중국 시장에 덤핑으로 넘긴다거나 중국의 천연자원을 강탈한다거나 하는 것과 같이 단순한 문제가 아니었다. 경제

---

64) 潘東周, 「中國經濟論」, 何幹之, 『中國社會性質問題討論』, (上海: 1937), p.64.

65) 潘東周의 모호한 태도는 다음 문장에서 더 분명하게 드러난다. "제국주의가 중국을 침략한 후, 그들의 상품을 중국의 농촌으로 수출하기 위해서는 철도 개설과 항만의 개방이 필수적이었다. 그들은 중국의 모든 저임금노동력을 착취하고 천연 자원을 이용하기 위해 중국에서 새로운 자본주의적 기업을 세우기 시작했다. 중국의 산업혁명은 분명히 제국주의가 東漸한 이후에 점차 발전하기 시작했다. 제국주의는 새로운 자본주의적 기술을 중국에 이식하여 중국을 개발했다. 이후 중국의 봉건경제, 동업조직(行幇), 특히 자연경제에 심각한 타격을 입혔고 중국 경제조직이 새로운 길을 밟도록 만들었다." 같은 책, pp.63-64. 潘東周의 이러한 언급은 *The Communist Manifesto*에서 자본주의의 역사적 성취에 대한 마르크스의 다소 과장된 주장을 어렴풋이 떠올리게 한다.

발전 자체가 완전히 제국주의자들의 손에 달려 있었기 때문에, 중국이 발전하면 발전할수록 제국주의 자신의 이익으로 돌아갔던 것이다. 즉, 중국은 이러한 상황에서 경제적으로 발전하는 대신에, 정치적 노예화를 대가로 치러야 했던 것이다. 왕쉐원(王學文)은 다음과 같이 말한다.

> 주요 세력과 발전 방향에서 바라본다면, 중국 경제는 강력한 봉건관계를 유지하는 한편으로 식민지적 자본주의로 나아가는 도상에 처해 있다고 할 수 있다. 이것은 곧 중국이 한편으로는 국제적으로 제국주의의 통치하에서 전국적으로 식민지가 된 상황에서 이미 자본주의를 지향하는 발전을 시작했다는 것을 말하며, 다른 한편으로는 여전히 강력한 봉건적 관계를 유지하고 있다는 것을 말한다.[66]

이러한 관점은 부르주아가 이끄는 혁명(부르주아 지도하의 부르주아민주주의 혁명)이나 중국에서의 자본주의 발전을 배제했다. 혁명은 농민을 지도하는 프롤레타리아의 손으로 완수되어야 했다. 그리고 이것은 (국민당 논자들이 생각한 범위를 넘어) 중국의 발전을 가로막는 봉건 세력과 제국주의자들을 직접적으로 겨냥하는 것이어야 했다. 게다가 이 두 세력의 동맹의 여부는 봉건적 착취 방식의 영속화에 달려 있었기 때문에, 중국 혁명가들의 목표는 이러한 착취가 사라지지 않는다면 실현될 수 없었다. 민족해방은 오직 사회 혁명(혹은 이 경우, 언급된 것처럼 토지혁명)을 통해서만 달성될 수 있었다. 중국은 이때 아마도 사회주의를 지향하는 "비자본주의적" 발전의 과정을 시작했을 것이다. 여기서 우리는 이러한 전략의 주요한 결과가 무엇인지 파악해야만 한다. 바로 이러한 상황 때문에 토착 부르주아는 민족 혁명을 이끌 수 없다고 간주되었지만, 트로츠키주의자들이 그랬

66) 王學文, 『社會科學講座』. 何幹之, 『中國社會經濟問題論戰』, pp.61-62에서 인용.

던 것과는 달리, 혁명의 대상에 포함되지는 않았던 것이다. 부르주아 그 자체는, 토착 자본과 외국 자본의 구분이 암시하듯이, 봉건 세력과 제국주의자들의 억압에 복종했지만 미래에 재동맹이 이루어졌을 때 혁명에 동참할 가능성이 있는 존재였다.

트로츠키파의 중국 사회관: 부르주아를 둘러싼 문제는 1929년 후반 트로츠키파의 축출로 귀결된, 1927년 이후 중국공산당의 분열에 있어 중요한 요소였다. 트로츠키파는 중국 부르주아는 외국세력과 구분되지 않으며 해방을 위한 혁명적 투쟁의 대상이 되어야 한다고 주장했다. 바로 이 지점에서 그들은 논쟁을 벌였던 다른 두 논적들과 달랐다. 그들은 정치적 통찰력이 아닌 이론적 일관성을 가지고 자본주의의 가장 발전된 단계인 제국주의가 봉건 세력을 파멸시키고 자본주의를 전 지구적으로 확산시키는 역사적 사명을 가지고 있다고 주장했다.[67] 중국은 이제 자본주의가 지배하는 세계의 한 부분이었다. 토착 자본과 국외 자본을 구분짓고 이를 바탕으로 중국이 봉건적이라고 선언하는 것은 우스꽝스러운 일이었다.

중국의 트로츠키파는 트로츠키보다 더 나아갔다. 그들은 중국 내 부르주아의 우세를 근거로 중국 사회는 이미 자본주의 사회이거나, 자본주의 세력이 사회적 관계를 형성하는 과도적 사회라는 성급한 추론을 내렸다. 상술한 대로, 옌링펑은 "우월한" 세력과 "지도적" 세력으로 구분한 판둥저우를 격렬한 어조로 비판했다. 그는 만약 자본주의 세력이 중국 사회에서 "선도적" 세력이라면 또한 "지배적" 세력인 것이며 그렇다면 그들은 혁명의 주요한 대상이어야 한다고 주장했다.

트로츠키파는 논적들이 제기한, 당대 사회의 본질에 관한 토론을 거부

---

67) 任曙, 『中國經濟硏究緒論』, p.37.

했다. 그들의 관점에서, 모 아니면 도라는 식(즉, 봉건적이냐 자본주의적이냐 하는)은 변증법적 논리가 아닌 형식 논리일 뿐이며, "과도적인" 혹은 "아시아적인" 사회와 같은 이단적인 융합 범주로 이끄는 것이었다. 역사를 바라보는 이러한 "정적인", 그리고 "기계적인" 방법 대신에 그들은 역사 발전을 추동하는 진보적인 세력이 누구인가를 밝혀낼 것을 제안했다. 몇 가지 형식이 중국 사회에 동시에 존재한다면, 분석가들은 역사의 "선도적" 세력이 누구인지를 강조할 뿐, 중국공산당의 이론가들이 그랬던 것처럼 잔존 세력을 비난할 필요는 없었다.[68] 명백한 정치적 인식을 갖고 있던 그들은 이 문제를 모호하게 만드는 것은 "반동"들을 지지하는 것과 같다고 생각했다. 이 반동들은 그들의 힘을 강화하기 위하여 전통 세력들의 존속을 이용하고 싶어하는 이들이었다. 트로츠키파 내부에서는 중국 경제의 복잡성에 대한 평가에서 의견이 갈라졌다. 이 중 한 극단에 런수(任曙)와 류광(劉光)이 서 있었다. 그들은 중국 경제의 퇴보적 세력이 어떠한 역할을 할 것이라는 것을 단호한 어조로 부정했으며, 중국에서 자본주의가 서구의 발전된 자본주의 사회에서와 같은 역할을 할 것이라고 기대했다.[69] 다른 극단에 서 있던 류징위안(劉鏡園)은 부르주아가 중국 사회의 지배계급이기는 하지만 봉건적 착취 방식을 바탕으로 성장했다고 주장했다.[70] 그들 사이에 옌링펑이 자리하고 있었다. 옌링펑은 "선도적" 세력과 사회 구조를 구분했다. 그에게 자본가가 중국의 선도적 추동 세력이라는 점은 의심의 여지가 없는 사실이었다. 그러나 사회구조는 복잡했으며 다양한 생산양식의 요소들을 담고 있었다.[71]

---

68) 嚴靈峰, 『中國經濟問題研究』, pp.181-182.

69) 劉光, 任曙, 『中國經濟研究緒論』의 서론, pp.13-16. 任曙의 관점에 대해서는 같은 책 pp.61-62를 보라. 任曙는 Radek의 제국주의가 발전의 장애물이라는 주장을 비판했다. Radek에 대해서는 다음 장을 보라.

70) 劉鏡園, 「評兩本論中國經濟的著作」, 『讀書雜誌』 第1卷 第4期, 第5期, (1931.8), p.8.

71) 嚴靈峰, 『中國經濟問題研究』, pp.187-192.

트로츠키파는 더 나아가 봉건제의 정의와 중국 사회에서의 제국주의의 역할에 대한 평가에서 반대자들과 궤를 달리했다. 그들 모두에게 착취 양식은 중국이 봉건적이냐 아니냐를 결정하는 유효한 기준이 아니었다. 그들의 관점에서 보면, 자급자족인가 아니면 시장경제에 의존하는가가 봉건제와 자본주의 경제를 구분하는 데 가장 확실한 기준이었다. 봉건 사회는 시장에 대한 어떤 개입도 우연적으로 발생하는 자급자족 경제 단위로 구성됐다.[72] 동의하는 이들이 거의 없었지만, 그들은 두 양식을 좀 더 확연히 구분할 수 있는 특징을 제시했다. (1) (착취관계가 아닌) 양자의 계급관계의 차이가 착취의 성질을 결정한다(착취 형식이 착취의 성질을 결정하는 것이 아니다). 봉건제 아래에서 관계들은 순수한 경제적 관계가 아니다. 정치적 우위와 같은 다른 요소들이 착취의 본질을 구성한다.[73] (2) 양자의 생산수단과의 관계도 다르다. 자본주의 지주와 토지의 관계는 봉건 지주와 토지의 관계와 다르다. 중국에서 토지는 일종의 독립적 상품으로서 일찍부터 오랜 시간 존재해왔다. 때문에 지주는 이미 봉건 지주가 아니었다.[74] (3) 상업자본은 봉건 경제에 봉사하지 않았고 자본의 원시적 축적을 대표

72) 봉건제에 대한 이 정의는 아마도 Engels, *Socialism, Utopian and Scientific*, (New York: International Publishers, 1935)에서 나왔을 것이다. "중세 사회: 소규모의 개인적 생산. 개인적 사용을 위해 생산수단이 채택되었기에 행동에 있어 원시적이고, 볼품없으며, 사소하고, 왜소해 보인다. 생산자 자신이나, 혹은 봉건 영주의 즉각적인 소비를 위한 생산. 소비를 상회하는 초과 생산이 발생하는 곳에서만 초과 생산은 교환으로 이어진다. 따라서 상품 생산은 유아적 단계에 머물렀을 뿐이다"(p73). 이것은 Lenin이 *Development of Capitalism*에서 받아들인 실제적 가설 가운데 하나이다. 이 책에서 시장사회의 성장은 저자의 주요 관심사이다. Lenin, *Collected Works*, vol.3, (Moscow: Progress Publishers, 1964)를 보라. 이 저작들은 Trotsky의 글에서 자주 인용되었다.

73) 嚴靈峰, 『中國經濟問題硏究』, pp.101-104.

74) 같은 책, p.106. 또한 劉鏡園, 「中國經濟的分析及其前途之豫測」, 『讀書雜誌』 第2卷 第2期, 第3期, (1932.3), pp.1-47을 보라. 특히 p.25를 보라. 이 저자들은 李季와 함께 다소 제한된 형식으로서 자본주의가 서구의 도래 이전에 중국에서 이미 발전했다고 주장했다. 任曙는 이러한 관점을 다소 거칠게 반대했다.

했다.[75]

둘째, 트로츠키주의자들은 중국에서 제국주의의 역할을 그들의 논적과는 다르게 해석했다. 그들은 논적들이 향촌과 도시, 민족경제와 세계경제 사이에 선을 긋는 "향촌적 입장"을 취했다고 비판했다. 트로츠키주의파의 주장의 근거는 궁극적으로 민족적 경계가 무의미하다는 가정과 제국주의 시대의 세계경제와 민족경제의 단일성에 있었다. 그래서 그들은 중국에서 자본주의의 발전을 피할 수 없다고 보았을 뿐 아니라, 이미 이루어져서 돌이킬 수 없다고 생각했다. 런수는 가장 분명하게 이러한 입장에 서 있던 이였다. 옌링펑은 제국주의는 "절대적으로"는 중국에서 자본주의의 성장을 촉진했지만, 봉건 세력이 자본주의의 발전으로 인해 쇠락하는 위치에 있었으면서도 자본주의의 발전을 방해했기 때문에 "상대적으로"는 자본주의의 발전을 늦췄다는 입장을 취했다. 그러나 류징위안은 옌링펑의 추론을 뒤엎고, 제국주의는 "절대적으로"는 (중국의-역자) 자본주의적 성장을 반대하면서도 "상대적으로"는 자본주의적 발전을 촉진했다고 주장했다.[76]

좀 더 긍정적인 맥락에서, 트로츠키주의자들은 중국이 자본주의 사회라는 그들의 주장을 증명하기 위해 중국의 근대적 경제 지표들을 이용했다. 시장에 대한 의존과 산업 기술의 발전은 그들의 주장을 뒷받침하는 주요 근거였다. 그들은 중국에서 자본주의가 논적의 주장대로 퇴보하지 않고 오히려 매일 전진하고 있다는 것을 보여주기 위해 소비와 생산에 관한 통계와 중국 내 기선의 증가와 철도 가설 거리에 대한 통계 등으로 그들의 저작을 채워나갔다. 그러나 그들은 그 의미에 대해서는 숙고하지 않은 채 통계를 사용했고 종종 논적들에 비해 기계적으로 중국적 상황의 복잡성

---

75) 嚴靈峰,『中國經濟問題硏究』, pp.9-10을 보라. 또한 鄭學稼,「資本主義發展之中國農村」,『讀書雜誌』第2卷 第7期, 第8期, (1932.8), pp.1-52, 특히 p.9를 보라.

76) 같은 책, p.10. 劉鏡園,「中國經濟的分析之其前途之豫測」, p.18.

을 에둘러 설명하고는 했다.[77)]

---

77) 劉光은 (任曙, 『中國經濟硏究緖論』의 서문에서) 중국의 산업을 1917년의 러시아(p.22)와 1864년 유럽(p.27)의 산업에 비교했다. 둘 다 혁명사에서 중요한 시기였다. 중국 바깥에서 그는 근대 영역이 전통 영역을 지배하는 것을 설명하기 위해 관세수입을 농업수입과 비교했다(p.32). (막 인용한) 任曙의 연구는 외국 무역, 상업, 통신에 대한 것을 가장 세밀하게 다루었다(pp.81-110). 그는 특히 해양통신(p.83), 금융기관(pp.83-84), 직물(면화와 비단), 타국에 대한 중국의 대공장과 수공업의 비교뿐 아니라 중국에서의 대공장과 수공업의 비교(pp.85-91), 기계 수입(pp.94-95) 등과 같은 것을 다루었다. 그가 사용한 수치들은 조롱의 대상이 되었다. 그래서 논쟁에서 자주 나타나는 증거들을 형식주의적으로 사용한 극단적 예로서 다룰 필요가 있다. 이 경우 분명히 Lai-mmu-ssu(W. Reimes?), 『社會經濟發展史』가 영감을 주었을 것이다. 이 글에서 저자는 근대적 통신(영어의 communication과 중국어의 交通은 한국어에서의 통신과 교통의 뜻을 모두 포함한다. 여기서도 통신이라 번역하지만 그 안에 교통이 포함되어 있다. 이하 동일-역자)을 근대 사회의 "신경과 배관"이라 칭했다. 任曙는 이것에서 시작해 봉건제에서 자본주의로의 변화 정도를 보여주는 구체적 기준으로서의 정크선과 기선, 근대적 금융기관과 현지의 전통적 금융기관을 비교했다. "중국의 정크선이 봉건 경제의 통신수단을 보여주는 것이라고 한다면, 다음을 통해서, 기선은 자본주의 시기의 통신수단을 대표한다고 말할 수 있다.

연간 전체 항만에 들어오는 정크선과 기선의 적재량 백분율:

	1875	1905	1915	1925	1926
기선	85	91	93	97	98
정크선	15	9	7	3	2
총	100	100	100	100	100

1912년과 1920년 금융기관에 대한 자본 투자의 백분율:

	1912	1920
민족 은행	68	37
근대 은행	32	63

이로써 우리는 중국이 전체 세계 경제와 다르지 않다는 것을 알 수 있다. 중국은 이미 금융자본이 지배하는 시기로 변화하기 시작했다"(pp.82-84). 상업출판과 같은 사업은 任曙에게 중국이 어떤 면에서는 유럽보다 더 발전했다는 결론을 내리는 데 충분한 근거가 되었다. 嚴靈峰은 『中國經濟問題硏究』에서 다음과 같은 것들을 자본주의 지배의 신호로 보았다(pp.18-25). 기계류 수입, 섬유 공장의 양적 증가, 중공업의 증가(석탄 산업은 1913년 러시아와 같았다). 그는 이것들 중 일부를 재조사했고 뒤의 절에서 다른 것들을 추가했다(pp.77-84): 기계의 증가, 철도 · 통신 · 전화 회사에 대한 투자, 광산과 중공업, 경공업, 산업과 농업과 회사, 은행의 양적 증가.

그러나 그들은 농촌경제가 세계시장 세력에 종속됨으로써 자급자족이 중국에서 사라졌다는 주장을 통해 효과적으로 논적들에 맞설 수 있었다. 물론, 상업자본은 이러한 상황에서 중요한 역할을 수행했다. 그러나 상술한 대로 트로츠키주의자들은 상업자본을 착취의 독립적인 요소나 봉건적 요소가 아닌, 자본주의의 특징—본원적 축적—으로 간주했다.

트로츠키주의자들은 중국 사회와 경제 구조에 어떤 일이 벌어지고 있는가를 논하면서 다른 두 분파와 다른 목소리를 냈지만 오히려 중국의 미래에 대한 그들의 예언은 논적들과 거의 구별이 되지 않았다. 제국주의가 세계 사회의 변화에서 지배적 요소였기 때문에, 중국은 경제 발전에 따라, 더 강력하게 제국주의의 영향하에 놓여야만 했다. 즉, 중국은 발전하면 할수록 점점 더 식민화될 수밖에 없었던 것이다. 트로츠키주의자들의 주장에서 논적들과 가장 급진적인 차이를 보이는 것은 혁명의 대상에 부르주아를 포함시키느냐 하는 문제였다. 중국의 부르주아는 외국 부르주아와 구분이 되지 않았다. 때문에 트로츠키가 주장했듯이, 민족해방을 위한 반제투쟁은 또한 프롤레타리아와 농민을 제외한 농촌과 도시의 중국 부르주아에 대한 계급투쟁이었다. 트로츠키파는 프롤레타리아와 농민 이외의 나머지 모두를 혁명대오에서 배제했다. 바로 그러한 강경함 때문에 트로츠키파는 "청산파(取消派)"라는 별칭을 얻었고 그들의 전략은 인기가 없었던 것이다. 만약 그렇게 강경하지 않았더라면 그들의 전략이 그렇게 인기 없지는 않았을지도 모른다.

논쟁과 그 의미

당시 중국의 사회성격 논쟁에 참가한 그룹들은 모두 마르크스주의가 분석의 도구로서 유효하다고 생각했다. 그리고 그들의 혁명 분석은 그들이 1927년 이전에 비해 더 정교하고 더 다양하게 유물론적 사회 개념을 사용했다는 것을 보여주었다. 그럼에도 불구하고 그들의 설명과 처방은 각자의 정치적 성향에 따라 달랐다. 그들은 모두 당시 중국이 처한 곤경이 제국주의와 중국 사회의 복잡한 관계에서 비롯되었다고 믿었다. 그러나 한편으로는 관계의 성격에 대해 생각이 일치하지 않았다. 국민당의 급진주의자들은 이 관계의 성격을 제국주의와 중국의 정치적 상부구조의 연합으로 규정했다. 그들은 이 정치적 상부구조를 과거의 유물로서 간주하고 사회 구조에서 배제시켰고, 사회와 정치적 지도의 관계는 상반되게 인식했다. 이러한 주장은 당시 중국의 가장 시급한 과제가 정치적 혁명을 통해 민족의 독립과 정치적 통합을 달성하는 것이라는 국민당의 입장을 정당화했다.

공산당은 내적으로는 의견이 갈라졌지만, 동일한 결론을 갖고 있었다. 그들은 중국에서의 분열은 국가와 사회 사이가 아닌 사회 자체, 즉 이해를 달리하는 계급 사이의 분열이라는 입장이었다. 정치적 지도는 지배계급의 이해를 대표하는 한에서만 존속될 수 있었다. "봉건" 지주이든 부르주아든, 지배계급은 인민을 착취하기 위해 제국주의자들과 동맹했다. 그래서 공산당에게 마르크스주의는 국내 압제자에 저항하는 계급투쟁을 통해 국가의 분열을 끝장내고 외세의 지배로부터 독립을 이룩하는 약속이었다.

이러한 분석들은 중국 혁명 전략에 대한 스탈린과 트로츠키의 분석과 유사한 문제를 야기했다. 즉, 사회경제구조와 특정 계급의 지배의 문제, 혹은 좀 더 마르크스주의적 용어에 가깝게 말한다면, 생산양식과 생산관계의 문제였다. 특정한 계급의 지속적인 지배는 역사적으로 그러한 계급의 존재에 필요한 생산양식이 중국에서 여전히 존재한다는 것을 말하는가? 이와 같은 특정한 경우에서, 문제를 야기하는 것은 봉건의 성격이었다. 혁명가들은 10여 년간 "봉건 세력"에 대해 다소 느슨하게 말해왔다. "봉건 세력"이 지배한다는 것은 유럽 역사에 존재했던 봉건과 같은 의미에서 중국 사회가 봉건적이라는 것을 의미하는 것일까?

이러한 문제에 대한 응답은 다양했는데, 이는 부분적으로 유물론적 개념을 장악하는 데 계속해서 실패했기 때문이었다. 그러나 문제는 여기에서 그치지 않았다. 이후 수년간 유물론에 친숙해지기는 했지만 그것은 당시 사회의 해석에 어떠한 의미상의 변화도 끌어내지 못했다. 소련(레닌을 포함하여)의 지도하에 있었기 때문에, 중국의 마르크스주의자들은 다른 것보다 특정한 유물론적 전제를 우선시했다. 그리고 역사적 유물론은 그러한 선택적 사용을 허용할 만큼 충분히 모호했다. 중국이 봉건 사회라는 주장을 폈던 이들은 착취양식을 사회성격의 결정적 요소로서 받아들였다. 반면 중국을 자본주의로 바라본 이들은 교환을 강조하거나, 그보다는 덜하지만 생산수단에 대한 관계를 강조했다. 한편, 특수 사회를 주장했던 이들에게 토대와 상부구조의 관계에 있어 상업의 역할과 효과는 결정적인 요소였다. 늘 논적들을 무지하다거나 정통에서 일탈했다고 비판하려 했던 논쟁의 참가자들은 결코 이러한 전제를 명시적으로 선언하지는 않았다. 그러나 전제를 명시적으로 제시하지 못했다는 것이 그러한 전제가 없다는 말은 아니었다. 쑨줘장(孫倬章)은 수년 후 이 모든 전제를 모아서 통일된 주장으로 제시하고자 했는데, 이것은 역사적 유물론의 공식에 대한 신뢰를 유지하면서, 중국과 같은 과도기의 사회에 대한 논리적 분석을 발전시키려는 시도였다. 정쉐자(鄭學稼)는 쑨줘장이 "비논리적"이며 그의 마르크스주의는 모순적이라고 비판했다.[78] 그러나 반면에, 쑨줘장의 "비논리성"과 왜곡돼 보이는 마르크스주의적 분석은 모두 중국 사회의 복잡성을 설명하는 동시에 유물론의 모든 측면을 일치시키려는 그의 노력의 결과였다.

쑨줘장은 우선 경제적 토대와 그 위에 세워진 사회정치적 상부구조를

---

78) 鄭學稼, 「小部分的形式了解」, 『讀書雜誌』 第2卷 第5期, (1932.5), 편집자 서신.

구분했다. 토대에서의 변화는 필연적으로 상부구조의 변화를 가져오지만, 변화의 속도는 환경에 따라 달랐다. 제국주의가 도래하기 전 중국의 토대와 상부구조 모두는 봉건이었다. 그 이후 봉건적 경제 토대는 파괴되었지만(그는 자급자족이 봉건제에 대한 시험이라는 트로츠키의 주장에 동의했다), 상부구조는 여전히 봉건제의 지배적 요소를 유지하고 있었다. 그래서 자본주의적 관계가 경제상의 봉건제를 대체했지만, 중국은 여전히 정치적으로는 봉건 사회였던 것이다. "이로부터 우리는 현 단계의 중국 사회의 토대에서 봉건 경제가 이미 무너졌다는 것을 알 수 있다. 그러나 정치, 법률, 기타 이데올로기(이 모든 것들은)는 상부구조로서 여전히 강대한 봉건 세력을 존속시키고 있었다."[79]

쑨줘장은 이러한 문제를 깨닫지 못했기 때문에 중국에서 논쟁이 일어났다고 생각했다. 한 그룹은 사회의 경제적 토대만을 주목해서, 토대에서 봉건제가 파괴되었다는 것만을 보고 상부구조가 바뀌었다고 판단했던 것이고, 다른 그룹은 상부구조에서 변화가 이루어지지 않았다는 것만을 근거로 변화는 전혀 일어나지 않았다는 결론을 내렸던 것이다. 그러나 양측 모두 토대와 상부구조에서 동시에 변화가 일어나길 기대하는 오류를 범하고 있었다.

쑨줘장이 여기서 멈췄다면, 우리는 그를 트로츠키주의자들과 구분할 근거를 거의 찾을 수 없었을 것이다. 특히 그가 당시 중국이 본질적으로 자본주의적—비록 "변형된" 자본주의(變態資本主義)라 하더라도—이라는 것에 동의했기 때문이었다. 그러나 그는 더 나아갔고, 오직 트로츠키주의자들 중 일부만이 그러했듯이(그는 옌링펑이 이것을 인식하지 못했다고 비판했다) 소유와 착취 양식을 구분했던 것이다. 쑨줘장은 전자는 자본주의적이라고

79) 孫倬章, 「中國經濟的分析」, 『讀書雜誌』 第1卷 第4期, 第5期, (1931.5), pp.1-87, 특히 pp.55-59. 인용은 p.58.

보았고 후자는 여전히 봉건적 착취의 특징을 보여준다고 생각했다.[80]

소유관계가 자본주의적인 이유는 토지가 다른 상품과 같이 하나의 상품이기 때문이었다.[81] 토지에 대한 투자는 다른 산업에 대한 투자와 마찬가지로 현재의 시장 이율(즉, 지대는 지주가 그의 자본을 통해 얻을 수 있는 이자를 상회하지 못한다)에 따라 결정되었다. 중국에서 자본의 운동은 토지 교환을 통제했다. 이것은 토지 유동성의 증가에서 잘 드러났다.[82] 그러나 쑨줘장은 이러한 주장을 부정하고 농촌의 착취가 노동자에 대한 자본가의 착취보다 훨씬 심각하기 때문에 농촌에서의 임대차 관계가 봉건적이라는 주장을 견지했다.[83] 게다가 그는 주페이위를 따라 착취 형식은 지난 100년 간 크게 바뀌지 않았고 여전히 전통적 관습에 따르고 있다고 주장했다.

중국 혁명 문제의 틀 내에서 생산수단과 생산관계, 소유, 교환, 그리고 토대와 상부구조에 대한 모든 질문을 다루려고 한 쑨줘장의 용기 있는 시도로부터 우리는 이 장에서 설명한 주장들은 다양한 혁명 전략을 방어하기 위한 것임을 볼 수 있을 것이다. 논쟁에 참여한 이들은 그들의 분석이 야기한 문제를 알고 있었다. 그들은 소련과 중국 양쪽에서 중국의 과거로부터 논거를 끌어옴으로써 그들의 입장을 더 확고하게 만들고자 했다. 이 과정에서 그들은 최초로 중국 역사에 대한 본격적인 유물론적 분석을 내올 수 있었다.

---

80) 孫倬章, 「中國土地問題」, 『讀書雜誌』 第2卷 第1期, (1932.1), p.11. 이 구분은 1928년 개최된 공산당의 6차 대회에서 만들어졌다. 이것은 이후 중앙위원회에서의 반反트로츠키파 투쟁에서 정교화되었다. 孫倬章은 이러한 주장들을 분석의 근거로 활용했다. pp.17-18.

81) 같은 책, p.11.

82) 같은 책, pp.12-14.

83) 같은 책, pp.26-30.

4

중국 역사에서의 봉건제

중국 사회사 논쟁은 직접적으로 혁명 분석으로부터 발전돼 나왔기 때문에, 봉건의 문제는 그 출발점이었고, 늘 논쟁의 중심에 자리해 있었다. 당시 중국 사회를 봉건적이라고 보았던 스탈린의 관점에 반대한 반공적 비판가들은 중국이 훨씬 이전에 이미 봉건적 단계를 가로질렀다는 것을 증명하기 위해 역사로 돌아섰다. 그들은 중국에서 봉건제가 명맥을 유지한 채 다음 역사적 단계인 자본주의로 나아가지 못한 것은 오직 중국 사회 변화의 어떤 특수성이 작용했기 때문이라고 주장했다. 그러나 봉건의 잔존물들은 우리로 하여금 당시 사회를 "봉건적"이라 간주하게 할 만큼 의미 있지는 않았다. 반공적 비판가들은 중국 사회가 역사에서 자본주의의 전 단계인 후 봉건 사회에 정체되어 있다고 보았기 때문에, 중국의 사회경제구조에서 상업의 역할을 강조했다. 그 이후 십여 년간 상업자본, 사회 발전에서의 상업자본의 역할, 그리고 중국 역사에서 상업자본의 지위는 지속적으로 논쟁의 초점이 되었다. 사회사가들은 대부분의 관심을 주대周

代 후반 상업이 야기한 변화에 집중했다. 그들은 유가와 신문화의 선구자들의 관점을 따라서, 이 시기에 중국 사회의 모습이 갖춰져 19세기까지 이어졌다고 가정했다. 그들은 또한 내용면에서는 크게 다르지 않지만 혁명 전략의 함의 면에서는 중요한 차이가 있던 관점과 신랄하면서 때로는 장황한 싸움을 전개했다. 표면적으로 무질서하게 보이는 해석들이 제출되는 가운데 논쟁은 보다 영향력 있는 참가자들이 열어놓은 다양한 길을 따라 전개되어갔다.

역사 논쟁은 지난 장에서 논의한 혁명 논쟁과 동시에 나타났다. 국민당의 마르크스주의자들은 그들 주장의 합리성을 강화하기 위해 역사적 관점을 요구했다. 중국이 마르크스주의의 역사적 범주에 정확하게 부합하지 않는 특수한 사회라 한다면 그 특수성은 역사 발전의 특수성을 통해 보일 것이라는 것이 그들의 주장이었다. 국민당의 이론가들은 중국 사회의 병폐의 원인이 "봉건 제도"에 있는 것이 아니라, "봉건 세력"에 있었다고 생각했다. 전자는 주대에 이미 사라졌지만, 후자는 사회의 정치적 상부구조로서 여전히 살아남아 있었다.[1] 그런데 이것이 문제를 야기했던 것이다. 국민당의 마르크스주의자들은 다른 모든 논적들처럼 마르크스 사회이론의 기본적인 전제를 완고하게 유지했다. 그 대표적인 것이 정치적 상부구조가 사회의 경제적 토대에 의해 결정된다는 것이었다. 그들은 이러한 생각을 능숙하게 비틀어버렸다. 상부구조는 이에 상응하는 경제적 토대에 기반을 두어야 하지만 독립적으로도 존재할 수 있고, 살아남은 상부구조는 심지어 토대 자체의 발전에 장애가 될 수도 있다고 주장했던 것이다.

---

1) 梁園東은 후에 이러한 관점을 "半봉건"으로 정의했다. 「中國社會各階段的討論」, 『讀書雜誌』 第2卷 第7期, 第8期, p.14. 그럼에도 불구하고 국민당 관점의 지지자들과 공산당의 입장을 방어하는 이들이 일반적으로 "半봉건"이라는 용어를 사용하는 데는 중요한 차이가 있었다. 후자는 봉건제가 정치적 상부구조에서 사라졌지만 기본적인 사회경제적 관계에서는 유지되고 있다는 것을 뜻한다고 보았다. 국민당은 이와 대조적으로 봉건의 "유물"을 정치적 영역에 귀속시켰다. 陶希聖은 때때로 그 용어를 사용하면서도 이를 비판했다.

타오시성(陶希聖)을 필두로 하는, 이러한 관점의 지지자들은 역사적 분석을 통해 그것을 뒷받침했다. 그래서 『신생명新生命』이 중국 역사에 대한 최초이자 주요한 유물론적 분석들의 출판을 이끌었다는 사실은 그리 놀랄 일이 아니다.

1930년에서 1931년에 이르는 일단의 시기 이전까지, 역사 논쟁은 당시의 혁명 분석의 요구에 부합했다. 그러나 오로지 이 두 해 사이에, 논쟁의 일부 참가자들은 선입견에서 벗어나 역사 자체에 대한 연구로 돌아설 수 있었다. 정치적 발전으로 인해 혁명 전략 문제가 불필요하게 되었던 1930년대 중반 이전까지 마르크스주의 역사가들은 역사 문제에 거의 전적으로 매달려 있었다. 아마도 이러한 변화가 왕이창(王宜昌)으로 하여금 유물론적 역사학을 1928년 이후 두 시기로 나누도록 만들었을 것이다.[2] 그럼에도 불구하고 왕이창의 현학玄學-과학科學(연구)*의 구분은 논쟁 초기 수년간의 중요성을 과소평가하고 1928년 이후 십여 년을 관통했던 마르크스주의 역사 연구의 본질적인 통일성을 무너뜨려 버렸다. 1930년 이후 상당히 다양화되었지만, 이러한 해석 대부분은 1927년 이후와 맞닿아 있던 일단의 시기에 나타난 문제들에 답을 하려는 것이었고, 적어도 1930년대 초반까지는 혁명의 문제와 연관되어 있었다.[3]

1928년 이후의 역사적 경향을 연구하는 가장 효과적인 방법은 주요 논자들의 방법을 따르는 것이다. 그들은 저작을 통해 역사에 대한 새로운 해

---

2) 이러한 인상은 王宜昌이 郭沫若의 책이 이른 시기(1930)에 출간되었음에도 이를 연구단계에 속하는 것으로 보는 것이 타당하다고 생각했다는 것에서 확인할 수 있다.

* 이 시기 중국은 국가와 인생의 미래를 지도할 사상과 관련해 철학과 학문의 영역에서 논쟁을 전개했는데, 자유의지를 가진 인간의 창조적 정신을 강조한 형이상학(玄學)과 과학의 발전을 통해 인생의 문제를 해결할 수 있다고 여긴 과학을 지지하는 입장으로 갈렸다. 특히 후자는 5·4의 계몽정신과 잇닿아 있었다.-역자

3) 『讀書雜誌』에서 王禮錫는 논쟁을 소개하면서 『讀書雜誌』에 실린 연구가 초기에 나타난 질문에 답할 것이라고 주장했다. 6장을 보라.

석을 소개했고 광범위한 틀 내에서 논쟁을 전개했다.[4] 가장 먼저, 가장 도전적인 해석을 내온 이는 타오시성이었다. 그의 중국 역사 연구는 논쟁의 초반을 지배했으며, 30년대 논쟁의 불길을 유지하는 땔감이 되었다. 논쟁에서 제국 중국 관련 저작 대부분은 타오시성의 사상에서 영감을 얻거나 그에게 논박하려는 동기에서 비롯되었다.[5] 타오시성의 중국 역사관은 근본적으로 칼 라덱(Karl Radek)의 중국 역사 발전의 해석에 뿌리를 두고 있었다. 그러나 타오시성은 처음으로 중국의 역사적 경험이 상업자본의 작용에 의해 좌우되어왔다고 주장했다. 논쟁의 참여자들은 이러한 관점을 그의 이름과 연결시키기도 했다[타오시성주의(陶希聖主義)]. 그는 『신생명』에 실었던 글들을 편집해 초기 저작인 『중국 사회사의 분석中國社會之史的分析』과 『중국 사회와 중국 혁명中國社會與中國革命』에 수록했다. 이 글들은 곧바로 독자들의 환영을 받았으며, (일본어본을 포함하여) 수많은 인쇄물로 전파되었고, 논쟁에서 지속적인 관심을 받았다.[6] 비마르크스주의 역사가들과 심지어 가장 격렬한 반대자들조차도 이 책의 영향력을 인정했다. 여기에는 바로 타오시성식 해석의 핵심이 담겨 있었다.[7]

---

4) 논쟁 전체에 있어 두 종의 저작을 주요 저작으로 들 수 있다. 바로 지난 장에서 논의한 任曙와 嚴靈峰의 저작들로, 당시 많은 관심을 받았다. 이 저작들은 이미 논의했기 때문에, 여기서는 역사 관련 저작들에 국한해 논의를 전개하도록 하겠다.

5) 陶希聖(1899~1988)은 법학 교육을 받았으며 중국 법률에 대한 연구를 통해 마르크스주의 역사학자가 되었다. 그의 저작들은 Henry Maine와 Franz Oppenheimer에게서 상당한 영향을 받았다. 陶希聖은 1927년 혁명운동에 뛰어들었다. 그 후 몇 년간 그는 국민당에서 汪精衛파와 협력했다. 1930년에 北京大學 교수가 되어 1937년까지 교편을 잡았다. 蔣介石와 밀접한 관계를 맺은 이후, 대부분의 세월을 정치에 쏟아부었다. 그는 타이완에서 1930년대 중국에서 사회경제적 역사학에 관한 최고의 잡지 중 하나였던 『食貨』를 복간했다. 그의 생애와 사상에 대한 좀 더 자세한 사항은 A. Dirlik, "T'ao Hsi-sheng: The Social Limits of Changes", C. Furth (ed.), *The Limits of Changes in Republican China*, (Cambridge: Harvard University Press, 1976)을 보라.

6) 이 책들은 각각 1929년과 1931년에 출간되었다. 전자는 1929년에서 1933년 사이 8쇄를 찍었는데, 매번 2,000에서 5,000 부수를 기록했다.

7) 顧頡剛, 『當代中國史學』, (香港: 1964; 초판, 1947), p.100. Teng Ssu-yu(鄧嗣禹), "Chinese

논쟁에서 타오시성의 저작만큼이나 중요한 기념비적 저작은 궈모뤄(郭沫若)의 『중국 고대사회 연구中國古代社會硏究』이다.[8] 이 책은 중국의 노예제를 다루었다. 궈모뤄의 저작은 실제 논쟁이 전개되었던 시기를 넘어서까지도 의미가 있었다. 그가 제시한 관점은 지금까지도 중화인민공화국의 역사 해석을 지배해오고 있다.[9] 궈모뤄의 역사 연구는 1928년 이후에 처음 소논문으로 출간되었다. 그러나 1930년 편집본으로 저작이 출간되기도 전에 이미 그의 연구는 논쟁에 영향을 미치고 있었다. 그것은 역사 그 자체에서 출발하는 방식으로 역사 연구의 방향을 바꿔놓았다.[10] 타오시성이 주로 주대의 변화와 현재에 있어 그 의미에 관심을 가졌다면, 궈모뤄는 전적으로 상대商代와 주대 초엽에 이르는 중국 문명의 초기 단계에 관심을 쏟았다.

『독서잡지讀書雜誌』의 기고자들은 상기 저작들이 제기한 논제를 토론하면서도, 자신들 나름의 해석을 내놓음으로써 논쟁을 다른 방향으로 몰고 가려 했다. 그 가운데 가장 눈에 띄는 것은 제국 중국을 전前 자본주의 사회로 바라본 리지(李季)의 관점과[11] 포크로브스키(Pokrovsky)의 전제 개념을

Historiography in the Last Fifty Years", *Far Eastern Quarterly*, 7.2, (1949.2), p.148. 陶希聖의 가장 격렬한 논적이었던 李季 역시 그의 작품의 인기를 알고 있었다. 「對於中國社會史論的貢獻與批評」, 『讀書雜誌』 第2卷 第2期, 第3期, (1932.3), pp.1-150, 第2卷 第7期, 第8期, (1932.8), pp.1-62, 第3卷 第3期, 第4期, (1933.4), pp.1-86. 第2卷 第7期, 第8期, p.2를 보라.

8) 1930년에 출간되었다. 陶希聖의 책과 같이 郭沫若의 책도 즉각적인 인기를 얻어, 세 달 내 3쇄가 발간될 정도였다. 노예제의 주요 주창자였던 王宜昌은 郭沫若가 노예제 토론의 "씨를 뿌렸다"고 인정했다. 「中國奴隷社會史-附論」, 『讀書雜誌』 第2卷 第7期, 第8期, p.2.

9) Peter Moody, "The New Anti-Confucian Campaign in China—The First Round", *Asian Survey*, 14.4, pp.307-324를 보라.

10) 그의 글들은 『東方雜誌』와 『思想』에 출판되었다.

11) 李季는 陳獨秀와 가장 밀접하게 협력관계를 유지한 사람이자, 가장 잘 알려진 중국 마르크스주의자였다. 그는 1920년대 중반을 중국에서 보냈으며 이때 마르크스와 마르크스주의에 대한 상당한 양의 일반적 지식을 얻었다. 그의 『馬克思傳』은 교과서적인 저작

제국 중국에 적용한 왕리시(王禮錫)[12]와 후추위안(胡秋原)의 관점[13]이었다. 『독서잡지』에 실린 리지의 장편 논문(1933년 확충되어 책으로 출판되었다)은 역사 논쟁에 있어 가장 트로츠키주의적인 공헌이었다.[14] 반면에 왕리시와 후추위안은 아시아적 사회*와 전체주의 개념의 유효성에 관한 동시기 소련의 논쟁에서 영향을 받았을 가능성이 높다. 후추위안은 특히 플레하노프의 저작을 통해 일찍부터 이러한 개념에 분명한 흥미를 보였다.

이 토론은 다양한 분기관分期觀뿐 아니라 특정한 시기와도 관련이 있었다. 논쟁을 개괄했을 때, 분기의 두 기본 구조 사이에 불일치가 있었음을 알 수 있다. 그중 하나는 "사단계론四階段論"으로서, 궈모뤄, 왕이창, 그리고 초기의 관점을 수정한 1932년 이후의 타오시성 등이 이 관점을 대표했다.[15] 이들의 사고와 두 번째의 "삼단계론三階段論"은 노예제 단계의 수용 여부에 따라 갈렸다.

둘째, 마르크스주의적 사회구성체의 관점에서 중국의 역사를 분기하는 것은 전통 역사학의 역사 분기와 넓은 범위에서 상응했다. 전통적 분기는

이었다.

12) 王禮錫(1901~1939)는 시 창작에서 시작해 1920년대 중반 혁명운동에 뛰어들었다. 이때 그는 中央農民運動講習所에서 일했다. 1927년 이후 그는 陳銘樞와 사회민주당과 분명히 연관을 맺고 있었다.

13) 胡秋原(1910~2004)은 예술사에 대한 관심을 통해서 마르크스주의 역사 이론에 이르렀다. 그는 처음에는 Plekhanov의 예술사 저작에 깊은 인상을 받았고 그 영향은 그가 역사 저작 저술로 방향을 바꾼 후에도 지속되었다. 王禮錫와 胡秋原은 중국 사회에 관해 유사한 시각을 갖고 있었으며 모두 러시아 역사에 관한 Pokrovsky의 저작에서 영감을 얻었다.

14) 『中國社會史論戰批判』, (上海: 1936). 초판은 1933년.

* Asiatic society. 아시아적 사회의 고유한 생산양식을 '아시아적 생산양식(Asiatic mode of production)'으로 들 수 있다. 이 둘은 개념적으로 일정 정도 구분되어야 하지만 영문 원서에서는 'Asiatic society'가 'Asiatic mode of production'과 혼용되거나 거의 동일하게 사용되는 경우가 있다. 이하 'Asiatic society'가 명백히 아시아적 생산양식을 지칭하는 경우에는 아시아적 생산양식으로 번역한다.-역자

15) 陶希聖, 「中國社會形式發達科程的新估定」, 『讀書雜誌』 第2卷 第7期, 第8期, (1932.8), pp.1-9.

선주先周, 서주西周, 춘추전국春秋戰國, 제정시기로 나누었다. 논쟁의 참여자 대부분에게, 중국사의 과정을 따라 나눈 분기선은 왕조王朝에 따른 구분이란 점만 빼면 근본적으로 전통적 분기선과 다를 바 없었다(논쟁 참여자 일부는 제국 시기의 일반적인 사회경제적 특징을 통해 왕조에 따른 분기를 설명하려 했지만 나머지 다수는 이를 무시했다). 가장 큰 관심을 받았던 시기는 주대 후기였다. 이 시기는 중국의 사회 발전에 있어 형성기로 인식되었다. 사회사가들은 제국 시기의 중국 사회를 이천여 년에 걸친 한 묶음의 시기로 보면서 이것에 거의 관심을 기울이지 않았다. 제국 시기에 대한 그들의 관점은 대부분 그들이 주대 후기와 초기 제국 시대에 나타났다고 주장한 사회정치구조로부터 추론한 것이었다. 그들 중 일부는 논쟁의 전개 과정에서 좌절을 겪고 1930년대 초반에 중국 역사의 후반에 관한 좀 더 자세한 연구로 돌아섰다. 이것은 1930년대 중반 제국 시대의 다양한 면모에 관한 수많은 전공논문들의 생산을 자극했다.

주대周代는 19세기 이전의 중국 역사에서 중국 사회의 마지막 전환기의 시작점으로 인식되었다. 이 시기에 변화가 완료되었다고 주장한 이들은 소수였다. 변화의 성질에 대한 일치된 의견은 변화의 범위에 대한 불일치와 강한 대조를 이루었다. 다른 말로 하면, 대부분이 변화의 기본적인 특징에 동의했지만(타오시성의 주장이 여기서는 모델이 되었다) 반면에 그 결과에 대해서는 의견이 크게 갈렸던 것이다. 변화에 대한 평가는 그들이 주대 초기와 제국 시기 중국 사회의 본질을 어떻게 인식하느냐에 따라 달라졌다. 서주西周 시기에 대해서 주요하게는 봉건제로 바라보는 관점과 노예제 사회로 바라보는 관점이 있었다.[16] 논쟁 참여자들은 제국 시기를 봉건적 혹은 "반半봉건적" 사회로 보는 이들과 "특수" 사회 혹은 "과도過渡" 사회로 보는 이들로 갈렸다. 후자의 관점을 제안했던 이들은 "특수"를 어떻게 정

16) 陶希聖(그의 이후의 분기가 그렇다)을 포함한 소수만이 초기 周를 씨족 사회(즉, 원시 사회)로 보았다.

의할 것인가에서 다시 갈렸다. 그들은 일반적으로 다음의 선택지 중 하나를 골랐다.

1. 후 봉건적, 선 자본주의적 유럽 사회에 대응하는 상업화된 사회. 아래와 같이 세분화된다.

a. 봉건 세력이 지배하는 원시 자본주의 사회(封建勢力支配底下的初期資本主義社會) : 타오시성과 신생명파의 견해

b. 전 자본주의 사회前資本主義社會 : 리지의 견해

c. 전제사회(專制主義社會) : 후추위안과 왕리시의 견해

2. 아시아적 생산양식(亞細亞生產方式) : 이 관점의 주요 주창자들은 마자르(Madgyar), 바르가(Varga), 비트포겔(Wittfogel) 등이며, 이 중 이 시기 가장 영향력 있던 이는 마자르였다. 이 관점은 중국에서는 인기가 없었고, 그 반응도 대부분 부정적이었다. "특수" 발전을 주장했던 대부분의 중국인들은 허간즈(何幹之)가 제기한 특수 봉건 사회에서와 같이 "특수"를 생산의 이러저러한 다양한 변형으로 간주했다.

동주東周 시기의 경계를 어떻게 설정할 것인가 하는 문제들은 해당 시기 일어난 변화에 대한 사회사가들의 해석에 영향을 끼쳤다. 이 논쟁에서 주대 후기에 일어난 변화의 성질에 관하여 다음과 같은 네 가지 주요한 견해가 제출되었다. (1) 첫째는 봉건 사회의 한 형식으로부터 일반적으로 반半봉건이라고 언급되는 다른 형식으로의 변화였다.[17)] 이 관점과 연계된 대표적인 인물은 러시아의 사파로프(G. Safarov)와 중국의 리리싼(李立三)이었다. 이 관점을 가장 열렬히 지지했던 주페이워(朱佩我)는 이미 발생한 변

17) 참여자들은 대개 封建과 半封建을 구분했다. B. Schwartz는 논쟁 중 그의 글에서 '半(semi)'의 의미가 대수롭지 않다고 말했다. 무엇이 정확하게 '반'의 의미를 표시하는지를 규명하는 것이 힘들지만, 의미는 상당히 명백했다. 즉, 중국은 순수한 봉건 사회가 아니지만, 봉건적 특징은 사회구성에 있어 여전히 지배적인 요소였다는 것이다. 그래서 이러한 관점의 지지자들은 그들 자신의 입장을(李季가 지적했듯이) 후 봉건, 전 자본주의 사회라고 말하는 다른 해석들과 구별했다.

화의 의미를 과소평가하는 데 누구보다도 앞장을 섰다.[18] (2) 두 번째 관점은 봉건 사회로부터 상기한 후 봉건, 전 자본주의의 이러저러한 과도 형식으로의 변화이다. 이 경우 주 후기는 이후 2,000년간 지속된 과도기의 형성 단계로 간주된다. (3) 세 번째 관점은 노예제로부터 봉건제로의 변화이다. 궈모뤄와 왕이창이 이 관점을 제기했다. 그러나 그들은 변화가 일어난 시점에 대해서는 의견을 달리했다. (4) 네 번째는 씨족 사회로부터 노예제 사회로의 변화이다. 이 관점은 1932년 이후 타오시성이 제기한 것인데, 논쟁에 큰 영향을 미치지는 못했다.

주의 변화에 관련해서는 앞의 두 견해를 둘러싸고 가장 첨예한 논쟁이 벌어졌다. 이 문제는 논쟁 초기에 타오시성이 이 주제와 관련된 공산당의 공식에 도전한 후 가장 두드러진 문제가 되었다. 타오시성의 주요 논적은 주페이워였다. 공산당에서 축출되었음에도, 그 역시 이 시기 중국 사회는 거의 삼천여 년에 이르는 시간 동안 봉건 사회였다는 입장을 고수했다. 주페이워의 주된 관심사는 당대 사회였다. 그래서 그는 논쟁에서 이러한 입장을 방어하는 데 거의 신경을 쓰지 않았다. 그러나 그의 주장은 비록 단순하기는 했지만, 중국 사회에 대한 해석 아래 숨어 있던 전제들을 드러내주었다.

18) 周佩我(1907~1945)는 논쟁에 참여한 극소수의 프롤레타리아 중 한 명이었다. 그는 공산당에 환멸을 느꼈고 이로 인해 그 후 어두운 경력을 쌓게 되었다. 국민당을 위한 활동도 했던 것으로 보이며, 누군가(胡子, 아마 胡秋原인 것으로 보인다)는 그를 일본의 간첩이라고 중상모략하기도 했다. 그럼에도 불구하고 그는 공산당의 간첩이라는 죄목으로 수년간 복역한 후 1945년 국민당 사령관에 의해 처형당했다고 알려졌다. 그는 수많은 필명을 사용한 다작의 저술가였다. 흥미롭게도 그는 周新繁이라는 이름으로 『讀書雜誌』를 통해 출간했던 저작(세 편의 주요 저작이 포함되어 있다) 모두가 그가 쓴 것이 아니라고 부인하는 글을 잡지에 보낸 일화가 있다. 다음 호에서 胡子는 서신으로 그가 간첩이라고 고발하며 그의 주장을 부정하고 周佩我가 이 모든 저작의 저자라고 주장했다. 胡子, 「戰場上的漢奸」, 『讀書雜誌』 第2卷 第7期, 第8期, (1932.8). 이 저작들은 이론적 · 해석적인 차이가 거의 없기 때문에 여기서는 하나로 다루었다.

타오시성, 주페이위와 중국의 봉건 사회

왕이창은 타오시성이 중국 역사에서 상업자본의 역할을 강조한 것을 비판하면서, "보그다노프(I. Bogdanov)의 독"을 논쟁에 끌어들여 논쟁을 과학적 유물론으로부터 벗어나게 만들었다고 공격했다.[19] 더 구체적인 증거가 부재한 상태에서 보그다노프의 이론적 틀이 타오시성의 중국 사회 분석을 만들어냈다거나, 중국에 보그다노프의 사상을 퍼뜨리는 데 있어 타오시성의 역할이 어느 정도인지를 평가하는 것은 쉽지 않다. 타오시성 그 자신도 눈에 띄게 보그다노프를 언급한 일은 없었다. 그의 역사 분기의 내적 구조만이 보그다노프의 역사 분기와 매우 미미한 수준에서 닮았을 뿐이다. 반면에 왕이창은 타오시성이 역사가로서 평판을 얻기 훨씬 이전, 1920년대 중반 중국에 『경제과학 단기강좌*A Short Course of Economic Science*』가 출간된 바로 그 순간부터 이 책이 얼마나 인기를 얻었는지에 대해 직접 증언했다.[20]

상업자본의 역할에 대한 논쟁은 궁극적으로는 마르크스의 주장 자체의 모호성에서 기인한 것이었지, "진짜" 마르크스주의자와 "가짜" 마르크스주의자 간의 논쟁이 아니었다. 그러나 왜 보그다노프의 주장이 이 시기의 논쟁의 덫에 걸려들지 않고 중국 마르크스주의자들의 호응을 얻었는지를 생각해볼 필요가 있다. 1954년 사회사 논쟁 연구에서 슈워츠(B. Schwartz)

---

19) 王宜昌, 『中國社會史論史』, p.25. Bogdanov는 A. A. Malinovskii의 필명이었다. 그가 쓴 *A Short Course of Economic Science*는 1897년 러시아에서 처음 출판되었다. 여기서 언급한 판본은 1927년 영국공산당이 발간한 영역본이다.

20) 그럼에도 불구하고 그것은 陶希聖과 관련이 있었을 것이다. 王宜昌은 周佛海를 Bogdanov 저작의 첫 번역가 중 하나로 규정했다. 陶希聖은 1927년 이후 周佛海와 가깝게 지냈고, 周佛海를 통해 Bogdanov를 이해하게 되었을 가능성이 있다. 그러나 이것은 상당히 정황적인 판단이다.

는 제국 중국 사회가 유럽 역사의 어느 시기와 유사한가라는 질문에 봉건제가 종말을 고한 직후일 것이라고 답했다. 이 시기에 토지는 부상하는 시장경제로 인해 봉건 특권세력의 독점적 부속물에서 시장을 통해 조절되는 상품으로 전환되었다. 그것은 (봉건의-역자) 경제적 방호벽을 토대에서부터 허물었고, 귀족의 정치적 권력을 약화시켰다.[21] 사회사가들은 제국 중국을 후 봉건, 전 자본주의 사회로 해석하면서 여기에 이러한 과정에 대한 그들의 인식을 투영했다. 역사 발전에 대한 보그다노프의 표상은 이러한 사회를 다루는 데 있어 더 엄격한 마르크스주의적 분기에서는 볼 수 없는 유연성을 보여주었다. 『경제과학 단기과정』에서 보그다노프는 사회를 "자연적 자급자족" 사회와 "상업" 사회라는 두 가지 유형으로 분류했다.[22] 이러한 사고에서 자본주의는 상업 사회의 단순한 일부분으로 격하되었고 그 자체는 다시 상업자본주의, 산업자본주의, 금융자본주의의 세 단계로 분할되었다. 보그다노프의 사고로 인해 중국과 같은 사회는 더 엄격한 마르크스주의적 발전론에서의 봉건 사회나 자본주의 사회 어느 것과도 명백히 들어맞지 않는 사회로 범주화될 가능성이 높아졌다.

그래서 비록 이 시기 아무도 공개적으로 보그다보프의 관점을 받아들이지 않았지만, 이 관점 자체는 중국에 상업자본주의의 개념이 어떻게 적용되었는지를 보여준다.[23] 논쟁에 연루된 이들은 그들의 주장에 반드시 필요한 권위를 부여하기 위해 마르크스주의 저작으로 신속하게 돌아섰다. 논쟁에서 이 주제와 관련된 마르크스의 주장은 광범위하게 다루어졌다. 마르크스는 사회에서 상업과 구조 변화 사이의 관계에 관한 다양한 주장

---

21) B. I. Schwartz, "A Marxist Controversy in China", *Far Eastern Quarterly*, 13.2, (1954.2), p.149.

22) "자연적 자급자족"은 원시 사회와 봉건 사회를 포괄하며 "상업"은 "노예제"와 "농노제", "자본주의" 사회를 포함한다.

23) 일부가 상업자본주의 사회를 적절한 역사적 단계로 받아들인 것은 1930년대 중반이 되어서였다.

을 제시했는데, 그 가운데 『자본*Capital*』 제3권에서 언급된 자급자족 사회를 해체시킨 상업의 작용에 대한 해석이 가장 중요했다.

> 따라서 상업은 생산조직 어느 곳에서나 다소 해체적인 영향을 끼친다. 생산조직은 가까이서 찾을 수 있으며, 사용가치에 따라 다른 형식을 띤다. 어느 정도까지 낡은 생산양식을 해체하는가 하는 문제는 생산조직의 안정성과 내부 구조에 달려 있다. 해체의 향방이 무엇인지, 즉 어떤 새로운 생산양식이 낡은 생산양식을 대체할 것인가 하는 문제는 상업이 결정하며 낡은 생산양식의 성격이 결정하지 않는다.[24]

논쟁에서 종종 인용된 이러한 주장은 사회 변화에 있어 상업의 기능에 대한 마르크스적 해석의 모호성을 보여주는 축도였다. 이러한 모호성으로 인해 중국 역사 내 상업의 역할에 대한 모순된 해석이 제기되었다. 여기서 상업은 자급자족 사회의 구조를 해체할 수 있는 동력으로 간주되었다. 그러나 해체 뒤에 무엇이 도래할 것인가 하는 문제는 상업이 아닌 낡은 생산양식에 의해 결정되었다. 이것은 사회 발전 체계에 관한 마르크스의 일반적 사고와 일치했다. 그는 이어서 상업과 상업자본은 원시 세계에서는 노예제 사회를 만들어냈지만, "근대 사회"에서는 이와 달리 "자본주의적 생산양식"을 만들어냈다고 주장했다.[25]

그러나 이 주장은 하나의 사회구성체에서 다른 사회구성체로 변화할 때 상업의 역할에 관해 즉각적인 의문을 불러일으켰다. 낡은 생산양식이 사라지기 위해서는 어느 정도의 해체작용이 필요한가? 어느 지점에서 새로운 생산양식이 나타나는가? 이러한 새로운 생산양식의 특징은 적어도 변

24) Karl Marx, *Capital*, vol.3, (New York: International Publishers, 1970), pp.331-332.
25) 같은 책, p.332.

화의 전체 과정에서 촉매작용을 하는 상업의 효과로부터 분리될 수 있는가? 마르크스 자신은 이 문제를 인식하고 있었다. 『자본』의 주요한 목표는 유럽에서의 봉건제 해체와 자본주의의 부상을 설명하려는 것처럼 보인다. 앞서 언급한 『자본』 제3권에서의 주장은 어떤 의미에서는 바로 그러한 연구의 결과였다.

우리는 본 장의 말미에서 이 문제로 돌아갈 것이지만, 여기서 미리 사회사가들이 마르크스의 주장에 잠재되어 있는 모호성을 인식하기는 쉽지 않았다는 점을 밝히고 넘어가겠다. 사회사가들은 이것을 단일한 해석을 가진 보편적 규칙으로 간주했다. 이 해석을 중국 사회에 적용하는 것을 어렵게 만들었던 것은 타자(유럽)의 역사 해석에서 산생된 분기에 대한 믿음이었다. 자본주의 사회는 반드시 봉건 사회의 해체에 뒤이어 나타난다는 가정으로 인해 서구의 발전 형식을 따르지 않는 사회에서는 어느 정도의 해체가 해체이고 무엇이 해체의 뒤에 나타나는지와 같은 문제가 매우 중요한 문제가 되었으며, 이는 또한 격렬한 반론의 대상이 되었다. 사회사가들은 주대 말에 상업이 나타나서 제국 시대를 관통해 유지되어왔다는 데 의견이 일치한다. 그러나 그들은 사회 구조에 있어 상업의 효과에 대해서는 입장이 첨예하게 갈렸다. 제국 중국이 줄곧 봉건 사회였다는 주장을 펴는 그룹은 상업을 사회 구조에 있어 부차적이라고 단언한 마르크스의 주장에 근거를 두었다. 상업이 새로운 생산양식을 창조해낼 수 없을 뿐 아니라 낡은 양식의 해체는 주로 그 "내부 구조"에 의한 것이지 상업과는 별개의 문제라는 것이다. 주대 말의 중국 사회에 상업의 충격은 있었다. 그러나 이것은 사회의 본질을 바꾸기에는 부족했다. 왜냐하면 (자본주의라 정의할 수 있는) 새로운 생산양식은 나타나지 않았기 때문이다. 봉건 사회라는 관점을 반대하는 이들(리지만이 이 그룹에서 예외였다)은 상업이 새로운 생산양식을 만들어내지는 못했지만, 분명히 낡은 양식을 해체할 힘을 갖고 있었고 이 해체는 중국에서 완수되었다고 말한다. 봉건제는 새로운 생산양식(자본주의)이 그것을 대체할 정도로 부상하지는 못한 상황이었음에도 사라졌다는 것이 그들의 주장이었다. 중국은 역사적 필연에 의해, 자본주의로 향하는 긴 여정을 시작했다. 그러나 어떤 역사적 요소들로 인해 도착하지는 못했던 것이다.

이 시기에 일어난 변화의 가장 완벽한 서술을 제시한 이는 타오시성이었다. 논쟁에 참여한 많은 이들이 그가 내린 결론에는 동의하지 않았지만, 그 과정에 대한 그의 주장에는 동의했다. 타오시성이 자신의 생각을 형성했을 때쯤 그는 상업자본에 관한 마르크스의 관점을 잘 알고 있었다. 그는 사실 일반 독자층에게 위에서 인용한 주요 문장이 담긴 『자본』의 장절을 소개한 장본인이었다.[26)]

그럼에도 불구하고, 타오시성이 자신의 중국 역사 분석을 독립적으로 발전시켰는지, 혹은 칼 라덱에게 영감과 일부 주장을 빚졌는지에 대한 의문은 여전히 남아 있다. 라덱은 1927년 모스크바의 쑨얏센 대학(孫逸仙大學)의 강의에서 상업자본의 개념을 활용하여 중국 역사에 대한 독창적인 해석을 제기했었다.[27)] 타오시성은 저작에서는 라덱을 언급하지 않았고 1930년이 되어서야 라덱의 해석을 알고 있었음을 공개적으로 인정했다.[28)] 게다가 라덱의 강의는 1928년이 되어서야 중국에 번역되었다. 이 시기는 타오시성이 자신의 사상을 형성하던 시기였다. 반면, 1932년에 왕이창, 그리고 앞서 언급한 인터뷰에서 타오시성이 중국의 급진주의자들이 1927년

26) 方岳(陶希聖의 필명), 「商人資本小史」, 『新生命』 第3卷 第4期, (1930.4). 이것은 "Historical Facts about Merchant's Capital", *Capital*, vol.3, chap.20을 번역한 것이다. 陶希聖은 그의 번역을 "19세기 유명 유럽 경제학자의 상업자본에 대한 체계적 분석"이라고 소개했다.

27) Radek의 전기 작가, Warren Lerner에 따르면 이 강의들은 Radek의 학생이 쓴 중국어 번역본으로만 남아 있다고 한다. 그것은 『中國革命運動史』라는 제목으로 1928년(?) 최초로 발간되었다. 여기서 사용한 판본은 拉德克(Radek), 克仁 역, 『中國歷史之理論的分析』, (上海: 1933)이다.

28) 方峻峰(陶希聖의 필명), 「托洛茨基派之中國社會論」, 『新生命』 第3卷 第5期, (1930.5).

의 라덱의 강의를 알고 있었고 그들 자신도 같은 문제를 가지고 논쟁을 했었다고 말했다는 것이 더 중요한 사실이다. 또한 이 연구에서 채택한 관점—역사에 대한 흥미는 혁명 분석의 산물이다—에서 본다면 라덱의 해석은 중국 사회에 대한 스탈린적 해석을 반박하려는 일반적인 의도 외에 다른 이유는 없었기 때문에 타오시성에게 매력적으로 다가왔던 것으로 보인다. 결국 두 논자가 중국에서 가장 적절한 혁명 전략이 무엇일까에 대해 다른 답을 내렸고, 또 그만큼, 중국 사회의 계급 구조에 관해서도 다른 결론을 내렸음에도, 타오시성과 라덱의 분석은 유사한 면이 있었던 것이다. 때로 다른 논자들은 중국 역사에 대한 이러한 관점을 비판할 때 타오시성과 라덱을 결합시켰다.[29] 더 구체적인 증거는 없지만, 어떤 이들은 상업을 통해 중국 사회사를 설명하는 라덱의 혁명 분석이 호소력이 있었기 때문에 타오시성과 다른 이들이 이와 유사한 분석을 진행하는 데 충분한 영향을 주었을 것이라고 추측했다.[30] 여기서 라덱의 해석을 간단하게 살필 필요가 있겠다. 왜냐하면 이것은 당시의 중국 마르크스주의 역사학에서 결정적인 위치를 점했던 역사관을 처음으로 제시했기 때문이다.

라덱은 19세기 제국주의 세력의 침략 이전에 중국 사회의 본질을 이해하는 핵심 문제 두 가지를 제기했다.[31] 제국 중국에서 토지소유권의 기초

---

29) 그럼에도 Radek과 陶希聖은 중국 사회에서 제국주의가 (Radek에 따르면 1차 세계대전 후에) 자본주의의 발전을 지체하는 역할을 했다는 점에서 의견을 같이했다. 이러한 해석은 중국 트로츠키주의자들을 분노케 했다. 陶希聖과 Radek의 주요한 차이는 제국 중국에서 정치의 계급적 기초에 관한 분석이었다. 陶希聖과 Radek을 함께 다루는 자료로는 張橫, 「評陶希聖的歷史方法論」, 『讀書雜誌』 第2卷 第2期, 第3期, p.9를 보라. 또한 李季, 「貢獻與批評」, 『讀書雜誌』 第3卷 第3期, 第4期, p.51을 보라.

30) 梅思平은 Radek에 가장 가까운 해석을 했던 『新生命』의 필자였다. 「中國社會變遷之概論」, 『新生命』 第1卷 第11期, (1928.11), pp.1-12.

31) Radek의 강의는 앞장에서 논의된 중국 저작들처럼, 중국 혁명의 전략적 문제들을 밝히기 위해 의도된 것이었다. 그러나 그는 강의를 끝마칠 수 없었고, 이 문제를 간단하게만 짚을 수 있었던 것으로 보인다. 그의 저작의 대부분은 중국의 역사 발전에 관한 문제들을 다루었다.

는 무엇인가? 중국 향촌 경제의 본질은 무엇인가? 그는 이에 대한 답을 제시하면서 봉건 경제가 여전히 중국에 만연해 있다는 관점을 부정했다. 첫 번째 문제와 관련하여 그는 토지는 시장에 의해 분배가 결정되는 사적소유 체제 아래 놓여 있다고 주장했다. 그리고 한편으로 그는 지주제도가 중국에서는 무시할 만한 문제라고 보았던 이들과 달리 대토지 소유자들이 존재했다는 것은 강력한 지주계급이 존재함을 보여주는 것이라고 생각했다.[32] 두 번째 문제에 대해, 그는 상업이 번성함으로써 향촌에서의 생산과 소비는 외부 시장에 의존적이 되었고, 이는 조기에 자연경제를 사멸시켰다고 주장했다.[33] 사실, 화폐 경제는 기원紀元 이래로 중국 경제생활의 특징이었다.

라덱에 따르면 주대 초기에 중국은 이미 봉건 단계로 접어들었다. 당시 정착사회인 중국에 가해진 유목세력의 압박은 농민 공동체에 군사적 보호자의 필요성을 부각시켰다. 그들은 결국 봉건적 정치 질서를 바탕으로 그들의 권력을 확립했다.[34] 그 후 수백 년간, 제후들 간의 상호 전쟁으로 말미암아 그들의 권력은 소진됐고 봉건 국가는 약화되었다. 그러나 궁극적으로 봉건제를 무너뜨린 것은 생산도구와 통신의 발달에 힘입은 수공업과 화폐 경제의 성장이었다.[35] 라덱은 그럼에도 불구하고, 중국 시장의 제한적 성질로 인해 상업의 확장은 제한되었고 그래서 중국에서 변화는 완성될 수 없었다고 말했다. 중국에서는 시장의 법칙에 대한 소유권의 종속, 시장경제 참여로 권력을 획득한 지주와 상인계급에 의한 봉건 영주의 대체, 그리고 새로운 계급을 기초로 세워져 새로운 계급의 이익을 대변하는 중앙집권국가의 부상과 같은 중요한 사회정치적 구조 변화가 일어

---

32) Radek, 『中國歷史之理論的分析』, p.7.

33) 같은 책, pp.15-16.

34) 같은 책, p.41.

35) 같은 책, p.51.

났다. 그러나 중국은 산업자본주의의 단계로는 나아가지 못했고 봉건제가 재현될 가능성은 여전히 남아 있었다.[36] 13세기 대원제국大元帝國의 시대(Pax Mongolica)에 중국 상인들의 활동영역은 확장되었고 이로 인해 중국의 산업은 큰 도약을 맞이하게 되었다. 그러나 이러한 확장은 몽골 세력이 약화되고 세계시장이 붕괴되면서 산업자본주의가 태동하기도 전에 끝을 맺고 말았다. 몽골 시기 막간에 이루어졌던 이러한 확장의 순수한 효과는 상인-지주 권력을 공고히 하고 절대군주를 강화시킨 것이었다. 라덱은 서세西勢 침입 전야의 중국은 18세기 산업혁명 전야의 유럽에 상응하는 발전단계에 있었다고 결론을 내렸다.[37]

『신생명』의 분석들은 중국 사회의 역사 단계를 지명하는 것에서 라덱만큼 자신감을 보이지는 못했고, 제국의 계급적 기초에 관한 라덱의 관점에 대부분 동의하지 않았지만, 이론적으로 라덱과 유사했다.[38] 이것은 타오시성의 저작에서 분명히 드러난다.

타오시성은 주대 초기 봉건제의 발달을 프란츠 오펜하이머(Franz Oppenheimer)의 국가(state)의 역사적 진화 이론에 근거해 설명했다.[39] 오펜하이머는 봉건 국가를 국가의 최초 형식이자 정착사회에 대한 유목세력의 정복의 산물로 간주했다. 유목세력은 피정복 농민들을 정치적으로 지배하

---

36) 같은 책, pp.51-69.

37) 같은 책, p.56.

38) 『新生命』에서 출간된 논문집의 서문에서 陶希聖은 다음과 같이 중국 사회에 관한 다양한 입장을 열거했다. (1) 중국은 봉건 혹은 半봉건 사회이다. (2) 중국에서 봉건 체제는 사라졌지만 봉건 세력은 남아 있다. (3) 중국은 상인계급 사회이거나, 상업자본주의 사회이거나, 봉건 세력의 지배하에 있는 초기 자본주의 사회이다. (4) 지난 100년간 이미 자본주의 사회였다. (5) 중국은 봉건 정치권력의 지배를 받는 소자산계급(小地主商人社會, petit-bourgeois) 사회이다. (6) 중국은 마르크스가 말한 아시아적 사회이다. (2), (3), (5)의 관점은 『新生命』의 기사에서 가장 흔히 볼 수 있다. 陶希聖 편, 『中國問題之回顧與展望』, (上海: 1930), 서문, pp.1-2를 보라.

39) Franz Oppenheimer, J. M. Gitterman tr., *The State: Its History and Development Viewed Sociologically*, (Indianapolis: Bobbs-Merrill, 1914).

고 그들의 노동의 결과물을 착취하기 위해 군사적 우위를 이용했다. 그는 다른 곳에서는 이것을 "초계층(superstratification)"이라고 지칭했다.[40] 타오시성에 따르면 유목적 특징을 보였던 주周가 좀 더 발전한 상商을 정복했을 때 나타난 정치 체제는 중세 유럽의 봉건 체제와 동일했다. "고대 중국의 봉건 체제는 유럽의 봉건 체제와 매우 닮아 있다. 소소한 구체적 항목 몇 가지에서만 차이를 보일 뿐이다. 이 차이들은 유럽 봉건 시대의 지역적 차이에 견줄 수 있다."[41] 그는 1930년에 쓴 책에서 이 체제의 일반적 특징을 전체적으로 조망했다.

> 봉건제는 지방공동체 내로 제한된 농업과 수공업에 기초한 사회이다. 하나 혹은 다수의 촌락이 하나의 지방공동체를 구성하는데, 공공 삼림, 초지, 수도와 경작지를 갖추고 있다. 이 지방공동체 내부에 공용토지와 농가에 분배된 농지는 생활필수품을 제공한다. 이것에는 농지와 과수원의 과실과 곡식, 어로 산물, 목축 산물, 목재와 양털 등의 원료와 같은 것이 있으며, 이것들은 가내수공업의 원료로도 제공된다. 이러한 지방공동체는 항상 자족적인 경제적 유기체를 유지하고 있으며 외부와는 거의 경제적으로 접촉을 하지 않는다. 지방공동체의 영주는 이 공동체 내에 있으며 "우물 안 개구리"와 같은 우월감을 갖고 있다. 국왕은 상대적으로 큰 영주에 지나지 않으며 다른 영주를 복속시킬 권력을 갖고 있지는 않다. 때문에 봉건 국가는 극히 느슨한 조직이다.[42]

전통 자료에 근거해 작업하면서 타오시성은 주가 상을 정복함에 따

40) 같은 책, p.52. 초계층의 개념을 사용한 유사한 관점은 Wolfram Eberhard, *Conquerors and Rulers*, (Leiden: E. J. Brill, 1952), chap.1을 보라.

41) 拉德克, 『中國社會之史的分析』, p.31.

42) 陶希聖, 『革命論之基礎知識』, (上海: 1930), p.49.

라 나타난 봉건 체제가 봉건제의 모든 특징을 보여준다는 결론을 얻었다. 주의 체제상 주요 특징은 다음과 같다. (1) 사회의 경제 조직은 장원莊園에 기초한다. 장원은 중국에서는 정전제井田制로 나타났다. 장원은 경지, 초지, 삼림으로 구성되어 있고 사방은 요새화된 성곽으로 둘러싸여 있다. 일부 토지는 농노들에게 분배되었고 이는 그들의 사유재산이었다. 나머지는 공용 토지였다. 농노는 영주에 대한 세 가지 의무를 졌다. 지조地租의 의무, 노역의 의무, 공물(술이나 가금류)의 의무. (2) 토지에 대한 권리는 등급에 따라 결정되었다. 즉 소유자의 정치적 지위에 따라 소유 토지의 면적이 결정되었다. 이론적으로, 천하의 모든 토지는 천자의 소유였고, 영주는 천자를 대신해 토지를 관리했다. 실제로 군사적 실력과 관등官等이 영주의 토지의 다소를 결정했다. (3) 자유농민계급과 영주에 세를 납부하지는 않고 군사적 의무만을 지는 지주가 존재했다. (4) 관등제의 엄격한 준수 자체가 관등제의 규칙을 강화했다.[43](중국어판에 인용된 중국어 원문 번역-역자)

타오시성이 봉건제에 필수적이라고 생각했던 요소들은 아무리 반복해 언급해도 지나침이 없다. 왜냐하면 이 요소들의 부재는 그가 제국 중국이 봉건제 국가가 아니라고 생각한 근거가 되었기 때문이다. 경제적으로 그는 자급자족의 장원 조직이 봉건제의 기초라고 강조했다. 농업과 가내수공업은 그러한 사회의 주요 경제 활동이었고 노동은 장원에 종속된 농민, 다른 말로 농노가 지고 있던 짐이었다. 소유자들은 정부의 기능을 독점한 이들, 즉 계급적 권력 구조 내에서 조직된 봉건 영주들이었다. 이러한 봉건 영주들은 봉건제의 주요한 특징으로서, 봉건제에서 나타나는 권력의 탈중앙화를 설명해준다. 이러한 경제 · 사회 · 정치적인 특징들이 중세 유럽과 주대 초기의 사회를 설명해준다고 그는 믿었다.

43) 陶希聖, 『中國封建社會史』, pp.16-20. 또 『中國社會與中國革命』, pp.120-121을 보라.

생산의 발전에 따라 주의 체제는 춘추전국 시대에 접어들면서 어지러워졌다. 생산의 발전은 체제에 인구 증가라는 압력을 가함과 동시에 무역의 확대를 가져왔다. 서주 시기 생산 기술의 변화는 미미했지만, 춘추에는 철기를 사용함으로써 심경深耕이 행해졌고 생산성과 효율성이 제고됐다. 이는 결과적으로 농노나 귀족 양측 모두에 잉여 인구의 증가를 불러왔다.[44] 봉건 조직을 약화시킨 더 중요한 기술적 진보는 농업에 관개기술을 적용할 수 있게 된 것이었다. 관개 시스템은 노동력의 집중과 농지의 정확한 구획 정리를 요구했다. 이것은 느슨한 구조의 장원 조직과는 상충하는 것이었다. 동시에 필요한 조직의 규모도 중앙 정부로의 권력 집중을 요구했다. 타오시성에 따르면, "관개의 확대는 봉건제가 전복되는 결정적인 원인의 하나였다."[45] 더 거대한 조직에 대한 필요와 인구 증가의 압력은 제후국 사이의 토지를 둘러싼 분쟁을 촉발시켰다. 그것은 귀족체제를 붕괴시켰고, 농노를 해방시켰으며, 신흥 지주들에 토지가 집중되는 현상을 가속화시켰다. "상술한 바, 우리는 장원의 붕괴를 목도할 수 있다. 귀족들은 지주와 토지 없는 유민으로 분화되었다. 농노들은 자유농민, 노비, 소작인, 노동자로 분화되었다. 사士는 지주가 되거나 토지를 상실했다. 봉건적 지조는 국세와 지조로 바뀌었다. 토지소유권은 지주에게, 정치적 지배는 국가에 복속되었다."[46](중국어판에 인용된 중국어 원문 번역-역자)

이러한 변화의 가장 확연한 증거는 도심의 부상이었다. 상업이 발전함에 따라 도시는 확장되었고 농촌을 지배하기 시작했다. 상업은 초기 중국

44) 『中國社會與中國革命』, p.23.

45) 方岳, 「封建制度之消滅」, 『新生命』 第2卷 第3期, 第4期, 第5期, (1929.4-5). 이것은 제3부, p.4에서 인용했다. 관개를 강조한 것이 陶希聖의 독창적인 주장인가를 단언하기는 어렵다. Radek은 저작에서 관개의 난점을 언급했다. 陶希聖의 생각은 이때에는 『新生命』에서 번역된 Wittfogel의 생각과 비슷했다. 「中國階級之史的考察」, 『新生命』 第2卷 第8期, (1929.8).

46) 陶希聖, 『中國封建社會史』, pp.24-33. 인용은 pp.32-33.

에서부터 존재했지만 양적으로 미미한 수준이었다. 주대 초기 인구의 대부분은 자연경제체제 속에서 살았다. 이 체제에서 무역은 귀족을 위한 사치품이나 사용 후 남은 잉여분의 교환에 국한되었다. 생산의 부상과 교통의 발달은 무역량을 증가시켰고, 이어서 화폐경제의 확산을 통해 체제의 붕괴를 가속화시켰다. 무엇보다 이것은 독립생산자들에게 불리한 영향을 미쳤고, 그래서 이미 중국의 농촌에서 진행 중이던 잉여인구의 이동을 심화시켰다. 이 잉여인구들은 도시로 흘러 들어가 상업의 추동으로 부상하기 시작한 새로운 산업의 노동력으로 전화되었다. 노동력의 이동과 반대로 자본은 농촌으로 흘러 들어가 소유관계를 변화시켰다. 토지는 새로운 시장 경제에 종속되었고 상품으로 변질되었다.[47]

소유 관계의 변화는 주대 초기의 사회정치구조를 변형시켰다. 그러나 변화의 특수한 방향은 그것이 예기豫期한 혁명을 무산시켰다. 변화는 궁극적으로 자본과 토지를 결합시키는 방향으로 나아갔다. 지주는 잉여 생산물을 시장에 내다 팔아 상인이 되었고, 자본을 축적한 상인들은 토지를 팔아치웠다. 동시에 양측은 모두 고리대금업에 그들의 자본을 투자했다. 결과적으로, 이 시기의 끝에는 지주제도, 무역, 고리대금업이 서로 구분되지 않았다.[48] 이러한 현상으로 인해 초기 부르주아는 사회를 경제적, 정치적으로 지배할 수 있는 독립된 계급으로 성장하지 못했고, 이에 따라 새로운 진보적 계급의 성장은 지체되었다. 이러한 계급적 모호성으로부터 가장 많은 혜택을 본 자들은 당연히 새로이 나타난 정치적 엘리트들이었다.

사회사가들은 주대에 이제 막 형성된 변화의 기본적 체계에 대해서는 의견이 일치했지만, 주대 말 경제적 권력으로부터 정치적 권력이 분리된 사건에 관해서는 생각들이 달랐다. 타오시성은 주대 초기의 봉건 체제가

---

47) 같은 책, p.23.

48) 方岳,『封建制度之消滅』第1部, p.7.

기원전 3세기에 이르러 사라져버렸다고 결론을 내렸다. 경제적 영역에서 봉건 귀족은 귀족 체제의 파괴로 인해 발생한 정치적 공백에 새로운 그룹이 진입하자마자 전복되었다. 이 새로운 그룹의 주요 성원은 셋으로 분류된다. 하나는 지위를 잃은 귀족이었고, 두 번째는 봉건 시기의 독립된 "전사戰士 농민"이었던 사士, 마지막으로는 신분상에서 이익을 본 평민들이었다. 그들 모두는 지적이고 정치적인 활동에 참여하는 그룹을 형성했고 대가족과 새로운 국가의 관료의 식객이자 사회정치적 이론가들이 되었다. 그들은 운명이 이끄는 대로 떠도는 지식인이었다. 그들의 일반적인 특징은 경제적으로 비생산적인 "기생적인" 존재라는 것이었다. 이 점을 제외하면 그들 사이에서 동일성을 거의 찾을 수 없었다(그들이 생산한 다양한 이념이 그 증거였다). 그들은 지주가 아니었지만 토지는 그들의 수입의 원천이었다. 그래서 그들의 이익은 지주와 일치했다.

제국 시기에 최후의 형식을 갖춘 사회 구조는 봉건적 특징이 있기는 했지만 그렇게 봉건적인 것만도 아니었다.[49] 사회의 경제적 토대에서 새로운 지주-상인-고리대금업자 그룹은 부의 주요한 원천인 토지를 지배했다. 토지는 봉건제에서는 정치적 기준에 따라 배분되는 특별한 것이었지만 이제는 상품에 지나지 않았다. 정치적 상부구조에서 국가를 통치하는 이들은 경제적인 엘리트가 아니라 교육받은 정치적 엘리트들이었다. 사대부는 요컨대 경제적 엘리트와 국가 사이에 놓여 있던 "신분"으로서 지주이면서 국가의 관료이기도 했다. 지주와 사대부는 지속적으로 서로의 영역을 침범했으나, 그들의 이익이 서로 일치했다손 치더라도 완전히 동일한 것은 아니었다. 타오시성이 강조한 사대부의 기능은 최근의 몇 가지 연구에서 언급된 사대부의 "이중성"을 내포하고 있다. 즉, 사대부는 조정朝廷 내에서는 국가의 이익을 대변한 반면에, 재야에 처하면 중앙정부의 간섭으

49) 陶希聖은 봉건적 특징이 유지되었다는 증거로서 지배계급의 권력, 사대부, 군벌, 종법질서, 유가사상을 들었다.

로부터 지역 권력을 방어했다.[50] 이 그룹의 등장은 봉건제의 중심적 특징, 즉 사회의 동일 그룹에 경제정치적 권력이 집중되는 것을 무너뜨렸다. 그리고 타오시성은 제국 중국의 사회에 대한 다음과 같은 축사—그의 논적들에게는 악담이다—를 던졌다. "봉건 체제는 사라졌을지언정 봉건 세력은 살아남았도다."[51]

다른 영역에서 닮은 점이 있더라도, 이러한 관점은 타오시성의 분석을 라덱 및 다른 논적들의 분석과 구별시켜준다. 라덱은 제국 중국 사회에서의 계급의 혼란을 이미 알고 있었다. 그는 그럼에도 불구하고 (이 시기 중국에서-역자) 국가의 계급적 기초는 부르주아 · 지주의 경제적 계층을 바탕으로 하고 있으며, 그중 부르주아가 중심을 차지하고 있다고 주장했다—"그것은 그러한 동맹이 있는 곳에서는 언제나 그러했다."[52] 타오시성은 정치적 권력과 경제적 권력을 분리했고 전자를 계급들 위에 자리한 독립적 요소로 보았다. 그는 자신의 관점이 오펜하이머로부터 비롯되었다고 인정했다. 그는 이 시기 오펜하이머의 『국가*The State*』를 중국어로 번역했고 오펜하이머의 견해가 그의 생각과 거의 일치한다고 말했다.[53] 오펜하이머는 (다른 면에서는 그가 존경했던) 마르크스가 권력에 대한 정치적 수단과 경제적 수단을 구분하지 못하도록 만들었다고 비판했다. 그 자신은 "경제적 욕망"을 발전의 "주요 동력"으로 간주했지만 경제적 목표를 달성하기 위해 사용되는 수단은 구분했다. "경제적 수단"은 "자신의 노동"의 사용과 "자신의 노동과 타인의 노동의 동등한 교환"이었다. 이에 반해 "정치적 수단"은 여전히 기본적으로는 경제적인 욕구의 만족을 위해 "타인의 노동을

---

50) 이러한 관점의 예로는 Chang Chung-li(張仲禮), *The Chinese Gentry*, (Seattle: University of Washington Press, 1955)와 Franz Michael, *The Taiping Rebellion*, (Seattle: University of Washington Press, 1966), 특히 pp.1-20을 보라.

51) 『中國社會之史的分析』, p.26.

52) Radek, 『中國歷史之理論的分析』, pp.63-64.

53) 陶希聖, 『潮流與點滴』, (臺北: 1964), p.111.

무상으로 사용"하는 것이었다.[54] 후자의 가장 극명한 예는 봉건 체제에서 가장 잘 드러나는, 사적 이해利害에 따른 토지의 지배였다. 이 차이는 처음부터 타오시성의 분석을 지배하고 있었다. 타오시성에 따르면 사대부는 타인의 노동에서 이익을 취하기 위해 정치적 수단을 사용했다(그래서 그들은 본질적으로 "기생적"이다). 따라서 사회정치적 조직 내에서의 그들의 지위는 그들의 조상들과는 비교할 수 없을 정도였지만 여전히 봉건적 특징을 상당 정도 유지하고 있었던 것이다.[55] 이 지점에서 그는 사대부가 표면적으로는 봉건 지주와 다르지만, 농민에 대한 이들 각각의 관계로 보자면 이들을 구별하는 것이 무의미하다고 주장했다.[56]

타오시성은 결국 그의 역사 연구의 시작점이었고 역사분석의 바탕이었던 문제로 돌아갔다. 봉건제가 중국 사회에서 붕괴되었다면, 어째서 중국은 다음 발전 단계, 즉 자본주의 사회로 나아가지 못하고 대신 이천여 년간 과도기적 상태를 유지했던 것인가? 그는 중국의 역사적 실패를 설명하기 위해 경제적 요소와 정치적 요소를 혼합했다.

타오시성은 경제 영역에서는 상업자본의 일반적 특징에서 해답을 찾았다. 상업자본은 자연적 봉건 경제하에서 파괴적이기는 했지만, 새로운 생산양식을 만들어내기에는 부족한 파괴력을 갖고 있었다. 중국의 경우 상업의 작용이 바로 경제적 성장을 가로막는 주요 요소였다. 마르크스에 근거해서 타오시성은 상업자본의 "독립된 발전"(즉, 생산으로부터의 독립)은 잉여자본을 비생산적으로 사용하게 함으로써 생산력의 발전을 저해했다고 주장했다.[57] 중국 경제의 전반적인 후퇴와 농민의 빈곤으로 인해 상업부문은 다양한 지역이 자연스럽게 융합된, 그리고 도심 간 네트워크를 통

---

54) Oppenheimer, *The State*, p.25.

55) 陶希聖, 『中國社會之史的分析』, p.67.

56) 같은 책, p.38.

57) 같은 책, p.46.

해 조절되는 국내시장으로 만들어내는 힘이 되지 못했다. 때문에 상업(과 도시) 그 자체는 오히려 농촌의 기생적 착취자로서 부정적 역할을 수행했다는 비난을 받아야 했다. 상품에 대한 내적 수요가 높지 않거나 의미 있는 외부경제와 결합하지 않았기 때문에, 상인들은 공업 생산에 투자할 필요를 거의 느끼지 못했다. 그들의 역할은 한계는 있지만 이익은 낼 수 있는 지역 간 무역에 한정되었다. 그래서 중국에서의 상업은, 유럽에서 산업자본을 탄생시킨 생산의 전문화를 추동하기보다는 지역 내의 전문화에 고착되었다. 상인들은 지역이나 도시와 마을 사이의 중개인으로서 활동했으며, 생산자를 착취하고 결과적으로 사회적 안정성을 위협하는 기생적인 존재가 되었다. 상업자본(상인의 자본과 고리대금의 혼합)은 농민들을 빈곤에 빠뜨렸고, 더 나아가서는 토지를 잠식함으로써, 농촌의 생계를 뿌리부터 흔들어버렸다. 상업은 경제 영역에 있어 부차적이었기 때문에, 상인들은 사업 실행에 도움이 되거나 정치 엘리트들의 임의적 몰수로부터 자신들의 이익이나 부를 지켜낼 수 있는 경제적 환경을 확립하려는 요구를 하는 데 충분한 권력을 구축할 수 없었다. 반대로, 그들은 그들의 금융상 안전을 보장하고 영속화하기 위해 토지에 대한 투자에 의존했다. 그리고 이로 인해 주기적으로 토지 집중 현상이 나타났다. 토지 집중은 농촌에서 수많은 농민들의 생계를 박탈해 농촌 지역을 불안정하게 만들었다. 뿐만 아니라, 지주는 합법과 비합법의 모든 특권을 활용하여 탈세를 자행함으로써 국고를 잠식했다. 사회적 불안정이 심화됨에 따라 국가에 대규모의 세수 확대가 요구되는 시점에서, 국가는 사회를 통제하는 데 필수적인 금융적 수단을 확보하지 못했다.

타오시성은 이 과정에서 왕조 교체에서 보이는 것과 같은, 중국사에 있어 정치적 힘의 장기간에 걸친 붕괴의 동인을 찾아냈다. 농민 혁명과 거듭되는 유목세력의 침입 모두는 그 시기에 심각한 위협이 되었고 궁극적으로는 왕조의 교체를 불러왔다. 그러나 중국 사회의 기본적인 경제적 특징은 유지되었기 때문에, 그러한 변화는 사회정치구조에 표면적인 영향만 남겼다. 그는 또한 고립된 경제 구조가 유지되면서 봉건제가 재등장할 가능성이 완전히 사라지지 않았다는 점을 지적했다. 사실, 북방의 유목세력이 침입했을 때, 중국은 수차례(3에서 6세기까지의 오호십육국五胡十六國 시대와 남북조南北朝 시대) 봉건제 국가로 회귀했었다.[58)]

타오시성은 일반적으로 상업과 경제가 중국 사회를 변화시키는 데 있어 필수적인 힘으로 작용하지 않는다면 정치적이고 이데올로기적인 사회적 상부구조가 상업 경제의 부상이 불러온 가능성의 현실화를 막는 커다란 장벽이 된다고 분명히 주장했다. 정치적이고 군사적인 지도력이 존재를 유지하기 위해서는 농업노동의 착취에 의존해야 했다. 그들이 중앙정부와 대결하기 위해서는 그것이 필요했던 것이다. 그래서 사대부는 농업사회를 이상화시켰을 뿐 아니라, (한대漢代와 송대宋代와 같이) 상업과 무역이 번성하기라도 하면 이를 실제로 억눌러버렸다. 유가의 정치 철학에서 언급된 이러한 반反상업적 태도는 제국시기에도 존속한 "봉건 세력"의 하나였다.[59)] 사회적 안정성을 확보하기 위해 가족 권력의 집중화를 재확인하고 개인적 주도권을 좌절시켰던 종법 질서가 그랬다. 이 세력은 복원력이 너무나 뛰어나, 비록 다른 세력과 혼합되기는 했지만 현대에서조차 중국 사회의 발전을 가로막을 만한 충분한 힘을 유지하고 있었다. 타오시성은 이를 다음과 같이 정리했다. "상술한 바를 종합한다면, 중국의 농업경제와 수공업경제, 그리고 이러한 경제의 산물로서 빈약한 교통, 화폐 공급의 불안정(말 그대로 부족과 과잉), 지주와 고리대금업자의 착취, 관료와 군벌의 할거 등등의 전부가 실제 중국에서 자본주의의 발전을 가로막았다. 중국 사회는 청대淸代에 이르기까지 봉건제가 유지되었으며 그 정치형태도 군사 봉

58) 方岳, 『中國封建制度之消滅』, 제2부, pp.1-10. 陶希聖의 저작을 통해 퍼진 이러한 관점에 대해서는 마지막 장에서 살펴보겠다.

59) 陶希聖, 『中國社會之史的分析』, p.260.

건국가였다."[60]

그래서 타오시성은 주대 말엽의 경제적 변화를 중국의 사회정치구조에 있어 의미 있는 변화를 야기한 촉매로 간주했다. 이 새로운 구조에서 경제적 권력은 정치적 권력으로부터 상당한 수준으로 분리되었다. 타오시성과 그 논적들의 마르크스주의에 대한 신념에 비추어 본다면 이것은 그들을 곤란하게 만드는 문제였다. 이러한 이분법은 새로운 사회에 적용될 마르크스주의적 범주를 찾을 수 없는 상황과 맞물렸고, 결과적으로 타오시성은 이에 따라 유감스럽게도 중국 역사의 대부분을 과도기로 설명할 수밖에 없었던 것이다. 이 문제를 설명하는 데 있어 타오시성의 딜레마는 봉건 체제가 유지된다는 것을 확실히 부정하면서도 중국을 다시 봉건 사회로 설명하지 않을 수 없다는 것이었고, 사대부가 계급이나 신분집단을 구성할 수 있는지 없는지를 결정하기 힘들었다는 것이다. 이러한 혼란은 지난 장에서 언급한 『중국농민中國農民』의 필자들 사이에서의 논란과 비슷한데, 이로 인해 그의 이론적 · 분석적 전제는 그의 논적들로부터 엄중한 비판을 받았다.

논적들은 타오시성의 사회학적 개념 사용에 초점을 맞춰 그를 비판했다. 중국 혁명의 문제에 관해 더 급진적인 관점을 갖고 있던 마르크스주의자들은 타오시성의 주장에서 정치적인 의미를 재빨리 간파했다. 그러면서도 그들은 반면에 그가 기본적으로 오펜하이머 같은 "부르주아" 사회학자들과 연결되어 있다는 사실에 근거해 그의 역사 해석을 공격했다. 그들은 이로 인해 그가 정치의 계급적 기초에 관한 마르크스주의의 핵심적 전제를 부정하게 되었다고 생각했다.[61] 리지는 타오시성의 해석의 단점을 마르크스 저작을 제한적으로 알고 있었던 탓으로 돌렸다. 그는 이 영역에 관

---

60) 같은 책, p.136.

61) 杜畏之, 「高大中國研究批判引論」, 『讀書雜誌』 第2卷 第2期, 第3期, p58. 또한 張橫, 「評陶希聖的歷史方法論」, 『讀書雜誌』 第2卷第2期, 第3期, pp.5-6을 보라.

한 타오시성의 자신감 부족이—그 고집스러움으로 인해 그의 주장이 모순적일 수밖에 없었음에도—특정한 역사적 개념을 포기하는 것을 완고히 거부하는 데서 확연히 드러난다고 단언했다.[62] 다른 저자들 또한 이러한 모순을 지적했는데, 이것은 타오시성이 사용한 봉건 개념과 제국 중국 사회의 계급 문제에 대한 그의 접근 방식과 관련이 있었다. 리지는 타오시성 자신이 여러 번 부정하기는 했지만, 그가 "봉건 세력"이 중국 역사 발전의 결정적 인자였기 때문에 제국 중국이 본질적으로 봉건 사회라고 생각했다는 점을 지적했다. 봉건 체제와 봉건 세력을 허위로 구별한 것은 타오시성이 주대 후기 사회의 변화, 즉 중국에서의 봉건제의 퇴장을 받아들이는 데 주저했음을 보여줄 뿐이다.[63] 리지는 심지어 타오시성이 사회 분석에 관등(rank), 계층(status), 계급(class)을 혼용했던 것을 맹렬히 비판했다. 리지는 타오시성의 글들을 일람하여, 타오시성이 용어로서 "계급(class)"을 지주, 신사, 귀족, 지식인, 도시거주자, 그리고 결코 사회에서의 경제적 위치에 의해 규정되지 않는 수많은 다양한 집단을 지칭하는 데 사용한 예를 서른네 가지나 찾아냈다. 리지는 타오시성이 이렇게 용어를 혼동했기 때문에 주대에 사회적 · 정치적 관등이 사라진 것을 정치적 계급의 토대가 제거된 것으로 쉽게 오해할 수 있었다고 생각했다.[64]

리지는 제국 중국에 봉건적 흔적이 남아 있다는 것을 절대적으로 부정하는 입장에 있었고, 이 관점에 따라 타오시성을 비판했다. 그러나 봉건적 관점의 변호인들은 사회적 변화를 다루는 데 있어 타오시성이 지나친 형식주의에 빠져 있다고 비판하는 입장이었고, 이러한 관점에서 타오시성의 해석에 접근했다. 그들은 타오시성이 중국 역사를 분석하면서 기본적인 경제적 관계를 간과하고 사회 · 정치적 조직의 형식에만 집중했다고 비판

62) 李季, 「貢獻與批評」, 第2卷 第7期, 第8期, pp.49-53.

63) 같은 책, pp.4-5.

64) 李季, 「貢獻與批評」, 『讀書雜誌』 第3卷 第3期, 第4期, pp.1-34.

했다.[65] 가장 강력하게 제국 중국에서 봉건제가 유지되었다고 주장한 이는 주페이워였다. 그의 관점들은 오랜 시간 지속했던 타오시성의 해석에 대한 비판에 담겨 있다. 주페이워는 중국 역사 발전의 동력으로서 상업자본의 역할을 이론적으로 부정했는데, 이는 타오시성이 채택했던(본서에 인용되었던) 마르크스 저작의 동일 부분에 근거를 둔 것이었다. 주페이워는 상업자본이 생산양식의 변화에 의존하는 새로운 사회의 창조에 무력하다고 말했다. 주페이워는 타오시성이 새로운 사회를 과도기라고 부름으로써 타오시성 자신의 진정한 입장을 은폐하고자 했지만, 타오시성의 생각은 그의 논적들이 밝힌 그대로였다고 말했다. 주페이워는 전통 중국 사회에서 상업자본의 존재를 부정할 수 없다는 것은 인정했다. 그러나 주페이워는 그것의 해체적인 힘은 미미하다고 생각했다. 상업자본이 중국에서 존재해 오면서 심지어 향촌 경제에 침투했지만, 그 해체 효과는 너무나 느리게 작동해서 이천 년간 붕괴가 지속되었음에도 불구하고 중국의 봉건적 기초는 여전히 변화하지 않고 있었다는 것이다.[66] 게다가, 주페이워는 상업자본 그 자체는 생산양식이 아니라 그것이 기능하는 사회구성체의 특징이라고 가정했다. 봉건 사회에서 상업의 존재는 사회가 변화했다는 것을 의미하지 않는다. 오히려 봉건 사회에서 상업자본은 봉건적 착취를 강화함으로써 봉건적 생산양식을 위해 작용했다.[67]

둘째, 주페이워는 토지 소유 모델과 정치적 상부구조에서의 변화가 봉건 사회의 변화를 의미하지는 않는다고 생각했다. 왜냐하면 이 둘 중 어

---

65) 田中忠夫, 「中國社會問題史研究上之若干理論問題」, 『讀書雜誌』 第2卷 第2期, 第3期, pp.10-13. 田中忠夫는 陶希聖이 소유자와 노동자 사이의 관계의 본질, 즉 봉건제하의 의존 관계와 자본주의하의 시장보다는 정치적 관계나 노동 혹은 착취의 형식(각각 농노제와 현물 지조를 말한다)을 강조했다고 비판했다.

66) 朱其華(朱佩我의 필명), 『中國社會的經濟結構』, (上海: 1932), pp.295-296.

67) 朱新繁(朱佩我의 필명), 「關於中國社會之封建性的討論」, 『讀書雜誌』 第1卷 第4期, 第5期, (1931.8), pp.14-15.

느 것도 생산양식과 착취양식의 변화를 가져오지 않기 때문이다.[68] 토지의 소유자는 바뀔 수 있다. 그러나 지주가 바뀌었다고 농민을 착취하는 방식이 바뀌는 것은 아니었다. 귀족을 대체한 관료와 지주의 이익이 거의 구분이 되지 않기 때문에 경제권력과 정치권력의 분리는 환상에 지나지 않았다.

이러한 논쟁의 바탕에서 마르크스에 근거한 주페이위의 봉건제에 대한 정의가 탄생한 것이다. 그는 봉건제에 두 가지 필수 요소가 있다고 설명했다. 하나는 자연경제(자급자족경제, 비상품경제)이고 다른 하나는 농민에 대한 비경제적 혹은 초경제적 착취인데, 그는 심정적으로 후자가 더 중요하다고 생각했다.[69] 서주의 봉건제(그는 이것에 대해 구체적으로 서술하지는 않았다)와 제국 중국의 관계를 다루는 데 있어서는 두 가지 문제가 그의 연구를 이끌었다. (1) 전국 시대가 지난 후, 토지의 명목상의 주인이 직접 생산자에 대한 비경제적(초경제적) 착취를 이용했는가? (2) 자연경제는 진秦 이후의 시기에도 여전히 지배적이었는가? 첫 번째 문제에 대한 답은 서주의 봉건 영주와 제국 중국의 지주 사이의 차이를 지워버렸다. 두 번째 질문에 대한 답은 상업자본의 중요한 역할을 완전히 부정했다.

주페이위는 비경제적 착취의 증거를 다음과 같이 제시했다. (1) 50~80%에 상당하는 고리의 지대, (2) 지주에 대한 농민의 의무, (3) 농민에 대한 지주의 통치 권력, (4) 양자 간 엄격한 신분(等級) 차이였다. 지대에 관해, 주페이위는 현물지대의 유지를 봉건적 관계의 지속에 대한 심화된 증거로 보았다.[70]

화폐경제의 원시적 발전과 물물교환식 무역의 유지는 자연경제의 지배

---

68) 『中國社會的經濟結構』, p.282.

69) 같은 책, p.277.

70) 같은 책, pp.304-305.

를 보여주는 주요 증거였다.[71] 아이러니하게도, 주페이워는 타오시성이 찾아낸 사실을 통해 미약한 화폐 유통망의 발전이 무역의 부재를 말하는 것은 아니지만, 무역의 규모가 작았고 지역에서 구할 수 없는 상품으로 한정되어 있었다는 것을 보여준다고 주장했다. 이러한 무역은 자본의 축적과 생산의 발전을 추동할 수 없었다.

사람들이 이 시기 지주가 정치적 상부구조에서 지배자의 위치에 있었을 것이라고 주장한 것은 아마도 사회의 경제적 기초가 토지였기 때문이었을 것이다. 주페이워는 이러한 입장을 지지하면서 정부의 상인계급에 대한 억압과 정부가 부여한 농업의 이데올로기적 우위는 권력의 균형을 가장 잘 보여주는 증거라고 주장했다. 중국 정부는 농업을 이타주의의 관점에서 강조한 것이 아니었다. 그들은 자신들의 필요에 따라 농민에 대한 봉건적 착취를 영속화하기 위해 농업을 중시했던 것이다.[72] 지주계급의 정부에 대한 통제와 함께, 봉건적 상부구조는 두 가지 부가적인 특징을 가지고 있다. 분권화와 신분제도가 그것이다. 이러한 특징에서 본다면 제국 중국의 정부는 주대와 다르지 않았다. 이러한 원심력은 청대淸代까지도 지속되었다. 청의 지사와 태수들이 거한 지역에서 황제는 오직 명목만의 권위를 가질 뿐이었다. 그들은 자신들의 지역에서 재정과 정치권력을 행사했다. 신분제도는 훼손없이 그대로 유지되었으며, 두 시기의 차이라고 할 수 있는 것은 그것을 지칭하기 위해 사용된 이름뿐이었다.[73]

주페이워는 제국 중국 사회와 주의 봉건국가를 본질적으로 유사하다고 보았다. 흥미로운 것은 그가 주대를 분석함에 있어서 중국이 봉건제로부터 발전하지 않았던 원인을 상업의 정체에서 찾았다는 것이다. 사실 그것은 그가 이론적으로 사회 발전에 있어 거의 의미가 없다고 가정했던 것이

71) 같은 책, p.296.

72) 같은 책, pp.311-315.

73) 같은 책, pp.309-310.

었다. 유럽에서 자본주의는 자본의 원시적 축적과 외국시장과의 교역을 넓히기 위한 상품 생산의 확장을 통해 발전했다. 새로운 시장의 탐색은 우연하게 발생한 것이 아니었다. 유럽 국가들의 국내 시장은 제한되어 있었고, 팔릴 만한 잉여상품의 생산에 국한된 수공업과 교환의 발전만으로는 불충분하다는 것이 곧 드러났다. 반면에 중국에게 풍부한 자원은 "저주"였다. 국내 다수의 지역이 자급자족의 상태에 머물러 있었으며 국내 시장은 어떠한 무역상上의 요구도 해결할 수 있을 만큼 넓었다. 생산력 발전의 주요한 동력, 즉 외국 시장에 대한 수요는 존재하지 않았다. 또한 토지가 비옥했기 때문에, 농민들은 가혹한 착취에도 불구하고 살아남을 수 있었다. 자본 이외에 자본주의 성장의 두 번째 조건인 산업예비군도 나타나지 않았다.[74] 주페이위는 독특하게도 보편적 이론을 배경으로 해서 중국에서의 상업의 의미를 부정했지만, 유럽 발전의 중심 요소로는 상업을 들었다.

주페이위는 마르크스의 봉건관을 환원주의적으로 해석함으로써 자신이 중국 역사에서 모든 의미 있는 변화를 부정한 것을 정당화했다. 마르크스와 엥겔스의 특정한 주장이 자연경제와 "초경제적" 착취가 봉건제의 특징이라는 믿음을 고취했다는 것은 사실이다. 그러나 이러한 주장의 맥락을 꼼꼼히 살펴본다면, 이 두 가지 기준만으로는 봉건제를 독립된 역사적 범주로서 정의할 수 없다는 것을 알 수 있다. 적어도 주페이위와 다른 지지자들은 그렇게 생각했다.

봉건제에 대한 마르크스의 언급은 자본주의의 발전에 관한 논의의 맥락 내에서 그의 저작 여기저기에 흩어져 있다.[75] 그것들 자체는 보편적인 사회 유형을 정의하는 것이 아니라 유럽의 봉건제가 유럽의 자본주의로 전

74) 같은 책, pp.242-243.

75) *Capital*과 *The German Ideology*에서도 마찬가지였다. 마르크스는 사회구성체를 자세하게 논했던 *Precapitalist Economic Formations*에서도 봉건 체제를 거의 설명하지 않았다.

환된 과정을 설명하는 것이었다.[76] 이 주장들은, 기껏해야 마르크스가 유럽의 맥락에서 보았을 때 어느 지점에서 자본주의와 봉건제를 구별했는가를 보여줄 뿐이었다. 그것들은 봉건제와 다른 전前 자본주의 사회구성체를 구별하는 데는 너무나도 불충분했다. 이 모호성은 『자본』 제1권의 봉건적 생산양식에 대한 정의에 분명하게 담겨 있다.

> 소규모 농업과 독립적 수공업의 발전은 함께 봉건적 생산양식의 기초를 형성하며, 봉건적 체제가 해체된 후에도 자본주의 생산양식과 함께 유지된다. 또한 원시적 토지 공유제가 사라진 후에, 그리고 노예제가 본격적으로 생산을 장악하기 전에 계급사회의 경제적 기초를 형성한다.[77]

마르크스는 분명 봉건적 생산양식 그 자체를 이야기한 것이 아니라 선행 경제 양식과 공유한 토대와 자본주의적 생산양식과 "병존"함으로써 생존할 수 있었던 토대를 말했던 것이다.

그럼에도 불구하고 중국을 봉건 사회로 보았던 관점의 지지자들은 생산양식의 문제(농업은 기술적 의미에서 생산양식을 의미할 수 없었다)를 전적으로 무시했고 봉건제의 특징으로서 자연경제와 착취 양식을 강조했다.[78] 중국에서 인기가 있었던 엥겔스와 보그다노프의 저작들은 아마도 자급자족이 봉건제의 특징이라는 관점의 원천이었을 것이다.[79] 주페이워는 3장에서 논의했던 트로츠키주의자들과 같이, 엥겔스의 사유를 근거로 이러한 기준을 주창했다. 보그다노프의 분기에서는 같은 입장이 더욱 증폭되었

---

76) Schwartz, "A Marxist Controversy in China", p.149.

77) 같은 책에서 인용, p.148.

78) 예를 들어 李立三은 "착취양식(剝削型式)"을 사회적 토대로 설명하면서 이를 내내 "생산양식(生產方法)"과 동일시했다. 「中國革命的根本問題」

79) 앞 장을 보라.

다. 보그다노프는 봉건제가 상업이 대두하기도 전에 자급자족 사회를 대체했다고 보았다. 그러나 보그다노프의 봉건제는 마르크스가 언급한 중세시기의 유럽적 봉건제와는 관련이 없었다. 그는 봉건제를 농노제와 구분해서 역사의 기원에 위치시켰다. 그의 관점에서 노예제와 농노제는 원시적 봉건제가 자본주의 사회로 변화하는 길목에 있었다.

엥겔스의 생각은 현재의 맥락에 좀 더 가깝다. 엥겔스가 말한 자급자족 혹은 자연경제는 봉건 사회에서 생산이 시장의 수요보다는 생산자와 지주의 직접적인 소비에 따라 조절되는 것을 뜻했다. 마르크스주의의 틀에서 이것은 자명한 이치였는데, 『자본』 전체가 시장의 권력이 어떻게 자본주의가 부상함에 따라 모든 경제 활동의 방향을 결정하게 되었는가 하는 문제, 즉 생산의 사용가치가 교환가치로 전화되는 것(노동이 상품으로 전화되는 것을 포함한 상품 경제의 부상)을 논했기 때문이다.[80] 본서의 목적에 있어 중요한 점은 시장 지향적인 생산만이 자본주의 경제의 특징이라는 것이다. 반대로 낮은 수준에서 시장에 개입하는 것은 봉건 사회뿐 아니라 모든 전前자본주의 사회(아마 노예제는 여기에 포함되지 않을 것이다)의 특징이었다. 『자본』에서의 마르크스와 이 논점을 확충한 엥겔스는 분명 다른 사회구성체가 아닌 바로 자본주의 경제와 대비되는 봉건 사회에서의 상품생산의 부재를 강조했다.[81] 사용을 위한 생산에 관해서 마르크스는 한 단락에서 봉건적 생산양식을 언급하고, 바로 그 다음 단락에서 가부장적 가족의 경제적 활동을 언급했다.[82] 교환을 위한 생산의 부재는 상품이 경제생활에서 미미한 역할을 했던 "고대 아시아 및 기타 생산양식"의 특징이었다.[83] 요컨대, 봉건 중국의 관점을 옹호했던 이들은 이러한 문장들을 통해

80) *Capital,* vol.1 전체가 이러한 문제를 다루고 있다.

81) 상품생산에 있어서 노예제와 자본주의가 봉건제보다 서로 밀접하다는 것은 분명하다.

82) Marx, *Capital*, vol.1, pp.77-78.

83) 같은 책, p.79.

자급자족이 봉건제를 판단하는 기준이라는 것을 증명하고자 했다. 그러나 그것은 기껏해야 제국 중국이 자본주의 사회가 아니라는 점을 보여줄 뿐이었다. 자급자족은, 순수한 마르크스주의적 언어에서 본다면, 제국 중국이 봉건적이라는 것을 증명하지는 못했던 것이다.

아마도 이 문제에 대해 알고 있었기 때문에, 주페이위와 동일 관점의 논자들은 착취 관계에 더 무게를 두었을 것이다. 그것은 필연적으로 반反봉건혁명 분석의 중심에 있었던 것이다. 주페이위는 경제 체제를 이해하기 위해 "우리는 해당 체제의 착취 관계를 우선적으로 연구해야 한다"고 말했을 때 이 준거의 우선순위를 받아들였던 것이다.[84] 그는 봉건적 착취 관계는 "토지의 명목상 주인이 초경제적 억압 수단을 이용하여 독립적 생산자—농민—의 잉여 노동을 착취"하는 것이라고 설명했다. 주페이위와 동시기 당의 문건은 일관되게 "비경제적" 혹은 "초경제적"이라는 용어를 사용해 농부에 대한 지주의 과도하게 가혹한 억압을 규정했다. 그러나 착취의 잔혹성으로부터 사회구성체의 본질을 판단하는 것은 거의 불가능하다. 게다가 "초경제적"이라는 용어에 대한 이러한 특별한 해석은 마르크스가 원래 사용했던 용어의 의미를 비틀어버렸다.[85] 여기서 인용한 봉건적 착취에 대한 주페이위의 언급들은 『자본』에서 가져온 것이었다. 그 본래 문맥을 살펴본다면 마르크스가 다시 한 번 자본주의하의 시장 기제에 따른 노동의 착취와 순수한 경제적 수단 이외의 수단을 통한 노동의 착취를 대조하려고 했다는 것은 분명하다.

> 우리의 가정에 따른다면, 여기서 직접 생산자는 그 자신의 생산수단을 소유한 자라는 것을 알 수 있다. 이 생산수단은 그의 노동을 현실화시키고 그

84) 朱其華, 『中國社會的經濟結構』, (上海: 1932), p.277.

85) 朱信繁, 「關於中國社會之封建性的討論」, 『讀書雜誌』 第1卷 第4期, 第5期, p.5.

의 존재의 수단을 생산하는 데 반드시 필요한 물질적 노동이다. (…) 그러한 조건에서 토지의 명목상 소유자는 어떠한 형식을 상정하든, 경제적 억압 이외의 억압을 통해 직접 생산자의 잉여노동을 강탈할 수 있다.[86)]

이 단락에서 봉건 농노와 프롤레타리아는 간단명료하게 구분된다. 농노는 적어도 그의 존재를 위해 필요한 생산 수단을 소유했던 데 반해, 프롤레타리아는 오직 그의 노동만을 팔 수 있을 뿐이다. 마르크스는 이 단락을 봉건제하에서의 직접생산자—농노—를 설명하는 것으로 시작했지만, 논의를 전개하는 과정에서 동일한 특징을 "인도의 자연적 생산 사회"에도 적용했다. 인도의 자연적 생산 사회에서 착취관계는 (서구적-역자) 봉건제의 착취 관계와 달랐다. 국가가 최고의 지주였던 "아시아에서는" 지대地代가 지조地租로 나타났기 때문이다.[87)] 따라서 자급자족의 경우와 같은 두 번째 준거는 봉건 사회가 아니라 기껏해야 하나의 전 자본주의적 사회구성체의 특징을 설명하는 것일 뿐이었다.[88)] 게다가 이 특별한 문맥에 담긴 마르크스의 관심은 사회구성체에 대한 문제가 아니라 지대의 형식으로서의 노역의 본질에 있었다. 그가 강조한 것은 생산자가 생산수단을 소유할 때(마르크스는 노예제와 자본주의를 제외한 모든 사회구성체에 생산자의 생산수단의 소유가 발견된다고 말했다), "소유관계는" 토지의 명목상의 주인이 농민의 잉여노동을 수용收用할 수 있도록 하는 "통치와 노역의 관계로 동시에 나타나야 했다."[89)] 이것이 초경제적인 억압 혹은 강탈의 내용이었다. 즉, 소유자에게 잉여를 제공하는 것은 경제적 착취가 이루어지는 시장에서의

---

86) Marx, *Capital*, vol.3, pp.790-791.

87) 같은 책, p.790.

88) 마르크스의 저작에서 이것은 빈번히 드러난다. 자본주의와 그 결과적인 추세를 강조했기 때문에 마르크스는 다른 사회구성체와 자본주의를 하나로 묶어서 자본주의의 특징을 예리하게 관찰할 수 있었던 것이다.

89) *Capital*, vol.3, p.790.

경제적 경쟁이 아니라 약간의 법적-정치적 특권이었다. 이러한 분석과 오펜하이머의 분석 간에 그렇게 중요한 차이가 있는 것은 아니었다.

주페이워는 유럽에서 봉건제의 모든 정치적-법적 부속물들을 사회구성체의 근원적 본질과는 관계없는 단순한 상부구조의 장식으로 간주함으로써 그의 환원주의를 정당화시켰다. 슈워츠(B. Schwartz)가 말했듯, 소유관계를 이렇게 "경시하는" 태도는 마르크스의 이론을 통해 정당화될 수는 없었다. 왜냐하면 마르크스 자신이 때로는 이 주제에 대해 모호한 태도를 표하기는 했지만, 기본적으로 그는 소유관계가 경제 · 사회 조직의 중심에 있는 생산관계의 "법적인 표현"이라고 보았기 때문이었다.[90] 나는 관계에 관한 문제를 7장에서 사회의 다양한 요소를 가지고 검토해볼 것이다. 이러한 문맥에서 본다면 중국을 봉건 사회로 바라본 이들이 사회 구조의 다른 모든 요소들을 무시하고 농업경제에서의 착취의 문제에만 국한시켰던 문제는 다시 논의해볼 가치가 있다. 농업은 사회구성체를 구분하기에는 불충분했다. 왜냐하면 농업은 모든 역사 시기를 통해 경제적 존재의 기초였기 때문이며, 착취의 정도와 특성은 반드시 농업 자체의 산물일 필요는 없으며 우연적인 요소에 의존하기 때문이었다.[91] 레프(Leff)는 "소농小農 생산 자체로는 농노와 영주의 소유관계를 만들어낼 수 없다"[92]라고 말했다. 봉건 사회와 농업경제를 기반으로 하는 다른 사회와의 차이는 농노가 토지에 종속적이듯 농민을 토지에 묶어두는 독특한 사회 조직에 있다. 봉건제의 법적-정치적 체제는 이러한 관계를 드러내고 강화시켰다. 이러한 모든 관계를 상부구조의 단순한 특징으로만 간주하여 부정하는 것은 결국

90) K. Marx (wr.), N. I. Stone (tr.), *A Contribution to the Critique of Political Economy*, 2nd German edition, 서문 (Chicago: Charles H. Kerr, 1904).

91) Maurice Dobb는 *Studies in the Development of Capitalism*, (New York: International Publishers, 1963)에서 유럽에서 자본주의의 침입은 인구가 적은 곳에서는 봉건적 관습, 특히 농노제를 강화했다고 말했다. pp.63-67.

92) Leff, *The Tyranny of Concepts*, p.145.

중국 역사에서 모든 변화를 인정하지 않고 중국 사회와 다른 농업 사회의 차이를 지워버린 애매한 표현법으로 귀결되었다.

봉건제, 상업, 그리고 사회적 변화

봉건 사회에 관한 논쟁은 이론적으로 상호 연관된 두 문제와 관련이 있었다. 봉건제는 무엇인가? 봉건제에서 자본주의로의 변화의 동인은 무엇인가? 논쟁의 주역들은 이 문제에 있어 마르크스주의적 사고가 유효하다고 생각했다. 반면에, 이 관점은 다소 복잡했기 때문에 그들은 마르크스와 이후의 마르크스주의자들이 봉건 사회와 봉건 사회의 자본주의로의 변화를 연결시켰던 특징 중 어느 것을 우선할 것인가 하는 문제에 있어 선택의 여지가 있었다.

봉건제를 정의하는 문제는 전체 논쟁에서 중요한데, 왜냐하면 이에 따라 중국 역사에서 봉건제를 어디에 배치할 것인가 하는 문제가 결정되고, 또 이에 따라 전체로서 중국의 역사 발전의 문제가 결정될 수 있기 때문이다. 타오시성의 정의에는 봉건 사회를 다른 사회구성체와 구분시키는 경제적 준거와 법적·정치적 준거가 포함되어 있었다. 그의 정의는 제국의 사회·정치적 조직이 수립되면서 체제로서의 봉건제가 중국 역사에서 사라졌다는 결론으로 이어졌다. 주페이위의 관점에서 봉건제는 착취의 "기본" 양식으로 축소되었다. 때문에 주페이위는 그러한 관습적 변화에 주의할 필요가 없었고, 봉건제가 중국 역사를 관통해 유지되어왔다고 주장할 수 있었다.

그러나 두 입장의 차이는 하나가 조직적 "상부구조"를 강조하고, 다른 하나가 경제적 토대를 강조했다는 것에만 있는 것이 아니었다. 타오시성은 모든 토지 소유자의 농민에 대한 착취의 "정도"를 개선하지 않는 한 모든 경제적 변화는 의미가 없다는 주페이위의 형식주의적 관점보다 더 성공적으로 중국 사회에서의 경제적 변화를 설명할 수 있었다.[93] 타오시성은 봉건제에서 정치적 요소의 주요한 의미를 강조했지만, 동시에 경제적 토대를 지나치게 격하하지도 않았다. 대신, 봉건적 소유관계와 착취관계를 결정하는 데 있어 정치권력의 역할—오펜하이머의 언어로는, 생산자로부터 잉여생산물을 뽑아내는 데 "정치적 수단"을 사용하는 것—을 분명하게 밝혔다. 논적들은 타오시성이 경제적 토대를 간과한다거나 (임차 형식과 장원 조직을 강조함으로써) 마르크스를 형식적으로 해석했다고 비판했지만, 그의 입장은 봉건적 소유관계에 관한 마르크스의 관점과 모순되지 않았다. 본 장이나 『자본』의 "지대" 부분에서 언급된 마르크스의 분석은 그가 "경제적 압력 이외의 수단"을 통한 농민으로부터의 잉여노동의 강탈에 대해 썼을 때, 그 수단이 정치적-법적, 그리고 군사적 수단의 사용을 가리키는 것이라는 판단을 뒷받침한다. 그가 이러한 특수한 주장을 위해 주석에서 거론한 예는 그러한 착취의 방법으로서 군사적 정복이었다. "국가를 정복한 후, 정복자는 즉각적으로 피정복 국가의 인민을 자신의 소유로 전환시키려고 한다."[94] 이러한 착취 유형에 관한 가장 일반론적인 글을 통해, 그는 정치적 관계와 경제적 관계는 봉건제하에서는 구별 불가능하며 서로 일치한다고 말했다. "직접 노동자가 여전히 생활 수단의 생산을 위해 필수적인 생산 수단과 노동 환경의 '소유자'인 모든 양식(form)에서 **소유관계는 동시에 직접적인 통치와 예속의 관계로서 나타나기 때문에**, 직접 생산자는 자유로울 수 없다는 것은 보다 더 분명한 사실이다."(강조는 필자)[95]

93) 朱佩我의 전제에 다른 식으로 동의했던 田中忠夫는 봉건제적 관계를 결정하는 것은 착취의 정도가 아니라 "예속" 관계라고 주장하면서, 이런 관점에서 朱佩我를 형식주의라고 비판했다. 「中國社會問題史硏究上之若干理論問題」, 『讀書雜誌』 第2卷 第2期, 第3期, pp.13-17.

94) *Capital*, vol.3, p.791.

95) 같은 책, p.709. 앞에서 언급했듯이, 마르크스는 이러한 관계를 봉건제의 배타적인 특징

엥겔스는 농민으로부터 잉여노동을 강탈하는 봉건적 방법의 정치적-군사적 본성을 더 강조했다. 엥겔스에 따르면 군사적 정복이 자유농민을 농노로 바꿔놓았다. 이러한 주장은 오펜하이머가 봉건 국가의 기원을 설명한 방식과 상당히 닮아 있다.[96] 마르크스와 엥겔스에 따르면, 농노제나 정치사회적 예속 관계는 봉건적 착취 양식에서 보잘것없는 부속물이 아니라, 봉건제가 "소상품생산경제"로 발전하는 데 있어 필수 조건이었다.[97] 이러한 각도에서 보았을 때, 타오시성의 관점은 그를 형식주의자로 몰아간 논적들의 관점보다 마르크스와 엥겔스에 훨씬 더 가까웠다.

봉건제에 대한 상이한 관점은 두 논자들이 주대 이후의 중국 사회에 상업이 던진 충격을 분석하는 데 있어 결정적인 요소였다. 봉건제를 잔혹한 착취로 규정한 주페이위에게 상업은 봉건적 착취를 더 악화시키는 요소의 하나에 지나지 않았다. 반면, 봉건제를 좀 더 정밀한 구조적 입장에서 바라보았던 타오시성은 이 때문에 상업을 중국에서 경제·사회관계를 변화시킴으로써 봉건제를 종결시킨 힘으로 인식했다. 정치적 착취를 중시한 타오시성은 이 때문에 경제적 착취를 경시하고 말았다. 타오시성은 계급과 "봉건 세력"을 모호하게 언급함으로써 그의 주장을 절충하려 했지만, 정치권력과 경제권력이 다른 이의 수중으로 넘어가는 권력의 이양이라는 측면에서 제국 중국과 주대 초기 사회를 구별함으로써 결국은 중국사에서 계급착취와 계급투쟁의 의미를 부정했다. 그는 사회의 주요 착취자를 사대부로 보았는데 이는 요컨대 (현대 중국을 분석하는 경우와 마찬가지로) 그가 지주나 상인의 농민에 대한 착취가 국가와 관료의 전체 사회에 대한 착취에 비해 그렇게 중요하지 않다고 생각했다는 것을 말해준다. 이 때문에 타오시성의 논적들은 타오시성을 마르크스주의자로 볼 근거가 미약하

으로 간주하지는 않았다. 그러나 그것은 봉건적 관계를 규정하는 것이기는 했다.

96) Engels, *Socialism: Scientific and Utopian*, pp.77-93. 특히 p.87.

97) Hobsbawm, *Pre-Capitalist Economic Formations*, p.42.

다고 생각했던 것이다. 마르크스와 엥겔스는 특별히 과도기, 그리고 더 중요하게는 아시아적 사회의 개념에서 정치권력이 계급에 독립적이면서 그 위에서 군림할 가능성을 배제하지 않았다. 그러나 한편으로 그들에게 과도기는 일시적인 사회정치적 격변의 예였으며 아시아적 사회는 특정한 역사적 상황을 가리키는 것이었다.[98] 그러나 이와 대조적으로 타오시성이 제기한 과도기는 이천 년간 지속되었다. 그리고 그는 중국 사회에 무언가 "특수한" 것이 있다는 것을 인정하고 싶어 하지 않았다. 리지에 따르면, 타오시성은 제국 시기를 봉건 시대의 지속으로 간주했다. 제국 시대 사대부는 봉건 지주를 대체했고, 부분적 상품경제는 자급자족의 봉건 경제를 대체했던 것이다.

그러나 정치적 착취와 경제적 착취를 대립적으로 바라보는 것을 넘어, 제국 사회의 경제적 토대를 설명한 타오시성의 관점은 봉건제 옹호자들의 관점과 현저히 닮아 있었다. 그것은 주페이워가 그의 분석을 증명하기 위해 타오시성의 논거를 빌려온 것으로 알 수 있는 사실이었다. 타오시성은 제국 내에서 상품생산과 교환의 활성화를 근거로 제국 시기 경제와 봉건 경제를 구분했지만, 경제적 변화에 관한 그의 주장이 과장되지 않도록 신중한 입장을 취했다. 그는 상품 경제가 지역적인 자급자족을 폐지시킬 수 없었다는 점과 과도기 전체에서 봉건제의 부활이 가능성으로 남아 있었다고 말함으로써 자신의 주장의 퇴로를 마련했다. 그러나 그가 주장한 것은 "변화를 위한 생산"은 "사용을 위한 생산"과 병존했고 봉건적 경제 체제를 약화시킴으로써 봉건의 정치사회적 관계들을 전복시켰다는 것이었다.

---

98) Marx, *The 18th Brumaire of Louis Bonaparte*, (New York: International Publishers, 1967), chap.7, 특히 pp.121-122를 보라. Engels, *The Origin of the Family, Private Property, and the State*, p.168. 엥겔스는 국가는 계급을 대표하지만, 일부 중립적 수단이 계급투쟁으로부터 소비 사회를 지켜내기 위해 필요하다고 주장했다. 같은 책, p.166.

제국 중국 사회의 본질에 관한 문제는 봉건제부터 자본주의로의 변화에 대한 이론적 문제와 밀접한 관계가 있었다. 그들 사이의 모든 차이에도 불구하고, 타오시성과 주페이위는 제국 사회에 관한 그들의 관점을 형성한 중요한 전제를 공유했다. 봉건제의 추락은 틀림없이 자본주의의 부상을 동반할 것이라는 것이 바로 그것이다. 이 변화가 중국에서 일어나지 않았기 때문에, 그들은 주대 이후 사회의 발전을 설명하는 데 공통된 딜레마에 직면했던 것이다. 주페이위는 주대로부터 제국 시기로 바뀌는 시기에 어떤 의미 있는 변화도 일어나지 않았다는 주장을 부정함으로써 이 딜레마를 비켜갔다. 반면에, 타오시성은 봉건제와 자본주의 사이의 이천 년이라는 간격을 덮어버리기 위해 과도기 개념에 의지했다. 둘 모두 봉건제로부터 자본주의로의 변화에 있어 상업의 역할 문제에서 맴돌았다. 왕이창이 그랬듯, 이러한 질문이 나타난 것이 타오시성이나 그의 멘토로 간주된 보그다노프의 이단성 때문이라 하는 것은 바람직하지 않다. 필자가 상술한 대로, 타오시성은 상업 개념을 중국 사회에 대한 분석에 활용할 때 라덱을 따랐다. 게다가 두 저자는 레닌의 권위에 의존했을 뿐이었다. 레닌은 그의 유일한 러시아 역사 분석에서 러시아에서의 자본주의의 발전을 설명하기 위해 상업을 인용했었다.

역사 발전에서 상업의 역할에 대한 문제는 궁극적으로는 유럽에서 자본주의의 진화를 설명하기 위해 마르크스가 상업의 기능을 다루려 했던 것에서 그 뿌리를 찾을 수 있다. 마르크스는 상업의 번성을 역사적으로 인식했지만 시대에 따라 그 기능을 다르게 분석했다. 이것은 『자본』 제3권의 제20장에서 명확히 드러난다. 그는 여기서 이 문제에 관한 가장 총체적인 주장을 제시했다. (1) 상업은 인류의 시작과 함께 시작됐다. (2) 이것은 자급자족 사회에 해체적인 영향을 끼쳤다. (3) 그 기능은 그것이 작동하는 사회의 본질에 따라 변화한다. (4) 그것은 자주적으로 새로운 생산양식을 결정하지 않는다. (5) 그것은 오직 부르주아 사회만의 기능이라고 할 수 있는 산업에 작용되지 않는다면 기생적이다. 이 중에서 중국봉건론의 반대자들은 두 번째와 다섯 번째의 관점을 취했고, 반면에 그 지지자들은 첫 번째와 세 번째 관점을 이용해 자신들의 관점을 뒷받침했다. 다만 양측 모두 네 번째의 유효성은 인정했다. 또한 중국봉건론의 옹호자들은 마르크스는 오직 "생산양식"만을 이야기했고 상업자본은 생산양식을 대표하지 않는다고 주장했다고 말했다. 그래서 상업자본은 해당 시기의 주도적 생산양식에 대해서 부차적인 것이었다(즉, 상업자본이 자본주의 아래에서는 자본주의적 착취를 대표하는 데 반해 봉건제 아래에서는 봉건적 착취의 방식을 대표한다). 논쟁 양측은 모두 마르크스가 자신의 저작에서 여러 맥락 내에서 상업의 역할을 설명하며 취한 상반된 태도에 의지하여 스스로를 방어했다.

마르크스는 자급자족 사회에 대한 상업의 해체적인 효과를 인식했을 뿐 아니라, 무역의 여러 양식들을 보다 자세하게 구분했다. 이러한 구분은 봉건 사회로부터 자본주의가 나타났음을 가장 적절하게 보여주었다. 『독일 이데올로기*German Ideology*』에서 마르크스는 작은 지역으로 한정된 상업과 넓은 영역으로 확장된 상업을 구분했다. 전자는 효과 면에서 부정적이고 기생적인 데 반해 후자는 역사 발전에 있어 결정적인 역할을 했다.

> 지역에서 창출된 생산력, 특히 발명이 이후 발전과정에서 실전失傳하는지의 여부는 순전히 상업의 확대에 달려 있다. 바로 이웃한 사람들을 넘어서 확대되는 상업이 존재하지 않는다면 모든 발명은 각 지역에서 고립될 것이며 야만인의 침입, 심지어 일상적으로 일어나는 전쟁 같은 단순한 우연적 사건들은 발전된 생산력과 수요를 갖춘 나라들로 하여금 반복해서 처음부터 시작할 수밖에 없게 만들 것이다. (…) 상업이 세계 상업이 되고, 토대로서 대공업이 갖춰질 때, 모든 민족이 경쟁에 휩쓸려 들어갈 때에야 획득된

생산력은 영속화될 수 있을 것이다.[99)]

다른 맥락에서, 마르크스는 상업의 유익한 역할을 더욱 분명하게 밝혔다.

> 지리상의 발견과 함께 상업에서 일어나서 상업자본의 발전을 가속화시켰던 16세기와 17세기의 대혁명이 봉건적 생산양식에서 자본주의적 생산양식으로의 변화를 촉진한 주요한 요소를 형성했다는 것은 의심할 여지 없는 사실이다. 그리고 이 사실은 분명 완전히 잘못된 개념을 이끌어냈다.[100)]

주페이위와 타오시성은 중국에서의 상업이 결코 근대 초기 유럽에 견줄 만큼 확대되지 않았다는 점에는 동의했다. 이것은 또한 주페이위가 상업과 관련된 의미의 변화를 무시하기에 충분한 이유가 되었다. 반면에 타오시성은 마르크스가 지역화된 상업에 대해 언급했던 것처럼, 그러한 상업이 생산력을 혁명적으로 발전시킬 수 없으며 중국 사회를 불가역적인 자본주의로의 발전으로 이끌 수는 없다고 인정했지만, 아주 작은 규모의 상업이라 하더라도 봉건 사회의 시스템을 무너뜨리기에 충분한 힘을 가지고 있다는 입장을 갖고 있었다.

역사 발전에서 상업의 역할 문제는 마르크스주의 사회 이론의 가장 문제적인 특징 중 하나이다.[101)] 중국의 마르크스주의자들이 주장하듯이 유럽에서 자본주의의 성숙이 국제적 상업 발전의 결과였다면, 그리고 그것이 우호적인 환경에 의해 결정되는 것이었다면, 자본주의가 필연적이고 보편적인 역사 발전 단계였다고는 더 이상 말할 수 없었다. 게다가, 대규

---

99) K. Marx, *The German Ideology*, (New York: International Publishers, 1969), p.49.

100) *Capital*, vol.3, p.332.

101) 이 책의 7장을 보라.

모의 상업이 봉건적 사회경제구조의 특징으로부터 귀결된 필연적인 결과라는 것이 증명될 수 없다면, 주도적인 생산양식과는 관계가 없는 요소들이 역사에서 중요한 변화를 야기했다는 결론, 즉 사회경제구조의 내재적 모순이 역사의 유일한 동력이라는 보편적인 유물론의 전제를 전복시키는 결론을 피하기는 어려울 것이다. 제국 중국 사회에 대한 분석은 이러한 문제들을 지적하고는 있지만, 마르크스주의의 도식화된 개념을 다소 완고하게 고수한 중국의 마르크스주의자들은 분명한 결론을 내리기를 거부했다. 주페이위는 유럽에서 자본주의가 대두한 원인을 외부로부터 상품을 획득해야 하는 유럽의 필요에서 찾았을 때는 환경적 요소의 중요성을 인식했지만, 중국에서 상업의 중요성을 부정할 때는 여전히 생산양식의 우선성을 고집했다. 타오시성은 생산양식 이외의 요소가 역사 발전에 더 큰 영향을 미쳤다는 견해에 기울어졌지만 중국과 유럽의 역사 발전 상의 차이가 역사 발전의 다양성을 설명한다는 결론과 마주하기를 꺼려했다.

그래서 제국 중국에 관한 두 해석은 두 가지 일반적 문제에 있어서 차이가 있었다. 하나는 역사에서 계급 억압과 계급투쟁의 보편성에 대한 것이며, 다른 하나는 역사 발전을 결정하는 생산양식과 생산관계의 내적 요소와 외적 요소의 상대적 중요성에 대한 것이다. 타오시성은 중국 역사에서 계급투쟁의 중요성을 부정했고 중국 역사 발전의 외적인 요소의 중요성을 강조하거나 적어도 인정했다. 이 문제에 관해 좀 더 "정통" 마르크스주의적인 입장을 견지한 주페이위는 생산양식과 생산관계가 역사 발전에 있어 유일한 동력이라고 주장했으며, 계급 억압이 중국 역사에서 보편적이었다는 것을 확인했다. 중국 역사에 대한 이 두 가지 해석이 두 저자와 그들이 대표하는 광범위한 그룹의 당시 중국 사회 분석과 각각 호응하는 것은 우연한 일이 아니었다. 계급적 억압이 인민들을 빈곤하게 만들고 발전을 가로막기 때문에 중국에서 사회혁명이 필요하다고 믿었던 이들은 당시 상황의 뿌리를 역사에서 발견함으로써 그들의 혁명 전략을 정당화시키고자 했다. 계급투쟁을 반대하고 정치적 혁명을 우선시했던 타오시성과 『신생명』의 다른 논자들은 최초의 국민당 마르크스주의자들이 1920년대 초반 그렇게 했듯이 주대 이후 중국 역사의 특징을 계급모순이 아닌 정치적 억압으로 규정함으로써 그들의 입장을 정당화했다. 이 주장들은 각각의 혁명 전략들을 뒷받침했지만, 또한 중국의 역사를 다루는 데 있어 중요한 이론상, 해석상의 모순을 보여주었다. 이것은 다음 라운드의 논쟁에서 중국의 역사 발전 문제를 해결하려는 시도를 자극했다.

논쟁 초기 수년간, 전통 사료에 대한 무비판적인 의존은 논쟁의 주요한 취약점 중 하나였다. 타오시성이 초기 주대의 봉건제로부터 발전시켰던 그림은 주대 후기까지 거슬러 올라가는 사료들에서 얻은 것이었다. 그것들 대부분은 근대 고고학을 통해 진위를 검토받았다. 마르크스주의 역사학의 발전에 있어 다음의 중요한 단계는 1930년 궈모뤄의 연구서 출간이었다. 그는 새로운 사료들을 활용하여 모든 선행 해석과는 완전히 다른 초기 중국 사회의 그림을 제공했으며, 중국 역사에 관한 마르크스주의적 연구를 심화시키는 문제들을 제기했다.

5

궈모뤄와 중국 역사에서의 노예제

앞 장에서 설명했던 봉건제에 관한 논의는 당시 중국의 변화에 관한 문제와 직접적인 관계가 있었다. 심지어 분석을 초기 중국 역사에 한정했을 때조차도, 이 논쟁의 주창자들은 현재의 프리즘을 통해 과거를 바라보았다. 논쟁이 1930년대로 접어들어 가자, 내용에 있어서 주목할 만한 변화가 일어났다. 내용 면에서 역사 자체를 더 강조하기 시작했던 것이다. 마르크스주의 역사가들은 현재를 이해하려는 필요가 역사 분석에 있어 가장 시급한 목표라는 생각을 고수했다. 그럼에도 불구하고 역사는 그 자체 그대로 역사 분석에서 자리를 유지하게 되었다. 1927년의 기억(장제스가 일으킨 4·12 반공쿠데타를 말한다.-역자)이 사라져간 30년대 중반까지 역사에 대한 관심은 마르크스주의 역사 저작에서 현재에 대한 관심을 가려버렸다.

궈모뤄(郭沫若)의 『중국고대사회연구中國古代社會硏究』만큼 초기 중국 역사에 대한 관심을 자극하는 데 기여한 저작은 없었다. 은殷 후엽에서 주周 초엽까지(기원전 1000년경)의 시기를 서구의 그리스·로마 사회에 견주어 노예제로 바라본 궈모뤄의 그림은 마르크스주의 역사학의 창시자의 위치에 있던 타오시성의 제국 사회의 본질에 대한 자극적인 분석에 필적했다. 궈모뤄의 연구는 1928년에서 1929년 사이에 잡지에 게재되었다. 이것들은 이후 묶여 책으로 1930년 3월에 출간되었고 논쟁에 중요한 영향을 끼치게 되었다. 책은 곧바로 매진되었고 3개월 안에 3쇄까지 출간되었다. 1931년 가을이 되자 7,000권에 이르는 복사본까지 나돌았다. 게다가 독자는 마르크스주의 역사가들에만 한정되지 않았다. 개인적으로나 이데올로기적으로나 궈모뤄의 공헌을 과장할 필요가 없었던 구제강(顧頡剛)도 1947년 현대 중국 역사 연구에서 『중국고대사회연구』에 대해 최초로 "고대 사회의 진정한 모습을 그려냈다"[1]고 평가했다. 궈모뤄의 해석은 1930년대를 관통해 중국 안팎에서 고대사에 관한 장기간의 논쟁을 촉발시켰다.[2] 이 시기 그가 역사연구에 적극적으로 참여하면서 제기했던 문제들 중 일부는 당시 중국 역사학에 활기를 불어넣었다.[3]

『중국고대사회연구』가 불러일으킨 반응은 적어도 부분적으로 작가로서 궈모뤄의 지위에 기인한 것일 수도 있다. 그는 역사 연구가 동시대와 연관을 가져야 한다고 주장했지만[4] 그의 책에는 타오시성의 중국 사회 분석과 달리 직접적인 정치적 함의가 결여되어 있었다. 궈모뤄 자신은 논쟁을 고취시키지 않았다. 당시 마르크스주의 역사 저작에 만연했던 논쟁적인 어조는 그의 저작에는 보이지 않았고 심지어 중국 사회가 노예제 단계를 통과했다는 관점이 1930년대에는 더 많은 지지를 받고 있었다. 한편, 1920년대 중국 문학계에서 주요 인물이었던 궈모뤄는 마르크스주의 역사

1) 顧頡剛, 『當代中國史學』, (香港: 1964, 1947 초판), p.100.

2) 何幹之, 『中國社會史問題論戰』, 2부.

3) 최근의 反儒教 논쟁에서 궈모뤄의 역할에 대해서는 Peter Moody, "The Anti-Confucian Campaign in China-The First Round", *Asian Survey*, 14.4, pp.307-324를 보라. 또한 郭沫若, 「中國古代分期問題」, 『紅旗』 第7期, (1972.7.1.), pp.56-62를 보라.

4) 『中國古代社會研究』, 서문, (上海, 1930).

가 중 유일하게 논쟁 이전에 이미 명성을 얻은 상태였다. 게다가 그의 문학적 경험은 그의 연구 유형—원시 자료의 판독과 분석을 포함한다—에 있어서나 그가 진행한 논쟁의 효과에 있어서나 모두 그에게 큰 도움이 되었다. 이 시기 다수의 마르크스주의적 분석에서 그 효과를 감소시켰던 평범하고 장황한 언쟁 대신에 따듯하고 섬세한 문체가 그의 저작에 생명력을 부여해주었다. 『시경詩經』 분석이나 굴원屈原에 관한 연구 같은 경우, 그의 저작은 때때로 시간적 거리를 넘어 저자 궈모뤄와 연구 대상 사이에 영적 교감이 이루어지고 있다는 인상을 강하게 주었다. 물론 모두가 그의 극적 형식을 좋아한 것은 아니었다. 비판가 중 1인은 궈모뤄가 그의 이론을 "생황笙簧곡, 꽃, 달"에서 만들어냈다고 비꼬기도 했다.[5)]

그러나 그의 문학적 평판과 문학적 능력 이외에 궈모뤄 저작만의 두 가지 특징은 그가 중국 역사학에 영향을 끼칠 수 있었던 요인이었다. 하나는 역사 자료의 혁신적 사용이었다. 궈모뤄는 처음으로 논쟁에서 당시 최신의 고고학적 발견을 고대 사회를 밝혀내는 증거로 활용했다. 사실, 그의 저작의 장기적 가치는 갑골문의 신탁과 청동 명문銘文에 대한 그의 능숙한 판독에 있었다. 그는 마르크스주의적 범주에 대한 완고한 믿음을 갖고 있었는데, 이 때문에 이러한 자료들을 편향되게 해석한 면이 있었다. 반면에 그것으로부터 고대 명문의 의미를 밝혀낼 수 있는 통찰력을 가질 수 있었다.[6)]

특히 마르크스주의 역사학에 있어 더 의미 있는 것은, 궈모뤄의 고대 사회관이 중국 역사의 마르크스주의적 분기에 관련해 중요한 논쟁을 야기했다는 것이다. 봉건제에 대한 논쟁은 중국 역사와 마르크스주의적 사회구성체론 사이의 상관성에 대해 의문을 제기했다. 그러나 『중국고대사회

5) 胡且(음역), 「中國社會之歷史的發展階段」, 『光明之路』 第1卷 第7期, 第8期(1931).

6) 馬伯樂(H. Maspero) 「評郭沫若近著兩種」, 『文學年報』, (1936.4), pp.61-71.

연구』가 나타나기 전까지 마르크스주의 역사가들의 연구는 대체로 근대 유럽에서의 발전과 비교했을 때 자본주의가 중국 사회에 침입해 들어왔는지, 그 여부를 묻는 질문에 국한되어 있었다. 이에 반해 궈모뤄는 처음으로 유럽의 발전을 중국사 전체와 비교하려고 했다. 궈모뤄는 마르크스가 『정치경제학 비판 요강*A Contribution to the Critique of Political Economy*』서문에서 역사 발전의 네 "진보적 시대"—아시아적 생산양식, 고대적 생산양식, 중세적 생산양식, 근대 부르주아 생산양식—로 열거했던 사회구성체 목록에서 산출한 분기 안에서 중국 문명의 기원을 분석했다. 이러한 사고가 보편적으로 유효하다는 가정은 궈모뤄가 초기 중국 역사에 관한 그의 분석을 정당화하는 데 있어 필수적이었다. 반대로, 초기 중국에 노예제 사회가 있었다는 궈모뤄의 주장에 대한 반대는 마르크스주의적 시대 구분에서 노예제 사회의 위치에 대해 의문을 제기한 것이었고 마르크스가 『정치경제학 비판 요강』에서 제기한 발전론의 보편성을 회의한 것이었다. 노예제 사회에 대한 논쟁이 제기된 것은 "아시아적 사회"의 문제가 소련에서 제기돼 중국에 서서히 유입되었던 것과 시기적으로 일치했다. 이 두 문제는 뒤섞이어 이제까지 지엽적이었던 보편적 역사 분기의 문제를 1930년대 마르크스 역사학의 중심적 문제로 바꿔놓았다.

궈모뤄는 이 시기 서주西周 이후의 시대에 거의 관심을 기울이지 않았지만, 초기 사회에 대한 그의 분석의 위상을 올바르게 파악하기 위해서뿐 아니라 1930년대의 논쟁과 이후 중국에서의 마르크스주의 역사학에서 그것의 발생적 역할을 설명하기 위해서 중국 역사에 대한 그의 종합적 분기에 대해 간략하게나마 토론할 필요가 있다. 궈모뤄가 마르크스주의적 범주를 중국 역사에 이식한 방식은 일부 그의 동시대인들의 더 유연한 마르크스주의 수용에 비해 조잡하고 기계적으로 보인다. 그렇지만 그가 대중화한 이러한 사고는 1930년대 후반에 이르러 정통이 되었고 이후 중국 마르크스주의 역사학 전체를 지배했다.

궈모뤄의 중국사 분기分期

『중국고대사회연구』는 『가족, 국가, 사유재산의 기원*The Origin of the Family, the State, and Private Property*』(1884)의 엥겔스의 역사 발전론과 『고대사회*Ancient Society*』(1877)에서 엥겔스를 통해 루이스 모건(Lewis H. Morgan)이 시도한 원시사회의 범주화와 분기로부터 많은 영향을 받았다.[7] 궈모뤄는 대담하게 자신의 연구를 초기 사회에 관한 엥겔스의 저작—『가족, 국가, 사유재산의 기원』—의 중국판 속편이라고 선언했다. 그의 논적들은 이를 이유로 그를 "중국의 엥겔스"라고 칭하며 익살스럽게 조롱하기도 했다. 그는 특히 모건과 같은 그의 지적 멘토들의 선례를 따라 최초로 문명사회의 모습을 갖췄던 중국 역사 초기의 연구에 전적으로 매달렸다. 마르크스의 저작들은 그가 서론에서 제시한 분기 말고는 그의 연구에 어떠한 의미 있는 영향도 미치지 못했다.

궈모뤄의 분기는 마르크스가 『정치경제학 비판 요강』에서 정의한 사회구성체를 모건과 엥겔스가 분석에서 분명하게 정의한 기술 발전론과 통합한 것이었다. 역사 발전의 문제에 접근하는 궈모뤄의 방법을 평가하는 데 있어, 그가 마르크스의 사회구성체를 보편적 발전론에서의 역사 발전단계로서 받아들이는 것에서는 열정적이었던 반면 생산양식과 생산관계의 시기적 불일치가 역사 발전을 추동한다는 마르크스의 관점은 전적으로 무시했다는 것에 주목할 필요가 있다. 그의 저작에서 기술적 혁신은 역사 발전의 유일한 동력이었다. 그의 언어로 말한다면, "도구의 발전은 인류의 경제

7) 여기서 언급된 것은 Engels, *The Origin of the Family, Private Property and the State*, (Moscow: Progress Publishers, 1960)과 Lewis H. Morgan, *Ancient Society*, (New York: Henry Holt, 1907)이다. 이 두 책은 각각 1884년과 1877년에 처음 출간되었다.

적 발전의 전제였다."[8] 궈모뤄가 모건과 엥겔스로부터 역사 발전의 동력에 대한 이러한 관점을 얻었다는 것은 분명하다. 그러나 그는 기술技術에 동인動因이라는 의미를 부여했다는 점에서 그 둘을 넘어섰다. 모건과 엥겔스는 원인을 충분히 고려하지 않은 채 기술적 변화와 사회적 변화의 호응을 지적한 것에 만족했다. 모건은 "아마도 긴 시간적 간격을 두고 출현하는, 생활을 유지하기 위한 기술(즉, 생활을 보장하는 수단의 기술적 축적)이 궁극적으로, 그것이 인류의 조건에 가한 영향에 따라, (사회적 진화를) 분기하는 데 있어 가장 만족할 만한 기초가 되었을 것이다"라고 생각했다. 그러나 그는 "연구가 필요한 정보를 제공할 만큼 충분히 심화되지는 못했다"는 것은 인정했다. 그는 또한 "절대적으로 적용할 수 있고, 어느 지역에서도 예외 없는, 역사적 시기들의 시작점을 나타내는 그러한 발전의 표지를 찾는 것은 불가능하지는 않지만 어려운 일이다"라고 덧붙였다.[9]

게다가 모건이 역사 발전에 있어 원시적인 전前 문명 단계에 속한다고 언급했던 모든 시기는 사회적 복잡성이 증가함에 따라 역사 발전의 다른 동인들이 작용했던 이후의 시대보다 사회에 대한 기술적 혁신의 충격이 명백하게 나타났던 시기였다는 것을 기억해야 한다. 이것은 또한 엥겔스가 기술을 발전의 동력으로 받아들였던 이유를 설명해준다. "전前 문명" 단계의 사회는 마르크스와 엥겔스 모두가 동의한 마르크스주의적 분기에서 계급이 없는 역사적 단계인 원시공산제 단계와 일치한다. 맞았든 틀렸든 이러한 전제로부터, 다음과 같은 판단을 추론할 수 있다. 인류와 자연과의 관계가 불안정하고, 역사 발전의 전제에 있어 생리적 생존의 문제가 사회적 모순보다 중요한 문제일 때, 사회 발전의 동력으로서 생산력이 생산관계를 압도해버린다. 이러한 입장은 부하린과 같은 역사적 유물론자

---

8) 『中國古代社會硏究』, p.176.

9) Morgan, *Ancient Society*, p.9.

들의 특징이었다. 부하린은 분명하게 역사의 원시적 단계와 문명적 단계 각각에서의 사회 발전을 설명하는 데 다른 준거가 사용되어야 한다고 주장했다.[10)]

그러나 궈모뤄는 역사에서 기술이 동인으로서 작용하는 것을 원시 사회에 제한하지 않고, 전체 역사로 확대했다. 궈모뤄는 중국 역사의 다양한 단계를 구분하기 위해 사회 구조를 활용했지만 역사적 동인에 대한 문제 제기들은 무시했다. 그의 강조점은 분명 기술에 놓여 있었다. 이에 따라, 그는『정치경제학 비판 요강』에서 얻은 사회구성체 개념을 기술적 혁신과 연결시켰다. 그는 석기 시대를 원시공산제 사회(혹은 아시아적 사회)와 연계시켰는데, 이 시기는 주周 이전 시기에 상당했다.[11)] 금속의 발견—철기가 전환점이었다—으로 주가 상商을 정복했을 무렵에 노예제가 부상했다. 그는 노예제에서 봉건제로의 변화를 설명하는 기술적 혁신에 대해서는 불분명하게 다루었는데, 이것을 야금술冶金術의 발전 때문이라고 설명했다.[12)] 그는 자본주의에 관해서는 마르크스의『철학의 빈곤*The Poverty of Philosophy*』에서의 다음과 같은 주장에 의지했다. "맷돌(handmill, 다른 번역에서는 풍차 windmill)은 봉건 영주가 지배하는 사회를 탄생시켰고, 증기 맷돌(steam-mill)은 산업자본주의 사회를 탄생시켰다."[13)] 궈모뤄는 이 주장을 바탕으로 자본주의가 증기기관의 사용에서 출발했다는 결론을 내렸으며, 그래서 증기기관을 발견하지 못한 중국은 결코 봉건제에서 자본주의로의 발전을 이룩할 수 없었다고 결론 내렸다.[14)] 이와 유사하게, 궈모뤄는 마르크스가

10) Bukharin, *Historical Materialism*, chap.5.

11)『中國古代社會研究』, p.176.

12) 같은 책, p.6.

13) Karl Marx, *The Poverty of Philosophy*, (New York: International Publishers, 1969), p.109.

14) 郭沫若,『中國古代社會研究』, p.21. 물론 이 가정은 틀렸다. 중국인들은 증기기관까지는 아니지만 蒸氣力은 일찍부터 이미 알고 있었다. Joseph Needham, *Science and Civilization in China*, vol.4, (Cambridge University Press Taiwan ed., 1954), part 1, p.70.

리젠트(Regent) 거리의 박람회에서 전기 기관차를 보았다면 전기가 사회주의 시대를 이끌어낼 것이라는 추론을 했을 것이라 말하기도 했다.[15)]

귀모뤄는 보편적 생산양식과 지배적인 사회적 관계를 통해 다양한 역사적 단계를 설명했다.[16)] 원시공산제 단계에서 생산은 석기에 의존했다가 이후 청동기에 의존했다. 기본적 생산양식은 가축 사육을 포함한 수렵과 어로였다. 이 사회의 특징을 보여주는 조직은 모계 씨족 사회였다.

원시 사회는 철의 발견과 함께 노예제 사회로 전환되었다. 노예제 사회는 노예 노동에 기반을 둔 완전한 농업 노동이 시작되었다는 것을 말해준다. 이 단계는 인간 역사에서 혁명적인 전환점이었다. 우선, 농업 경제와 증가하는 상업적 거래는 노동 분업(수공업-농업과 도시-농촌)을 필요로 했으며 이 노동 분업은 계급, 사적 소유와 국가의 탄생으로 이어졌다. 씨족 사회는 노예계급이 포함된 재산의 집단적 소유자였지만, 한편으로는 정치적으로 국가 권력에 종속되었다. 둘째, 농업-유목 경제는 성별 사이의 관계를 바꾸었다. 새로운 경제체제에서 남성의 사회적 역할이 강화됐고 씨족 조직 내에서 여성들은 남성의 권력에 종속되었다.

세 번째 역사 발전 단계로서 봉건 사회는 철기 기술의 발전과 이로 인한 생산력의 발전에 따라 나타났다. 앞에서 말했듯이 귀모뤄는 봉건제를 야기한 기술적 변화에 대해서는 다른 생산양식과는 달리 분명하게 언급하지는 않았다. 마찬가지로, 귀모뤄는 노예제와 봉건적 사회조직 사이의 구분을 사소하게 생각했다.

> 봉건제 사회와 노예제 사회는 현격한 차이를 보이지 않는다. 단지 노예제 사회는 씨족 사회의 유물로서 혈족의 요소가 다수를 점하고 있고 봉건제는

---

15) 『中國古代社會研究』, p.7. 마르크스의 언급에 대해서는 Martin Bober, *Karl Marx's Interpretation of History*, (New York: Norton, 1965), p.9을 보라.

16) 여기서 논의된 관점에 대해서는 『中國古代社會研究』의 서론을 보라.

지역적 성분의 노예제적 특징이 다수를 차지하고 있을 뿐이다. 농업에서 지주와 대립하는 농민, 동업조직에서 스승과 대립하는 도제, 행정상에서 봉건제후와 대립하는 신민臣民은 사실상 변형된 노예에 지나지 않았다.[17]

이런 식의 구분은 이후 수년간 확대되었다. 이는 그동안 궈모뤄가 이 범주에 대해 더 깊이 이해했기 때문이거나, 혹은 우리가 보듯이, 그가 노예제와 봉건제 사이의 기술적 분할선에 대한 자신의 관점을 수정했기 때문이었다. "새로운 개념에서 봉건제는 영주와 농노의 관계에 뿌리를 두고 있다. 농노와 노예의 차이는 후자와 달리 전자는 신체적으로 자유롭다는 것이고 후자가 단순한 생산수단인 것과 달리 전자는 적어도 반半 인격체라는 것이다. 전자는 후자로부터 나타났다." 그럼에도 불구하고 그는 아마도 역사적 단계로서의 노예제를 반대한 이들을 염두에 두고 두 체제 사이에 필연적 관계가 존재한다는 생각을 견지했을 것이다. "만약 (사회가) 씨족 사회를 이어 노예 체제를 지나오지 않았다면 농노제는 등장하지 못했을 것이다."[18] 그는 농노가 본질적으로 생산수단을 장악하고 독립의 수단을 얻은 노예라는 생각을 견지했다. 봉건 사회 전체에서 부족은 혈족에 따른 사회관계보다 혈연적 유대와 친밀성이 약했다. 사회경제조직에서, 농촌의 장원 조직과 도시의 길드는 씨족 사회를 대신해 중요한 위치에 올라섰다. 모든 정치권력은 봉건 영주에게 귀속되었다.

최종적으로 증기기관의 발명은 자본주의로의 발전을 가능하게 했다. 이 단계에서 생산의 유례없는 증가와 자본의 축적이 일어났고 이로 인해 자본가는 그들의 사업에 필요한 시장의 확대에 뛰어들었으며 자본주의는 그 마지막 단계인 제국주의로 들어서게 되었다.

---

17) 같은 책, p.23.

18) 郭沫若,「屈原時代」,『沫若文集』第11卷, (北京: 1959), p.5. 초간은 1937년.

궈모뤄는 중국 사회의 맥락 내에서 이 전제를 검토한 후 그 나름의 중국사 분기를 다음과 같은 표로 요약했다.

시기	사회 양식	사회적 관계	계급성
선주先周	원시 공산제 사회 (아시아적 사회)	씨족 조직	무계급
서주西周	노예제 사회(고대)	왕과 귀족 대 노예	신분적 계급
춘추전국 이후	봉건제 사회(중세)	관료-백성 영주-농민 장인-도제	
최근 100년	자본주의 사회	제국주의- 약소민족자본가- 프롤레타리아	계급모순 (conflict)의 마지막 단계

이 다양한 시기 중 논쟁의 주제가 된 것은 주 초기, 그리고 부분적으로는 선先주 시기의 노예제였다. 일부 마르크스주의 역사가들은 궈모뤄의 원시 공산제 사회(아시아적 사회)의 정의를 부정했다. 이 논쟁은 필자가 이후 검토할 "아시아적 생산양식"에 대한 다른 해석에 영향을 끼쳤기 때문에, 이에 대한 논의는 뒤로 미루는 것이 적합할 것 같다. 1931년에서 1933년까지 궈모뤄의 분기로부터 파생된 더 중요한 논쟁은 노예제에 관련된 것이었다. 본장의 남은 부분에서 필자는 초기 주대 사회에 대한 궈모뤄의 주장, 반대자들의 반론, 30년대 궈모뤄의 관점 수정을 검토할 것이다.

노예제 문제

『중국고대사회연구』에 포함된 논문들의 목표는 오로지 문명으로의 발전에 있어 중국 사회가 모건과 엥겔스가 말한 다른 사회에 필적할 만한 단계와 동일한 과정을 밟았음을 보여주는 것이었다. 궈모뤄는 상대商代 후반과 주대周代 전반(대략 기원전 1500~500년)에 집중했다. 이 시기에 중국 사회는 근대에 앞서 두 차례의 혁명적 변화를 경험했었다. 그는 이러한 변화의 본질을 마르크스주의적 범주에서 설명했다. "대략 서주西周 이전은 소위 '아시아적' 원시 공산제 사회였다. 서주는 그리스 · 로마의 노예제에 상당하며 동주東周 이후, 특히 진秦(기원전 255~206년) 이후가 되어서야 봉건 시대로 접어들었다."[19] 중국이 원시 사회에서 문명 사회로 변화하는 과정 중 첫 번째 전환이 궈모뤄가 가장 관심을 가진 주제이자, 그의 연구의 대부분을 차지하는 주제였다. 궈모뤄는 당시 최신의 고고학적 발굴을 통해 발견된 갑골과 청동명문青銅銘文뿐 아니라 고대에 생산되었다고 알려진 『역경易經』, 『시경詩經』, 『서경書經』과 같은 경전을 포함한 역사적 자료를 꼼꼼히 살펴보면서, 이러한 변화를 기록하는 것을 자신의 사명으로 생각했다.

당시 역사학계 전반은 궈모뤄가 포괄적으로 연구했던 시기, 특히 서주 시기(대략 기원전 12~8세기)를 중국의 봉건 시기로 인식하고 있었다. 궈모뤄는 초기 논문에서는 이와 같은 해석들을 무시했다. 그는 1928년에 중국을 떠나 1930년대를 모두 일본에서 보냈기 때문에 중국의 마르크스 역사학의 발전에 관해 몰랐을 가능성이 높다. 그는 1929년 후반 처음으로 봉건제 문제를 직접적으로 언급했다. 이때, 그가 응답하고자 한 대상은 동시대 마르크스주의적 해석보다는 전통적 중국 역사관이었다.[20]

궈모뤄는 서주를 봉건 사회로 바라보는 관점이 유지되는 이유가 중국 용어인 봉건제도封建制度에서 비롯된 언어적 혼란에 있다고 보고 이를 비판했다. 봉건은 중세 유럽의 지배적 사회구성체와 주周 사회 양쪽을 묘사하는 데 모두 사용되었다. 그가 지적한 대로 이러한 혼란은 봉건에 대

19) 郭沫若, 『中國古代社會研究』, p.176. 또한 p.177을 보라.

20) 어떤 연구자는 郭沫若가 『新思潮』에 수록된 논문에서의 陶希聖의 관점을 비판했다고 말했다. 필자는 이 논문을 보지 못했다. 李麥麥 「評郭沫若的『中國古代社會研究』」, 『讀書雜誌』 第2卷 第6期, (1932.6.1.), pp.1-30, 특히 p.28을 보라.

한 최초의 유가적 왜곡에서 기인했다. 이 용어의 두 가지 요소가 주대 초기에 존재했다. 고대적 용법에서 봉封과 건建은 이후 이 두 단어가 혼합되어 만들어진 봉건封建이 갖는 구조적 의미와는 다른 구체적인 의미를 띠고 있었다. 봉封은 애초에 영지의 경계를 구획하기 위해 나무를 꽂아 만든 선을 의미하기도 했으며 단순히 봉분을 의미하기도 했다. 건建은 '세우다' 혹은 '수립하다'라는 의미로 쓰였다. 이 두 글자는 함께 쓰이면서 경계를 구획하기 위해 나무를 심는 행위나, 봉지封地를 하사받은 자의 토지에 천자의 조상을 기리는 제단으로부터 흙을 이식하여 부여된 지위를 확정하는 종교 의례와 같은 다양한 의미를 가지게 되었다.[21] 이러한 원시시대의 흔적에 담긴 의미는 주대 후기의 유가 사상가들이 주대 초기를 이상적인 사회로 설정하면서 사라져갔다. 상기한 의례로서의 봉건은 이 시기에 와서 유가들이 서주 시기에 존재했다고 말한 정교한 정치적 관등제도와 관등에 따른 토지 분배 시스템으로 변질되었다.[22] 이러한 전통을 따라, 유가 역사가들은 봉건이라는 용어를 의례와 함께 주대 초기에 완비된 사회정치 체제를 설명하는 데 사용했다. 이 시기, 중세 유럽의 봉건체제에 대한 중국의 연구는 전통적 왜곡을 더 복잡하게 만들었다. 유럽과 주대의 체제가 외면적으로는 유사했기 때문에 "봉건封建"은 서구의 봉건제(feudalism)와 혼용되었다. 그러나 이 용어는 이 결합으로부터 부가적인 의미를 갖게 되었다.

궈모뤄는 학자들 대다수가 '봉건' 개념의 진화를 간과하고 주대 초기의 봉건을 중세 유럽의 봉건제와 동일한 것처럼 사용했다고 비판했다. 이 주

21) 『中國古代社會硏究』, pp.309-310. 이 문제에 관한 짧은 토론은 Herlee G. Creel, *The Origins of Statecraft in China*, vol.1, (Chicago: University of Chicago Press, 1970), pp.322-323을 보라.

22) 맹자는 주대 초기의 봉건제에 대한 가장 체계적인 관점을 제공했다. "天子之制, 地方千里, 公侯皆方百里, 伯七十里, 子 · 南百五十里, 凡四等. 不能五十里, 不達於天子, 附於諸侯, 曰附庸"『孟子 · 萬章下』

장을 뒷받침하기 위해 궈모뤄는 유가 역사관의 대들보이자 (타오시성의 저작과 같은) 주대 초기에 대한 당시의 평가에 있어 주요한 준거였던 정전제井田制와 오등오복제五等五服制의 역사적 실재성에 의문을 제기했다.[23] 그는 고고학적 자료를 활용해 과거 경전에 기록된 내용의 진실성을 부정했다. 우선 그는 청동 명문에는 봉지封地에 관한 언급은 많지만, 정전에 대한 언급은 한 번도 없다고 지적했다. 둘째, 그는 또 이 명문에서 작위爵位가 언급되었지만, 이 작위가 사용된 맥락을 보았을 때, 맹자가 말했던 서주의 합리적인 관등제와 어떠한 관련도 없다고 말했다.[24] 궈모뤄는 크릴(Creel)이 그랬듯이 주대 초기의 전통적 묘사가 "생생하지만, 창조적이지는 않은" 맹자의 "상상"의 산물이라는 입장을 취하지는 않았다. 그러나 그는 청동 명문에서 충분한 증거가 없는 것이 오히려 이 시기 봉건적 시스템이 존재하지 않았다는 것을 증명한다고 생각했다.[25]

그럼에도 불구하고, 궈모뤄가 주대의 봉건을 부정한 것은 단지 정치적이고 경제적인 권력을 할당하는 복잡한 시스템에 대한 전통적 설명을 증명해주는 고고학적 증거가 부족하기 때문만은 아니었다. 특히 궈모뤄 그 자신도 주대 사회를 고도로 체계화된 사회로 그리는 데 주저하지 않았다. 더 중요한 것은 이 시기에 대한 그의 관점이 중국 역사의 이 특정한 단계에서 봉건제의 가능성을 배제한 역사 발전관의 영향을 받았다는 점이다. "주대 사회는 역사적으로 봉건적 시스템으로 간주되어왔지만, 이러한 관점은 사회진화의 순서에 부합하지 않는다. 씨족 사회의 몰락은 사회가 봉건제로 나아갈 수 있기 전에 노예제 단계—이것은 또한 국가가 나타나는

23) 여기서 언급된 것은 治水 후 夏를 세운 신화적 인물인 禹貢(그에 대해 믿을 만한 증거는 없다)이 만든 "天下"의 조직이다. 『尙書 · 禹貢』을 보라.

24) 『中國古代社會研究』, pp.299-313. 또한 p.131을 보라.

25) Herlee G. Creel, *The Origins of Statecraft in China*, vol.1, (Chicago: University of Chicago Press, 1970), p.326.

때이다—로 이어져야 했다."[26] 결과적으로 전통적 해석을 회의하는 간략하고 지엽적인 언급과 더불어, 궈모뤄는 서주가 노예제 사회였다는 것을 증명하는 증거를 제시하기 위해 모든 노력을 기울였다.

노예제 사회의 본질에 대한 궈모뤄의 가정은 자신의 초기 주대 연구의 방향을 결정지었다. 이 가정은 『중국고대사회연구』에도 내재되어 있다. 이 시기 다른 마르크스주의 역사가들과 달리, 궈모뤄는 이론과 정의의 문제에서만 맴도는 연구를 회피했다. 심지어 모건과 엥겔스에 대한 언급도 거의 없었고, 그 둘과는 거리를 멀리했다. 대신 노예제의 개념에 대한 '논쟁'에 집착하기보다는 특정한 정보를 보여주는 것에 자신의 작업을 제한했다. 서론에서의 간단한 논의를 제외하면, 그는 사회를 노예제 사회로 규정하는 준거를 세세하게 설명하지 않았다. 그럼에도 불구하고 그가 탐구한 주제로부터 그가 생각한 노예제 단계의 특징을 구분하는 것은 가능하다. 그는 분명히 자신의 분기를 통해 원시 사회로부터 노예제 사회의 생산양식으로의 변화가 농업에서의 생산수단의 발전에 따라 완성되었다고 주장했다. 그가 여기서 생산수단의 발전이라고 한 것은 철기를 사용하게 된 기술적 돌파를 말하는 것이었다. 생산의 토대로서 농업 생산을 발전시켰던 철기 기술과 지배적 노동 형식으로서 노예 노동은 노예제의 "기본적"(여기서 기본적이라는 말은 본질적이라는 뜻과 물질적 토대와 관련되어 있다는 이중의 의미를 지닌다) 요소였다. 정치적 상부구조로서, 국가와 사회 조직의 단위로서 가부장적 가족의 탄생은 노예제 생산양식의 성숙을 수반했다. 결국, 이러한 변화들은 관념의 변화에도 반영되었다. 즉, 신학적 입장에서 보았을 때 애니미즘적 다신교에서 조상숭배의 일신교로의 변화가 일어났으며

26) 『中國古代社會硏究』, p.293. 이후 1952년에 郭沫若는 초기의 발전은 중국 각지의 다양한 지역에서 다양한 속도로 나타났기 때문에 균질적이지 않았다고 말했다. 郭沫若, 『奴隸制時代』, (北京: 1972), p.283을 보라. 이 책은 대부분 50년대 초반 쓰인 논문들을 모은 것이다.

점차 권위와 중용에 복종할 것을 고취하는 가치가 강조되었던 것이다. 노예제 사회에 대한 이러한 경제적, 사회적, 정치적, 그리고 이데올로기적 특징은 서주 사회가 노예제 사회였다는 주장을 증명하기 위해 그가 쓴 여러 논문들에 다양한 탐색 방향을 제공해주었다.

궈모뤄는 노예제의 경제적 상태를 다음과 같이 분명하게 인식하고 있었다. "원시 씨족 사회로부터 노예제로의 변화는 유목의 발견에서 비롯되어 농업의 발달과 완성으로 이어졌다."[27] 『시경』과 『서경』에서 찾을 수 있는 증거로부터, 궈모뤄는 중국에서 농업의 기원을 후직后稷까지 추적했다. 그는 주의 전설적 건립자로서 기원전 23세기경에 살았다고 알려졌으며 농업신(말 그대로 기장 경卿[后稷])의 특징을 갖고 있었다. 주인周人들은 계속해서 발전해나갔으며 문왕文王(기원전 12세기)에 이르러 주의 영토 안에서 농업 경제가 번창했다.[28] 상商—이 시기 지배 가문—에는 반경盤庚 시기(기원전 14세기)에 농업이 알려지기는 했지만 원시적인 상태였고 생산수단으로서도 유목에 부차적이었다.[29] 생산수단의 차이로 인해 주는 상과의 경쟁에서 우위를 점할 수 있었고, 결과적으로 그들을 대체할 수 있었다.[30] 요컨대, 주가 상을 정복한 시기(기원전 1122년)에 이르러 중국에서 비로소 노예제 생산양식 성숙의 필요조건이 현실화되었던 것이다.

궈모뤄는 철의 발견이 경제에서 농업의 지위 상승의 원인이 되었다고 주장했다. 철기에 관한 그의 언급은 사변적이고 매우 불분명했지만, 그는 확신에 차서 다음과 같이 주장했다. "철의 발견은 논리적으로 주의 초기에 이루어졌다고 보아야 한다. 그렇지 않다면 이 시기 중국 사회의 농업 발전

27) 같은 책, p.112.
28) 같은 책, p.13. 또한 pp.117-125.
29) 같은 책, pp.114-115.
30) 같은 책, p.15.

이나 혁명적 변화의 이유를 설명할 길이 없다."[31] 농업에서 금속을 활용한 것은 상 왕조로 거슬러 올라간다. 그러나 이 시기 사용된 금속은 동이었으며, 왕조 전체에 걸쳐서는 석기와 동기가 함께 쓰였다.[32] 주는 동을 계속해서 사용했다. 사실, 궈모뤄는 어떤 지점에서는 주대에 철의 흔적이 없다는 결론을 내릴 수밖에 없었다. 또 다른 문맥에서는 주대를 중국 역사에서의 청동기 시대로 설명하기도 했다.[33] 그러나 동시대의 자료에서 철기의 증거를 밝힐 수 없었음에도 불구하고, 그는 철이 주대에 존재했으며 농업 생산에 결정적인 역할을 했다고 추론하기를 고집했다.[34]

경제에서 이러한 변화는 상商, 주周 교체기에 중국 사회와 정치에서 혁명적 변화를 불러일으켰다. 이 변화의 가장 중요한 의미는 지금까지 계급 없는 사회가 귀족과 노예의 두 세습적 계급으로 분리되었다는 것이다. 궈모뤄는 사회적 분기의 문제를 두 가지 방향에서 접근했다. 하나는 동시대의 자료에서 노예의 존재에 대한 증거를 규명하는 것이며, 다른 하나는 이 시기에 씨족 조직으로부터 사유재산에 기초한 핵가족으로의 변화를 보여주는 친족 구조의 진화를 추적하는 것이었다.

궈모뤄는 중국에서 노예제는 상대에서 출발했다고 말했다. 갑골문에서 그는 노예제를 가리키는 용어를 적어도 세 가지 확인했다. 그 글자의 모양은 또한 중국에서 최초의 노예가 전쟁 포로로 잡힌 다른 부족의 일원들이었다는 것을 말해준다. 그러나 상대는 노예제의 초기 단계였을 뿐이며 노

---

31) 같은 책, p.127.

32) 같은 책, 서론. 또한 p.220.

33) 같은 책, pp.43, 295.

34) 郭沫若는 철 사용의 증거를 오직 주대 중기에서만 찾았다. 그러나 그의 주장대로 본다면 이것 자체는 철이 고대에 사용되었음을 증명해준다. 왜냐하면 철제 무기를 만드는 것은 오랜 경험의 산물이었기 때문이다. 그의 관점에 따르면, 철기는 농기로 처음 사용되었고, 그다음에는 수공업 도구로, 그리고 기술적 혁신이 이뤄지고 나서야 무기의 생산에 사용되었다. 같은 책, p.13.

예 노동의 완전한 가치는 인정받지 못했다. 노예들은 집안에서 다소 생산적인 임무를 수행하기도 했고 심지어는 군사적 목적으로 고용되기도 했지만, 대다수는 희생제물로서 죽임을 당했다.[35)]

이 시대의 후엽에 중국에 나타났던 경제적 변화는 노예의 생산적 사용의 가능성을 열었다. 정복된 상은 주에 준비된 노예 노동력을 공급했다. 주공周公은 노예 노동의 중요성을 인식하고 이것을 주대 정치 체제의 경제적 토대와 결합시켰다. 궈모뤄는 통렬한 풍자로 다음과 같이 지적했다. "바로 유가 역사학에서 추숭되는 이 성인이 노예제도의 근간을 만들었다. 그는 상商의 백성(商民)을 속이려고 시도했으니, 그들로 하여금 그들을 노예로 전락시킨 것이 곧 하늘(상제)의 뜻이라 믿게 만들려 했던 것이다. 상의 백성에 대한 그의 흉악함과 음험함은 타이완을 통치하는 일본인들에 비할 수 있다."[36)](중국어판에 인용된 중국어 원문 번역-역자) 그의 개혁은 중국 사회에서 귀족과 노예의 분리를 공식적으로 허용하는 것이었다. 서주의 경전에서 "大人"과 "君子"는 귀족을 가리키며, "小人"과 "行人"은 노예를 가리킨다. 몇 가지 소수의 예외 말고도, 소위 "庶人"은 이 시기 노예 모두를 지칭했다.[37)] 노예들은 광범위한 자급자족적 사유지에서 귀족을 위해 봉사했다. 주대의 삶은 산업적 생산과 교화가 원시적 수준에 가까워 비교적 단순했기 때문에 농업 노동은 그들의 유일하면서 가장 중요한 기능이 되었다. 수공업이나 군역과 같은 다른 생산적 활동에 종사하는 것은 여전히 계절적이거나 우연적이었다. 사실, 궈모뤄는 서주 사회를 사회 발전의 전前 문명단계에 놓았는데, 이는 모건의 발전론에서 "미개(barbarism)"* 의 중간과 상위 단계 사이에 있는 단계와 같았다.[38)]

---

35) 같은 책, p.283.

36) 같은 책, pp.138-143.

37) 같은 책, pp.54-55, 296-297.

* 모건은 몽테스키외(Montesquieu)의 savagery, barbarism, civilization을 차용했다. 본서의 중국어판은 이를 각각 蒙昧, 野蠻, 文明으로 번역했으나, 여기서는 국내의 번역어인 야만, 미개, 문명을 사용한다.-역자

궈모뤄는 또한 사회 변화를 친족구조의 진화에 따라 탐색하는 다른 접근 방식을 제시했다. 궈모뤄의 분석에서 친족의 지위는 원시 공산 사회에서 계급사회로의 변화를 설명하는 단순한 분석적 도구 그 이상이었다. 궈모뤄는 모건의 신봉자에 걸맞게 역사 변화의 원천인 자주적 동력이 가족에 내재되어 있다고 믿었다. 중국 가족의 발전에 대한 연구에서 궈모뤄는 모건이 『고대사회』에서 제기한 진화론을 그대로 채택했다. 모건에 따르면, 인류가 동물과 구분되며 이성 간의 난교를 특징으로 하는 야만(savagery)의 하위 단계 이후, 가족은 모든 인류에 보편적인 사회 발전의 단계에 상응하는 수많은 진보의 단계—혈족가족(the consanguine)*, 공동혼(Punaluan) 가족**, 대우혼 가족***, 가부장적 가족(과도기), 일부일처제—를 지나 발전해왔다.[39] 때로 "야만의 중간 단계"에서 씨족 조직이 나타났는데, 이것은 이성 간의 근친상간관계를 처음으로 폐지한 공동혼 가족과 연계되었을 것으로 보인다. 씨족 조직의 의미는 가족을 넘어섰다. 왜냐하면 그것은 탄생한 후 인류의 문명화를 동반하여 "정치 사회"나 국가가 나타나기 전까지 모든 사회관계의 조직적 모체로서 작동하였기 때문이었다. 『고대사회』의 더 많은 부분은 다양한 민족의 씨족 사회의 진화를 살피는 데 할애되었다. (일부일처 가족에 의한 씨족 조직의 붕괴가 일어난) 야만 상태의 중간 단계와 문명의 등장 사이의 시기에 씨족 조직은 두 가지 주요한 변화를 겪었다. 그 하나는 모계제에서 부계제로의 변화인데, 아마도 대우혼 가족을 통해 현실화되었을 것이다. 다른 하나는 "부족에서 씨족 내 사

---

38) 같은 책, pp.37-41. 이 단계에 대해서는 주65를 보라.

* 동일 조상을 갖는 동일 혈족 간의 결혼에 의한 가족 형태이다.-역자

** 모건이 분류한 가족 형태로, 형제들이 그들의 아내들과, 또는 자매들이 그들의 남편들과 동거하는 가족 형태. 하와이의 푸나루아 관습에서 나왔다.-역자

*** 역시 모건이 분류한 가족 형태로 같은 혈족의 형제나 자매와 다른 혈족의 형제나 자매 사이에서 한 명의 남자와 한 명의 여자가 짝을 이뤄 결혼하는 가족 형태다.-역자

39) Morgan, *Ancient Society*, pp.498-499.

망한 성원의 재산 상속의 변화이다. 상속은 처음에는 부계 형제들 간에서 이루어지다가 마지막으로는 사망자의 자식에게 집행되는 것으로 바뀌었다."[40] 상속제 발전의 마지막 단계는 남성이 지배하는 일부일처제 가족의 성숙과 일치했다. 이 시기에는 부수적으로 사유재산과 국가가 부상했는데, 바로 전前 문명사회의 가장 높은 단계인 미개의 상위 단계에 속하는 시기였다.

초기 중국 역사에서 이들 친족 형식을 탐색하면서, 궈모뤄는 공동혼 가족의 기원뿐 아니라 난교와 혈족 가족 단계를 상대 이전 시기에 속하는 것으로 보았다(성인 군주와 전통의 황금 세대를 야만 시기에 위치한 것이다).[41] 공동혼 가족은 "한 집단 내 여러 형제들이 서로 각각의 부인과 혼인하는 것과 여러 자매들이 각각의 남편과 혼인하는 것에 기초한 것으로"[42] 상이 끝날 때까지 이어졌다. 궈모뤄는 갑골문에서 보이는 "多母"와 "多父", "兄終弟及(형이 사망하면 동생이 형수를 아내로 얻는다[兄死娶嫂].-역자)" 등을 상대의 공동혼 가족의 증거로 들었다. 더 나아가 "先妣特祭(여자 조상에게 제사를 올리다.-역자)", "帝王稱'毓'(제왕을 '毓[육]'이라 칭한다. '毓'은 '后', '育' 등과 함께 자식의 생산을 상형한 것으로, 여성이 왕이었음을 말한다.-역자)"과 "兄終弟及"과 같은 승계제로 보았을 때, 모계적 전통은 지속적으로 혈족 관계를 지배했다.[43] 상속의 본질에 관한 이러한 결론은 모건의 관점과 일치한다. 모건은 그의 연구에서 공동혼 가족에서 "아이의 부권을 확정할 수 없기 때문에 혈통은 반드시 여성을 통해 추적해야 했다"[44]고 추론했다. 결국 보편적인 사회 조직은 공유재산제에 기초한 씨족 사회氏族社會였다. 궈

---

40) 같은 책, p.64.

41) 『中國古代社會研究』, p.267.

42) Morgan, *Ancient Society*, p.27.

43) 『中國古代社會研究』, pp.43-45, 267-325.

44) Morgan, *Ancient Society*, p.434.

모뤄는 초기 중국 사회의 이러한 특징의 증거 모두를 『예기禮記』(주 말엽 혹은 한대漢代에 만들어진 것으로 추정)의 「예운禮云」편에서 찾아냈다. 그것들은 고대에 존재했을 "대동大同"이 무엇인지 보여주었다.[45]

일부일처제의 등장에 수반하여 공유재산제가 사유재산제로 변화함에 따라 상대는 종말로 나아갔고 상기한 체제는 이에 따라 쇠퇴해갔다. 초기 주의 왕과 귀족들은 후대의 기준에서 보자면 부유하다고 할 수는 없지만, 그래도 사유재산을 장악하고 있었다. 이것은 원시공산제가 종말을 고했다는 신호였다. 규모가 크지는 않았지만 무역의 등장은 소유 관계가 변화했다는 또 다른 증거였다.[46] 이러한 경제적 변화는 혈족 구조에서의 변화와 연관되었다. 『주역』에 관한 연구에서, 궈모뤄는 대우혼 가족 혹은 "결혼의 틀 내에 있지만, 배타적 동거는 하지 않는 일부일처"(궈모뤄는 이것을 일시적 일부일처혼—偶婚 혹은 一時的一夫一妻로 해석했다)로 구성된 가족에 관한 "틀림없는" 증거를 찾아냈다. 남성이 결혼하여 (원래의-역자) 가족을 떠나는 관습과 함께 여성 가장의 존재가 지속되었던 것은 모계적 특징이 지속되었음을 말해준다. 그러나 여성이 결혼하여 가족을 떠나는 부계제의 징후도 존재했다. 즉, 일부다처의 관습과 남성 후손을 통한 상속이 바로 그것이었다.[47] 어느 경우에든 결과적으로 씨족 사회가 붕괴함으로써 경제적, 정치적 관계와 양성 관계 등 사회의 모든 방면에 불평등이 나타나게 되었다. 가족 내에서 여성의 남성에 대한 복종은 경제와 정치 영역에서의 계급적 억압의 등장과 궤를 같이했다. 궈모뤄의 사회 발전관에 따르면, 원시공산제 이후 노예제 사회와 불평등 현상이 나타난 것은 사회가 필연적

45) 『中國古代社會硏究』, p.279.

46) 같은 책, p.280.

47) 같은 책, pp.43-45. 郭沫若가 가족에 대한 연구에서 결론의 토대로 삼았던 증거는 매우 취약했다. 郭沫若는 선입견에 근거할 수밖에 없었다. 郭沫若가 『周易』에서 찾은 "일부일처"의 예들은 그의 접근방법을 보여주는 데 충분할 것이다. "枯楊生梯老夫得其女妻"(大過九二), "枯楊生華老婦得其士夫"(大過九五), "睽孤遇遠夫"(睽九四).

으로 노예제 생산양식으로 변화할 수밖에 없음을 보여주는 것이었다.[48)]

사유재산과 대우혼 가족의 원시적 형식이지만, 일부일처제가 등장함으로써 이 단계에는 국가의 등장을 위한 배경이 갖춰졌다. 씨족이 붕괴함에 따라 사회의 부족 조직은 정치적 조직에 복속되었다. 상이 멸망했을 때까지, 정치적 권위는 원시적 민주주의 형식인 씨족연합체나 부족연합체에 집중되어 있었다. 그러나 주대에는 경제에서 소유권이 그러했듯이, 정치권력이 왕과 귀족의 손으로 넘어갔다. 국가는 이제 행정, 전쟁, 사법의 기능을 넘겨받았다. 그럼에도 불구하고, 궈모뤄가 지적했던 것처럼 주대 초기의 사회는 그 부족적 기원에서 그리 멀리 가지는 않았다. 국國은 여전히 부족적 특징을 유지하고 있었으며 "정치적 사회"는 완성된 사실이기보다는 경향이었다.[49)]

결국 궈모뤄는 서주 시기에 일어난 이데올로기적 변화로 관심을 돌리면서 그의 주장을 마무리지었다. 그는 이 시기 이루어진 사회적 · 정치적 변화가 동시대의 문학, 종교, 사상을 반영한다고 주장했다. 이 시기 저작에서 신분을 나타내는 용어가 증가한 것은 계급의식이 강화되었다는 것을 보여준다. 문학과 예술의 발달은 바로 유한계급 등장의 징표였다.[50)] 특히 종교 관념의 변화가 중요했다. 하늘(天)과 하느님(上帝)은 이 시기에 최고의 신으로 부상했다. 이와 함께 정치에서 권력이 집중되었다. 역으로 지배자들은 그들의 권력을 강화하기 위해 이 관념을 제국을 선전하는 데 이용했다. 사회 일반에 있어, 사유재산이 사회적 · 경제적으로 의미를 얻게 되자 원시 시대의 다신교는 조상 숭배에 자리를 내주게 되었다.[51)]

궈모뤄의 분석에서 가장 커다란 변화이자 가장 미묘한 부분은 세계관

---

48) 『中國古代社會硏究』, pp.109-110.

49) 같은 책, pp.45-47.

50) 같은 책, pp.53-54.

51) 같은 책, pp.58-60.

의 변화에 관한 것이었다. 『역경』* 분석에서 궈모뤄는 자연변증법을 그대로 사회에 이식함으로써 진보적이고 급진적인 사고가 위축되고 사회 개혁의 시도가 방해받았다는 결론을 내렸다. 『역경』에서의 변화관은 극과 극은 통한다는 가정을 담고 있다. 이것은 지혜는 "중행中行"의 추구에 있다는 믿음을 설파했다. 그것은 변화에 대한 요구를 약화시켜 자신들의 권력을 영속화시키려는 지배계급의 희망을 뒷받침하는 도덕을 만들어냈다. 궈모뤄가 노예제 생산양식이 봉건제에 의해 대체되고 있던, 이어진 시기의 산물로서 간주했던 『역전易傳』**은 이러한 경향을—이번에는 의식적으로—더 심화시켰다. 이들 저작의 유가 저자들은 도교에서 만들어진 "道"를 사회에 선행하고 그래서 인간의 영향을 벗어난, 모든 변화의 원천으로 설명함으로써 변화의 관념을 사회의 영역에서 형이상학의 영역으로 전이시켰다. 그들은 서주가 끝났을 때 발아하던 급진주의의 싹을 잘라내기 위해 의식적으로 "中" 혹은 "中行"의 도덕을 설파했다. 궈모뤄는 이러한 사고가 왜 특히 노예제 혹은 봉건제 사회에 적합한 것인가에 대해서는 언급하지 않았다. 그러나 다른 측면에서 그가 말하려는 뜻은 분명했다. 즉, 서주 시기 중국의 사상은 진보를 향한 노력은 가망이 없다는 것을 강조함으로써 사람들로 하여금—한 계급이 다른 계급을 억압하는 것을 포함하여—현 상태에 만족하는 것이 가장 현명하다고 생각하도록 만들어 지배계급에 봉사하는 사상이었다는 것이다.[52)]

이러한 요약들은 궈모뤄의 주장을 비틀어 실제와는 달리 조화로워 보이게 만든다. 『중국고대사회연구』에 수록된 논문들은 각각 분리된 작업의

---

* 『易經』은 일반적으로 『周易』을 지칭하는데 『周易』은 또한 크게 『易經』과 『易傳』로 나뉜다고 한다. 여기서 『易經』도 아래의 『易傳』과 관련된 후자의 『易經』으로 보인다.-역자

** 『周易』은 크게 『易經』과 『易傳』으로 나뉘는데 『易經』은 해설서의 의미를 갖는다고 한다. 한편, 程伊川의 『易傳』은 『周易』의 주석서라고 할 수 있다. 여기서 『易傳』은 전자를 가리키는 것으로 보인다.-역자

52) 같은 책, pp.64-96.

결과였다. 그래서 그 주장은 통합적이지는 않았다. 궈모뤄는 노예제 사회의 특징을 정의하는 다양한 규준들의 상대적 중요성을 평가하려 하지 않았다. 이러한 누락이 의도적이었는지 아닌지는 모르지만, 노예제 사회에 대한 명확한 정의가 없기 때문에 그의 주장의 일관성은 약화되었다. 게다가, 그는 노예제 사회의 보편적 필요조건이라고 보았던 상황이 주대 초기에 현실화되었다는 것을 보여줄 수 없었다. 관건이 되는 문제에 대한 그의 주장들은 종종 다른 것들과 충돌했다. 주대 사회에 대한 그 자신의 관점은 부차적 증거의 동어반복적 해석을 통해서만 설명할 수 있었다. 마르크스주의자로서 그에게 가장 당황스러웠던 것은 그가 직접적인 증거가 없는 상황에서 서주의 사회 조직과 이데올로기적 "상부구조"의 특징으로부터 대체적으로 서주 사회의 생산양식과 생산관계를 추론할 수밖에 없었다는 것이다. 그의 논적들은 그의 주장에서 이러한 취약성을 재빨리 간파했다.

궈모뤄에 대한 비판과 궈모뤄의 초기 중국 역사에 대한 관점의 자기 수정修正

궈모뤄의 저작에 대한 비판은 두 가지로 나눌 수 있다. 비교적 더 이론적인 비판은 궈모뤄의 역사 분기, 사회구성체에 대한 이해, 그리고 모건의 범주를 어떻게 사용했는지에 초점을 맞췄다. 이러한 유형의 비판에는 불가피하게 마르크스주의적 역사 분기에 대한 특정 논자의 딱지가 붙어 있게 마련이다. 다른 유형의 비판은 중국 역사 자료의 궈모뤄식 해석을 다루었다. 궈모뤄에 대한 대부분의 비판은 이 두 범주를 구분하지 않거나 단순히 동전의 양면으로 인식할 뿐이지만, 그 차이는 궈모뤄에 대한 비판의 유효성뿐 아니라 궈모뤄의 성과를 정확히 평가하는 데 있어 필수요소였다.

궈모뤄에 대한 보편적 비판은 그가 마르크스주의 범주를 "기계적으로"

(機械主義) 다루었다는 것이다. 그의 비판자들은 마르크스가 『정치경제학 비판 요강』 서문에서 사회의 일반적 유형학으로서 사회구성체의 목록을 제시했지만 모든 사회구성체가 보편적이라고 인정하지도 않았고 사회구성체가 배치되는 순서도 규정하지 않았던 반면에 궈모뤄의 분석은 모든 사회의 진화가 동일하다고 보는 가설이라고 단언했다.[53] 이 논자들, 특히 마르크스주의자들은 궈모뤄의 중국 역사 분기를 비판하기 위해, 아시아적 사회와 노예제 사회에 초점을 맞춰 문제를 제기했다. 비판자들은 궈모뤄가 마르크스의 역사 발전론에 무지했기 때문에 원시 사회, 씨족 사회, 아시아적 사회를 동일하게 본 것이라고 비판했다. 그들은 마르크스가 초기 저작에서는 이러한 사회구성체들을 역사적으로 동일하다고 간주했지만 모건의 연구를 알게 된 후에는 생각을 바꾸어 그것들을 다른 범주로 구별했다고 주장했다. 궈모뤄는 이러한 마르크스의 사고의 변화를 몰랐기 때문에, 마르크스도 폐기했던 분기를 사용했다는 것이다.[54] 리지는 궈모뤄의 분석을 가장 세밀하게 비판했다. 그는 단순히 비판에서 머물지 않고 더 나아가 아시아적 사회의 두드러진 특징이 강한 국가의 존재라고 주장했다. 국가가 등장하기 이전 시기에 대해 궈모뤄가 "아시아적"이라는 용어를 사용한 것은 무엇이 아시아적 사회를 구성하는지에 대한 그의 심각한 이해 부족을 드러낸 것이었다.[55]

더 심각한 것은 궈모뤄가 주대 초기를 노예제 사회로 인식했다는 것이다. 비판가들은 이 문제에 대해 여러 방면에서 궈모뤄를 비판했다. 혹자는

---

53) 程憬, 「郭沫若的中國古代社會硏究」, 『圖書評論』 第1卷 第2期, (1932.10), pp.8-9. 또한 丁迪豪, 「中國奴隸社會的批判」, 『歷史科學』 第1卷 第5期, (1933.10), pp.2-3을 보라.

54) 李季, 「對於中國社會史論戰的貢獻與批評」, 『讀書雜誌』 第2卷 第2期, 第3期, p.90. 杜畏之, 「古代中國硏究批判引論」, 『讀書雜誌』 第2卷 第2期, 第3期, p.16. 胡秋原, 「中國社會-文化發展草書」, 『讀書雜誌』 第3卷 第3期, 第4期, pp.22-23.

55) 季子(李季의 필명), 「中國古代社會史的硏究」, 『中山文化敎育館季刊』 第1卷 第1期, (1934.8), p.277.

그가 노예제를 역사의 보편적 단계로 만들어버렸다고 비판했으며, 혹자는 역사 발전의 순서를 뒤섞어놓았다고 비판했고, 혹자는 노예제 생산양식을 제대로 정의하지도 못했다고 비판했다. 딩디하오(丁迪豪)는 범주적으로 노예제가 마르크스주의적 분기에 있어 역사의 필수적 단계라는 관점을 부정했다. 그는 궈모뤄가 중국 역사의 내적 원리를 무시하고 단순하게 주대 초기와 그리스·로마의 노예제 사회를 동일하게 바라보았다고 비판했다.[56] 동일한 맥락에서 궈모뤄를 비판한(그러나 그 자신들은 노예제 문제에 있어서는 보다 상반되는 감정을 갖기도 한) 천방궈(陳邦國)와 왕보핑(王伯平)은 노예제 사회를 역사의 독립된 단계로 볼 수 없는, 원시 사회와 봉건 사회 사이에 존재하는 과도적 단계로 보았다.[57] 다른 논자들은 노예제를 보편적 단계로 받아들였지만 궈모뤄가 노예제 사회와 봉건 사회의 순서를 바꿔놓았다고 비판했다. 리마이마이(李麥麥)는 노예제 생산양식이 봉건제 생산양식보다 발전된 것이라는 점을 근거로 노예제가 역사적으로 봉건제보다 뒤에 나타났다고 주장했다. 그의 관점에서 유럽이 고대 이후 봉건제로 역전된 것은 다른 사회에서는 일반화될 수 없는 퇴행적 발전이었다. 진정한 봉건 사회는 초기 역사에서 부족 사회와 노예제 사회 사이에 존재했다는 것이었다.[58] 마지막으로, 일부 논자들은 궈모뤄가 결코 노예제 사회에 대한 기준을 정의하지 않았다고 주장했다. 우선, 딩디하오는 단순히 노예가 존재한다는 것만으로는 노예적 생산양식을 증명할 수 없다고 단언했다. 그는 노예제는 역사 전체에 걸쳐 존재했기 때문에, 그 기준이 노예제 생산양식을 규정하는 데 사용된다면 모든 사회를 노예제 사회로 정의해야 한다

56) 丁迪豪, 「中國奴隸社會的批判」, p.2.

57) 陳邦國, 「中國歷史發展的討論」, 『讀書雜誌』 第1卷 第4期, 第5期, p.5. 王伯平, 「中國古代社會研究之發軔」, 『讀書雜誌』 第2卷 第7期, 第8期, pp.13-14.

58) 李麥麥, 「評郭沫若的『中國古代社會研究』」, 『讀書雜誌』 第2卷 第6期, (1932.6), pp.3-8.

고 말했다.[59] 게다가, 그는 궈모뤄가 가내 노예와 사회에 노동력을 제공하는 노예계급(slave class)을 구분하지 않았다고 주장했다. 궈모뤄가 설명한 중국에서의 노예는 대부분 첫 번째 범주에 속한다는 주장이다. 딩디하오는 노예제 생산의 증거가 없기 때문에 궈모뤄가 성적 불평등으로부터 노예제를 유추했다고 날카롭게 비판했다.[60] 결국 어떤 논자는 궈모뤄 주장 전체가 노예제 사회는 필연적으로 원시 사회 뒤에 올 수밖에 없다는 "믿음"에서 비롯되었다고 주장하기도 했다. 이러한 궈모뤄의 믿음을 공유하지 않는 이들에게 그의 주장은 명백히 본질에서 벗어난 것이었다.[61]

분기의 문제는 차치하고, 궈모뤄는 또한 그의 해석 때문에, 정확하게 말해서는 친족 구조의 진화에 관련된 모건의 관점을 잘못 이해했기 때문에 이론적인 영역에서도 공격받았다. 리지는 궈모뤄가 친족 그룹들 사이의 관계를 혼동하고 가족의 진화를 다룬 모건의 관점으로부터 벗어났다고 비판했다. 그는 특별히 궈모뤄가 난교와 공동혼 가족 시기가 겹친다고 생각했으며 난교 시기를 야만기 전체로 확대했다고 주장했다. 둘째, 리지는 궈모뤄가 씨족 사회의 조직에 공동혼 가족을 포함시키는 잘못을 저질렀다고 지적했다. 이러한 판단은 모건의 생각과는 상반된 것이었다. 모건은 씨족을 특정 가족 유형에 연결시키지 않았고, 공동혼 가족을 씨족 발생의 예비 단계일 뿐이라고 주장했다. 공동혼 가족은 야만의 중간 단계에 속했고 일부일처 가족은 미개의 상위 단계에 속했으며, 씨족 사회는 다른 사회에서 다른 유형의 가족 조직으로 나타났다. 더 중요한 것은, 다양한 증거로 보았을 때 씨족 조직은 상속에 있어 모계제와 부계제 둘 다를 포괄하고 있었다는 것이다. 씨족 사회를 모계제 사회로 인식한 궈모뤄의 생각은 모건의 관점을 왜곡한 것일 뿐이었다. 궈모뤄가 전前 문명사회의 발전

59) 丁迪豪, 「中國奴隸社會的批判」, p.13.

60) 같은 책, p.4.

61) 程憬, 「郭沫若的中國古代社會研究」, p.17.

단계에 대한 모건의 생각을 임의로 사용했다는 리지의 비판 또한 중요한 의미가 있다. 그는 궈모뤄가 역사 발전 단계의 보편성을 단언해버리기만 하고 그의 목적에 적합하지 않은 단계들은 거리낌 없이 건너뛰었다고 비판했다. 궈모뤄가 상을 미개의 중간 단계에, 그리고 서주를 노예제 사회에 대응시킨 것은 그것을 가장 적절하게 보여주는 예였다. 리지가 의아해 했던 것은, 모건의 분기가 궈모뤄가 선언한 것처럼 유효하다면 어디에서 미개의 상위 단계가 사라졌는가 하는 것이었다. 혹은 언젠가 궈모뤄가 주장했듯이 서주가 미개의 중간 단계라면, 중국 사회가 그다음 단계, 즉 제국의 단계에 들어섰을 때 미개의 상위 단계로 들어선 것인지, 그리고 그것이 최근까지 이어졌는지 하는 것이었다.[62]

나는 7장에서 중국 역사의 마르크스주의적 분기의 일반적 문제라는 맥락에서 궈모뤄가 채택한 분기가 일으킨 문제들을 다룰 것이다. 여기서는 모건의 저작에 비추어 궈모뤄 비판가들이 궈모뤄에게 가한 비판이 합리적인가 하는 문제를 언급할 필요가 있다. 궈모뤄의 해석을 겨냥한 리지의 비판 중 적어도 최초의 두 가지는 『고대사회』로부터 증명될 수 있는 것이었다. 예를 들면, 모건은 난교(雜交) 시기를 다음과 같이 정의했다. "이것은 (…) 야만의 가장 저급한 단계로", "인간이 그를 둘러싼 동물들과 구별되지 않던" 시기이자 가족에 대한 개념조차 아직 존재하지 않던 때였다.[63] 그러나 궈모뤄는 난교기를, 인간이 짐승과 다를 바 없는 존재를 넘어선 후, 혹은 모건의 말로는 "인류의 유아적 단계로부터 도기 기술이 발명되기까지" 지속된, 문명사회로 들어선 최초의 세 단계를 포함하는 야만(蒙昧)기 전체와 동일시했다. 게다가 모건은 야만기의 상위 단계에 공동혼으로의 변화

62) 李季, 「對於中國社會史論戰的貢獻與批評」, 『讀書雜誌』 第2卷 第2期, 第3期, pp.72-90. 유사한 주장은 程憬, 「郭沫若的中國古代社會硏究」, pp.9, 11-12를 보라.

63) Morgan, *Ancient Society*, p.540.

가 일어났다고 주장했다.[64)]

난교가 기원전 3000년까지 지속되었다는 궈모뤄의 주장은 그것이 모건이 생각했던 것보다 인간 역사에서 더 오랜 시간을 차지했다는 판단이 없다면 나올 수 없었다. 씨족 사회와 노예제를 혼동한 궈모뤄의 생각은 더 심각했다. 그가 모계제로부터 부계제로의 변화를 씨족 사회 붕괴와 노예제 등장의 지표로 사용했기 때문이었다. 『중국고대사회연구』에서 궈모뤄가 제시한 모건의 발전관에 관한 표는 그가 정말로 모건의 생각을 잘못 이해하고 있었다는 것을 보여주는, 반박할 수 없는 증거였다. 그의 표에서(그리고 표에 근거한 분석에서) 궈모뤄는 씨족 사회를 더 광범위한 모계제의 범주에 포함시켰다. 그러나 리지가 지적하듯이, 그것은 모건의 공식과는 완전히 다른 것이었다.[65)] 의심의 여지없이 『고대사회』에서 모건은 미개의 상위단계(그리스와 로마)에 이르러 발전한 씨족을 부계 조직으로 간주했다. 그러나 이러한 혼란은 궈모뤄의 주장에 있어서, 그의 비판가들의 주장만큼 그렇게 전복적이지는 않았다. 모건은 부계 가족의 등장을 사유재산 등장의 결과로 보았고, "체계적 노예제"의 등장과 일치한다고 보았다.[66)] 그래서 그는 씨족 사회와 부계 상속 사이의 관계를 모호하게 다루었다. 이것은 궈모뤄가 자신을 방어하는 데는 유리했다. 모건에 따르면 씨족 사회에는 부계 상속이 포함될 수 있다. 그러나 부계 상속의 등장이 일부일처 가족을 강화하고 경제적, 정치적 권력상 계급 차별을 야기함으로써 궁극적으로 씨족 조직을 약화시킬 수도 있었다. 이러한 현상이 최초로 나타났다는 미개의 상위 단계는 사회에서 씨족 조직이 쇠퇴하던 시기였다.[67)] 이

---

64) 같은 책, p.425.

65) 郭沫若와 李季가 각각 모건의 관점을 정리한 표는 이 결정적 문제에 대한 이들의 차이를 분명히 보여준다.

66) Morgan, *Ancient Society*, p.540.

67) 같은 책, p.345. 2부의 10장, 13장과 4부의 2장을 보라.

시기의 모호한 발전은 또한 궈모뤄가 노예제 단계를 미개의 중간 시기에 포함시켰던 이유가 되었다. 이것은 엥겔스가 마르크스의 분기와 모건의 전前 문명사회에 관한 관점을 뒤섞어버렸기 때문에 나타난 문제였다. 나는 다음 절에서 이 문제를 다시 논할 것이다.

미개			야만		
상위	중간	하위	상위	중간	하위
철기 문자의 발명	청동 유목 발달된 농업	토기 유목 농업의 발명	활 화살 신석기	불의 사용 구석기	나무 생활 언어
일시적 배우자에서 고정된 부부관계로	혈족 가족에서 공동혼 가족		난교, 공동생활		
	씨족 사회				
국가, 부계사회	모계 사회				

출처: 郭沫若, 『中國古代社會研究』, p.42

상위	중간	하위	상위	중간	하위
일부일처- 부계	대우혼		공동혼		난교 혈족혼
	모계				
씨족 사회					

출처: 李季, 「對於中國社會史論戰的貢獻與批評」, 『讀書雜誌』 第2卷 第2期, 第3期, p.78. 각 시기의 성과물은 여기서는 생략되었다. 의미 면에서는 차이가 나지 않기 때문이다. 李季의 것이 다소 더 상세하다.

* 위 표들은 Ancient Society, pp.10-13과 pp.498-508에 나오는 사회와 친족에 대한 모건의 분기를 통합해 나타낸 것이다. 모건, 궈모뤄, 리지의 표를 비교하면 李季의 표가 모건의 분기와 훨씬 더 닮아 있음을 알 수 있다.

두 번째 비판은 궈모뤄가 증거를 활용하는 방식, 특히 그가 고전 자료를 채택하는 방식과 관련이 있었다. 프랑스의 저명한 중국학자인 마스페로(H. Maspero)는 궈모뤄가 자료로서 이러한 텍스트들을 사용했을 때, 자료의 신뢰성 문제를 간과했다고 지적했는데, 이는 그만이 아닌 많은 이들의 생각이기도 했다.[68] 그러나 궈모뤄 비판자까지 포함한 다른 여러 마르크스주의 역사가들보다 궈모뤄가 이 문제를 더 신중하게 다루었다는 것을 언급할 필요가 있다. 그는 고대 전적을 분석할 때면 반드시 역사적 진실성을 평가하고 시기를 규명하는 것에서 시작했다. 그렇지만 그는 다른 마르크스주의 역사가들이 포함시킨 전적들과 신화들의 역사적 진실성이 수용되기 어렵다 하더라도, 그것이 고대 중국 사회의 본질에 대한 단서를 제공한다는 그들의 주장에 동의했다.[69] 그는 그의 입장을 뒷받침하지 않는 자료들은 위서로 부정한 반면에, 임의로 몇 가지 전적은 진서로 받아들였다.

『중국고대사회연구』를 겨냥한 다른 비판에서는 고고학적 자료가 초기 사회에 관한 자료로서 충분한가 하는 문제가 제기되었다. 1920년대 구제강에게 제기된 비판에서 일부 비판가들은 갑골문과 청동기는 제한된 데이터만 제공하며, 대부분의 경우 궈모뤄는 근거 부족 속에서 주장을 전개할 수밖에 없었다고 단언했다. 즉, 이 자료들은 고대 사회의 어떤 특징을 밝혀주기는 하지만, 자료에 어떤 현상에 대한 징표가 없다고 해서 그 현상이 존재하지 않았다는 증거가 되지는 못한다는 것이다.[70]* 결국 비판가

---

68) 馬伯樂(Maspero), 「評郭沫若近著兩種」, 『文學年報』, (1936.4), p.69. 梁園東, 「中國社會各階段的討論」, 『讀書雜誌』 第2卷 第7期, 第8期, pp.3-4.

69) 『中國古代社會硏究』, p.106. 또한 「答馬伯樂」, 『文學年報』 第2期, (1936.4.25.), p.4.

70) 李子, 『中國古代社會史的硏究』, p.275.

* 이 부분은 중국어판에서는 李子의 원문에 근거해 이렇게 제시되어 있다. "리지는 1920년대 구제강에 대한 비판을 떠올리면서 출토된 갑골문과 청동기가 극히 적은 상황에서 궈모뤄가 어떻게 소수의 유물에만 의지해 상대에 동기만이 있고 철기는 없다고 단정할 수 있었는가를 힐문했다. 즉, 고고학적 발굴로 출토된 물질적 증거가 고대사회의 일부 특징을 보여주기는 하지만, 그것을 사용하는 것은 신중해야 하며 반드시 고대 전적과 교차 검증해야 한다는 것이다."-역자

들은 궈모뤄가 제공한 증거가 서주에서 봉건제가 존재했다는 주장을 논박하지도 못하고 노예제 생산양식이 이 시기를 지배했다는 것을 증명하지 못한다고 주장했던 것이다. 정징(鄭憬)은 궈모뤄의 논리—"봉건 사회가 아니라면, 노예제 사회일 것이다"—는 모 아니면 도라는 식이라고 비판했다. 게다가 그는 "정전제井田制"나 체계적 관등제도(五服五等制)의 존재에 대한 반증은 봉건제의 존재에 대한 반증이 되지 못한다고 말했다. 왜냐하면 봉건제는 이러한 요소들 어느 쪽에도 의존하지 않기 때문이다. 이러한 면에서는 차라리 노동의 지위가 결정적인 요소였다. 궈모뤄의 일부 주장은 주대 초기의 농민들이 토지 이용에서 자유를 누렸다는 것을 증명해주었다. 그것은 노예보다는 봉건 농노의 특징에 가까웠다. 노예제에 관해서 정징은 딩디하오처럼 노예제의 존재가 필연적으로 봉건적 사회 구조와 모순적인 것은 아니라고 주장했다.[71] 리지와 천방궈는 궈모뤄가 봉건제와 길드 체제를 동일시했기 때문에 봉건제를 부정했고, 이 시기에 길드를 발견하지 못했기 때문에 서주를 봉건 사회로 볼 수 없다고 결론 내렸다고 말했다.[72]

궈모뤄의 비평가들이 그의 자료 일부가 그가 노예제 사회의 보편적 필요조건으로 간주한 조건과 일치하지 않는다는 점에 주목하지 않은 것은 다소 의외다. 궈모뤄가 농업이 주대 초기에 여전히 원시적이었다는 결론을 내리고 이 시기에 철기가 만들어졌다거나 생산에서 노예를 사용했다는 충분한 증거를 발견해낼 수 없었던 것은 이 시기 중국 사회가 노예제 생산양식이 수립되는 필요조건을 현실화시켰다는 가정을 부인하는 것과 같았다. 결과적으로 그는 그저 "확신"만을 가지고 사회 · 정치적 특징에서 보았을 때 서주 사회가 이론상으로 노예제 단계에 나타나는 보편적 특징을 보

71) 鄭憬, 『郭沫若的中國古代社會研究』, pp.13-16. 인용은 p.15.

72) 李季, 「對於中國社會史論戰的貢獻與批評」, 『讀書雜誌』 第2卷 第2期, 第3期, pp.8-89. 陳邦國, 「中國歷史發展的討論」, 『讀書雜誌』 第1卷 第4期, 第5期, p.12.

여주었다고 주장했던 것이다. 즉 그의 주장 상당수는 정황에 따른 것이었다.[73] 마지막 분석에서 궈모뤄는 국가의 등장, 부계가족, 성적 불평등으로부터 노예제 생산양식의 존재를 추론했다. 노예제의 직접적인 증거를 찾으려 한 그의 노력은 약간의 성과를 보았지만 그것에서조차 그는 상당 부분 농민의 노예와 같은 생활상으로부터 그들이 노예로 예속되어 있었다고 추론할 수밖에 없었다. 그는 농민계급이 노예로서 속박되어 있었다는 것을 입증할 수 없었다.

궈모뤄의 비판자들은 그가 노예제의 물질적 조건의 존재를 증명하지 못했다는 것을 간과했다. 그 이유는 그들이 서주 사회가 원시 사회를 넘어설 만큼 그렇게 발전된 사회가 아니라는 것을 설명하는 데서 실수를 저질렀다는 것을 증명하느라 바빴기 때문이었다. 우선, 그들은 문자가 상대만큼 이른 시기에 존재했다는 모건에 근거해 중국이 주대보다 이른 시기에 문명 시대로 들어섰다고 주장했다.[74] 둘째, 대부분의 논자들은 농업경제가 주대 초기에 궈모뤄가 생각한 것보다 훨씬 더 많이 발전했다는 판단을 하고 있었다.[75] 궈모뤄에 비해 고대 신화를 믿는 데 거리낄 것이 없던 리지는 기원전 3000년 전까지 문명과 중앙집권국가의 기원을 추적했다. 그는 고고학적 증거는 없었지만, 철기가 이 시기에 중국에 존재했을 것이라고 주장했다.[76] 다른 이들은 중국이 주대 훨씬 이전부터 씨족 사회와 모계제를 벗어나 진화했다고 주장했다. 상대의 귀족 정치의 존재는 사유

73) 郭沫若는 20여 년 후에 그의 연구 대부분은 직접적인 증가가 없었기 때문에 간접적인 증거에만 의지해야 했다고 인정했다. 『奴隷制時代』, (北京: 1972), pp.286-287.

74) Morgan은 p.12에서 이렇게 정의했다.

75) 馬伯樂(Maspero), 「評郭沫若近著兩種」, 『文學年報』, (1936.4), p.67. 季子, 『中國古代社會史的研究』, p.269. 李麥麥, 「評郭沫若的『中國古代社會研究』」, 『讀書雜誌』 第2卷 第6期, (1932.6), pp.4.

76) 季子, 『中國古代社會史的研究』, pp.260-268.

재산, 부계 상속, 국가의 탄생의 증거였다.[77] 유가적 전통에서 숭배의 대상이었던 이 시기를 궈모뤄는 원시 혹은 전前 문명시기로 설명했는데, 몇몇 논자들은 (어떤 증거도 없지만) 이를 민족적 자부심 때문에 받아들일 수 없었다. 그러나 이와 달리 많은 외국의 전문가들은 당시뿐 아니라 그 이후에도 이에 대한 궈모뤄의 비판자들에 동의했다. 마스페로는 서주의 농업이 원시적이었다는 궈모뤄의 주장을 비판한 이들 중 하나였다.[78] 게다가 궈모뤄의 저작에는 그가 역사의 도식적인 관점에 꿰맞추기 위해 상대商代의 사회 · 정치 조직의 복잡성을 낮게 평가했음을 보여주는 충분한 증거가 있었다.[79]

『중국고대사회연구』에 대한 이러한 비판 때문에 1930년대 후반과 1940년대 초반 사이에 궈모뤄가 그의 관점을 수정하게 되었다고 말하기는 어렵다. 그는 때로 구체적으로 누구라고 지목하지 않고, 주대 초기를 봉건적이라고 말한 이들에 대해 가볍게 언급하기도 했다. 상술한 대로, 1937년 이전까지 중국에 돌아오지 않았다는 단순한 이유 때문에 그가 그의 저작에 대한 비판을 기억하지 못했을 수도 있다. 그래서 그의 수정은 어쩌면 단순히 그의 연구가 심화되어 나온 산물이었을 수 있다. 1930년대 중반까지 그는 갑골문과 청동 명문에 대한 최고의 권위자로 명성을 누렸다.[80] 이 시기 그는 이론적인 문제에서 벗어나 전통적인 문헌 분석(考證)으로 나아가는 경향을 보였다. 그는 점차 전통 전적보다는 고고학적 자료에 더 많은 가치를 부여했다. 그는 전적들을 지속적으로 활용하기는 했지만 고고

---

77) 王伯平, 「中國古代社會硏究之發軔」, 『讀書雜誌』 第2卷 第7期, 第8期, pp.10-11.

78) 물론 H. G. Creel은 1937년 *The Birth of China*에서 같은 결론을 내렸다.

79) 예를 들어, 郭沫若는 상대 사회가 郭沫若가 인정한 것보다 더 복잡하다는 것을 보여주었는데, 王伯平은 이러한 증거에 거의 모든 것을 의지했다.

80) 何幹之, 『中國社會史問題論戰』, (上海: 1937), p.95. 이 시기에 출간된 저작으로 郭沫若는 이러한 명성을 얻을 수 있었다. 이 저작에는 『卜辭通纂』, 『兩周金文辭大系』, 『甲骨文字硏究』, 『靑銅器硏究要纂』 등이 포함되었다.

학 자료와 충돌하는 지점에서는 공공연히 전적이 무가치하다고 단언했다.[81] 또한 마르크스주의의 영향도 그의 초기 저작에서보다 그렇게 두드러지지는 않는다. 그는 1928년에서 1930년 사이에 채택했던 분기관을 바꾸려고 하지 않았다. 그의 분석 수정은 실질적으로 중국에서 각 시기의 시작점과 끝점을 어디로 잡을 것인가 하는 계시計時의 문제와 고고학 자료 연구에서 발전시킨 주장을 세련되게 만드는 것에 한정되었다.[82] 그럼에도 불구하고, 수정된 관점은 중국 초기에 대한 그의 관점에 있어서 사소하지 않았으며 그의 저작에 가해졌던 수많은 비판을 쓸모없게 만들어버렸다.

가장 중요한 관점상의 변화는 노예제 단계가 얼마나 지속되었는가에 대한 것이었다. 늦어도 1937년까지 궈모뤄는 이 단계가 초기 중국 역사에서 훨씬 더 긴 시간을 차지했다는 결론을 내렸다. 즉 그는 이 시기를 상대 중반(약 기원전 1400년)부터 춘추, 심지어는 전국 시기에까지 확대했던 것이었다.[83] 노예제 생산양식은 상·주 교체기에 정점에 이르렀다가 곧바로 쇠퇴하기 시작했다. 이러한 분기의 변화는 초기 중국 사회에 대한 그의 관점에 상당한 의미가 있었다. 우선, 궈모뤄는 이제 그가 초기 저작에서 말했던 것보다 상대에 훨씬 높은 수준의 발전이 있었다는 것을 받아들이게 되었다. 그는—수도의 지속적인 이동을 증거로—기원전 15세기가 끝날 때까지 상대가 유목 상태였다는 주장은 유지했지만, 기원전 15세기 이후에 농업이 완전한 발전에 이르렀다는 결론을 내렸다. 이에 따라, 모계제와 씨족 사회에 관한 언급은 빈도가 급격히 줄어들었다. 주대가 문왕과 무왕武王 시기 이전까지는 낙후되어 있었고, 상을 정복한 이후에야 상의 고급문화를 이어받을 수 있었다는 것이 그의 새로운 관점이었다. 그는 상

81) 郭沫若, 「論古代社會」, 『沫若文集』 第12卷, (北京: 1959, 1943 초간) p.276.

82) 郭沫若의 이론적인 공헌의 하나인 분기 문제에 대한 그의 글을 보라. 「社會發展階段之再認識」, 『沫若文集』 第11卷, (北京: 1959, 1936 초간) pp.21-27.

83) 郭沫若, 「屈原時代」, 『沫若文集』 第11卷, (北京: 1959, 1936 초간) p.4.

을 주가 정복할 수 있었던 이유로 상의 군대에 노예가 존재했다는 사실을 들었다. 더 통합된 주군周軍 앞에서 상군商軍의 사기는 떨어질 수밖에 없었던 것이다.[84)]

둘째, 궈모뤄는 그가 일찍이 상에서 주로의 전변기에 일어난 변화의 의미를 과장했었다는 것을 인정했다. 그는 이것이 이러한 왕조의 변화가 중국 역사에서 가장 급진적인 변화의 하나였다고 말한 왕궈웨이(王國維)의 해석을 무비판적으로 받아들였기 때문이라고 설명했다.[85)] 결국 그는 이러한 저작에서 이전의 저작보다 노예의 문제를 분명하게 다루었다. 그는 단순히 노예가 존재한다는 사실과 노예제 생산양식을 명확히 구분했다. "분명 가내 노예만으로는 노예제가 탄생할 수 없다. 노예제는 대규모의 생산 노예가 없다면 불가능하다."[86)] 그는 대규모 생산 노예의 존재를 증명하기 위해 고고학적 자료(청동 명문)에서 주대 초기 노예 매매가 이루어졌다는 증거를 활용했다. 궈모뤄는 이러한 자료의 정확성과 연대기산은 접어두고, 이제 방법론적으로 확실히 직접적인 증거와 간접적인 증거를 구분했다.[87)]

궈모뤄가 노예제의 필수요소로 인식했던 철기에 대해 관점을 바꾸었다는 것에서 이론과 간접적 증거를 멀리하게 되었다는 사실을 확인할 수 있다. 그는 이제 철기가 상에서, 그리고 심지어는 주 초에도 존재했다는 증거가 없다는 생각을 받아들였다. 철기에 대한 가장 이른 증거는 춘추 후

---

84) 郭沫若, 「論古代社會」, 『沫若文集』 第12卷, (北京: 1959, 1943 초간) pp.279-280.

85) 郭沫若, 「古代研究的自我批判」, 『十批判書』, 『沫若文集』 第15卷, (北京: 1961, 1945 초간) pp.7-8.

86) 郭沫若, 「論古代社會」, 『沫若文集』 第12卷, (北京: 1959, 1943 초간) p.280.

87) 郭沫若가 참고한 銘文은 동물이나 다른 상품과 같은 인간의 거래나 보상이 이루어졌다는 것을 보여줬다. 그가 인용한 것은 『武丁』과 『大盂鼎』이었다. 이 명문들은 인간이 이 시기에 동물보다 더 가치가 낮은 존재로 인식되었음을 보여준다. 그러나 한편으로는 그들 노동의 기능에 대해서는 어떠한 언급도 없었다.

기와 전국 시대라고 생각을 바꾸었던 것이다. 그는 여전히 이 시기 철기가 무기보다 농기구로 먼저 쓰였다고 주장했지만, 그 기원이 서주 이전으로까지 거슬러 올라간다고는 보지 않았다. 어떤 경우에서든 그는 철기 시대로의 변화를 제국의 건설과 함께 이루어진 노예제로부터 봉건 사회로의 변화로 정의했다.[88]

궈모뤄가 초기의 관점에서 벗어났다는 가장 상징적인 증거는 주대 초기 정전제가 존재했음을 받아들였다는 사실이다. 그는 주 초에 관한 맹자의 언급이 오직 주대의 토지 분배 시스템이 공유제라고 설명한 것에서만 오류가 있다고 주장했다. 이와는 달리 정전제가 역사적 사실이라는 좋은 증거들이 있었다. 가장 중요한 증거는 글자 "田"이었다. 이 한자는 바로 정전을 형상화한 것이었다. 그러나 궈모뤄는, 일부 역사가들이 한 것처럼 정전을 봉건제에서의 영지와 같은 것으로 보는 것은 틀렸다고 말했다. 주대 초기 모든 토지는 국가 소유였고, 사유재산은 여전히 무의미했다. "田"(혹은 "井田")은 오직 토지분배를 위한 목적으로만 사용된 단위였다.[89]

궈모뤄는 또한 이 시기를 봉건제로 바라보는 것에 반대한다고 천명했다. 그는 용어적인 문제 외에도 자료의 혼동이 개인의 자유라는 측면에서 노예와 농노의 구별을 어렵게 만들었다고 주장했다. 많은 이들이 주대 초기의 농민들은 다소 자유로웠기 때문에 노예가 아니었다고 주장한다. 그러나 궈모뤄는 이것은 사실 유효한 기준이 아니라고 반박했다. 농업노예가 수공업이나 상업에 소용된 노예들보다 훨씬 자유로웠던 이유는 이동이 토지에 제약되었기 때문이다. 이 경우 농노와 농업노예는 의미상 큰 차이가 없었으며 그래서 대부분의 역사가들이 이를 혼동했던 것이다.[90] 그

88) 郭沫若, 「青銅器時代」, 『青銅時代』, (香港: 1958, 1945 초간), pp.297-308.

89) 郭沫若, 「古代研究的自我批判」, 『十批判書』, 『沫若文集』 第15卷, (北京: 1961, 1945 초간) pp.26-28.

90) 같은 책, pp.39-40.

럼에도 불구하고 궈모뤄가 봉건제를 부정한 것은 주대 농민이 농노가 아닌 노예였다는 충분한 증거가 있다는 확신 때문이었다. 그는 여전히 등급이 상대와 주대에는 체계적이지 않았다고 주장했지만, 등급이 존재한다는 것을 반박할 수는 없었다. 그는 봉건제가 귀족과, 심지어 농노와도 무관하다고 정의함으로써 자신의 딜레마에서 벗어나고자 했다. 이러한 정의는 이후 중국 역사학에서 봉건제의 개념을 어떻게 다루는지를 보여주는 전조였다. 주페이위의 정의에 있어서 이러한 용법은 이후 마르크스주의 역사학에서의 해당 용어의 발전과는 관련이 있었지만, 중세 유럽에 이 개념을 적용하는 것과는, 심지어는 이 문제에 대한 마르크스 자신의 접근과는 아무런 관련이 없었다.

> 현대의 봉건 사회는 노예제 사회가 변한 것이었다. 생산자는 이미 더 이상 노예가 아니라 해방된 농업노동자였다. 중요한 생산도구는, 농업적 관점에서는 정식으로 분할된 토지였다. 그것은 사유재산이었으며 이로 인해 착취자로서 지주계급이 출현했다. 수공업과 상업에서는 관의 예속에서 벗어나 동업조합이 만들어졌다. 이러한 계급 위에 세워진 국가는 지주와 수공업 및 상업 종사자들이 헌납한 세금에 의해 유지되었다. 이것이 우리 현대에서 말하는 봉건 사회이다.[91](중국어판에 인용된 중국어 원문 해석-역자)

궈모뤄가 관점을 수정하면서, 1930년대의 논쟁은 약화되었다. 허간즈(何幹之)는 1937년의 저작에서 처음에는 궈모뤄의 해석에 반대하는 역사가들이 많았지만, 그의 관점에 동의하는 사람들의 수가 이후 수년간 계속해서 증가했다고 말했다. 그래서 그 장점과 관계없이, 초기 중국 사회에 대한 궈모뤄의 관점은 이후 중국 역사학을 지배하는 경향이 되었던

---

91) 같은 책, p.16.

것이다.

모건, 엥겔스, 그리고 궈모뤄

『독서잡지』에서 한 비판가는 궈모뤄의 마르크스주의는 피상적(膚)이라고 비판했다. 그가 사회학을 단지 전통 경전의 분석을 윤색하기 위해서만 이용했다는 것이다.[92] 누군가는 아마도 같은 비유를 가지고도 "膚"가 폄하하는 의미는 아니라고 말할 것이다. 왜냐하면 여기서 "膚"는 과거 자료를 가지고 외적으로는 분명히 마르크스적인 전집을 만들어냈다는 의미이기 때문이다. 어쨌든 그것은 궈모뤄가 『중국고대사회연구』에서 보여준 마르크스주의 이론에 대한 이해의 정도를 잘 보여준다. 그가 이 시기에 마르크스 저작에 담겨 있는 사회 발전에 관한 다른 해석을 알고 있었다면, 중국 사회에 관한 연구에서 이러한 태도를 보여주지는 않았을 것이다.[93] 게다가, 경멸 때문이었는지 아니면 단순한 실수였는지 모르지만, 궈모뤄는 초기 중국 사회에 대한 외국 학자들의 해석을 무시했다.[94] 오직 모건과 엥겔스만이 궈모뤄의 분석의 지침이었다. 『중국고대사회연구』에서 알 수 있

---

92) 杜畏之, 『古代中國研究批判引論』, p.9. 杜畏之는 같은 맥락에서 사람들이 郭沫若의 문학적 명성 때문에 그를 비판하는 것을 꺼려왔다고 말했다.

93) 郭沫若는 河上肇의 저작을 통해 마르크스주의를 접했다. 그는 商務印書館에 *Capital*을 번역하겠다는 뜻을 밝혔으나 거절당했다고 기억하고 있다. 『革命春秋』, (上海: 1951), p.205. 물론 이것은 그가 실제로 이 시기에 *Capital*을 읽었다는 말은 아니다. 1928년 초의 일기에서 그는 제1권을 읽고 있는 중이라고 말했었다. 필자가 지금까지 확인한 바로는, 그가 완전히 숙지한 저작은 그 자신이 1931년에 중국어로 번역한 *A Contribution to the Critique of Political Economy*였다. 이 저작의 역사관은 郭沫若의 역사관에 가장 중요한 영향을 끼쳤다.

94) 郭沫若, 『中國古代社會研究』, 서문. Maspero는 郭沫若가 M. Granet의 *Chinese Civilization*, (1929)를 읽지 않았다고 비판했다. 이 저작에서는 『中國古代社會研究』에서와 같은 주제가 다뤄졌다. 郭沫若는 겸손한 어조로 자신의 배움이 협소하다고 인정했다. 『答馬伯樂先生』, p.14를 보라.

는 것은 궈모뤄가 『가족, 사유재산, 국가의 기원*The Origin of the Family, Private Property, and the State*』을 통해 마르크스를 이해했다는 것이다.

『가족, 사유재산, 국가의 기원』은 기본적으로 엥겔스의 주석으로 보완된 『고대사회』의 축약본이었다. 엥겔스는 마르크스주의적 관점에서 모건의 저작을 검토할 필요를 느끼지 못했다. 왜냐하면 그는 "모건은 미국에서 그 자신의 방식대로 역사 유물론의 개념을 재발견했다. 그것은 40년 전 마르크스가 발견한 것이었다. 그리고 야만과 문명을 비교할 때 주요한 부분에서는 이러한 개념에 근거해 마르크스와 동일한 결론에 도달했다"라고 믿었기 때문이었다.[95] 그럼에도 불구하고, 그가 모건의 저작을 역사적 유물론과 동일시함으로써 사회 발전의 동력과 초기 사회의 성격에 대한 마르크스의 관점에 새로운 혼란이 야기되었다. 반대자들이 비판한 궈모뤄의 관점들은 사실 『가족, 사유재산, 국가의 기원』에서의 마르크스와 모건의 혼합에 그 근원이 있었던 것이다.

이것은 양성 관계와 친족 구조의 역사적 발전에서의 역할에 관한 것이었다. 엥겔스의 저작과 마르크스의 저작을 구분하는 것에 반대했던 에릭 홉스봄(Eric Hobsbawm)은 "전前 계급사회는 자체의 역사와 발전 법칙을 가진, 그리고 마르크스가 이제(즉, 그의 이후의 저작에서) 집합적으로 '고대 양식(Formation)' 혹은 '유형(Type)'이라고 부르는 사회경제 조직의 다양하면서 광범위하고 복잡한 역사적 시기를 구성한다"[96]라고 말했다. 『가족, 사유재산, 국가의 기원』에서 엥겔스는 모건이 『고대사회』에서 추론한 원시사회의 발전의 동력을 마르크스주의에 적용시켰다. 이런 점에서 보았을 때 모건보다 더 직접적으로 친족구조에 중심역할을 부여했던 것이다.

---

95) Engels, *The Origin of the Family, Private Property, and the State*, 초판 서문.

96) Eric Hobsbawm, "Introduction to Marx", *Pre-Capitalist Economic Formations*, (New York: International Publishers, 1965), p.51.

> 유물론적 개념에 따르면, 역사의 결정적 요소는 최종적으로는 즉각적인 삶의 생산과 재생산이다. 그러나 이 자체는 양면적이다. 하나는 생활 수단, 즉 의식주, 그리고 필요한 도구의 생산이다. 다른 하나는 인류 자체, 즉 종의 증식이다. **특정한 역사적 시대와 특정한 나라의 인간의 삶을 좌우하는 사회적 관습은 두 종류의 생산에 의해 제약을 받는다. 하나는 노동의 발전 단계이고 다른 하나는 가족의 발전 단계이다. 노동이 덜 발달할수록 생산량은 제한되고 이로 인해 사회적 부 역시 더욱 제한되며, 사회적 질서는 양성 관계에 의해 더 많이 지배되는 것으로 보인다.**[97](강조는 저자)

다른 말로 하면, 경제적 힘이 발전의 주요 동력으로 작동하는 경우는 생산성이 증가할 때뿐이다. 선사 시대를 통한 성적 관습(양성 관계)의 정교화는 가족 형태의 변화와 이에 따른 사회 조직의 변화를 추동했다. 모건을 따라 엥겔스는 부모와 자식 간의 성교 금지는 야만기가 시작되던 때 난교를 사라지게 했고 형제 간의 결혼 금지는 야만기 혈족 가족에서 공동혼 가족으로의 변화를 보여준다고 주장했다. 공동혼제에서 "직접적으로 발생한" 씨족 조직은 허용되는 성관계의 범위를 축소시켰다. 그 결과로 미개 시대가 시작됐을 때, "대우혼 가족"이 등장했다. 바로 이때에 경제적 요소가 사회 발전에 있어 주요한 역할을 하기 시작했다. 엥겔스에 따르면, 미개 시대까지 (집단 결혼의 형식이어야 했기 때문에) 혈통은 모계를 따라 이루어졌고, 상속은 가족 내에서가 아니라 공산제적 씨족 내에서 이루어졌다. 생산력이 발달함에 따라 사유재산은 증가했고, 이것은 미개 시대 중반까지 부계 혈통과 상속의 성장을 자극했다. 이러한 새로운 발전은 가족 관계의 진화에 내포되어 있던 경향들을 강화했다. 이 두 요소의 혼합은 씨족

97) Engels, *The Origin of the Family, Private Property, and the State*, p.6.

사회의 궁극적 해체와 더불어 계급사회가 동시에 발생했음을 알려준다.[98] 엥겔스는, 심지어는 모건보다 더 분명하게, 부계가족에 내포된 성적 불평등의 등장에서 역사상 최초의 "계급 적대"와 일반적인 사회적 불평등의 패러다임을 찾아냈다. "그래서, 일부일처제의 가족에서 그것이 역사적 기원을 충실하게 반영한다면, 그리고 남성의 배타적 지배로 인해 남성과 여성 사이의 날카로운 충돌이 확실히 야기된다면 우리는 적대와 충돌의 축소도를 보게 될 것이다. 이 모순 속에서 문명이 시작된 이래 계급으로 나뉜 사회는 그것을 해소하거나 극복하지 못한 채 움직인다."[99]

게다가 엥겔스는 문화 이전의 역사에 관한 모건의 관점을 받아들이면서, 노예제를 인류의 선사 시대까지 밀어내 버렸다. 그는 노예제가 미개 시대의 중간에 나타나 미개 시대의 상위단계에서 생산력이 발전함에 따라 완전한 발전을 이루었다는 모건의 주장에 동의했다.[100] 『정치경제학 비판 요강』의 분기관에 따르면 씨족 사회와 노예제 사회의 혼합은 선사 시대와 역사 시대를 가르는 분할선을 바꿔버렸다. 왜냐하면 노예 노동은 이 두 시대에 걸쳐 이어졌기 때문이다. 또는, 다르게 보면, 선사 시대와 문명 시대의 구별은 "원시 공산제"와 "노예제"의 구별에 더 이상 상응하지 않는다. "원시 공산제"는 선사 시대 초기만을 말하며, 후자는 계급(노예) 사회에 속하기 때문이다.

그럼에도 불구하고, 『가족, 사유재산, 국가의 기원』을 쓸 때 엥겔스는 『고대사회』에 대한 마르크스의 주석을 이용했다. 그리고 노예제를 다루는 그의 방식이 이 주제에 관한 마르크스의 관점을 왜곡했다는 근거는 어디에도 없다. 마르크스가 노예제 사회를 언급할 때면 대부분 고도로 발전된 로마 사회를 언급하는 것임에도 불구하고, 그는 노예제 사회를 고대 그

98) 같은 책, pp.47-55.

99) 같은 책, pp.66-68. 인용은 p.68.

100) 같은 책, p.159.

리스·로마 사회의 정점에 제한하지는 않았다. 좁은 의미에서 로마 사회에서의 노예제 생산양식은 광범위한 농업과 시장에 판매할 상품을 생산하는 산업에서의 노예 노동의 집중이라는 특징을 갖고 있었다. 마르크스에 따른다면 상업의 발달은 노예제 사회의 전제조건이었다.[101] 마르크스와 엥겔스가 말한(궈모뤄가 초기 주대 역사의 형식의 기초로 생각한) 경제적 의미에서의 노예제의 원시적 모습은 처음에는 마르크스가 말한 노예제 생산양식과는 거리가 먼 것처럼 보인다. 그러나 마르크스 저작을 세밀하게 살펴보면, 모건과 엥겔스처럼 마르크스가 로마의 성숙한 노예제를 긴 과정에 걸친 발전의 산물로 간주했다는 것을 분명히 알 수 있다.[102] 『고대사회』에 대한 그의 주석에는 노예제의 기원과 진화에 관해 그와 모건의 관점이 다르다는 증거는 없다.[103]

엥겔스가 말했듯, 마르크스는 말년에 모건의 저작을 발견했을 때 모건의 발견을 씨족 사회로부터 노예제 사회로의 변화에 관한 자신의 생각과 융합시킬 수 없었다. 그래서 이 임무는 엥겔스에게 남겨졌던 것이다. 어쨌든 분명한 것은 미개의 중간 시기에 역사의 노예제 시기를 끼워 넣은 이는 이를 묵인한 마르크스와 그를 따른 엥겔스였지, 리지가 비판한 궈모뤄는 아니었다. 궈모뤄는 주대 초기 사회를 다루었을 뿐이었다. 그는 주대 초기가 노예제 생산양식이 정점에 다다름에 따라 경제적으로는 퇴보했다고 보았다. 이러한 환경에서 문명사회가 도래했음을 보여주는 혁신은 생산과는 거의 관계가 없었으며 오히려 문화와 관련 있었다. 그것은 곧 문자의 발명이었다. 엥겔스는 모건이 제시한 이러한 기준을 받아

---

101) *Capital*, vol.3, p.332.

102) Hobsbawm, *Pre-capitalist Economic Formations*, p.34.

103) S. Krader, *The Ethnological Notebooks of Karl Marx*, (Assen, Netherlands: Vang Gorcum, 1972).

들였으나[104] 아마도 이것이 역사적 유물론의 범위 내에서 만들어진 문제라고 인식했기 때문인지, 『가족, 사유재산, 국가의 기원』에서는 이것을 중요하게 다루지는 않았다. 그는 마지막 장에서 문명의 탄생에 대해 다룰 때, 자신의 역할을 이 시기에 기록된 경제적이고 정치적인 변화를 설명하는 것에 국한시켰다. 노동 분업의 복잡성의 증가, 생산력의 폭발적 발전, 원시적 물물교환에서 전면적 무역으로의 전환, 노예제의 "완전한" 성숙, 그리고 신흥 도시의 중심으로부터 통치되는 "영토" 국가에 의한 씨족 조직의 대체가 그것이다. 어떤 경우든지, 문명사회로의 변화는 사회의 경제구조가 근본적으로 파괴되었음을 보여주는 것이 아니라 단순히 선사 시대 사회에서 발원한 동력이 심화되고 발전되었음을 보여주는 것이었다.[105]

엥겔스는 마르크스의 분기에서 노예제의 위치를 바꿈으로써 그가 풀지 못했던 딜레마를 궈모뤄에게 안기고 말았다. 궈모뤄가 채택한 분기에 따르면 노예제 생산양식은 문명 시대의 첫 번째 단계—고도로 발달된 고대 그리스·로마 사회에 대응되는 "고대"의 양식—에 해당한다. 엥겔스는 노예제를 미개의 중간 시기로부터 확장시켰다. 이때는 인류가 봉건제와 자본주의에 선행하는 문명의 최초 단계를 지나, 자연 정복으로 한 걸음 나아간 시기였다. 궈모뤄는 엥겔스가 언급한 노예제 양식이 『정치경제학 비판 요강』에서 마르크스가 말한 "고대" 생산양식으로부터의 일탈이라고는 보지 않았다. 대신 그는 그의 첫 저작에서 엥겔스가 그려낸 길고 복잡한 발전 내 문명의 최초단계를 압축함으로써 엥겔스와 마르크스 각각이 말한 노예제 사이의 모순을 극복하고자 노력했다. 리지가 말했던 것처럼, 이것은 궈모뤄가 서주를 다룰 때 왜 혼동을 보였는지를 설명해준다. 서주는 고

104) Engels, *The Origin of the Family, Private Property, and the State*, p.27.

105) 같은 책, 9장.

대 그리스·로마에 비견되지만 여전히 원시적이기도 하며, 또한 미개 시대의 중간 단계, 상위 단계, 그리고 문명의 최초 단계와 같은 다양한 단계로 묘사되었다. 이것은 또한 그가 모건에게서 얻은 친족 범주를 다룰 때 보여준 모순도 설명해준다.

그럼에도 궈모뤄는 다른 중요 지점에서는 엥겔스(와 모건)와 방법을 달리했다. 가장 중요한 것은 본 장의 도입부에서 다루었던, 발전 과정의 보편성에 대한 그의 가정이었다. 엥겔스와 모건이 인류의 진화를 단방향적인 것으로 간주했다는 것은 사실이지만, 그들은 그러한 변화가 일반적인 경향일 뿐이며 모든 민족의 실제적인 역사적 경험을 대표하지는 않는다고 생각했다. 사회는 동반구와 서반구의 상반된 물리적 환경에서 상반된 진화를 경과해왔다. 또한 각각의 사회들은 환경에 따라 각각 다른 속도로 발전했으며 오직 예외적인 몇 민족만이 원시사회로부터 문명사회로 나아갈 수 있었다. 모건은 다양한 사회를 분리해서 다루었으며, 그들의 유사성뿐 아니라 차이도 기록했다. 다른 사회들을 연속된 진보의 계단 하나하나에 놓았을 때야 비로소 그는 보편성을 논할 수 있었다.[106] 엥겔스는 이러한 면에서 모건을 따랐지만, 로마 사회와 로마의 정치적 힘을 유럽에 전한 게르만족 사이의 관계를 다룰 때는 도전적인 질문을 던졌다. 이미 문명의 단계로 들어선 사회의 존재가 비교적 낙후된 이웃에게 가지는 의미는 무엇인가? 다른 말로 한다면, 역사에서 문화적인 교류와

---

106) 모건은 사회가 발전한다면 반드시 보편적 단계를 통과할 것이라 말했다. 그러나 (적어도 역사의 증거가 보여주는 대로는) 모두가 진보할 수는 없었고, 진보는 모든 사회에서 동일한 비율로 일어나지도 않았다. 게다가 한 사회가 어떤 수준에 이르면 다른 사회가 그 구체적 단계를 따를 것인가라는 문제는 지적인 교류와 확산에 따라 학구적인 대상이 되고 만다. 모건은 씨족의 보편성은 문화적 교류와 확산의 결과일 것이라고 말했다. "씨족이 일정한 사회환경에서 비롯되어 각각 개별적인 지역들에서 반복적으로 나타난 것인지, 혹은 단일한 기원에서 출발해 전全 지구적 차원에서 지속적인 이민을 통해 기원의 중심으로부터 확산된 것인지는 이론적으로 숙고해야 할 문제이다." *Ancient Society*, p.377.

확산의 역할은 무엇인가? 게르만족은 로마제국이 쇠퇴함에 따라 남겨진 빈자리에 들어섬으로써, 노예제를 경과하지 않고 씨족 사회로부터 봉건 사회로 나아갔다. 엥겔스가 농노의 출현이 로마의 쇠퇴에서 비롯되었다고 간주한 것은 사실이지만, 그렇다고 게르만족이 그리스 · 로마와 동일한 발전의 과정을 따르지 않았으되, 로마가 마련해놓은 조건에 힘입어 좀 더 발전된 역사 단계로 들어갈 수 있었다는 사실이 변하지는 않는다. 물론 이러한 발전은 역사적 유물론의 시각 내에서는 문제가 된다. 『가족, 사유재산, 그리고 국가의 기원』이 은연중에 적어도 분기에 대한 중요한 하나의 예를 보여주었음에도 궈모뤄는 분기의 가능성을 완전히 부정했다는 것이 중요하다.

노예제로부터 봉건제로의 변화에 관한 궈모뤄의 분석 역시 또 다른 흥미를 자아낸다. 이것은 궈모뤄가 두 사회구성체 사이의 차이를 축소했다는 것을 떠올리게 한다. 그 차이 중 하나는 혈족에 의한 지배이고 다른 하나는 영토에 근거한 지배였다. 모건의 공식에서 이러한 차이는 노예제-봉건제의 변화에 적용되지 않으며, 문명의 문턱에서 정치적 사회가 씨족 사회를 대체한 것에 적용된다. 영토성(territoriality)은 사회구성체의 특징이 아니라, 문명 시대 전체에 걸친 국가의 특징이다. 혈족으로부터 영토로의 직접적인 변화는 게르만족의 경우에서만 봉건제로의 변화와 일치했다. 그들은 노예제 생산양식을 지나쳤다. 그리스 · 로마의 경우, 영토 국가의 등장은 노예제의 부상과 일치한다. 혈족이 노예제와 결합하는 것은 오직 전前문명사회에서의 최초의 단계에서였다.

궈모뤄가 그것을 세세하게 다루지 않았기 때문에, 우리는 『고대사회』와 『가족, 사유재산, 국가의 기원』에서 돌출되는 논지를 그가 왜 오용했는지 추측할 수 있을 뿐이다. 궈모뤄는 주대를 다룰 때, 자신의 전제를 따른다면, 귀족들이 사라졌어야 하는 시기에 오히려 그들이 정치적 권력을 획득했다고 보아야 했다. 귀족들은 춘추전국 후기에 이르러서야 붕괴되기 시작했는데, 이것은 지역 귀족 권력의 기초 조직을 중앙정부가 무너뜨린 제국이 수립되었을 때만 가능한 것이었다.[107] 궈모뤄의 중국 역사 분기에서 제국의 수립은 "봉건제"로의 변화에 상응하기 때문에, 중국의 경우에 혈족은 노예제와 연결되고 영토국가는 봉건제와 연결되는 것처럼 보였다. 궈모뤄는 역사를 이렇게 구분하면서, 중국의 경험(과 게르만족의 그것)을 실질적으로 봉건제의 일반적 특징으로 보편화시켰다. 그럼에도 불구하고 그가 봉건제를 영토에 기초한 정치 조직과 연결한 것은 모건과 엥겔스의 방식과는 다른 점이었다. 반면에 혈족조직을 노예제와 연결시킨 것은 씨족사회가 상대 후기나 주대 초기에 국가에 자리를 내주었다는 자신의 주장과 모순되었다. 아마도 이 문제를 인지했기 때문에, 궈모뤄는 주대의 귀족들이 이 시기에 사회-정치 조직의 중요한 특징을 형성했음에도 이들에 대해 침묵했을 것이다.

궈모뤄는 1930년부터 수차례에 걸쳐 그의 관점을 수정했다. 그러나 이러한 수정은 시간의 문제에 국한되었다. 궈모뤄의 중국 역사 분기는 『중국고대사회연구』에서 그가 처음 고안한 기본적인 틀을 유지하고 있다.[108] 1949년 이후, 권위 있는 이론가의 지위가 스탈린(Stalin)과 마오쩌둥(毛澤東)에 넘어가고, 이제 모건과 엥겔스를 언급하는 것은 거의 드문 일이 되었음에도 불구하고, 이 두 저자에게서 얻은 역사 발전관이 그가 역사 서사를 집필하기 시작한 이래 줄곧 그의 역사사상의 줄기였다는 사실은 변함이 없다.

---

107) 이러한 질문에 관한 최근의 사회학적 분석에 관해서는 Hsu Cho-yun(許倬雲), *Ancient China in Transition*, (Stanford: Stanford University Press, 1965), 2장을 보라.

108) 郭沫若, 『中國古代社會硏究』. 郭沫若는 중국 역사의 분기에 있어 세 가지 주요한 변화와 변화 이면의 원인을 요약했다. 그러나 郭沫若는 1949년 이후 『中國古代社會硏究』(1954)를 수정했지만, 그의 수정은 논의된 주제를 분명하게 하기 위해 조직된 것이라는 점에 주의해야 한다. 그의 기본적인 주장은 전혀 바뀌지 않았으며 심지어 원시 발전 단계에 관한 표는 모건에 근거해 작성한 것이었다.

6

중국 역사의 분기

마르크스주의 역사가들이 역사에 주의를 기울임에 따라 분기의 문제는 논쟁의 중심으로 들어왔다. 중국 마르크스주의자들의 관심이 당대 사회의 문제에 머물러 있는 한, 소수의 논자만이 중국 역사 전체를 분기하는 문제에 직접적인 관심을 보였기 때문에 분기는 논쟁의 외연에 남아 있었다. 궈모뤄(郭沫若)의 저작은 초기 역사에 대한 마르크스주의 역사가들의 관심을 이끌어내었고 그래서 부분적으로는 이러한 문제에 대한 흥미를 자극했다. 이러한 면에서 보았을 때, 1928년 중국 혁명의 과정에서 마주하게 된 문제에 호응해 소련에서 진행된 역사 분기 논쟁은 궈모뤄의 그것만큼 중요한 의미가 있었다.

코민테른(Comintern)의 중국 전문가들 몇몇이 1920년대 중국의 혁명운동이 실패한 이유가 중국을 "아시아적 사회"로 인식하지 않았기 때문이라 비판했다는 본서 3장의 설명을 상기할 필요가 있다. "아시아적 사회"는 유럽과는 다른 특징을 가지고 있고, 그래서 혁명 전략의 형식 면에 있어서 이에 대한 특별한 사고가 필요했다. 1928년 정치 지도자들은 이러한 관점이 반反봉건적 농업혁명의 필요성을 부정한다는 이유로 거부했다. 그러나 그러한 모순은 마르크스주의 역사학에서 아시아적 생산양식의 지위에 관한 주요한 역사적 논쟁을 부추겼고 이 문제를 토론하기 위해 레닌그라드에서 특별 회의가 개최된 1931년까지 지속되었다. 이 회의에서는 공식적으로 사회구성체로서 "아시아적 사회" 그 자체를 부정하는 문제가 논의되었다.[1] 논쟁을 통해 마르크스주의적 역사 분기에 대한 유례없이 철저한 재검토가 단행되었다.

중국 마르크스주의자들은 소련에서의 이 논쟁과 거기서 논의되었던 문제, 특히, 1930년대 그들의 글에서 매우 돌출되어 보였던 중국 역사의 특수성 문제를 잘 알고 있었다. 중국 역사를 분기하는 주요한 목적은 중국사회가 마르크스가 유럽에 관한 연구에서 발견했던 발전의 보편 "법칙"에 부합했다는 것을 보여주려는 것이었다. 덧붙이자면, 중국 마르크스주의자들은 레닌그라드 회의의 결정을 환영했기 때문에, 1930년대에 마르크스주의 분기에 관해 소련의 지도를 따르려는 경향을 보였다. 1930년대 말이 되었을 때, 가장 중요한 중국 마르크스주의 역사가들은—이들과 처음 마르크스주의 논쟁을 시작했던 이들과는 이론적 배경이 달랐다—1931년 이후 소련 역사학을 지배했던 역사 분기의 관점을 받아들였다.[2]

획일적 역사 해석을 지향하게 된 것은 1930년대 중국의 마르크스주의 논쟁의 발전과 관련이 있었다. 마르크스주의 역사학은 1930년 이후 두 가지 국면을 거치면서 발전했다. 1930년대 초반에는 논쟁의 심화와 함께 마

---

1) 이 논쟁에 대해서는 K. Shteppa, *Russian Historians and the Soviet State*, (New Brunswick: Rutgers University Press, 1962), 2부를 보라. R. Thornton은 *The Comintern and the Chinese Communists, 1928-1931*, (Seattle: University of Washington Press, 1969)에서 아시아적 사회에 관한 정책 토론을 간략히 논하고 있다(pp.4-8). 이 논쟁에 관한 구체적 논의는 何幹之, 『中國社會史問題論戰』에서 찾을 수 있다.

2) 본 장의 마지막 절을 보라.

르크스 저작의 출간이 증가했다. 이것은 1931년에서 1933년 사이 『독서잡지讀書雜誌』에서 전개된 "사회역사논쟁(社會史論戰)"에서 그 정점에 달했다. 논쟁은 심화되면서 점차 난상토론으로 퇴보해갔다. 이 난상토론에서 사회 문제와 역사 문제, 그리고 심지어 정치 문제들도 논쟁에서 사라져갔다. 참가자들이 그들의 반대자라고 생각한 논자들의 분석과의 차이를 보여주기 위해서라는 것 이외에는 뚜렷한 이유 없이, 역사 해석에 관한 사소한 차이를 둘러싼 문제들을 과장하는 데만 골몰했기 때문이었다.[3] 그럼에도 불구하고 몇 가지 경우에 있어서, 참여자들은 중국 역사에 관한 새로운 전망을 내오는 데 성공했다. 비록 그들의 분석이 그들이 말한 대로 독창적이지는 못했지만, 그 전망 자체는 마르크스주의적 역사 해석을 다채롭게 만들었다.

이후 논의할 요소들이 조합되면서 마르크스주의 역사학은 1933년 이후 비교적 차분한 단계로 접어들었다. 최초로 역사 분석을 수행한 혁명가들 대부분의 이름은 이후 1930년대의 나머지 기간 동안 마르크스 저작 출간 목록에서 사라져갔다. 학문과 연계된 이러한 출판물들은 혁명저널의 특징이었던 당대의 문제들에 대한 관심을 버리고 논쟁에 관한 구체적인 연구를 강조했다. 1930년대가 끝날 때까지, 중국 역사에 관한 초기의 해석 상당수는 그 해석의 대변자들과 함께, 소련으로부터 전해진 새로운 사학 "정통"에 자리를 내주면서 시야에서 사라져갔다.

이러한 변화를 거치면서 마르크스주의 역사가들은 그들의 분석에 핵심이 되는 문제를 통해 하나로 묶였다. 타오시성(陶希聖)과 궈모뤄의 역사 주제는 1930년대의 수많은 마르크스주의 관련 논문과 저서의 출발점이 되었다. 다소 과하기는 하지만, 1930년대의 대부분의 기고문들은 이 두 역사가들의 저작의 주석이라고 보아도 무방할 정도이다. 사회역사논쟁에 관

3) 본 장의 표를 보라. 다소 가혹한 듯이 보이기는 하지만, 토론의 어조 자체와 분명하지 않은 차이들을 호전적으로 고집하는 태도를 보았을 때 이러한 판단은 정당하다고 생각한다.

한 왕리시(王禮錫)의 서문은 사회역사논쟁을 추동했던 그들의 영향을 보여주었으며 『독서잡지』가 다른 저널, 특히 『신생명新生命』과 같은 저널들이 일찍이 추구했던 것과 기본적으로 동일한 유형의 역사 연구를 지속할 것이라는 것을 공표했다.

이 논쟁은 조금씩 뜨거워지고 있다. 이번 호에 수록 가능한 최대한에 맞춰 기고문을 게재한다면 거의 8만 자가 넘을 것이다. 편폭의 제약으로 인해, 우선 이 중 가장 짧은 한 편을 발표한다. 만일 더 많은 글들이 모아진다면, 이에 구애받지 않고 특집호를 발간할 것이다. 사실 이 문제는 특집호를 발간할 만한 가치가 있다.

제3기의 내용은 도전적인 특집호가 될 것이며 각 방면의 비평에 관한 글이 모두 게재될 것이다. 도전적인 내용에는 아래의 인물들이 포함된다:

(1) 구멍위(顧孟餘) (2) 타오시성 (3) 메이쓰핑(梅思平) (4) 천두슈(陳獨秀) (5) 궈모뤄

여기서 제기된 문제에는 아래의 각 방면이 포함된다:

(1) 중국의 봉건 사회는 춘추 시대에 이미 붕괴했는가?

(2) 사대부계급은 중시되어야만 하는가?

(3) 은주 시대는 도대체 어떠한 사회인가?

(4) 현대 중국은 도대체 어떠한 사회인가?

어떠한 결론이 내려질지에 대해서, 우리는 잠시 판단을 접어둘 것이다. 그러나 우리는 객관적인 결론을 내려야 하며, 주관적이고 독단적인 결론은 피해야 한다.

우리는 더욱 폭넓고 더욱 보편적인 주제를 연구하고 있는 이들이 이 논쟁에 참여하기를 희망한다.[4](중국어판에 인용된 중국어 원문을 해석-역자)

---

4) 王禮錫, 『讀書雜誌』 第1卷 第2期, (1931.6), p.7. 그가 "中國社會史的論戰"이라 제한 특집란에서, 덧붙인 朱伯康의 글에 대한 편집자의 서문이다.

왕리시가 언급한 필자들과 그가 논쟁에 대한 지침으로서 구체화한 문제들은 역사 연구를 시작하도록 자극한 초기 저작, 특히 타오시성과 궈모뤄의 저작의 역할을 보여주었다. 1930년대 이후 논쟁의 강도가 높아진 까닭은 부분적으로는 중국 역사에 마르크스주의를 적용했던 선례가 있었기 때문이었다. 이러한 선례는 논쟁 참여자들에게 이미 잡아놓은 "먹잇감"이었다. 게다가 처음 논쟁에서 제출되었던 문제는 처음 제기했던 논자들과 함께 거론되는 일이 거의 없었음에도 논쟁이 더 학술적인 단계에 접어들었을 때도 유지되었다.

그러나 그 자체로는 역사적 문제와 관계가 없지만, 1930년 이후 논쟁을 첨예화시키는 데 기여한 두 가지 중요한 요소가 있었다. 첫 번째는 논쟁에 있어 『독서잡지』의 효과였다. 해당 저널을 통해 공개적인 논쟁이 고취되었고, 이로써 마르크스주의적 역사 저술이 촉진되었다. 1931년에서 1933년 사이에, 『독서잡지』는 사회와 역사 문제에 관심을 갖고 있던 모든 급진주의자들을 인도하는 북극성이었다. 이 시기 모든 마르크스주의 저작이 그러했듯이, 『독서잡지』는 혁명운동의 산물이었다. 저널의 편집자들은 사회민주주의적인 "제3세력"과 연합했다. 이 "제3세력"은 국민당과 공산당 모두에 반대하면서 권력을 두고 경쟁하던 이들이 제공한 두 극단적 경향 사이의 어딘가에 있을 혁명 전략을 찾고자 했다. 그들은 공산주의자들의 전략적 접근에 의존하지 않는 동시에 혁명에 대한 국민당의 배신행위에도 함께하지 않으려 했다. 푸젠(福建)에서 천밍수(陳銘樞)가 일으킨 혁명(福建事變)이 실패하면서 『독서잡지』의 편집자는 지하로 숨을 수밖에 없었고, 잡지는 폐간되었다. 잡지가 폐간되고, 이론적 충돌의 전장인 다른 포럼도 마땅하지 않은 상황에서 마르크스주의자들 사이의 논쟁은 그 밀도가 떨어질 수밖에 없었다. 이러한 사실은 논쟁에 있어 『독서잡지』의 영향력이 어떠했는가를 보여준다.

『독서잡지』는 1920년대와 1930년대 교체기 즈음 실망감을 안은 혁명가들이 늘어나면서 활기를 띨 수 있었다. 논쟁의 기고자들 상당수는 1920년대 당내 갈등으로 스스로 당을 버리거나 당에서 축출된 트로츠키주의자들과 공산당 내 기타 반대자들이었다. 1927년 이후 최초로 이론적 논쟁이 시작됐을 당시 명백히 정치적으로 연합했던 혁명가들과 달리 사회역사논쟁에 참여한 이들은 개인이었거나 혁명파 내부에서 분열되어 나온 이들이었다. 그들이 취한 입장으로 보았을 때, 그들은 분명한 이데올로기적 혹은 정치적 초점을 결여하고 있었다. 그들은 종종 목표나 전략에 관한 실질적인 차이를 가지고 충돌하기보다는, 애매한 적개심만으로 모든 혁명적 라이벌에 대적한 경우가 많았다. 그들은 혁명 활동에서 좌절을 겪었기 때문에 혁명에 쏟을 수 없는 에너지를 이제 역사 논쟁에 쏟아부었던 것이다. 독자들은 "전투", "전장", "전사"(그리고 논쟁을 뜻하는 용어로, 말 그대로 "필전筆戰") 등과 같이 논쟁의 언술에 스며든 호전적인 메타포들을 통해 필자들이 혁명의 실패에 대한 실망감을 당시의 역사 서술에 담아냈다는 것을 알 수 있다. 참여자들이 서로에게 취한 강경한 태도는 모든 혁명가들을 다시 한 번 통일시킬 혁명 전략을 만들 수 있다는 필사적인 희망—이것은 그들이 변형된 혁명 행위에 참여하는 것에 표면적으로는 정당성을 부여했다—이 완전한 망상이었다는 것을 보여주었다. 비공산당 좌파가 1920년대의 광범위한 혁명운동을 재현하려 시도했던 푸젠 사태의 실패는 혁명의 부활을 기대했던 희망을 지워버렸고, 권위 있는 지혜의 원천으로서 역사에 대한 혁명파들의 관심 역시 이와 함께 사라지고 말았다.

정쉐자(鄭學稼)는 역사적 유물론에 대한 관심이 1933년 이후 감소했다고 말했다. 그는 논쟁의 전개 과정에서 마르크스주의를 중국 역사에 적용하려는 광범위하면서 쓸모없는 노력이 시도되었는데, 이를 통해 중국 지식인들은 중국에 대해 마르크스가 무지했다는 것을 알게 되었고 중국 사회에 대한 마르크스주의 이론의 적절성에 대한 확신을 잃게 되었다고 생각했다.[5] 1933년 이후 논쟁의 밀도가 눈에 띄게 옅어진 것이 아마도 마르크스주의적 저작의 밀도가 약화된 원인이 되었을 수 있다. 그러나 그러한 변화를 역사적 유물론에 대한 흥미가 사라졌기 때문이라고 해석하는 것은 다소 오해의 소지가 있을 수 있다. 우선, 정쉐자는『독서잡지』와 같은 주요 논단의 폐간이 역사적 유물론에 대한 흥미가 사라졌기 때문이 아니라 정치적 탄압 때문이었다는 사실을 간과했다. 더 중요한 것은, 1933년 이후의 발간물을 자세히 보면 역사적 유물론에 대한 관심이 사라진 것이 아니라 전보다 고상하고 학술적인, 따라서 정치적 의도가 덜 두드러지는 외형을 갖추었다는 것을 알 수 있다. 마르크스주의 역사가들이 제기한 문제들, 혹은 좀 더 정련된 파생적 문제들이 이 시기 다양해진 사회 · 역사 연구에 흡수되면서 마르크스주의 역사학은 그 차별성을 잃고 말았다. 반면에 역사적 유물론의 형식적 구조를 여전히 활용하고 있던 상당수의 논자들은 이론 논쟁으로부터 구체적인 역사연구로 돌아섰다.

1933년 이후 사라진 것은 역사적 유물론 자체에 대한 관심이 아니라 역사 분석이 혁명 활동과 직접적으로 관련된다는 신념이었다. 논쟁 초반에는 이 신념이 마르크스주의 역사가들의 저술활동에 대한 관심을 높였고 그들의 동기를 자극했다. 1930년대 내내 역사가로 활동한 타오시성의 경우가 그 변화를 보여준다. 1928년 타오시성은 혁명을 올바른 길로 이끌 수 있기를 바라면서, 혁명운동의 실패로부터 야기된 문제를 해결하기 위해 역사연구로 돌아섰다. 1934년부터 이후 4년간 마르크스주의 역사학뿐 아니라 사회역사에 관한 주요 논단의 하나가 되었던『식화食貨』(반월간)의 발간사에서, 타오시성은 중국 역사를 더 심층적으로 이해하고자 한다면 현재에 대한 관심으로부터 역사연구를 분리할 때가 되었다고 선언했다.[6]

5) 鄭學稼,『社會史論戰的起因和內容』, (臺北: 1965), p.104.

6) 陶希聖,「編輯的話」,『食貨』半月刊 第1卷 第1期, (1934.12.1). 동시대 중국 관련 저작에 대한 陶希聖의 보다 강력한 논박으로는「附言」,『食貨』第4卷 第2期, (1936.6.16.)가 있다.

모두 그에 동의하는 것은 아니었지만, 이후 수년간 마르크스주의 역사학을 새로이 정련시켰던 역사가들은 공개적으로 인정하지는 않았지만 과거와 현재를 분리하려는 그의 새로운 경향을 따랐던 이들이었다.[7)]

다음의 표는 1928년부터 1937년까지 마르크스주의 저자들이 제안한 다양한 분기를 보여준다. 이것은 대부분의 분기가 논쟁의 초기에 제기된 생각을 다양화한 것이라는 사실을 확인시켜준다. 본 장은 사회역사논쟁에 대한 더 중요하고, 독창적인 기고문들과 30년대 말까지 지속되면서 두드러졌던 몇 건의 소규모 논쟁들에 초점을 맞출 것이다. 논쟁에 관한 이러한 기고문들은 타오시성과 궈모뤄가 제안한(혹은 최선을 다해 방어한) 해석을 비판하는 것에서 출발했으며, 그 과정에서 그들 자신의 해석들을 제시했다. 그러나 우선 아시아적 사회에 대한 문제를 간략히 살펴볼 필요가 있다. 이 관점은 중국 마르크스주의자들 사이에서 어떠한 의미 있는 열정도 불러일으키지 못했다. 그럼에도 불구하고, 이것을 반박하거나 지나치려는 시도가 반복되었다는 것은 이것이 수많은 마르크스주의 역사가들의 의식에 있어 민감한 감정을 건드렸고 이로써 논쟁을 자극했다는 것을 여실히 보여준다.

---

7) 이는 해당 역사가들이 당대 사회와 역사의 관련성에 대한 신념을 버렸다는 뜻이 아니다. 何幹之가 공개적으로 말한 것처럼(본서 제2장), 혹자는 심지어 제국 중국이 봉건 사회라는 인식을 고집하는 것이 역사 해석이 당대 혁명 전략으로부터 제약을 받았다는 사실을 보여주는 것이라 주장했다. 그러나 대부분의 역사가들은 고대와 초기 제국의 역사에 관심을 기울이는 것을 선호했다.

주요 논자들의 분기관

<table>
<tr><th>논자</th><th>殷 이전</th><th>殷</th><th>西周</th><th>東周</th><th>제국
秦-淸</th><th>현재</th><th>주요 이론적 근거</th></tr>
<tr><td>陳邦國</td><td>원시 공산제-
씨족제</td><td>원형봉건제
(노예제)</td><td>봉건제</td><td>과도기
(상업의 대두)</td><td>과도기
(상업자본주의와
지주소유제)</td><td>식민지자본주의</td><td>Bogdanov
Oppenheimer
Radek</td></tr>
<tr><td>陳伯達</td><td></td><td></td><td>봉건제</td><td>과도기</td><td>아시아적 사회
(기본적으로 봉건 사회)</td><td>?</td><td>陶希聖</td></tr>
<tr><td>翦伯贊</td><td>원시 씨족제</td><td colspan="5">노예제 <—————— 봉건제 ——————> 半봉건 半식민</td><td></td></tr>
<tr><td>周谷城</td><td colspan="6"><———— 유목부족 사회에서 중앙집권국가로의 발전 ————> 봉건제 ————></td><td></td></tr>
<tr><td>周紹臻</td><td colspan="4"><————봉건제 ————〉 과도기
(상업의 대두)</td><td>상업자본주의
(노예제)</td><td>?</td><td>方岳(陶希聖)</td></tr>
<tr><td>朱伯康</td><td></td><td></td><td colspan="4">봉건제 ———— 봉건제 해체 ————>
(지주 통치)</td><td>Oppenheimer</td></tr>
<tr><td>朱佩我</td><td colspan="2"><———— ? ————></td><td colspan="4"><———— 봉건제 ————></td><td></td></tr>
<tr><td>範文瀾</td><td>원시 공산제
(黃帝-禹)</td><td>원시 공산제
(夏-商)</td><td>봉건제</td><td>과도기</td><td>관료봉건제</td><td></td><td></td></tr>
<tr><td>何幹之</td><td>아시아적 사회</td><td colspan="2"><———— 노예제 ————></td><td>과도기</td><td>봉건제</td><td></td><td></td></tr>
<tr><td>謝鐵山</td><td></td><td></td><td>봉건제</td><td>과도기
(상업의 대두)</td><td>상업자본주의</td><td>?</td><td></td></tr>
<tr><td>熊得山</td><td>원시 공산제</td><td colspan="2"><———— 정전제 ————>
(前夏-西周)</td><td>과도기</td><td>아시아적 사회
(봉건제)</td><td></td><td></td></tr>
</table>

논자	殷 이전	殷	西周	東周	제국 秦-清	현재	주요 이론적 근거
胡且	원시 공산제 (黃帝 이전)	<———— "강력한 봉건 세력" ————>				봉건제 해체	Bogdanov
胡秋原	원시 공산제	씨족제 <———— 봉건제 ————> 전제주의				전제주의-식민지	Plekhanov Pokrovsky Dubrovsky
康生	원시 공산제- 씨족 사회	<———— 봉건제(夏에서부터) ————> 과도기 (상업)			<———— 봉건 지주 ————>		
郭沫若	<———— 원시 씨족제 ————>		노예제	과도기	봉건제 (1840년까지)	자본주의	Engels (Morgan)
黎際濤	<———— 부족전쟁-봉건제 ————>				전제주의	자본주의	陶希聖
李季	원시 공산제	아시아적 사회 <———— 봉건제 ————> 전(前) 자본주의				자본주의	
李立中			봉건제 <———— 상업자본주의 ————>				Bogdanov
李立三			봉건제	과도기 <———— 반(半) 봉건 ————>			
李麥麥	원시 공산제- 씨족제	원형봉건제 (씨족제-봉건제)	봉건제	과도기 (상업의 대두)	상업자본주의	?	Oppenheimer
梁園東	씨족제	가부장제 (노예제)	봉건제	과도기 (상업의 대두)	반(半) 봉건 (프티부르주아)		
劉興唐	<———— 씨족제 ————>		<———— 봉건제 ————>		후기 봉건제 (중앙집권)	半식민지	
羅楚秋	<—— 봉건제로의 과도기 ——>		봉건제	과도기 (상업의 대두)			
呂振羽	원시 공산제	노예제	봉건제	과도기 (상업의 대두)	封建專制		

<table>
<tr><th>논자</th><th>殷 이전</th><th>殷</th><th>西周</th><th>東周</th><th>제국
秦-淸</th><th>현재</th><th>주요 이론적 근거</th></tr>
<tr><td>Madyar</td><td colspan="3"><—— 씨족제 ——></td><td colspan="3"><—— 아시아적 사회 ——></td><td>Plekhanov</td></tr>
<tr><td>梅思平</td><td>종족전쟁-원시
봉건제(前夏)</td><td>원시 제국
(夏와 商)</td><td>新봉건제
(Neofeudal)</td><td>과도기
(상업의 대두)</td><td>토지자본주의</td><td>?</td><td>Oppenheimer</td></tr>
<tr><td>Safarov</td><td colspan="2"><—— 씨족제 ——></td><td>봉건제
(무정부주의)</td><td>과도기</td><td colspan="2"><—— 봉건제 ——>
(중앙집권)</td><td></td></tr>
<tr><td>戴行軺</td><td>원시 공산제</td><td>노예제</td><td colspan="2"><—— 봉건제 ——></td><td>과도기
(관료제)</td><td>자본주의</td><td></td></tr>
<tr><td>陶希聖(1)</td><td colspan="2"><—— 씨족제 ——></td><td>봉건제</td><td>과도기
(상업의 대두)</td><td>상업자본주의
(紳士社會)</td><td>봉건세력에
의한 半식민지</td><td>Maine
Oppenheimer</td></tr>
<tr><td>陶希聖(2)</td><td colspan="3"><—— 씨족제(부족) ——>
(기원전 5세기까지)</td><td>— 노예제 —>
(3세기까지)</td><td>봉건제——>
(9세기까지)</td><td>전(前) 자본주의
(宋부터)</td><td>Kautsky?</td></tr>
<tr><td>丁道謙</td><td></td><td>노예제</td><td colspan="2">봉건제</td><td colspan="2">과도기</td><td></td></tr>
<tr><td>丁迪豪</td><td colspan="2"><—— 씨족제-노예제 ——></td><td colspan="2">봉건제</td><td></td><td></td><td></td></tr>
<tr><td>王宜昌</td><td colspan="2"><—— 씨족제 ——></td><td colspan="2"><—— 노예제 ——>
(西晉까지)</td><td>봉건제
(1911년까지)</td><td>자본주의
(1927년부터)</td><td></td></tr>
<tr><td>王禮錫</td><td>원시 공산제</td><td>씨족제</td><td colspan="2"><—— 봉건제 ——></td><td>전제주의</td><td>전제주의-
식민지</td><td>Plekhanov
Pokrovsky
Dubrovsky</td></tr>
<tr><td>Wittfogel</td><td colspan="4">원시 공산제 <—— 봉건제 ——></td><td colspan="2"><—— 아시아적 사회 ——></td><td>Plekhanov</td></tr>
</table>

*모든 논자들에게 마르크스는 사상적 기반이었기 때문에 이 표에서 그의 영향을 따로 표기하지는 않았다.

중국 사회와 아시아적 생산양식

중국에서 벌어진 "아시아적 사회"에 관한 최초의 토론은 코민테른에서의 논쟁과 같은 시기에 등장했다. 1928년 이 시기 지도적인 이론가였던 마자르(L. Madgyar)의 『중국농촌경제연구中國農村經濟硏究』가 중국에서 출간되었다. 그리고 소련의 중국문제연구소가 「편집자 서언編輯者序言」이라는 제목으로 그와 반대되는 의견을 피력했다(중국어판에 인용된 중국어 원문을 번역-역자).[8] 1929년 『신생명』은 중국 역사에 아시아적 사회 개념을 적용한 마자르와 비트포겔(K. Wittfogel)의 논문을 실었다.[9] 같은 해, "아시아적 사회"의 세 번째 주요 논자인 바르가(E. Varga)의 관점이 중국에서 출간되었다.[10] 그럼에도 불구하고, 중국 저자들은 『독서잡지』에서 논쟁이 전개될 때까지 아시아적 사회에 대해 거의 언급을 하지 않았다. 논쟁이 시작되면서 수많은 논자들은 아시아적 생산양식에 대한 소련의 비평가들의 주장을 이용하여 이 개념을 공격하기 시작했다. 이후 수년간 이따금씩 러시아와 일본의 논자들의 아시아적 사회에 관한 책들이 지속적으로 출간되었다. 중국 논자들은 이 문제에 대해 상대적으로 침묵을 지켰고 주요 논자들이 제기한 사회구성체에 있어서 아시아적 사회 개념의 유효성을 전반적으로 부정하는 경향을 보였다.

아시아적 사회에 대한 문제제기는 두 가지 역사적 형태를 가지고 있다.[11] 하나는 『정치경제학 비판 요강*A Contribution to the Critique of Political*

8) 이에 대한 정보는 何幹之, 『中國社會史問題論戰』, pp.10-15에 소개되었다. 여기서 채택한 판본은 頌華 역, 『中國農村經濟之特性』, (上海: 1930)이다.

9) 馬迪亞(L. Madyar), 「中國的農業經濟」와 K. Wittfogel, 「中國階級之史的考察」. 모두 『新生命』 第2卷 第8期, (1929.8)에 게재.

10) E. Varga, 「中國革命之諸根本問題」, 樊仲雲 편, 『東西學者之中國革命論』, (上海: 1929), pp.1-48.

11) 아시아적 생산양식에 대한 다양한 태도에 대한 간략한 개관으로는 佐久達雄, 「亞細亞生

Economy』에 포함된 마르크스의 사회구성체 목록에 근거한 것이다. 여기서 아시아적 사회는 초기 사회에 편입됐다. 이 관점은 특히, 궈모뤄와 리지(李季)를 대표자로 하는 중국 마르크스주의자들의 지지를 받았다. 그들은 아시아적 사회를 중국 초기 역사에 위치시키는 것을 반대했지만, 원시적 사회구성체로서 아시아적 사회가 유효하다는 것에는 동의했다. 다른 하나는, 주요 외국 이론가들이 지지한 것으로, 아시아적 사회를 후後 원시, 전前 자본주의 사회로 간주하는 것이었다. 이것은 곧 중국에서 유럽 역사의 노예제와 봉건제에 상응하는 것이었다. 중국의 역사적 발전의 특수성을 부정한 중국 마르크스주의자들의 글 대부분에서 이러한 관점은 가장 부정적으로 언급되었다. 그 용어를 사용한 일부 저자들만이 아시아적 생산양식을 다른 사회구성체 중 하나의 아시아적인 변종으로서 간주했다. 이것은 1931년 레닌그라드 회의에서의 결론과 일치했다.[12)]

중국을 아시아적 사회로 본 논자들은 안정과 정체가 중국 역사의 두드러지는 특징이라는 데 동의했지만 아시아적 사회를 어떤 사회구성체에 조응시킬 것인가 하는 문제에 대해서는 의견을 달리했다. 마자르는 중국에서 아시아적 생산양식이 존재한 시기는 주대에 씨족 사회가 붕괴한 후부터 19세기 서구 자본주의가 침입한 시기까지라 보았고 이 시기를 적어도 사유재산의 개념이 등장한 봉건제 사회보다 더 퇴보한 단계로 인식했다.[13)] 반대로, 바르가는 이것을 봉건제 사회보다 더 발달한 사회구성체로

産方法論」,『文化批判』第1卷 第4期, 第5期, (1934.9.15.), p.96을 보라.

12) 陳伯達와 雄得山의 관점에 대해서는 표를 보라. 雄得山은 대부분의 마르크스주의자들과 달리 중국을 아시아적 사회로 받아들이는 관점에 가까웠다. 그는 이것을 정체된 경제로 정의했다.「中國農民問題之史的敍述」,『讀書雜誌』第1卷 第4期, 第5期와 第3卷 第3期, 第4期. 중국에서 이 관점을 처음으로 지지한 이는 王志澄이었다.「中國農民與農業問題」,『新生命』第1卷 第10期, (1928.10). 劉興唐은 중국에서 발전을 저해하는 요인으로 농촌공동체를 강조했다.「中國社會發展形勢之探險」,『食貨』第2卷 第9期, (1935.10.1.), pp.7-27, 특히 p.27을 보라.

13) Madyar,「中國的農業經濟」, p.14.

보았고, 비트포겔은 중국에서 이것이 초기의 봉건적 단계로부터 발전해 나왔다고 주장했다.[14] 서구의 침입으로 발전이 야기되지 않았다면 중국 사회는 어떻게 발전해 나갔을 것인가라는 문제를 논자들이 어떻게 생각했는지는 이러한 분석을 통해서는 분명하게 알 수가 없다. 심지어 마자르는 제국 중국 사회에서 서구 자본주의를 탄생시켰던 잉여 자본과 노동과 같은 자본주의 사회의 맹아가 나타났다고 주장했다. 아시아적 유산의 흔적이 여전히 유지되고 있었고 그것이 중국의 발전을 저해하고 있었지만, 서구의 압박하에, 중국 사회는 자본주의로의 변화를 꾀하고 있었다는 것이다.

이 논자들은 사회에 대한 국가의 지배는 아시아적 생산양식의 보편적 특징이며 이것이 "아시아적" 사회의 다양한 특징들을 가려버렸다고 말했다.[15] 마자르는 아시아적 사회와 다른 사회구성체를 구분하는 상품경제와 화폐교환의 저발전, 상업과 고리대금 자본의 중요성, 실물지대, 농업과 가내수공업의 혼합, 향촌 공동체 등 일부 기준의 중요성을 낮게 평가했다. 그는 모든 전前 자본주의 사회는 이러한 면에서 상당히 유사했다고 말했다. 반대로 동일한 사회구성체라도 이러한 요소들이 다른 시공간에 놓여 있다면 의미 있는 변화가 일어났다.[16] 따라서, 하나의 사회구성체를 다른 것과 구별시켜주는 기본적인 기준은 소유관계에서 찾아야만 했다. 아시아적 사회에서 국가의 우위는 사유재산의 성장을 가로막았다.

마자르는 교환경제가 부상하여 씨족 사회를 사라지게 했던 주대 말엽부터 사유재산이 중국 사회에 만연하기 시작했다는 주장을 부정하지는 않았다. 그러면서도 그는 사유재산이 전前 자본주의 사회하에서 완전히 성숙했다고 주장하지도 않았다. 그는 그 차이가 이데올로기에 있다고 보았

---

14) Varga, 「中國革命之諸根本問題」, pp.8-9. Wittfogel, 「中國階級之史的考察」.

15) Madyar, 「中國的農業經濟」, p.20.

16) 같은 책, pp.9-13. 『中國農村經濟之特性』, (上海: 1930), pp.8-9.

다. 재산의 사적 소유가 중국 역사의 초기부터 존재했고 개인의 재산 축적이 상당한 수준에 이르렀지만, 소유권을 보장하는 법적 · 정치적 제도를 마련해야 한다는 압력이 없었기 때문에 사유재산의 개념은 충분히 발달하지 않은 상태였다. 사유재산에 대한 명확한 인식은 서구의 도래 이전까지는 중국에서 나타나지 않았다는 것이 마자르의 견해였다. 이러한 차이는 논쟁의 여지가 있는 것으로 보일 것이다. 이것 때문에 사회적 상부구조로부터 경제적 토대를 설명했던 아시아적 사회의 지지자들은 공격에 대해 취약할 수밖에 없었다. 그러나 이것은 한편으로는 중국이 봉건 사회였다는 주장을 반박하는 데 효과적이었다.

마자르는 사유재산의 개념은 근대 자본주의가 도래하기 전에는 어떤 사회에서도 지배적이지 못했다고 말했다. 그러나 서구 봉건제는 사유재산의 개념이 성숙하는 배경이었던, 사적 권리와 특권에 대한 사고를 제도화했다는 것 역시 그의 주장이었다. 반면에 중국의 경우에는 강력한 국가가 존재함으로 인해 사적 권리의 개념이 국가조직이 대표하는 공권력과 맞서게 되었고, 이로써 사유재산 개념의 등장은 방해를 받게 되었다.[17] 바르가는 모든 권력이 국가의 손에 집중되었던 중국과 달리 중세유럽의 특징은 정치권력의 탈중심화라고 주장했으며, 제국 중국과 봉건적 유럽 사회 사이의 주요한 차이가 국가라는 것을 더욱 명시적으로 지적했다.[18] 이러한 관점에서 강력한 중앙집권국가의 영향은 중국 역사 내의 모든 사회적, 정치적 관계를 형성했고 중국과 유럽 사회의 발전상의 차이의 근원이 되었다.

아시아적 사회의 지지자들은 중국에서 정치권력의 뿌리를 사회의 경제적 수단에 있어 국가가 발휘하는 근본적 기능에서 찾았다. 유럽의 "건식"

---

17) Madyar, 「中國的農業經濟」, pp.3-4.

18) Varga, 「中國革命之諸根本問題」, p.8. Varga는 또한 두 지역을 구분하는 데 있어서 중국에서 토지 소유의 상업화와 농노의 부재를 강조했다.

농업과 달리 중국의 농업은 "습식" 농업이었다. 즉, 중국(그리고 아시아적 생산양식이 퍼져 있던 다른 지역)에서 농업 생산은 수자원에 대한 통제에 좌우되는 경향이 강했다.[19] 이러한 상황은 비트포겔이 일찍이 주장한 "수력 사회"를 만들어냈다.[20] 이 논자들 모두는 수자원 통제에 대한 조직적 요구는 오직 광범위한 관료제를 갖춘 중앙집권적 정부만이 만족시킬 수 있다고 주장했다. 마자르는 이에 덧붙여 중국의 경우에 상시적인 군사적 방비의 필요성을 높이는 북방 유목민족의 부단한 위협으로 인해 중앙집권적 국가 조직에 대한 요구가 더욱 심화되었다고 말했다.[21] 이 두 요소는 혼합되어 정치적 상부구조가 사회를 완전히 지배하도록 만들었다.

그러나 아시아적 사회의 지지자들은 그들의 분석에서 중국에서 국가가 계급 위에 존재한다거나, 적어도 사회에 대한 국가 권력이 사회관계와 경제 관계를 결정하는 모든 사회적 분업을 방해했다는 결론을 분명하게 내리려 하지 않았다. 마자르는 계급에 대해 독립적이거나 그 위에 존재하는 국가 권력의 가능성을 부정했다. 그리고 중국에서 관료와 지주-상인 엘리트 사이의 친밀한 관계로 인해 국가는 경제적 지배 계급의 이해를 대변한다고 단언했다.[22] 바르가는 여기서 더 나아가, 타오시성이 했던 것처럼, 중국 정부의 관료들이 사회를 착취함으로써 그들의 봉건적 본성을 보여주었다고 말했다.[23] 그러나 그들의 논적들에게 그러한 주장은 단순한 눈속임에 지나지 않았다. 그들은 아시아적 사회론의 주요 위험은 국가와 사회 간의 분열이 심화된다는 핑계로 계급과 계급갈등의 역할을 가볍게 보는 것이라는 분명한 인식을 갖고 있었다. 이러한 관점은 소련과 중국 혁명

---

19) 같은 책, p.7. Madyar, 「中國的農業經濟」, p.18.

20) K. Wittfogel, *Oriental Despotism: A Comparative Study of Total Power*, (New Haven: Yale University Press, 1957).

21) Madyar, 「中國的農業經濟」, p.18.

22) 같은 책, p.109.

23) Varga, 「中國革命之諸根本問題」, p.8.

가들 양자 모두가 중국에서의 혁명 전략뿐 아니라, 마르크스주의 사회이론에 반론을 제기한 까닭을 알 수 있게 해준다.

아시아적 생산양식이 내포하고 있는 역사 발전의 "다원주의(pluralism)"는 마르크스주의 역사학의 문맥 내에서 가장 중요한 특징이었다.[24] 중국과 유럽의 차이를 참고한 이러한 관점들 사이의 중요한 차이는 그 차이를 보여주는 역사 발전관의 불일치에 있다. 중국 봉건제론자들과 그 반대자들은 발전은 본질이 아닌 속도에서 차이만 있을 뿐이며 역사 발전은 세계적으로 동일하다는 신념을 공유했다. 반면, 아시아적 사회론자들은 역사 발전은 사회가 처한 물질적 환경에 따라 다른 과정을 경과할 수 있으며, 경과했다고 주장했다. 즉, 동일성이 아닌 다양성이 역사를 규정한다는 것이다. 마르크스주의에 내포되어 있는 일원론적 역사관과 상반되는 것으로 보이는 이러한 관점은 마르크스주의 역사학 내의 수많은 논쟁의 원천이 되었다. 논쟁은 주로 그 차이를 마르크스가 만든 것인지, 아니면 그 차이 자체가 후대의 역사적 유물론 해석자들이 마르크스주의의 관점을 왜곡한 것에서 비롯된 것인지 등의 문제와 관련 있었다.[25] 이 관점과 가장 밀접하게 얽혀 있었던 마르크스주의 이론가는 플레하노프(G. Plekhanov)였다. 그는 "러시아 마르크스주의의 아버지"로서 이 주제에 관한 마르크스의 모호한 언급을 체계적으로 해석했다. 그리고 1920년대 아시아적 사회의 지지

24) 한 논자는 논쟁에서 중국 마르크스주의자가 제기한 과도사회의 수많은 변종들이 아시아적 사회와 주장의 본질에 있어 차이가 없다고 말했다. 吳明 , 「中國社會史論戰之檢討」, 『中山文化教育館季刊』 第2卷 第1期, (1935.1), pp.169-190. 간단한 비교가 보여주듯이, 이러한 관점들이 유사한 개념(강한 국가, 상업화된 지주, 비확장적 "단순재생산 경제")을 모두 채택했다는 것은 사실이지만, 그것들은 혁명 전략 측면에서 가지는 의미뿐 아니라 그 뉘앙스에 있어서도 달랐다. 그러나 아시아적 사회론의 가장 중요한 이론적 차이는 역사적 일원론에서 은밀하게 이탈했다는 것이었다.

25) 이 주제에 관한 마르크스주의적 논문을 포괄적으로 다룬 리뷰로는 K. Wittfogel, "The Marxist View of China", *China Quarterly*, 11, (1962.7-9), pp.1-20과 12, (1962.10-12), pp.154-169를 보라.

자들은 그를 공개적으로 자신들의 멘토로 받아들였다.26)

플레하노프는 역사 발전이 두 갈래의 노정 중 하나를 따른다고 말했다. 첫 번째 길은 유럽 사회를 따라가는 것이다. 이것은 씨족 사회가 해체되고 노예제 사회가 등장하고 나서, 이어서 차례로 봉건 사회와 자본주의 사회로 진화하는 과정이었다. 다른 하나는 씨족 사회에서 아시아적 생산양식으로 나아간 "아시아적" 사회의 길을 따르는 것이다. 이 사회는 강력한 국가 조직을 갖추고 있지만 유럽 사회에서 볼 수 있는 내적인 역동성은 결여하고 있었다. 플레하노프는 그가 주장한(혹은, 그가 말했듯 원래 마르크스가 주장한) 차이의 기원을 궁극적으로는 유럽과 "아시아적" 사회의 지리적 환경상의 차이에서 찾았다. "아시아적" 사회의 특징은 본질적으로 이 사회가 경제적으로 수자원의 규제에 의존적이라는 것이었다.27) 그는 공개적으로 "지리결정론"을 수용하지는 않았지만, 그의 관점은 본질적으로는 "지리결정론"이었다. 그가 지리를 원인으로 인식하는지, 조건으로 인식하는지는 중요하지 않다. 둘 다 지리적 환경이 역사의 과정을 규정한다는 것에서는 같기 때문에 문제가 되지 않는다. 이러한 관점의 장점을 어떻게 평가하든, 사회의 내적인 힘들의 상호작용이 사회 발전의 기본적인 동력이라는 마르크스주의의 기본적인 전제와 명백히 어긋났다. 1920년대 후반 플레하노프의 역사적 유물론에 대한 해석과 그의 이데올로기적 후계자들이 이를 중국 역사에 적용한 것에 대해 비판이 일어났는데, 이때 이것이 그 중요한 이론적 근원이었다.28)

---

26) S. H. Baron, "Plekhanov, Trotsky, and the Development of Soviet Historiography", *Soviet Studies*, 24.3, (1974.7), pp.380-395. Madyar, 「中國的農業經濟」, pp.15-16에서는 Madyar가 Plekhanov의 관점에 의지하고 있음을 볼 수 있다.

27) G. V. Plekhanov, *Fundamental Problems of Marxism*, (New York: International Publishers, 1909), p.63., *The Monist View of History*, (New York: International Publishers, 1972), pp.127-129. Madyar의 지리결정론 수용에 대해서는 Madyar, 같은 책, p.16을 보라.

28) 소련 역사학자들은 국가의 필요성을 강조하며 소련과 아시아적 국가의 '유사성'에서 느

소련에서 아시아적 생산양식에 대한 공격 개시의 신호탄이 되었던 저작은 1929년 모스크바에서 출간된, 듀브로브스키(S. M. Dubrovsky)의 『아시아적 생산양식, 봉건주의, 농노, 상업자본의 문제*On the Question of an "Asiatic" Mode of Production, Feudalism, Serfdom, and Merchant Capital*』였다. 이후 수년간 소련에서의 논쟁은 소련 공산당 과학원 산하 농업연구소의 지도자였던 듀브로브스키가 이 책에 수록했던 논문을 둘러싸고 벌어졌다. 그의 이러한 주제는 또한 아시아적 사회에 반하는 주장을 찾고 있던 중국 마르크스주의자들에게 매우 큰 영향을 미쳤다고 알려졌다.[29] 듀브로브스키는 아시아적 사회의 지지자들이 중국 사회에 관한 그들 자신의 주장을 증명하기 위해 인용했던 특정한 증거들을 회피했다. 그러면서도 그는 사유재산의 부재와 수력 자원의 활용에 권력을 의지한 초계급 국가의 존재를 부인하지도 않았다. 대신, 그는 "추론"을 통해, 그러한 현상들이 "상부구조"에 속했으며, 다른 역사적 환경에서 광범위하게 존재했기 때문에 그것으로 사회구성체를 결정하기에는 충분하지 않다는 것을 보여주려고 노력했다. 그러나 더 "정통적인" 마르크스주의적 사회구성체 내로 아시아적 생산양식과 관련된 특징을 도입하기 위해, 듀브로브스키는 마르크스가 본래 다섯 혹은 여섯으로 나누었던 사회구성체를 수적으로 늘려서 "정통"을 확대하는 방법을 채택할 수밖에 없었다. 마르크스, 엥겔스, 레닌에 관련된, 그리고 보그다노프(I. Bogdanov)와 포크로브스키(Pokrovsky) 같은 마르크스주의 이론가들의 초기 해석으로부터 영향 받은 저작을 기초로, 그는 유럽과 다른 지역에서 역사 발전을 둘러싼 열 개의 사회구성체를 열거했다.[30]

낀 당황스러움이 아시아적 생산양식을 반대하는 주요한 이유였다고 강조했다. 이 관점에는 중국 혁명을 논쟁의 발생과 연결시키려는 사고가 결여되어 있으며, 더 중요하게는, 아시아적 생산양식 개념이 마르크스의 역사 발전론의 틀 안에서 진정한 문제를 야기했다는 점이 빠져 있다. 이 관점에 대해서는 Shteppa, *Russian Historians*, p.87을 보라.

29) 같은 책, pp.71-73.

30) 같은 책, pp.67-80. 열 개 생산양식은 원시 사회(primitive society), 부자 상속제 사회

소련에서의 논쟁은 주로 듀브로브스키가 제기한 사회구성체, 특히 봉건제 사회를 나눈 봉건제, 농노제, 소생산자 사회에 관한 것이었다. 이러한 논쟁 과정에서 소련역사가들은 암묵적으로 아시아적 사회는 독립적인 생산양식이 아니라 기존의 다른 사회구성체의 변종이라는 데 합의했다. 대부분은 이것을 봉건제의 변종으로 간주했지만, 일부는 노예제의 변형으로 보았다.[31] 1931년 이후 이 해석은 처음에는 소련 역사학계를 암묵적으로 지배했지만, 이어서 1938년 스탈린(Stalin)이 수용 가능한 사회구성체 목록에서 아시아적 사회를 배제한 이후에는 이를 공식적으로 지배했다. 아시아적 사회론이 소련 역사학계에 다시 나타난 것은 1960년대였다.[32]

이러한 아시아적 생산양식 개념을 중국 사회에 적용하는 것을 반대했던 중국 마르크스주의자들은 소련의 지도 방침에 따라 그들의 주장을 피력했다. 그들은 또한 중국 사회의 특색에 대한 아시아적 사회론자들의 주요 주장이 유효하다는 것은 인정했지만 이러한 특징이 중국 역사의 특수성을 증명하는 것은 아니라고 생각했다. 그들은 소련의 이론적 동지들처럼 그러한 특징이 봉건제로부터 자본주의로 변화하는 사회에서 나타나는 현상이라고 주장하려 했던 것이다.

(patrimonial society), 노예 소유(slave-owning), 봉건제(feudal), 농노제(serf-holding), 소생산자 경제(economy of small prodcers), 자본주의(capitalism), 과도기 경제(economy of transitional), 사회주의(socialism), 세계 공산주의 시기 경제(economy of the period of world communism)이다. p.78.

31) 何幹之, 『中國社會史問題論戰』, pp.14-15. 아시아적 사회를 노예제의 변종으로 바라본 이는 1930년대 중국에서 인기 있던 V. Reikhardt였다.

32) S. H. Baron, "Marx's *Grundrisse* and the Asiatic Mode of Production", *Survey*, 1-2, (1975, 겨울-봄), pp.128-147.

사회역사논쟁

『독서잡지』의 기고문 중 상당수는 주로 초기 마르크스주의 저작에 비판적인 태도를 견지했기 때문에 의미가 있었다. 그 비판의 대부분은 앞 장에서 이미 언급했다. 여기서는 『독서잡지』에서 의미 있는 새로운 중국 역사관을 소개한 글들에 한정해 논의를 전개할 것이고 이들 저작이 마르크스주의적 역사 이해를 복잡하게 만든 지점에 집중할 것이다. 이러한 관점들은 그들이 논적으로 간주한 이들의 해석을 의식적으로 부정하기 위해 만든 것이라는 점을 기억할 필요가 있다. 이러한 관점의 대다수는 논증이 진행됨에 따라 단편적으로 드러났다. 이 관점들을 명확하고 간결하게 전하기 위해, 여기서는 논쟁 내에서 처음 표현되었던 것보다 체계적으로 다룰 것이다.

리지와 전前 자본주의 사회: 리지의 동료들은 공통적으로 그가 논쟁이 전개되던 당시 가장 정통한 마르크스주의자였다고 평가했다. 그는 마르크스주의 이론 관련 문헌뿐 아니라 일반적인 독일 역사 관련 문헌(그는 1920년대에 독일에서 공부했다)에 대해 상당한 이해를 갖고 있었다. 그중에서도 중요하지 않은 몇몇을 제외한 주요 마르크스주의 이론가들 나머지 전부가 그의 비판의 대상이 되었다. 다소 사소하고 이상한 경우도 있었지만 그의 비판은 항상 이론적으로 기초가 잘 잡혀 있었고 그는 중국 역사에 마르크스주의 이론을 적용하는 데 성공했다. 그러나 다른 저작에서 결점을 찾는 데 있어서는 그만큼의 비판적 통찰력을 갖추고 있지는 못했다. 그는 자기 확신이 있었기 때문에 이론을 중국의 상황에 맞출 수 있었지만, 다른 마르크스주의자들 대부분은 그러하지 못했다. 그러나 그는 다른 방면에서 마르크스주의 이론을 활용할 때 그가 비판했던 이들과 다를 바 없이 선택적이었다.

앞선 표에서 볼 수 있듯이 리지는 중국 역사를 다섯 가지 주요시기로 나누었다. (1) 상 이전부터 상 말에 이르는 원시 공산제 사회, (2) 은대의 아시아적 사회, (3) 주의 봉건제 사회, (4) 진秦에서 아편전쟁까지의 전 자본주의 사회, (5) 아편전쟁 이래의 자본주의 사회.[33] 리지는 대부분의 관심을 기울인, 두 번째와 네 번째 시기에 대한 분석에서 마르크스주의 역사학에 가장 독창적이고 논쟁적인 공헌을 했다.

리지는 사회구성체들이 서로 중첩되기도 하지만, 시기에 따라 달라지는 지배적 소유관계와 계급 구조에 따라 구분이 가능하다고 생각했다. 그는 생산양식이 역사 분기에 채택할 수 있는 유일하게 적합한 기준이라고 분명히 말했다. 그러나 그가 생산양식을 기술 이상의 것으로 생각했다는 것 역시 분명하다. 그것은 그 범위 안에 노동 조직, 그리고 이에 따라 소유관계도 포함하는 것이었다. 그는 특히 초기 역사에서 기술이 사회발전에 있어 갖는 중요성을 인식했지만, 그것만으로는 한 사회구성체로부터 다른 사회구성체로의 발전을 설명할 수 없다고 생각했다. 자본주의의 경우 그는 특히 기계의 사용으로 자본주의적 생산양식을 설명할 수 있다는 생각에 반대했다.[34]

리지는 사회구성체의 "내용"을 생산수단의 소유와 노동 조직의 후과를 우선시하여 설명했다. 그는 원시 공산제 사회 아래에서 토지는 공동체적 친족조직의 소유였으며 모든 성원들은 협동을 통해 생산했다고 주장했다. 그다음 단계였던 아시아적 사회의 가장 두드러지는 특징은 토지의 국가소유였다. 공동체적 마을은 변화에서 살아남았지만 토지를 소유하지 못했으며, 생산은 농업 활동과 산업 활동을 혼합한 단위인 개별적인

---

33) 李季, 「對於中國社會史論戰的貢獻與批評」, 『讀書雜誌』 第2卷 第2期, 第3期, pp.14-15. 李季는 나중에 초기 단계에 대한 생각을 수정했다. 1934년의 『中國古代社會史的研究』에서 그는 아시아적 사회를 夏와 殷까지 확장했다. p.260.

34) 李季, 「對於中國社會史論戰的貢獻與批評」, 『讀書雜誌』 第2卷 第2期, 第3期, p.57.

농민 가내수공업을 통해 이루어졌다. “고대”(그리스·로마)의 생산양식 아래에서 토지는 귀족의 소유였다. 여기서 노동은 대토지소유* 내에서의 노예노동을 말하며, 노동 생산물은 보통 즉시 사용이 아닌 시장 유통을 위해 만들어졌다. 봉건제에서 토지소유권은 봉건 귀족의 손으로 넘어갔다. 농업과 수공업을 결합한 생산은 다시 한 번 즉각적인 소비를 목적으로 하는, 봉건적 사유지에서의 소농(小農)생산으로 되돌아갔다. 봉건제하의 농민들은 생산에 필수적인 도구들을 소유했지만, 농노로 토지에 종속됨으로써 귀족에 복종할 수밖에 없었다. 개인의 강제된 종속 관계는 봉건제하의 사회·정치조직의 특징이었다. 봉건 조직 내에서의 교환의 등장은 봉건 귀족을 새로운 유형의 지주와 프티부르주아로 변모시켰다. 토지와 자본을 함께 소유한 이 새로운 계급은 농민을 해방시켰지만, 동시에 이들을 점차 단순한 노동계급으로 전락시켰다. 이 관계는 전前 자본주의 사회의 특징을 보여준다. 결국, 시장을 위한 대규모 생산이 이루어지고 상품교환이 활발해지면서, 전前 자본주의 사회는 자본주의 사회로 전환되었다. 그 변화를 알려주는 것은 부르주아가 생산수단을 배타적으로 통제하고 노동이 노동자(프롤레타리아) 노동, 즉, 생산수단으로부터 완전히 배제된 노동으로 전환되었다는 점이었다.[35] 다른 맥락에서 리지는 소유관계가 자본주의 사회하에서처럼 유일한 경제형식일 때만 “계급” 개념을 사용할 수 있다고 말했다.

궈모뤄의 경우처럼, 엥겔스와 모건은 리지의 고대 역사 연구의 출발점이었다. 그러나 그는 해석의 기준에 있어서 궈모뤄와 달랐고, 결과적으로 초기 역사 자료에 대한 평가에서도 달라졌다. 우선, 그는 궈모뤄보다 중국

---

* 라티푼디움(latifundium). 로마가 일부 점령지의 토지를 몰수해 분배한 것에서 비롯되었으며 자유민과 노예의 노동을 통해 생산이 이루어졌고 소농에 비해 상당한 경쟁력을 가짐으로써 한때 로마제국과 속국에서 대표적인 농업단위로 자리 잡았다.-역자

35) 李季, 『中國社會史論戰批判』, (上海: 1933), pp.487-489.

문명의 기원을 더 과거로 보았다. 그는 구제강(顧頡剛)과 같은 역사가들에 매우 비판적이었다. 그가 생각하기에 그들은 "실증주의"와 "경험주의"에 혹해서 전통 기록의 신빙성을 믿지 못하는 자들이었다.[36] 그는 그러한 기록들이 역사는 아니지만, 과거에 존재했던 사회 그대로를 알려주며 적당한 이론적 장치를 통한다면 역사적 진실을 밝혀줄 수 있다는 입장을 취했다. 이론적 장치는 사회발전에 관한 비교 연구로부터 만들어진 모델을 말하는 것이었다. 리지는 다른 사회에서는 존재할 "가능성"이 없는 특징을 초기 중국 역사에서 찾으려고 했다.[37]

초기 중국 사회에 대한 리지의 관점에서 이론적 논쟁을 불러일으킨 것은 은대를 "아시아적 사회"에 속한다(나중에는 하로부터 은에 이르는 시기로 수정했다)고 본 해석이었다. 리지는 궈모뤄처럼 『정치경제학 비판 요강』에서 마르크스의 분기를 취해 아시아적 생산양식을 중국의 초기 역사에 배치했다. 그러나 그는 아시아적 사회와 원시(혹은 씨족) 사회를 동일시한 궈모뤄의 모델에는 찬성하지 않았다. 왜냐하면 그는 토지의 국가소유를 아시아적 사회의 두드러진 특징으로 보았기 때문이다. 그는 마르크스가 모건의 연구에 관해서 알게 된 후 초기 사회의 진화에 대한 관점을 바꾸었고 그 결과 아시아적 사회를 역사의 후後 원시단계에 위치시켰다는 플레하노프의 주장에 동의했다. 리지는 또한 플레하노프에 근거해 마르크스가 아시아적 사회를 그리스·로마 사회가 갔던 길과는 다른 발전 경로로 간주했다고 주장했다. 그는 중국 사회가 노예제 사회로 들어선 적이 없으며 은대 말에 아시아적 사회에서 봉건 사회로 곧바로 전환됐다는 결론을 내렸다.[38] 그는 다소 편의적으로, 플레하노프가 아시아적 사회를 노예제만이 아닌 노예제와 봉건제를 포함하는 보편적 유럽 사회 발전과는 다른 길로

36) 李季, 「對於中國社會史論戰的貢獻與批評」, 『讀書雜誌』 第2卷 第2期, 第3期, pp.20, 37.
37) 李季, 『中國社會史論戰批判』, (上海: 1933), pp.260-270.
38) 李季, 「對於中國社會史論戰的貢獻與批評」, 『讀書雜誌』 第2卷 第2期, 第3期, pp.12-14.

바라보았다는 것을 무시했다. 리지의 글에서 우리는 이러한 생략이 그가 간과했기 때문이 아니라 자본주의에 직접적으로 선행하는 단계로서 아시아적 사회를 반대했기 때문이라는 점을 분명히 알 수 있다.[39]

중국의 봉건제를 다룬 방식에서 리지는 기본적으로 타오시성과 다르지 않다. 그는 주 후엽에 봉건적 시스템이 소멸되었다는 관점에도 동의했다. 다만 생산의 증가와 교환경제의 활성화를 추동하는 데 있어 철기 사용의 역할을 더욱 중시했다는 점에서는 달랐다. 리지는 기원전 3000년과 같은 이른 시기에 철기가 사용되었을 가능성을 포기하려 하지 않았다. 그러나 그는 철기가 주대 중기가 되어서야 생산에 있어서 의미 있는 요소가 되었다고 주장했다. 이것은 그 후 봉건 체제의 와해와 "전前 자본주의" 사회의 등장을 촉진하였다.[40] 이 개념은 마르크스 역사학에 대한 리지의 가장 의미 있는 공헌이었다. 리지는 적어도 그가 말한 바대로, 중국 역사에서 지속된 상업화의 의미를 해석하는 데서 타오시성 및 봉건제론자들과 가장 큰 차이를 보였다. 그러나 이후 왕리시가 지적했듯이, 그는 그의 논적들, 특히 그가 가장 혹독하게 비판했던 타오시성과 자신의 차이를 과장한 면이 있었다.[41]

리지는 진秦에서 청淸에 이르는 제국 중국을 "전前 자본주의 사회"로 보았다. 그는 자본주의에 선행하는 역사 단계로서 바라보는 보편성의 관점이 아니라 봉건제 사회와 자본주의 사회 사이에 존재하면서 후자의 선결조건이 되는 사회구성체로 바라보는 특수성의 관점에서 이 용어를 사용

39) 같은 책, pp.11-12.

40) 李季, 『胡適中國哲學史大綱批判』, (上海: 1931), p.12. 중국에서 철기가 초기에 존재했다는 그의 주장에 대해서는 『中國古代社會史的硏究』, p.263과 「對於中國社會史論戰的貢獻與批評」, 『讀書雜誌』 第2卷 第2期, 第3期, p.44를 보라. 李季는 중국에서의 철기에 관해 독일 역사가 G. Schomoller의 저작에 의거해 자신의 주장을 펼쳤다.

41) 王禮錫, 「中國社會形態發展史中之謎的時代」, 『讀書雜誌』 第2卷 第7期, 第8期, (1932.8), p.12.

했다. 그는 유럽에서는 중세와 근대 사이에 유사한 단계를 경과했지만 그 지속 시간이 비교적 짧았던 반면에 중국에서는 2,000년 동안 의미 있는 변화 없이 동일한 체제가 유지되었다고 주장했다.[42] 그가 정의한 전前 자본주의적 생산양식은 "선행한 모든 생산양식의 흔적을 그 안에 담고 있는 변종 생산양식"이었다.[43] 이 사회에서 권력은 여전히 지주에게 있었지만 전前 자본주의 사회의 지주를 봉건지주와 혼동해서는 안 된다. 전前 자본주의 사회는 상업자본과 상품교환의 압력하에서 봉건제의 자급자족적 경제가 붕괴되면서 나타났다. 그래서 봉건제의 "초경제적" 의존 관계는 전前 자본주의 단계에서 적어도 부분적으로 경제적 사회관계에 자리를 내주었다. 그러한 변화는 소유관계가 근본적으로 변화했음을 나타내는 것이었으며, 그래서 사회적 계급의 성격과 사회적 동력 역시 변화했음을 보여주는 것이었다. 그가 타오시성과 의견을 달리했던 지점이 바로 여기였다. "우리가 그(타오시성)의 이러한 입장을 자세히 살펴본다면, 그가 말한 전前 자본주의 시기와 우리가 말하는 그것 사이에는 공통점이 없다는 것을 바로 알 수 있을 것이다. 그의 전前 자본주의 시기의 사회는 봉건 사회였으며, 진보했다 하더라도 '후後 봉건' 사회였다. 우리가 말하는 전前 자본주의 사회는 봉건 사회가 아닐 뿐더러, '후後 봉건' 사회도 아니다. 그것은 곧 봉건적 생산양식이 소멸한 후 전前 자본주의적 생산양식이 나타난 시기이다."[44]

리지의 전前 자본주의 사회는, 그가 설명했듯이 타오시성의 상업사회와 동일한 일반적인 특징을 가지고 있기 때문에 이러한 차이는 처음 보았을 때는 논쟁의 여지가 있는 듯이 보인다. 그 특징들은 (1) 소농과 가내수공업의 직접적인 결합이 만든 지역의 소시장 네트워크, (2) 상업자본과 고리대금 자본의 우위, (3) 산업적 생산에 대한 상업의 지배, (4) 지주와 "다른

42) 「對於中國社會史論戰的貢獻與批評」, 『讀書雜誌』 第2卷 第2期, 第3期, pp.54-55.
43) 같은 책, p.51. 또한, 『中國社會史論戰批判』, p.559를 보라.
44) 「對於中國社會史論戰的貢獻與批評」, 『讀書雜誌』 第2卷 第2期, 第3期, p.48.

상층 계급"의 존재, (5) 독립생산자인 장인의 존재, (6) 종래의 생산방식의 지속적 사용, (7) 농민과 장인의 파산 및 생산수단의 집중이다.[45](중국어판에 인용된 중국어 원문 번역-역자) 타오시성이 제국 사회에서 이러한 특징이 유지되었다는 주장에 동의하지 않았을 것이라는 판단의 근거는 없다. 그러나 두 저자들은 각각 제국의 사회구조에 나타나는 특징들을 다르게 설명했다. 타오시성이 정치적 관계(혹은 오펜하이머를 따라, 경제적 목적으로 인한 정치적 착취)의 지속적인 우위를 강조한 반면, 리지는 사회적 관계들은 제국 시기에 이르기까지 주요한 경제적 행렬(matrix) 주변에서 되풀이되었다는 입장을 견지했다. 이러한 분기가 야기한 가장 중요한 결과는 제국 중국에서의 계급 문제와 관련되어 있었다. 타오시성은 자신의 관점으로부터 정치 엘리트와 경제 엘리트의 분리가 제국 중국 역사의 결정적 기준으로서 계급분화를 은폐했다는 결론을 내릴 수밖에 없었다. 반면 리지는 사회 내에서의 계급분화를 분석의 출발점으로 삼았다. 사실, 우리는 사회를 기본적으로 정치적, 사회적, 경제적 의미에 따라 벌열閥閱, 신분身分, 계급階級으로 나눈 리지의 구분에 근거해, 사회 조직의 토대로서 경제 관계가 정치 관계를 대체한 제국 시기가 막 시작되었을 때 계급분화가 사회 내부에서 사회 변화를 추동하는 자주적인 동력이 되었다고 추론할 수 있다.[46]

결국 이러한 차이로 인해 제국 중국의 발전관은 분화되었다. 리지는 타오시성이 제국 중국을 후後 봉건 사회로 간주하기는 했지만, 퇴행적인 "봉건 세력"이나 봉건의 유산을 발전을 되돌림으로써 중국 사회의 운명을 결정지어버린 요소로 인식했다는 점을 비판했다. 그로서는 그렇게 타오시성을 비판할 만한 충분한 이유가 있었다. 반면에 리지의 전前 자본주의 개념은 봉건제와 자본주의 사이에 놓인 진보적이고 필수적인 단계로, 중국이

45) 같은 책, pp.51-52.

46) 같은 책, pp.20-32. 그가 사회의 경제적 요소와 계급투쟁의 중요성을 강조한 것에 대해서는 pp.33-71을 보라.

든 유럽이든 이 단계 없이는 자본주의가 등장하지 못했으리라 암시했다.

리지는 역시 대부분의 중국 마르크스주의자들처럼 중국을 유럽 역사 모델에 꿰맞추려는 오류를 극복할 수 없었다. 그러나 그는 마르크스주의적 사회구성체를 다루는 방법에 있어서 대부분의 사람들보다는 유연했으며 역사적 유물론에서 발견한 사상의 상대적 중요도 또한 바꾸려고 했다. 그것은 그가 전前 자본주의 사회를 단순한 과도기가 아닌 하나의 사회구성체로서 받아들였다는 것을 보여주는 가장 중요한 예였다. 이러한 관점과 중국 노예제 사회론에 대한 부정은 그가 동료 마르크스주의자들보다 사회구성체를 역사 발전의 연속적인 단계가 아닌 "유형"으로 간주하는 경향에 가까웠다는 것을 보여준다. 리지는 결국 타오시성과 주페이워에 대해서는 그들이 역사적 유물론의 토대에 무지했기 때문에 마르크스의 저작으로부터 벗어나려 하지 않았다고 비판했던 반면에 자신은 필요한 경우 마르크스를 바꾸려고 했다며 스스로의 이러한 의지를 자랑스러워했다.[47)]

왕리시, 후추위안과 전제 사회: 왕리시(王禮錫)와 후추위안(胡秋原)은 둘 다 『독서잡지』의 편집인이었을 뿐 아니라 중국 역사에 대해 거의 동일한 관점을 가지고 있었다. 마르크스주의 역사학에 있어 그들의 가장 중요한 공헌은 제국 중국 사회가 "전제적" 혹은 "절대적 전제주의" 사회(專制主義社會)였다고 주장한 것이었다. 이러한 사고가 그들만의 고유한 것은 아니었지만, 그들이 논쟁의 과정에서 이에 대한 가장 열렬한 지지자였던 것은 사실이다.

국가의 본질에 대한 문제와 국가와 사회의 관계에 대한 문제가 논쟁 출발부터 마르크스주의 역사학의 기본적인 관심 사항의 하나였다는 것은 저널을 통해서 분명히 확인할 수 있다. 라덱(Karl Radek)은 처음으로 전제

---

47) 「對於中國社會史論戰的貢獻與批評」, 『讀書雜誌』 第2卷 第2期, 第3期, p.52.

주의의 문제를 거론했으며, 이후 이 문제제기는 논쟁에서 다른 양상으로 반복적으로 나타났다. 소련의 논쟁에서 영감을 얻은 왕리시와 후추위안의 분석이 나타난 후에야 비로소 ("동양적 전제주의"와는 다른) 전제주의가 논쟁의 시야에 들어오기 시작했다. 다른 마르크스주의적 해석과의 논쟁을 통해 이 두 논자들은 소련의 아시아적 사회 반대론자들, 특히 듀브로브스키의 지도를 따라, 아시아적 사회론자들에게 엄격한 비판을 가했다. 왕리시와 후추위안은 듀브로브스키의 이론적 공식의 일부를 반대했지만, 마르크스가 아시아적 사회를 특별한 사회구성체로 간주하지 않았으며 막스 베버(Max Weber)와 플레하노프의 "지리결정론"이 이러한 "배리背理"의 원인이라고 보았던 듀브로브스키의 입장에는 동의했다. 왕리시와 후추위안은 아시아적 생산양식이 중국이나 혹은 이와 관련이 있는 다른 곳에 퍼져있었다는 관점을 부정했으며, 대신 제국 중국 사회의 특징을 설명하는 가장 적당한 대체물을 찾아냈다. 그것은 포크로브스키가 러시아의 전근대적 발전을 설명하는 데 활용했던, 후後 봉건제-전前 자본주의적 "전제주의"라는 개념이었다.[48]

두 논자는 원시 공산제 사회, 씨족 사회, 봉건제 사회를 거친 후 주周가 멸망했을 때, 상업으로 인해 중국의 봉건 사회가 붕괴하고 과도기로 들어섰다는 데 의견이 일치했다.[49] 왕리시는 주대 말엽의 변화를 이렇게 묘사했다.

> 자연경제는 상품경제에 의해 해체되었고 이로 인해 "낡은 자본주의"는 봉

48) 王禮錫, 「中國社會形態發展史中之謎的時代」, 『讀書雜誌』 第2卷 第7期, 第8期, (1932.8), p.20. 胡秋原, 「亞細亞生產方式與專制主義」, 『讀書雜誌』 第2卷 第7期, 第8期, (1932.8), pp.1-7.

49) 초기와 관련된 토론에 대해서는 王禮錫, 「古代的中國社會」, 『讀書雜誌』 第3卷 第3期, 第4期, (1933.4), pp.1-30와 胡秋原, 『中國社會-文化發展草書』, 『讀書雜誌』 第3卷 第3期, 第4期, (1933.4), pp.1-96을 보라.

건 사회 내부에서 배태되었다. 게다가 상품의 대량생산으로 인해 지주가 겸병을 강화하는 현상, 즉 토지집중화가 나타났다. 지주와 상업자본은 상호 연결되어 상업자본가는 늘 지주였고 지주는 또한 늘 상업을 함께했다. 이것은 봉건적 착취를 강화했다. 지역 정권은 상업 집중 현상으로 인해 파국을 맞았고 전제주의 정권은 이러한 상황하에서 나타났다.[50](중국어판에 인용된 중국어 원문 번역-역자)

후추위안은 전제주의 사회를 더 상세히 설명했다. (1) 전제주의의 발생은 봉건제와 상업자본주의의 결합에서 기인한다. 상품경제의 발전으로 인해 봉건 정권의 고립성과 분산성은 파괴되고 이것은 정치권력의 집중을 촉진해 전제 군주제를 만든다. (2) 이러한 전제 군주제는 봉건 영주 및 상인의 이익을 유지케 하며 그들 사이의 투쟁을 조절한다. 그러나 이것은 결코 국가의 계급성을 배제하지 않는다. (3) 이러한 새로운 권력의 최대 임무는 착취의 심화로 저항하는 농민을 진압하는 것이다. 이것은 이러한 권력의 계급성을 강화한다. (4) 화폐경제가 번성함에 따라 통치자들의 축재의 욕망과 무절제한 사치가 증가하고 착취는 더욱 가혹해진다. 이로 인해 화폐 조세가 발생한다. (5) 이러한 정치 체제를 공고하고 완전하게 만들기 위해 관료와 용병이 만들어진다. (6) 전제 정권은 농민을 진압하기 위해 더더욱 그 자신의 전제성을 발휘한다. 그러나 농민 반란은 종종 전제 정권을 무너뜨린다. 농민은 산만하고 유치하며 이념적으로 저급하기 때문에, 농민들의 일시적 승리는 전제주의 아래에서 실의한 지주나 룸펜에 이용된다. 그래서 그들은 지주, 상인, 관료의 도움을 빌어 전제주의의 재조직에 복무하게 된다. 이것은 중국 역사상 왕조의 부침을 추동했다.[51](중국어판

---

50) 王禮錫,「中國社會形態發展史中之謎的時代」,『讀書雜誌』第2卷 第7期, 第8期, (1932.8), p.22.

51) 胡秋原,「專制主義-專制主義理論與中國專制主義之事實」,『讀書雜誌』第2卷 第11期, 第

에 인용된 중국어 원문 번역-역자) 후추위안에 따르면, 관료, 상비군, 화폐 조세는 전제주의 사회의 가장 중요한 특징이며 본질적으로는 반反봉건제적이었다. 그러나 이 시스템은 봉건제의 유물과 봉건제적 착취를 용인하고 영속화했다.[52)]

후추위안과 왕리시가 말한 제국 중국 사회의 이러한 특징들은 본질적으로 "국가 체제의 형식으로서, 절대군주는 상업자본주의의 토대 위에서 나타났다"라는 포크로브스키의 전제에서 유추된 것이었다.[53)] 포크로브스키는 중앙집중화된 전제군주정은 (자연경제에 대비되는) 상업경제에서만 자라날 수 있다고 주장했다. 봉건제 아래 자연경제에서 군주는 권력을 발휘하기 위해 봉건적 신하에 의존적일 수밖에 없으며, 그래서 그들의 협조를 얻기 위해서 권력을 나누어 가질 수밖에 없었다. 상업적 (그리고 아마도 직접적으로 세금을 징수할 수 있는) 경제 활동이 가능하게 되면서, 군주정은 재정적으로 고용된 관료와 군대를 통해 봉건적 신하를 대체할 수 있게 되었다. 수입원을 확보하게 되면서, 군주는 봉건 영주에 맞서 신속하게 권력을 확장할 수 있게 되었다.[54)] 게다가 포크로브스키의 주장처럼 전제주의는 봉건제를 종식시켰을 뿐 아니라, 자본주의가 등장할 수 있는 동력을 제공했다.

후추위안과 왕리시는 "상인자본 혹은 상업자본은 (…) 자본주의의 낮은 단계"라는 포크로브스키의 관점에 동의했고 그러한 경제적 토대 위에서 세워진 절대 군주정을 "자본의 원시적 축적의 실질적인 참여자이자 기획자"로 간주했다.[55)] 중국에서 이러한 관점의 지지자들은 전제주의적 국가

12期, (1932.12). 鄭學稼, 「郭沫若中國古代社會研究」, pp.76-77에 요약되어 있다.

52) 胡秋原, 「亞細亞生産方式與專制主義」, p.14.

53) M. N. Pokrovsky 저, R. Szporluk 편, *Russia in World History*, (Ann Arbor: University of Michigan Press, 1907), p.47.

54) 같은 책, p.48.

55) 같은 책, Szporluk, "Introduction", p.17.

와 도시의 상인 계급 사이의 친연성을 강조했고 심지어는 진의 최초의 중국 통일이 왕조에 대한 상인의 지지 덕에 가능했다고 주장했다. 왕조는 집권 후에 최고의 권력을 획득할 수 있었던 것에 대해 (가장 대표적으로는 여불위呂不韋와 같은) 상인계급에게 감사를 표했다는 것이다.[56] 그럼에도 불구하고, 전제주의 국가는 피압박 하층계급을 억누르고 지주와 상인으로 구성된 전체 경제 엘리트에 대한 보호를 확대했다. 용병은 농민반란을 진압하기 위해 고용되었다. 반면, 지주와 상인의 중재자 역할을 하는 관료들은 엘리트 집단 간 파괴적 충돌을 예방하는 역할을 했다.

제국 중국을 "전제주의 사회"로 보는 관점은 여기서 논의된 다른 관점들과 어떻게 다른가? 이의 지지자들은 자신들을 아시아적 사회에 대한 지지자들뿐 아니라 관점상 상당히 유사했던 타오시성과 리지와도 구분했다. 왕리시는 제국 중국을 봉건 사회를 넘어선 사회로 보았던 자신과 달리 타오시성과 리지는 본질적으로 이를 후後 봉건 사회라고 주장했다고 말했다. 다른 논쟁 참여자들처럼, 후추위안과 왕리시도 자신들의 분석의 독창성과 유일성을 과장했다는 것은 분명하다. 제국 경제 구조의 기원, 그러한 경제 구조에 근거한 연합 엘리트, 강력한 국가의 존재, 여러 생산양식의 특징을 혼합한 과도 사회 등에 대한 관점은 타오시성이나 리지의 의견과 그렇게 큰 차이를 보이지 않는다. 제국 사회의 발전을 다룰 때, 그들은 사실 그들이 인정하는 것보다 더 타오시성의 입장에 가까이 다가서 있었다. 왕리시와 후추위안은 리지처럼 "전제주의 사회"를 봉건제로부터 자본주의로 발전하는 과정에서 후자를 탄생시키는 단계로 간주했지만, 제국 중국을 만들어냈던 역사의 무게를 무시할 수는 없었다. 후추위안은 특히 이 과도적 단계의 봉건적 특징을 강조했다. 그리고 그 발전 동력에 대

---

56) 胡秋原, 「中國社會-文化發展草書」, pp.78-83. 王禮錫, 「中國社會形態發展史中之謎的時代」, 『讀書雜誌』 第2卷 第7期, 第8期, (1932.8), pp.20-25. 또한 李麥麥, 「中國封建制度之崩潰與專制主義之完成」, 『讀書雜誌』 第2卷 第11期, 第12期, (1932.12)를 보라.

한 그의 주장은 타오시성의 관점과 의미 면에서 다르지 않았다. "봉건제의 태내에서 상품경제는 처음에는 예외적이었지만, 이후 나날이 발전해갔다. 전자는 후자의 발전을 가로막았지만 후자는 전자를 소멸시켰다. 그것은 처음에는 서서히 진행되었지만, 시간이 지남에 따라 속도가 빨라졌다."[57] 이것은 변화의 속도가 증가했을 것이라는 추론을 제외하고는 타오시성의 관점을 고쳐 쓴 것에 지나지 않았다. 그러나 타오시성이나 후추위안 둘 다 20세기가 되어서야 중요한 변화가 일어났다고 보았기 때문에 속도에 대한 이야기도 실제적인 차이는 아니었다.

그럼에도 불구하고 이러한 관점과 다른 논자들의 유사한 주장들은 조금 다른 부분들을 강조하고 있었다. 왕리시와 후추위안은 아시아적 사회론자들과 달리, 전제주의 국가의 계급적 토대(혹은 적어도 계급적 연계)를 강조했다. 그들은 또한 전제주의 사회를 정체된 특수 사회로 보지 않았으며, 후後 봉건적 특징을 갖고 있는, 자본주의의 선행 조건으로 보았다. 결국 포크로브스키의 러시아 역사에 대한 관점에서처럼, 그들은 강한 국가의 존재를 특정한 지리학적 특징에 기초해서가 아니라 경제적으로 설명하려고 노력했다. 그들의 관점은 논증이 아닌 전제前提에서 타오시성 및 리지와 대조적이었다. 리지가 전前 자본주의 사회에서의 국가를 원형 자본주의적(proto-capitalism. 근대적 자본주의 사회가 도래하기 이전의 상업 및 무역 체계를 가리킨다.-역자) 지주계급의 보호자로서 간주했던 반면, 왕리시와 후추위안은 전제주의 국가와 도시의 상업계급의 친밀성을 강조했다. 이것은 또한 국가가 지주를 보호한다는 것을 강조했던 타오시성의 관점과 구별되었다. 게다가 그들의 관점은 군주와 정치적 엘리트 혹은 사대부 사이의 관계에 있어서도 타오시성과 달랐다. 타오시성은 사대부 권력의 봉건적이

57) 胡秋原, 「亞細亞生產方式與專制主義」, p.14. 그는 다른 곳에서 제국 중국 사회가 봉건제의 아시아적 변종이라고 주장했다. 「略覆孫倬章君幷略論中國社會之性質」, 『讀書雜誌』 第2卷 第2期, 第3期, (1932.3), 특히 pp.8-26을 보라.

고 원심적遠心的인 특징을 강조했지만 왕리시와 후추위안은 사대부의 페르소나는 주요하게는 관료이며 절대군주를 위해 복무하는 공무원이라고 생각했다.

왕이창, 타오시성과 중국 노예제 사회론: 1932년 타오시성에 의해 논의에 합류하게 된 왕이창(王宜昌)은 중국과 유럽사회 발전을 동일하게 바라보려는 시도에 있어서 기타 마르크스주의 역사가들보다 한 걸음 더 나아갔다. 이 둘이 제기한 분기에서는 중국과 유럽의 역사 발전의 상등성이 두드러졌다. 그들은 사회구성체의 본질과 발전의 순서가 두 지역에서 동일했다고 보았고 시대적으로도 거의 정확히 일치한다고 보았다. 그들의 관점은 『정치경제학 비판 요강』의 사회구성체 목록에 근거했는데, 순서대로 나열하면 씨족 사회(원시 공산제 사회), 노예제 사회, 봉건제 사회, 자본주의 사회였다. 왕이창은 공공연하게, 타오시성은 (분석을 통해) 함축적으로 중국과 서구 사회가 대략 동일한 시기에 상기의 단계를 따라 발전해왔다고 주장했다.[58)]

이 관점을 처음 제창했던 왕이창은 중국 사회가 서주 시기를 경과하면서 씨족 사회에서 노예제 사회로 전환되었다고 주장했다. 후자는 대분열의 시기(기원전 6세기에서 3세기까지) 동안 지속되었다. 이 시기는 북방 이민족이 중국에 침입함으로써 노예제 사회가 봉건제 사회로 넘어간 때였다. 봉건제 사회는 1911년까지 지속되었고, 이후 중국은 자본주의 사회의 단계로 접어들었다.[59)]

1932년 타오시성은 공공연하게 그가 이전에 제시했던 중국 사회 발전

---

58) 王宜昌, 「中國奴隸社會史-附論」, 『讀書雜誌』 第2卷 第7期, 第8期, (1932.8), p.77.

59) 王宜昌의 관점에 대해서는 주58에서 인용된 논문과 함께 다음의 논문을 보라. 「中國社會史短論」, 『讀書雜誌』 第1卷 第4期, 第5期, (1931.8). 이 논문은 분기에 대해 전반적으로 다루었다. 「中國封建社會史」, 『讀書雜誌』 第3卷 第3期, 第4期, (1933.4).

론을 부정하고 새로운 분기관을 제안했다. 그것은 왕이창의 관점과 상당히 유사했는데, 심지어 유럽과의 상등성에 있어서는 그보다 더 나아갔다. 타오시성은 관점을 바꾼 이유를 두 가지로 제시했다. 우선 그는 제국 중국을 2,000년 동안 변화가 없던 사회로 간주했던 이전의 접근 방식이 사료와 부합하지 않는다고 인정했다. 둘째, 그는 그 즈음에 주대에 친족관계가 초기에 인식했던 것보다 더 중요한 역할을 수행했다는 것을 깨닫게 되었다고 말했다. 그래서 그는 중국의 봉건제에 대한 관점을 수정해야 할 필요성을 느꼈다고 말했다.[60] 그의 관점의 변화를 설명하는 또 다른 합리적 설명은 그가 마르크스주의 저작을 보다 더 잘 이해하게 되었다는 것이었다. 그가 제시한 두 가지 이유가 다소 불충분한 상황에서, 이것은 그가 중국 역사에서의 노예제를 강조했던 이유를 설명해준다. 그 이전에 벌써, 그의 관심은 봉건제 사회와 자본주의 사회 사이의 관계에만 집중되어 있었다. 타오시성은 아마도 궈모뤄와 다른 마르크스주의 역사가들의 중국 고대 분석 때문에 연구의 시작 단계에서 간과했던 초기 역사의 특징들로 관심을 돌리게 되었으며, 중국에서 노예제 문제를 고민하게 되었던 것으로 보인다. 그는 노예제에 대한 접근 방식에서 칼 카우츠키(Karl Kautsky)의 영향을 받았다. 카우츠키의 『기독교의 토대*Foundations of Christianity*』는 1930년대 초반 타오시성의 사상에 중요한 영향을 끼쳤다. 그것은 이 시기 타오시성의 저작에 흔적을 남겼다.[61]

60) 陶希聖, 「中國社會形式發達過程的新估定」, 『讀書雜誌』 第2卷 第7期, 第8期, (1932.8), pp.1-9, 특히 pp.3-4.

61) 陶希聖은 초기 저작에서 노예제의 존재에 대해 언급했지만, 그것이 경제적 생산을 지배할 만큼 중요하다고는 생각하지 않았다. Kautsky가 陶希聖에 끼친 영향에 관해서는 陶希聖, 『潮流與點滴』, (臺北: 1964), p.111을 보라. *Foundations of Christianity*에 담긴 Kautsky의 사상 중 일부, 특히 룸펜프롤레타리아 혁명과 "소비자 사회주의"에 대한 생각(둘 다 혁명에 대한 근시안적이면서 파괴적 지침이었다)은 동시대와 역사를 주제로 한 이 시기 陶希聖의 저작들에 옮겨졌다. 주대 후기의 방랑 지식인들을 다룬 『辯士與遊俠』, (上海: 1931)과 과거 농민 혁명의 실패에 대해 논한 『革命論之基礎知識』, (上海: 1930)을 보라.

어떠한 경우든지, 그의 새로운 중국 역사 분기관은 그의 처음의 관점, 적어도 중국 초기 역사관과는 완전히 상반되는 것이었다. 그는 이제 중국 사회가 춘추시기까지 씨족 사회였다고 주장하기 시작했다. 이 시기에 생산 기술의 발달로 인한 사회의 상업화는 사유재산과 노예제의 등장을 초래했다. 한대漢代에 그 정점에 이르렀던 노예제는 삼국시대(서기 3세기)까지 지속되었다. 이 시기 중국으로 이민족이 침입하면서 봉건제의 등장이 촉발되었다. 봉건제는 이어 다음 5세기 동안 이어졌다. 마침내, 사회의 두 번째 상업화가 10세기 오대五代시기에 일어났다. 몽골족의 지배를 받은 원대에 일시적으로 후퇴하기는 했지만, 송대宋代 이래 중국은 "원형 자본주의(先資本主義, protocapitalism)" 사회였다.[62]

왕이창과 타오시성 모두는 노예제 사회가 씨족 사회에 가해진 상업적 충격의 산물이라고 생각했다. 왕이창은 노예제의 출발을 주의 상 정벌까지 소급하면서 종족적 정복을 좀 더 크게 강조했다.[63] 그러나 차이는 그렇게 큰 문제가 되지는 않았다. 왜냐하면, 왕이창 자신은 노예제 생산양식이 춘추시기에 등장했다고 보았고, 제齊를 중국 국가 중 가장 이른 시기에 씨족 사회에서 노예제 사회로 전환을 마친 국가로 간주했기 때문이다. 왕이창에 따르면, 다른 국가에 비해 제가 가지고 있던 장점은 해양 환경에 친숙하다는 것이었다. 이런 면에서 제는 유럽의 고대 에게 해 유역의 도시국가들과 닮아 있었다. 상업 자원에 접근하는 데 유리한 조건이었던 것이다. 제는 중개자가 되어 해안과 내륙 사이의 상업 활동을 활성화시켰다.

62) 陶希聖, 「中國社會形式發達過程的新估定」, 또한 「戰國至淸代社會史略論」, 『食貨』 第2卷 第11期, (1935.11.1.), pp.17-19. 陶希聖은 이 시기 그의 주요 저작에서 같은 관점을 반복했다. 『中國社會史』, (重慶: 1944). 이 저작에서 그의 분기는 다음과 같다. 씨족 사회에서 원시 봉건 사회까지(商-周), 노예제 사회(戰國時代-漢), 발달된 봉건 사회(漢末-唐), 도시 상업 사회의 흥기(宋-淸). 원시 봉건 사회와 발달된 봉건 사회의 구분은 F. Oppenheimer의 이론을 따랐다.

63) 王宜昌, 「中國奴隷社會史-附論」, p.37.

이로 인해 제는 다른 (봉건 제후-역자) 국가보다 먼저 새로운 발전단계로 접어들 수 있었다.[64] 발전이 일단 시작되자, 노예노동에 기초한 상업과 생산 각각은 노예제를 완전한 성숙 단계로 몰고 갔다. 노예제 생산이 농업과 공업상품의 생산 양 방면에 있어 지배적 생산양식이 되었던 진-한 사회에서 이 과정은 그 정점에 이르렀다. 한漢 사회, 특히 동한東漢 사회는 로마의 노예제 사회와 비교해 다를 바가 거의 없었다. 노예들은 가부장적 가족(豪族)의 소유였으며 광대한 사유지(latifundium)에 갇혀 있었다. 이것은 씨족 사회를 대체해 시장 생산을 탄생시켰다.[65]

야만족의 침입이 자연경제의 전복의 도화선이 되면서, 이러한 노동 조직들은 봉건제의 기초가 되었다. 침입의 결과로 라티푼디움은 자급자족의 영지(봉건제의 "심장")로 바뀌었고 노예는 반半 자유농 혹은 농노가 되었다. 자급자족의 필요에서 기인한 라티푼디움의 특징이었던 전문화된 생산은 영지에서 소용되는 농업과 산업 생산물의 생산에 자리를 내주었다. 두 논자 모두 이것을 봉건적 생산양식의 특징으로 들었다.[66] 왕이창은 경제구조 외에도 사회의 이데올로기적 상부구조까지 유럽과 등치시켰다. 그는 이 시기 중국에서의 불교 수입을 중세 유럽의 기독교의 확산에 비교하기도 했다.[67]

---

64) 같은 책, pp.49-50.

65) 같은 책, pp.64-65. "豪族"에 대해서는 L. S. Yang, "Great Families of Easter Han", E-tu C. Sun, J. DeFrancis(eds.), *Chinese Social History*, (Washington, D.C.: American Council of Learned Societies, 1956), pp.103-134.

66) 陶希聖, 「戰國至淸代社會史略論」, 『食貨』 第2卷 第11期, (1935.11.1.), p.18. 王宜昌, 「中國封建社會史」, pp.19-21, 39-59. 다른 글에서 王宜昌은 생산양식(그는 이것을 생산관계나 분배관계와 대조했다)을 분기의 토대로 강조했다. 그는 이러한 맥락에서 농업노동 조직이 영지에서 차지한 중심적 지위를 강조했다. 같은 관점에서 영지는 전체로서 봉건 사회 조직의 모델이었다. 이것은 도시의 길드와 종교적 질서 내의 수도원과 상대되는 것이었다. 「封建論」, 『文化批判』 第2卷 第2期, 第3期, (1935.1.10.), p.301.

67) 王宜昌, 「中國封建社會史」, pp.25-34. 같은 글에서 王宜昌은 중국 봉건제에 있어 종교의 역할을 간과했다고 陶希聖을 비판했다.

두 논자는 당조唐朝에 새로운 상업화 단계가 형성되었다는 것에 동의했다. 그러나 그 결과에 대해서는 각자의 생각이 달랐다. 왕이창은 중국에 "내해內海"가 없기 때문에 상업은 결코 완전한 발전을 이룰 수 없었으며, 그래서 봉건제는 서구가 도래할 때까지 지속되었다고 주장했다. 반면에 타오시성은 상업의 부활에서 중국에서의 원형 자본주의 사회의 시작점을 발견했다. 송대宋代에 경제의 무게중심은 한 번 더 농촌에서 도시로 옮겨갔다. 그리고 이로 인해 정치적 권력의 중앙집중화도 이루어졌다. 송 이후 중국 사회는 이전에 비해 훨씬 도시화되었을 뿐 아니라, 정치 조직은 훨씬 더 중앙집중화되고 안정되었다.[68] 타오시성에 따르면 불행히도 정치 엘리트들은 19세기 서구가 침입할 때까지 생산력의 성장을 쓸모없게 만들었던 고립주의를 유지함으로써 자본주의의 성장을 방해했다. 타오시성의 새로운 분기와 초기 관점이 완전히 다름에도 불구하고, 그가 당시 중국 사회의 본질에 대해서는 동일한 관점을 유지했다는 것은 흥미롭다.

왕이창과 타오시성이 중국과 유럽의 역사적 발전의 시기적 상등성을 주장한 것은 불합리하다는 비판을 받을 수 있지만(그리고 비판을 받았지만), 그들의 역사 분기에는 두 가지 중요한 방법적 측면에서 여기서 논의되었던 다른 이들에 비해 우월한 면이 있다. 우선, 그들의 분기에는 역사에 대한 유일한 체계적 해석으로서 제국 중국의 역사가 분화되지 않은 획일적 단위라는 관점이 사라졌다. 그래서 그것들은 한대 이후, 특히 타오시성은 송대 이후 중국 사회와 정치에 있어서 가장 중요한 변화라 할 수 있는 지방분권적 정치 조직으로의 의미 있는 역전을 발견할 수 있었던 것이다. 둘째, 주대 후엽과 한대의 상업화된 경제적 맥락 내에 노예제를 위치시킨 것은 주대 초기의 원시적 경제 환경하의 노예제에 관한 궈모뤄의 견해보다 노예제 생산양식의 역사적 전제조건에 관한 마르크스와 엥겔스의 견해에

68) 陶希聖, 「戰國至淸代社會史略論」, 『食貨』 第2卷 第11期, (1935.11.1), p.19.

더 가까웠다. 노예제에 대해 불분명하고 애매한 증거만을 찾을 수 있었던 궈모뤄와 달리, 왕이창은 한대의 노예제와 노예노동의 존재에 관해 상당히 실체적인 증거를 발견할 수 있었다.

왕이창의 경우 문제는 확보할 수 있는 증거를 어떻게 평가하는가 하는 것이었다. 그의 비판자들이 지적했듯이, 그리고 최근의 연구가 보여주듯이, 한대의 노예들은 전체 인구 중 일부분에 지나지 않았고 그들의 노동은 대부분 가내 노역에 국한되어 있었다. 동한 "호족豪族"의 "대장원(lafundium)"에 관한 상세한 연구는 이 사유지에서의 노동이 형식면에서 노예노동보다는 농노노동에 가까웠다는 것을 보여준다.[69] 이러한 문제들은 논쟁의 다음 단계에서 왕이창의 저작에 대한 심화된 논쟁을 파생시켰다.

논쟁의 쇠퇴

사회역사논쟁에서 각자의 입장을 고집하는 분위기가 만연하면서 역사 해석의 차이를 해결하려는 노력은 방해를 받았다. 1934년의 마르크스주의 역사학은 후後 봉건제의 존재에 대한 문제, 전前 자본주의적 "상업 사회", 노예제 생산양식의 보편성, 아시아적 사회의 문제 등등 논쟁을 추동했던 문제의 해결에 여전히 골몰하고 있었다.[70] 이후 수년간, 마르크스주의자들은 파편화된 논쟁에서 제기된 문제들을 가지고 토론을 지속했다. 중일전쟁이 발발했을 때, 그러한 문제들은 여전히 해결되지 못한 상태였다. 논쟁의 경향으로 판단해보건대, 설령 환경이 논쟁의 지속을 허락했다

69) 주65의 L. S. Yang, "Great Families of Easter Han", E-tu C. Sun, J. DeFrancis(eds.), *Chinese Social History*, (Washington, D.C.: American Council of Learned Societies, 1956)을 보라. 노예제에 대해서는 C. M. Wilbur, *Slavery in China during the Former Han Dynasty*, (Chicago: Field Museum of Natural History, 1943)을 보라.

70) 이 문제에 관한 자세한 논의는 呂振羽,『史前期中國社會硏究』, (北京: 1934), pp.12-31을 보라.

하더라도 이 문제들은 아마도 그 속에서 결코 해결될 수 없었을 것이다.

이러한 논쟁의 원인을 세세하게 추적할 필요는 없을 것이다. 다양한 주인공들이 교환한 주장과 반론은 대부분 동일한 문제에 대한 초기 관점의 반복이었다. 좀 더 두드러졌던 논쟁을 간단히 개괄하는 정도가 중국 마르크스주의 역사학의 최초 단계의 대단원을 설명하는 데는 충분할 것이다.

1933년 이후에도 상대적으로 지속된 논의 중 하나는 노예제에 대한 것이었다. 사회역사 논쟁의 직접적인 파생물이었던 이 논의는 몇몇 논자들이 따로 노예제 개념을 중국 역사에 적용하는 것을 비판했을 때 발화되었다. 비판은 왕이창뿐 아니라 타오시성과 궈모뤄의 역사 해석을 직접적으로 겨냥했다. 이 논자들은 노예제가 역사의 보편적 단계가 아니며 중국의 경우 노예제 생산양식의 전제조건인 상업이 노예제를 완전히 성숙시키기에는 불충분했다고 주장했다. 일부 논자들은 중국 역사상 노예들이 중국 인구에서 상당한 비율을 차지해 노동 인구를 장악한 적이 없었기 때문에 "노예제 생산양식"이라는 용어는 적합하지 않다는 주장을 덧붙였다.[71] 왕이창은 비판을 받았던 이들 중 유일하게 비판에 반격을 가했다. 일련의 논문에서, 그는 이론적 배경과 함께 노예들이 중국에 상당수 존재했고 한이 멸망하기까지 생산에서 결정적인 역할을 했다는 자세한 증거를 인용하면서 자신의 입장을 방어했다.[72] 1934년, 단기간 내에 이 주장들은 왕이창과 그의 주요 비판자들 두 명, 류싱탕(劉興唐)과 딩디하오(丁迪豪) 사이의 활

---

71) 王宜昌의 관점에 대한 비판으로는, 참고문헌에 나와 있는 劉興唐과 丁迪豪의 논문을 보라. 王雄瑞(음역)와 李季는 노예의 수가 적다는 것을 근거로 王宜昌의 관점을 비판했다. 陶希聖에 대한 李季의 비판은 李季, 『中國社會史論戰批判』, (上海: 1936), pp.441-444를 보라. 王雄瑞의 王宜昌에 대한 비판은 王宜昌, 「再爲奴隸社會辯護」, 『文化批判』 第1卷 第4期, 第5期, (1934.9.15), p.131에 있다. 이 논문에서 王宜昌은 본서 참고문헌에 포함되지 않은, 劉興唐과 丁迪豪의 몇몇 저작을 인용했다.(p.128)

72) 「再爲奴隸社會辯護」, 『文化批判』 第1卷 第4期, 第5期, (1934.9.15) 또한 「爲奴隸社會辯護」, 『世界日報』, (『週報社會科學』副刊, 1934.2.21)와 「中國奴隸社會與封建社會之比較研究」, 『文化批判』 第1卷 第6期, (1934.10.15), p.131을 보라.

발한 논쟁으로 비화되었다. 논쟁은 『문화비판文化批判』과 베이징사범대학의 『역사과학歷史科學』 등을 통해 전개되었다. 전자는 왕이창과 류싱탕의 논문 대부분이 게재되었던 반反공산당 좌익 잡지였다. 후자에는 노예제 특집호가 마련되었는데, 여기에 딩디하오의 두 편의 장편 논문이 게재되었다.[73] 논쟁의 열기는 급격히 식어갔지만, 1937년 중일전쟁 전야에 이르기까지 관련 인사들 간의 논쟁은 간헐적으로 반복 · 재생되었다.[74]

1933년을 넘어서까지 지속된 "소규모 논쟁(小論戰)" 중 두 번째는 상업사회에 관한 문제와 연관이 있었다. 이것은 원래 지지자였던 타오시성이 한동안 외면했던 문제였는데 1935년 초반에 와서 다시 살아난 것이었다.[75] 이번 논쟁은 『식화』에 게재된 리리중(李立中)의 논문에서 비롯되었다. 여기서 리리중은 타오시성이 논쟁의 초기 단계에서 공개적으로 천명했던 것들에서 더 나아가, 진에서 청까지의 시기가 중국 역사의 상업자본주의 시대라고 주장했다. 그는 이것을 단순히 과도기가 아니라 그 자체가 생산양식이라고 본 것이었다.[76] 이후의 발간물에서 수많은 논자들이 리리중의 견해에 반박하는 글을 실었다. 다른 논자들이 초기에 타오시성을 비판했던 것처럼, 이들은 상업은 생산양식을 해체하는 "반작용"으로만 작용할 뿐이지, 그러한 생산양식 자체가 되지 않을뿐더러, 역사적 단계의 결정적 요인이 될 수 없다고 주장했다.[77]

---

73) 『歷史科學』 第1卷 第5期, (1933.9)

74) 『食貨』 第5卷 第7期, (1937.4), pp.1-9의 丁迪豪의 논문과 『食貨』 第5卷 第11期, (1937.6.1), pp.6-9의 劉興唐의 논문을 보라.

75) 이 논쟁에 관해서는 참고문헌에 있는 李立中, 丁道謙, 傅安華, 範振興의 논문들을 보라. 陶希聖은 『食貨』 第2卷 第9期, (1935.10.1)의 附言에서 그가 더 이상 이러한 관점을 견지하지 않는다고 거듭 밝혔다.

76) 李立中, 「試談談中國社會史上的一個"謎"」, 『食貨』 第2卷 第11期, (1935.11.1.), pp.14-16.

77) 傅安華, 「商業資本主義社會商榷」, 『食貨』 第3卷 第11期, (1936.5.1.), pp.1-19, 특히 p.2.

리리중은 결국 상당히 터무니없던 주장들 일부를 철회했고 상업자본주의를 마르크스가 자본주의의 "수공업 시대(manufacture period)" 혹은 자본주의의 전前 기계화 단계(the premachinery phase)라고 설명한, 자본주의의 과도적인(원시적 축적의) 최초 단계와 동일시하는 타협안을 제시했다.[78] 그러나 리리중이 이렇게 오류를 인정하면서 타오시성의 초기 입장에 상당히 다가갔음에도 비판자들은 태도를 누그러뜨리지 않았고 계속해서 그의 관점을 공격해나갔다. 중일전쟁의 발발로 인하여 『식화』가 발간이 중단된 1937년 5월에 리리중의 견해를 공격하는 마지막 논문이 발표되었다. 이 논쟁에서 재밌는 것은 리리중이 "상업자본주의"에 독립적인 역사 단계의 지위를 부여하기를 원했다는 것이다. 그 이외에도, 노예제 관련 논쟁과 달리 이 논쟁은 역사적 증거보다는 마르크스를 인용하는 것을 더 중시했기 때문에 매우 이론적이었고 그래서 마르크스주의 역사학에 새로운 것을 내놓지도 못했다.

상술한 대로, 논쟁의 초기 단계부터 이어져 내려온 세 번째 문제는 아시아적 사회 문제였다. 이 문제는 우연한 기회에 논쟁으로 다시 살아났지만, 필자가 증명할 수 있는 한, 지속적 논쟁이 되지는 못했다. 저자가 중국인이건 외국인이건, 대다수의 관련 논문에서는 이미 논의되었던 이론적 배경에 따라 그 개념들이 부정되었다.[79] 그런데 1930년대 후반에 표면화되었던 타협안이 흥미롭다. 왜냐하면 그것은 중국이 역사 발전의 보편법칙에서 벗어났다고 보지 않으면서도 아시아적 사회 개념과 그 개념의 중국과의 관련성을 고려했기 때문이다. 이러한 관점의 지지자 중 하나인 허간즈(何幹之)가 설명한 것처럼, 서구의 침입 이전의 중국 사회는 필연적으로 봉건적이었지만 봉건제는 선행한 생산양식의 유산과 동시에 존재하지 않

---

78) 李立中, 「商業資本主義社會的生産形態」, 『食貨』 第5卷 第2期, (1937.1.16.), pp.1-11.

79) 何幹之, 『中國社會史問題論戰』, pp.1-78에서는 중국, 일본, 소련에서의 아시아적 사회에 대한 지속적인 관심이 상세하게 논의되었다.

았다. 다른 말로 하면, 중국 사회는 모든 전前 자본주의적 생산양식의 혼합물인 것이었다. 그는 중국이 서구가 겪어왔던 모든 단계를 지나왔지만 앞선 단계의 요소가 유지되었고 이 때문에 각각의 단계는 성숙할 수 없었다고 주장했다. 그래서 노예제 사회는 원시적 요소가 남아 있었기 때문에 완성될 수 없었던 것이고, 봉건 사회는 원시 사회와 노예제 사회의 요소가 남아 있었기 때문에 결코 성숙할 수 없었던 것이다. 역사는 죽은 자의 짐으로 남겨졌고, 이로 인해 사회적 발전은 억제됐으며, 중국에는 특정한 정체 단계나 "아시아적" 사회가 나타났던 것이다.[80] 허간즈는 일거에 "아시아적인 것"이 무엇인가라는 문제를 논리적으로 설명할 수 있었고, 또 중국에서 봉건 사회가 앞으로의 중국의 발전에 필수적이라고 믿었던 반反봉건 혁명의 토대를 내내 그 안에 담고 있었으면서도 왜 자본주의로 변화하지 못했는가라는 질문의 해답을 찾을 수 있었다.

학술적 마르크스주의와 마르크스주의 역사학

1933년 이후, 더욱 지배적이면서 오랜 시간 더 의미 있었던 경향은 역사적 유물론의 학술화였다. 1935년 타오시성의 우연한 주장은 마르크스주의 역사학의 성향으로는 감지하기 쉽지 않은 변화의 실마리를 제공했다. 1935년 7월 1일 발간된 『식화』에서 분기와 사회역사에 관한 논쟁의 부활을 요구하면서, 타오시성은 여름방학이 다가오기 때문에 논자들이 교육과정상의 의무로부터 벗어나 역사에 대해 글을 쓰고 토론하는 데 집중할 수 있을 것이라고 말했다.[81] 1933년 이전 혁명가들에게 있어서는 가장 급선무였던 마르크스주의 역사학이 이제는 "과외" 활동으로서 학술적 영역

80) 같은 책, 서문, pp.2-3.

81) 『食貨』 第2卷 第3期, (1935.7.1)

에 들어오게 된 것이었다. 이 시기 역사학은 두 가지 면에서 학술적이었다. 우선, 역사는 대부분은 학원學園 내에서 쓰였거나 학회에 가입된 저널에서 출간되었다(앞 장에서 논의된 "작은 논쟁"의 경우도 그러했다). 둘째, 이 시기 마르크스주의 역사학의 주요 경향은 상세연구와 전문연구였는데, 이것에는 초기 마르크스주의 역사가들을 사로잡았던 이론적 문제와 관련해서 거의 최소한의 관심만이 담겨 있을 뿐이었다.

학술적 마르크스주의 역사학은 세 가지 경향을 나타냈다. 첫 번째는 타오시성을 중심으로 하는 베이징대학(北京大學)과 『식화』의 사회경제학적 역사가들이 대표하는 경향이었다. 타오시성은 이 시기 가장 뛰어난 중국의 사회역사가이자, 베이징대학에서 가장 인기 있는 교수로서, 학생들과 동료들에게 상당한 영향력을 가지고 있었다.[82] 이 시기에 역사학계에 첫 발을 내디딘 저명한 중국 역사가 중 하나는 타오시성의 공헌을 아래와 같이 찬양했다. "타오시성 선생은 중국의 정치와 사회제도에 정통한 인물이다. (…) 타오시성의 성취는 중국 사회사의 실제적인 상황을 총체적으로 드러낸 것이었다."[83] 이 그룹은 역사 자료의 조사와 특화된 전공논문의 생산을 중시했다. 타오시성 자신은 1930년대에 중국 역사에 관한 여러 편의 논문을 썼는데, 이것들은 그의 초기 관점에서 연원한 것으로서 사회정치사 방면에 의미 있는 공헌을 하였다.[84] 『식화』는 빠른 속도로 사회경제

82) 陶希聖은 이 시기 강사로서 자신의 인기를 회상했다(『潮流與點滴』, pp.132-134). 그의 제자들은 이 사실에 대해 증언하기도 했는데, 全漢昇의 경우는 1970년 陶希聖이 자신을 사회역사학으로 방향을 전환하게 만들었다고 인터뷰에서 회상했다.

83) Teng Ssu-yu(鄧嗣禹), "Chinese Historiography in the Last Fifty Years", *Far Eastern Quarterly*, 8.2, (1949.2), p.148.

84) 陶希聖은 자료의 수집과 분석을 『食貨』의 주요 목표로 강조했다.(「編輯的話」, 『食貨』 第1卷 第1期, 1934.12.1.) 그의 『秦漢政治制度』, (上海: 1936)은 중국 정치 제도에 관한 "최초의 체계적 연구"로 일컬어져왔다. 陶希聖, 沈任遠, 『明淸政治制度』, (臺北: 1967)에서 沈任遠의 序言을 보라. 그가 계속해서 출간하고 있는, 정치사회제도에 관한 연구의 기초를 확립한 것이 이 시기였다. 그러나 이 시기의 가장 인상 깊은 산물은 『中國政治思想

사 영역에서 주요한 포럼이 되었다. 아울러 기고자들에는 이후 사회경제사 방면에 뛰어난 성취를 이룩한 젊은 역사가들이 상당수 포함되어 있었다.[85] 사회구성체에 대한 논쟁이 보여주듯이, 이 잡지는 이론적 문제를 무시하지 않았다. 그러나 부분적으로는 편집정책에 따라 이론적 견해와 역사학적 연구를 연관되지만 전체적으로는 각각 독립된 영역으로 다루었다.

학술적 마르크스주의의 두 번째 경향은 중국 역사 분석에 있어 사회학 이론과 역사적 유물론을 절충하는 경향이었다. 이러한 경향의 가장 대표적인 연구자는 저우구청(周谷成)이었다. 그의 『중국통사中國通史』는 1939년에 초간되어 1947년에는 9쇄까지 나왔고, 1940년대 수많은 대학에서 교재로 채택되었다.[86] 저우구청은 처음에는 사회역사논쟁 초기에 마르크스주의에 영감을 받아 중국사 관련 논문들을 발표했다. 그는 증거를 참작하되 이론적 문제에 관해서는 최소한의 관심만을 보였기 때문에, 규범적인 목적에 맞추는 방법보다는 계발적인 교수법에 의해 마르크스주의 개념을 활용했다.[87] 그는 연구를 시작할 때부터 이러한 태도를 유지해왔다. 즉, 역사적 유물론은 "역사관"으로서 연구와 분석의 나침반이지만 본질적으로 역사와 혼동되어서는 안 된다는 것이다. 『중국통사』 서언에서 그는 역사, 사료, 역사관을 구분했다. 그는 역사가들의 목표는 역사관과 사료를 결합

史』, (上海)였다. 陶希聖은 1932년에서 1937년 사이에 이 책의 초고를 완성했다. 그의 연구팀은 K. Wittfogel의 *History of Chinese Society, Liao(907-1125)*, (Philadelphia: American Philosophical Society, dist. by Macmillan, 1949)에 필요한 자료 수집에 도움을 주었다. 『潮流與點滴』, p.137을 보라.

85) 예를 들어, 全漢昇과 楊聯陞이 있다. E-tu C. Sun(孫和德), J. DeFrancis (eds.), *Chinese Social History*, (Washington, D. C.: American Council of Learned Societies, 1956)의 25개 논문 중 6편이 『食貨』에 먼저 실렸던 것을 주목할 필요가 있다.

86) Teng Ssu-yu(鄧嗣禹), "Chinese Historiography in the Last Fifty Years", *Far Eastern Quarterly*, 8.2, (1949.2), p.147.

87) 周谷成은 처음부터 분기보다는 사회관계의 역사적 연구를 더 강조했다. 『中國社會的結構』 序言, (上海: 1930)을 보라.

하여 과거의 "살아 있는 초상화"를 만드는 것이며, 그것이 곧 역사라고 주장했다.[88] 『중국통사』는 이러한 정신에 따라 쓰였다. 저우구청은 다른 마르크스주의자들을 사로잡았던 동일한 문제에 대해 자신의 의견을 피력했다. 그는 역사를 바라보는 틀로서 분명히 마르크스주의에서 영감을 받은 분기를 사용했으며, 마르크스주의적 개념(특히 계급 개념)을 역사 탐구에서 광범위하게 사용했다. 그럼에도 불구하고, 그는 분기에서 대부분의 다른 분기들보다 변화를 더 정확하게 반영했으며, 역사 분석에서는 중국 역사 발전에 영향을 미치는 중요한 역사적 사건들을 충분히 고려했다. 그리고 그는 한 비마르크스주의 역사가가 그의 글에는 지나치게 인용문이 많다는 불평을 제기할 정도로 역사적 증거의 필요성을 충분히 인식하고 있었다.[89] 성공작이었든 실패작이었든, 그의 야심찬 『중국통사』는 역사적 유물론을 활용하여 사료를 조직하고 해석하는 가장 효과적인 예가 되었다.

학술적 마르크스주의 역사학의 마지막 경향은 1949년 이후 중국에서 두각을 나타낸 역사가들이었던 젠보짠(翦伯贊), 판원란(范文瀾), 허간즈, 루전위(呂振羽) 등의 저작에서 드러났다.[90] 루전위를 제외한 나머지 역사가들은 1930년대 중반부터 출판물에서 이름이 보이기 시작했다. 그들은 1940년대가 되면서 역사학계에서 명성을 떨칠 수 있었다. 그들의 역사 해

88) 『中國通史』, (上海: 1939), pp.2-3, 4. 1949년 이후, 周谷成이 "역사는 '계급투쟁의 과정이다'라고 자신의 관점을 수정했다는 것은 주목할 만하다. Feuerwerker, S. Cheng, *Chinese Communist Studies of Modern Chinese History*, (Cambridge: Harvard University Press, 1963), p.8을 보라.

89) Teng Ssu-yu(鄧嗣禹), "Chinese Historiography in the Last Fifty Years", *Far Eastern Quarterly*, 8.2, (1949.2), p.147. 周谷成의 논의는 중국 사회의 기원인 유목 부족으로부터 경제 · 정치적 발전과 사유재산의 등장, 제국으로서 "봉건제" 국가의 수립, 그리고 19세기 자본주의의 기원까지의 과정을 쫓았다. 그는 책 전체를 통해 중국에서 자본주의가 다른 민족과의 관계에 어떤 영향을 미쳤는지를 강조했다. 그의 분기는 또한 그가 규정한 사회와 정치에서의 변화에 따라 작은 단위로 세분화되었다.

90) 여기서 각 주장이 근거하고 있는 다양한 저작들은 참고문헌에 나와 있다. 분기는 이미 표로 제시되었다.

석은 1949년 이후의 역사학에서 정설로 받아들여진 보편적 분기관을 공유했다. 이 분기관은 스탈린이 1938년 『소련공산당사*History of the Communist Party of the Soviet Union*』에서 지지를 표함으로써, 공산주의자들 사이에서 정통의 지위를 차지한 것이었다. 이 분기는 소위 역사 5단계론으로 원시 공산제, 노예제, 봉건제, 자본주의, 사회주의로 구성되어 있었다.[91] 역사가들이 이러한 동일 분기관을 채택하는 데 어떤 암묵적 합의가 있었는지는 분명치 않다. 다만 그에 대한 하나의 단서를 1947년 출간된, 판원란의 『중국통사간편中國通史簡編』에서 찾아볼 수 있다. 이 저작은 판원란이 편집을 맡기는 했지만, 몇몇 역사가들의 공동의 노력의 결과라는 점, 그리고 "중국 역사연구회"의 지원을 받았다는 점에서 더 큰 의미가 있었다.[92] 여기서 저자들은 5단계 분기관을 채택했다. 이에 반대하는 언급들이 없었기 때문에, 이 분기를 협회의 합일된 의견이라고 추측하는 것은 충분히 타당해 보이며, 그래서 1940년대까지 중국 마르크스주의 역사가들은 중국 역사를 나누는 가장 타당한 방법으로서 이 분기관에 찬성했다고 볼 수 있다.

이러한 경향의 의미는 다음 장에서 논의할 것이다. 현재의 맥락에서 본다면 역사 해석에 있어서 획일성을 지향하는 이러한 경향이, 바깥에서 보는 것처럼 그렇게 절대악이 아닐 수 있으며, 어떤 면에서는 초기 마르크스주의 역사 저작을 개선한 것으로도 볼 수 있다. 유효성을 획득한 단일한 분기관을 채택함으로써, 이들 역사가들은 그들의 선배들이 과도하게 정력을 쏟아부었던 분기와 사회구성체에 대한 이론적 논쟁에서 벗어나 그들의 주장을 뒷받침하는 역사 연구를 추구할 수 있었던 것이다. 그 과정에서 그들은 다른 학술적 역사가들과 달리, 초기 역사가들이 무시했던 중국 역사

91) Leo Yaresh, "The Problem of Periodization", C. Black(ed.), *Rewriting Russian History*, (New York: Random House Vintage, 1962), pp.35-38.

92) 中國歷史硏究會의 이름으로 발표된(1941) 서문은 이 책이 다루는 범위가 취약하다는 것은 인정하면서도 그 구조에 대해서는 어떠한 반대도 표하지 않았다.

의 의미 있는 영역을 드러내고 설명하는 데 가치 있는 공헌을 할 수 있었다. 그러나 결국에는 획일적 역사관이 배타적으로 완고하게 유지됨으로써 마르크스주의적 중국 역사 분석의 문제적 측면들은 은폐되고 말았다. 이것들은 역사에 대해 충돌하는 다양한 해석들을 만들어낼 수 있었으며 마르크스주의적 용어로 충분히 방어할 수 있는 것이었다. 게다가, 이러한 분기관과 중국의 역사적 발전 사이의 불일치는 1949년 이래 변혁의 시기와 중국 사회의 맹아기와 관련한 수많은 의견 충돌에서 가시적인 긴장을 만들어냈다.

Ⅲ. 결론

Revolution

and

History

7

혁명, 마르크스주의, 그리고 중국 역사

고지식한 신념으로 거의 20여 년에 걸쳐 노력했음에도 불구하고 마르크스주의 역사가들은 중국의 사료나 역사적 유물론의 개념을, 혹은 좀 더 일반적으로는 양측 모두를 왜곡하지 않고 중국 역사 발전을 설명하는 포괄적인 모델을 발견하는 데 실패했다. 유럽으로부터 중국사에 마르크스주의적 모델을 직접적으로 옮겨온 이들은 마르크스주의의 경제사회적 개념을 명목적인 범주로 한정시켰을 뿐 포괄적 모델을 만들어내지는 못했다. 명목적인 범주는 중국 역사의 본질과 유기적으로 연계되지 못했으며, 중국 사회발전의 가장 두드러지는 특징들을 그럴싸하게 설명하는 일반론이었을 뿐이었다. 반면에 중국 역사의 복잡성에 더 민감했던 역사가들은 마르크스주의적 모델을 왜곡했기 때문에 동료 마르크스주의자들은 이들의 중국 역사 분석이 역사적 유물론의 원칙에 충실했는지를 의심할 수밖에 없었다.

1930년대 후반에 이르자 마르크스주의 역사가들이 중국 역사와 역사적 유물론 양자와 가장 일치하는 모델에 대한 합의에 다가섰다는 징후가 있었다. 그 이후 수년간, 이 모델을 통해 규정된 역사 해석은 중국 마르크스주의 역사학에서 정통의 지위를 차지했다. 그러나 이것은 반대 의견이 부재했기 때문에 가능한 부전승과 같은 것이었다. 그리고 그것은 마르크스주의 역사 이론의 공식적 요구와 중국의 역사 발전 사이의 불일치에서 파생되는 문제가 해결되었다는 것을 뜻하는 것이 아니었다. 오히려, 이것은 1930년대에 중국 역사에 역사적 유물론을 적용할 때 드러났던 명백한 모순을 은폐해버렸다.

중국과 서구 양측의 비평가들은 마르크스주의 역사학자들의 보편적 모델에 대한 집착이 마르크스주의 역사학을 불신하게끔 만들었다고 지적했다.[1] 그러나 이러한 모델을 사용하는 것이 본질적으로 역사 이해와 연구에 반하지 않는다는 것은 1930년대 논쟁에서 명확하게 드러난다. 마르크스주의 역사가들은 마르크스주의적 모델이 제공한 새로운 중국 역사관으로부터 상당수의 독창적인 연구를 이끌어냈다. 표면적으로는 공허한 충돌의 원인이 되었던 여러 모델의 존재는 중국 사회의 다양한 면모를 파고드는 심층적인 연구를 추동했다. 그것들은 이전에는 그 의미를 무시당했던 것들이었다. 패러다임 개념의 비유로 돌아간다면, 역사의 새로운 패러다임은 1930년대 중반까지 "규범적" 역사 연구에 상당한 충격을 준 연구를 추동했다.

그럼에도 불구하고, 마르크스주의 역사가들이 중국 역사에 적용할 수 있는 마르크스주의적 구조의 기초가 무엇인지에 대해 의견의 일치를 볼 수 없었다는 사실은 자신들이 역사에 대한 절대적으로 신뢰할 수 있는 과학적 이론을 갖고 있다는 주장과는 상당히 어긋나는 것이었다. 공식적 모델에 관한 그들의 끊임없는 논쟁은 중국 역사에 대한 그들의 더 의미 있

1) Feuerwerker, *History in Communist China*, pp.9-10.

는 공헌들을 가려버렸다. 더 심각한 것은 모델에 대한 그들의 지나친 집착이 그들이 발견한 자료를 창조적으로 다루는 능력까지 제한해버렸다는 것이다.

마르크스주의 역사가들의 개인적인 사상적 실패는 중국 마르크스주의 역사학의 단점을 설명하기에는 부족하다. 이론과 중국 역사, 또는 둘 중 하나에 대한 최소한의 이해만을 갖고 역사를 써내려갔던 마르크스주의자가 정말로 있었다 하더라도, 이론에 완전히 정통하고 연구에 꼼꼼한 역사가들조차도 그들의 연구 과정에서 분석을 가로막는 자신들의 전제들을 극복하지는 못했다. 중국 마르크스주의자들은, 다른 마르크스주의자들처럼 편리하지만 애매한 방편에 의존했다. 그들은 자신들의 마르크스주의나 중국 역사의 이해는 궁극적인 진리인 양 방어하면서 동료 마르크스주의자들은 중국 역사나 마르크스 이론을 제대로 이해하지도 못했고 교활한 정치적 동기에서 도그마나 수정주의 혹은 심지어 이데올로기적 허위와 같은 것을 만들어냈다고 비판했다. 그러나 이 때문에 그들은 중국 역사에 역사적 유물론을 적용하는 데 있어 나타났던 이론적 난점을 보지 못했다. 결국 마르크스주의 역사학의 난점은 마르크스주의 역사 분석의 자구 자체와 중국 역사의 경험적 연구, 이 양자에 충실하려고 했던 마르크스주의 역사가들의 노력이 만들어낸 것이었다. 그들이 제기한 다른 역사 해석은 이론적인 면에서 합리적이었으며, 마르크스 역사 이론에 담긴 애매함과 그것이 비유럽 사회에 적용될 때 필연적으로 나타나는 문제들에 관한 단서를 보여주었다.

궁극적으로, 마르크스주의적 관점에 근거해 중국 역사를 다시 쓰려는 노력을 허물어뜨린 것은 역사적 유물론이 보편적으로 적용 가능한 발전 모델을 제공할 것이라는 진화론적 가설—"모든 인간 사회는 하나의 사다리를 통해, 각각 다른 속도로 한 바퀴 한 바퀴 나선형으로 올라가, 결국은 정상에 도착하게 된다"[2]—이었다. 역사 연구를 통해 이러한 가설을 입증하려는 노력은 실패했지만 마르크스주의자들 상당수는 이러한 가설을 받아들였고, 소련(70년대 당시까지-역자)과 중화인민공화국 양쪽에서 "공식적 마르크스주의"로 지지를 얻었다. 1930년대 마르크스주의 역사학에서 나타난 충돌은 중국에서 이러한 가설에서 비롯된 문제를 해결하려는 노력이 존재했다는 반증이다. 대다수 마르크스주의 역사들은 이러한 가설이 유효한가라는 의문을 던지기보다는 그러한 요구에 맞게 사료를 조정하는 편을 택했다. 그러나 특정한 관점을 반대하는 관점이 있었다는 것은 그들이 그렇게 인식하려고 했든 아니든, 이 가설과 연관된 문제를 알고 있었다는 것을 말해준다. 정치적 명령을 통해 역사학적 문제를 지워버릴 수 있는 정치적 권위가 존재했던 곳 바깥에서 이것은 마르크스주의 역사학에서 흔히 접할 수 있는 현상이었다. 중국의 마르크스주의자로 하여금 역사 발전에 관한 마르크스주의적 패턴의 보편성을 지지하도록 만들거나 혹은 논쟁적 결론을 강조하지 않도록 만들었던 생각은 역사 이론과 방법론으로서 역사적 유물론의 발전에 결정적 영향을 미친, 이 재미있고 근본적인 문제를 분명히 드러내 보였다.

그들 중 가장 극렬한 "정통파"조차 유럽과 중국의 역사가 일치하지 않는다는 것을, 그리고 공식이 중국 역사의 중요한 특징을 설명할 수 없다는 것을 알고 있었음에도, 왜 중국 마르크스주의자들은 역사적 유물론의 규범적인 해석을 고집한 것이었을까? 마르크스주의의 반대자들이라면, 이러한 경향이 중국 마르크스주의자들이 마르크스주의를 신뢰한 데에 따른 자연스러운 결과라고 쉽게 답했을 것이다.[3] 그러나 이러한 답은

---

2) Hobsbawm(ed.), *Pre-capitalist Economic Formations*, p.60.

3) 중국과 소련에서 접근 가능했던 다양한 마르크스주의 역사학 연구는 정도는 달랐지만 모두 이러한 방법론을 채택했다. C. Black(ed.), *Rewriting Russian History*, 2nd ed., (New York: Vintage Books, 1962)와 Shteppa, *Russian Historians*의 소련 역사학에 대한 항목을 보

진정한 마르크스주의 추종자들이라면 이러한 관점으로 마르크스주의에 접근해야 하는가라는 문제, 달리 말해 일부 중국 마르크스주의자가 말했듯, "정형화된" 역사적 유물론 개념을 인정하는 자만을 순수한 마르크스주의자로 받아들여야 하는지와 같은 문제를 교묘하게 피해나간 것이다.[4] 1930년대 일부 마르크스주의자들이 다른 방식으로 역사적 유물론을 해석할 수 있다고 주장한 사실에서 본다면 이러한 문제는 더더욱 타당하게 보인다.

어디에서나 사회는 진화한다는 역사 발전의 보편적 "법칙"을 만들어내는 것이 마르크스의 의도였는가를 묻는 질문은 마르크스주의 이론이 탄생한 이래 마르크스주의자와 마르크스주의 연구자를 가르는 문제였다. 신중한 역사적 유물론 주석가들은 마르크스가 정말로 유럽의 발전 모델이 보편적으로 유효하다고 여겼다고 주장했다.[5] 중국 혁명이 아시아적 사회에 대한 논쟁을 촉발한 후 "공식적 마르크스주의"는 마르크스가 모든 사회에 유효한 보편적 발전 모델을 가정했다는 관점을 받아들였다. 그런데 아이러니하게도 마르크스주의 이론을 불신하는 데 열정적이었던 반대자들이 오히려 이러한 관점을 지지했다. 반면에 더 자유로운 경향을 지닌 마르크스주의자들뿐 아니라 비트포겔(K. Wittfogel)과 같은 반反공산주의 이론가들은 역사 발전의 다양성을 지지했기 때문에 이러한 관점을 부정했다. 그들은 아시아적 사회 개념이 마르크스, 그리고 레닌과 플레하노프(Plekhanov) 같은 다른 주요 마르크스주의자들이 아시아의 사회 발전을 유럽의 발전과 근본적으로 다르게 인식했다는 증거라고 말했다.[6]

라. 중국 역사학에 대해서는 Feuerwerker, *History in Communist China*, 특히 p.6을 보라.

4) B. Schwartz, "Some Stereotypes in the Periodization of Chinese History", *Philosophical Forum*, 1.2, (1968 겨울), pp.219-230.

5) M. Bober, *Karl Marx's Interpretation of History*, (New York: Norton, 1965; 1927년 초간). 3장을 보라.

6) G. Lichtheim, "Oriental Despotism", *The Concept of Ideology and Other Essays*, (New York:

마르크스의 역사 관련 저작들이 모호했기 때문에 이러한 해석적 다양성의 여지는 충분했다. 마르크스 역사 저작은 내용과 형식 모든 면에서 그의 공식이 보편적이라는 생각을 갖도록 만든다. 우선, 그는 전前 자본주의 사회의 변화의 본질과 발전 동력을 거의 논하지 않았다. 그는 대개 자본주의에 대한 논의에서 그것을 우연히 언급할 뿐이었다.[7] 그래서 근대 자본주의 이전의 대부분의 역사 발전에 대한 마르크스주의적 분석은 역사 발전의 동력을 자본주의의 기원과 발전에 관한 마르크스의 관점에 근거해 추론하려고 했다. 이러한 추론은 두 가지 문제를 야기했다. 첫째, 전前 자본주의 사회의 동력을 자본주의의 동력과 같은 관점에서 접근할 수 있는지가 확실치 않았다. 존재의 모든 측면을 지배하는—심지어 인간 노동의 가치까지 평가하는—경제적(시장) 관계를 갖춘, 탁월한(*par exellence*) 경제 체제로서 자본주의는 경제적 관계가 친족 관계, 사회적 관계, 정치적 관계와 잘 구별이 되지 않는 전前 자본주의와는 구별될 필요가 있다.[8] 둘째로—이

Random House, 1967). S. Avineri(ed.), *Karl Marx on Colonialism and Modernization*, (New York: Doubleday Anchor, 1969), 서문.

7) 이 논쟁의 예외에 대해서는 주13을 보라. 마르크스주의 논자들은 최근에 역사적 유물론 개념이 이렇게 불충분한 면이 있다는 사실을 마주하고 이것을 완화하려는 노력을 전개해왔다. E. Terray, *Marxism and "Primitive" Societies*, (New York: Monthly Review Press, 1972)와 B. Hindess, P. Q. Hirst, *Pre-capitalist Modes of Production*, (Boston: Routledge and Kegan Paul, 1975)를 보라.

8) G. Lukacs, "The Changing Function of Historical Materialism", *History and Class Consciousness*, (Cambridge: M.I.T. Press, 1972), pp.230-242. 또한 G. Dalton(ed.), *Primitive, Archaic and Modern Economies: Essays of Karl Polanyi*, (Boston: Beacon Press, 1971), 서문 pp.xii-xvii을 보라. 마르크스 자신은 *Capital*, 2쇄(1873)의 후기에서 그의 분석이 자본주의 사회에만 적용될 수 있다고 말했다. 여기서 그는 러시아의 논쟁에서 자신의 관점에 지지를 표했던 이의 주장을 인용했다. "그러나 경제적 삶의 보편 법칙은 그것들이 현재 혹은 과거에 적용되든 아니든 단일하다고 이야기될 수 있을 것이다. 이것은 마르크스가 직접적으로 부정한 것이다. 그에 따르면, 그러한 추상적 법칙은 존재하지 않는다. 반면에, 그의 견해에서 본다면 모든 역사적 시기는 자신의 법칙을 갖는다." *Capital*, vol.1, p.18.

것이 더 적절하다고 할 수 있는데—마르크스는 자본주의가 처음으로 보편화된 역사로서 모든 장애물을 없애고 다양한 사회를 하나의 순수한 세계 역사로 만들어냈다고 믿었기 때문에, 자본주의를 온 세계에 만연한 역사적 현상으로 보편화시켰다. 그러나 다른 역사적 환경에서 다른 역사적 결과가 나왔기 때문에, 그는 그러한 보편성을 전前 자본주의 시기의 사회에 적용할 수 없었다. 마르크스가 자본주의 시기에 대한 그의 관점을 전前 자본주의 사회에 (심지어 계급을 중심문제로 해서) 적용할 수 있는지 그 여부를 분명히 하지 못했기 때문에 그의 역사 이론을 해석하는 데 있어 근본적으로 많은 혼란이 발생할 수밖에 없었다.

둘째, 마르크스가 역사 이론에 대한 생각과 주장들을 제기한 스타일 자체는 그의 주장을 보편적으로 적용할 수 있다는 믿음을 더욱 불러일으켰다. 그의 역사관은 논쟁적 과장법, 철학적 일반화, 이론적 공식화 혹은 역사 해석 등의 차이가 고려되지 않은 채 방대한 저작을 통해 체계적이지 않은 방식으로 전파되었다. 그의 표현 스타일은 주제가 특정하고 경험적일 때조차도 보편화를 지향하는 경향이 있었다. 리히트하임(Lichtheim)이 주장한 대로 그는 "철학적으로 역사 문제를 제기했고", "특별한 상황과 연관된 사회학적 주장과 전체로서의 역사에 관한 철학적 보편화를 명확하게 구분하지" 못했다.[9] 더 심각한 것은 그가 보편성과 함께 그의 발견의 과학적 유효성을 주장한 것이었다. 마르크스는 이러한 주장이 역사의 발전을 추동하는 요소를 분석하는 그의 방법과 관련 있는 것인지 혹은 자신의 분석에 따라 내린 결론, 특히 사회구성체가 사회 발전을 추동하도록 상호작용하는 요소들로서 역사에 지속적으로 나타난다는 결론을 포함하는 것인지를 분명하게 말하지 않았다. 수많은 마르크스주의자들은 맞고 틀리고에 상관없이 다수의 원전을 근거로, 유럽 역사를 정의하는 사회구성체의

9) Lichtheim, *The Concept of Ideology*, pp.67, 21.

보편성을 거부하는 것은 역사 발전 메커니즘의 보편성을 거부하는 것이라는 결론을 내렸다. 이것은 역사적 유물론을 특징짓는 이론뿐 아니라 정치적 이상에도 큰 영향을 미치는 것이었다.

『정치경제학 비판 요강*A Contribution to the Critique of Political Economy*』 서문은 역사적 유물론에 관한 마르크스의 가장 설득력 있는 주장을 담고 있다. 독자들은 마르크스의 다른 어떤 저작보다도 바로 이 글로부터 마르크스가 세계 어디에서나 동일한 역사 발전론을 견지했다는 믿음을 얻을 수 있었다.[10)] 이 텍스트는 역사적 유물론의 핵심이었고 중국 마르크스주의 역사학에서 결정적인 위치에 있었기 때문에, 일정 정도 인용할 만한 가치가 있다.

> 인간은 사회적 생산을 수행하면서 그들의 의지에 필수적이면서 독립적인, 한정된 관계를 만들어낸다. 이러한 생산관계는 물질적 생산력의 발전에 있어 특정한 단계에 호응한다. 생산관계의 총합은 법적 · 정치적 상부구조가 의지하고, 특정한 사회의식의 형식이 호응하는 진정한 토대로서 사회의 경제적 구조를 구성한다. (…) 그 발전의 특정한 단계에서, 사회의 물질적 생산력은 존재하는 생산관계 혹은 소유관계—이는 생산관계의 법적 표현일 뿐이다—와 충돌하게 된다. 이전부터 물질적 생산력은 이 관계들 안에서 작동했다. 생산력의 발전 형식으로부터 이러한 관계들은 생산력을 얽어매는 족쇄가 되어버린다. 그리고 이어서 사회 혁명의 시기가 도래한다. 경제적 토대의 변화와 함께, 전체 상부구조는 다소 급격하게 변형된다. (…) 어떤 사회 체제도 그것이 수용할 수 있는 생산력 전체가 발전에 이르기 전에 사라지지 않는다. 새로운 상위 단계의 생산관계는 그것의 물질적 존재조건이 낡은 사회의 내부에서 성숙되기 전에는 결코 나타나지 않는다. 넓은 틀에서,

10) Bober의 주장은 이 서문에 근거했다.

우리는 아시아적 생산양식, 고대 생산양식, 봉건적 생산양식, 근대 부르주아 생산양식을 경제적 사회구성체 발전의 과정에 자리한 시대들로 간주할 수 있다.[11)]

마르크스의 본의였는지 아닌지에 상관없이 이 인용문이 역사 발전의 요구와 보편성 모두를 보여주고 있다는 것은 분명하다. 인용문은 첫 문장부터 이 주장이 모든 인간사회에 부합한다는 것을 설득적인 어조로 전하고 있다. "저자의 의도가 얼마나 경험적인지, 얼마나 비형이상학적인지와 상관없이, '인류'를 원용한 것은 역사의 총체성을 주장하는 것이다."[12)] 이것이 바로 마르크스가 처음부터 했던 작업이다. 게다가, 인용문은 역사에는 특정한 사회체제에 따라 역사를 미래로 밀고 나가는 내재적 요구가 있다는 것을 분명히 보여주고 있다. 특정한 사회체제는 생산력과 생산관계 사이의 역동적 상호작용을 통해 나타난다. "새로운 상위 단계의 생산관계는 그것의 물질적 존재조건이 낡은 사회의 내부에서 성숙되기 전에는 결코 나타나지 않는다"는 문장은 분명 하나의 사회구성체는 다른 사회구성체로부터 자라 나오며, 발전의 동력은 사회경제적 토대에 내재하는 힘의 변증법적 상호작용이라는 것을 말하는 것이다. 마르크스가 "경제적 사회구성체가 발전하는 과정에 존재했던 수많은 시대들"로서 생산양식들을 나열한 것은 그가 이 네 가지 생산양식이 사회 발전의 지속적이고 필연적인 단계를 대표하는 것으로 인식하고 있다는 것을 전해준다. 게다가 인용문을 보편성의 맥락에서 읽는다면, 그의 글은 어디에서나 동일한 역사 발전이 존재한다고 규정하는 것으로 보인다.

반면에, 마르크스가 발전의 이러한 패턴을 역사의 보편적 진화를 대표

---

11) Marx, *A Contribution to the Critique of Political Economy*, pp.12-13.

12) Lichtheim, *The Concept of Ideology*, p.20.

하는 공식으로 만들고자 하지는 않았다는 것도 거의 확실하다. 1952년, 마르크스가 『정치경제학 비판 요강』과 『자본Capital』을 준비하는 과정에서 작성한 논문 중 주목을 끌지 못했던 여러 편의 글이 독일에서 출간되었는데, 그 이후 이 점도 확연해졌다.[13] 다른 어느 논문보다 더 자세하게 전前자본주의 사회를 분석한 연구에서 마르크스는 명백히 다선적 역사 발전관을 보여주었다. 그는 아시아적 생산양식, 노예제 생산양식, 봉건적 생산양식을 발전의 단일한 단계가 아닌 원시 사회를 대체하는 과정으로 설명했고, 이 가운데 마지막 봉건제 생산양식만이 근대 자본주의 사회로의 진화를 이끌어냈다고 말했다.[14] 중국 역사가들은 볼 수 없었던 이 논문 말고도 수많은 마르크스주의 저작들은 다선적 역사 발전관에 대한 충분한 증거를 담고 있다. 이 문제에 마주하게 되었을 때, 마르크스는 그가 그려낸 "서구 자본주의의 기원에 관한 밑그림"이 "그들이 위치하고 있는 역사적 환경이 어떠하든, 모든 민족들에게 필연적으로 부과되는, 보편적 운동에 관한 역사·철학적 이론"을 구성한다는 생각을 부정했다.[15] 게다가 그 개념이 본질적으로 문제적임에도 불구하고, 그가 유럽의 발전과 구별될 필요가 있는 역사 발전을 설명하기 위해 아시아적 생산양식을 사용했다는 점은 거의 의심의 여지가 없다.[16] 결국, 그 자신의 유럽 역사 연구조차도 그를 확정적인 결론으로 이끌지는 못했던 것이다. 그는 『정치경제학 비판 요강』 서문 곳곳에서 유럽의 발전에 관한 다양한 생각을 제공했다. 또한, 서문에도 불구하고, 그가 유럽 역사에서 규정한 다양한 사회구성체를 필연적 역사 발전 과정의 연속적 단계로 주장했다는 것은 확실하지 않다.

---

13) Hobsbawm, *Pre-capitalist Economic Formations*, p.9. 언급된 텍스트는 *Grundisse der Kritik der Politischen Ökonomie*이다.

14) Hobsbawm, 같은 책. 마르크스의 논문을 보라.

15) Marx가 Mikahilovsky에게 보낸 회신. T. B. Bottomore, *Karl Marx: Selected Writings in Sociology and Social Philosophy*, (New York: McGraw-Hill, 1967), p.22에 인용되었다.

16) Avineri, *Kar Marx on Colonialism and Modernization*, pp.5-6.

덧붙인다면 이것은 중국에서 혼란을 야기해 발전 모델과 관련된 충돌을 불러일으켰다. 특히 단선적 역사 발전론을 지지한 이들 사이에서 노예제 문제에 대한 논쟁을 일으켰다.[17)]

여기서 핵심은 해석학적 궤변이 아니다. 그것은 역사적 유물론은 단선적 역사 발전 모델이라는 관점을 합리화할 수 있는 양면성이 마르크스주의에는 있지만, 그 양면성 때문에 그러한 결론이 나오는 것은 아니라는 점을 지적하는 것이다. 그러한 해석의 근거는 마르크스의 글보다는 해석자들을 이끄는 동기에서 찾는 것이 더 효과적이다. 중국 마르크스주의자들은 마르크스주의가 하나의 해석에만 국한되어 있지 않다는 것을 잘 알고 있었음에도 단일론을 취했다. 필자는 여기서 그들이 어떤 사고로 인해 그러한 선택을 하게 되었는지를 규명할 것이다.

중국의 역사가들은 일반적으로 중국이 역사적 유물론의 보편성에 끌린 이유가 민족적 자의식에 있다고 주장했다. 조셉 레벤슨(Joseph Levenson)은 중국 지식인들이 서구에 대한 지적인 미혹(지성)과 중국 역사에 대한 감정적 신뢰(감성) 사이의 모순을 해결했던 수단이 마르크스주의적 중국 역사 분기에 있었다고 생각했다. 이러한 충돌은 19세기 중국의 역사 전통이 서구로부터 맹렬한 공격을 받기 시작한 이래 그들을 괴롭혀왔던 것이었다. 그러나 중국 역사가들에게 마르크스주의는 "중국 역사가 그 자신의 고유한 것만은 아닌 방법으로, **저절로** 발전했다"는 것을 보여주었기 때문에 "중국 역사와 서구의 역사를 동일하게 보고자 했던 그들의 열망"을 만족시켜주었던 것이다.[18)] 또 한편으로는 과거를 마르크스주의적으로 역사화함으로써 중국의 지식인들은 현재적 요구에 구속되지 않고 중

17) 이러한 다양한 발전론에 대해서는 *Pre-capitalist Economic Formations*의 서문에서 Hobsbawm의 논의를 보라.

18) Levenson, *Confucian China and Its Modern Fate*, vol.3, (Berkeley and Los Angeles: University of California Press, combined ed., 1968), pp.48, 49.

국의 전통을 따를 수 있게 되었던 것이다. 실제로, 다른 연구들에서 마르크스주의에 대한 중국의 반응을 살핀 것을 보면 민족적 자의식이 결정적 요소로 강조되어 있는 것을 볼 수 있다. 1954년 사회역사논쟁 관련 연구에서, 슈워츠는 중국인들이 아시아적 생산양식 개념이 민족적 자존심에 상처를 주었다는 생각에서 이 개념을 거부했다고 주장하기도 했다.[19)]

이러한 관점에 다소 유효한 측면이 있기는 하지만, 그것만으로는 마르크스주의에 대한 중국의 반응의 복잡성을 설명하기에는 부족하다. 특히 레벤슨은 처음으로 마르크스주의 이론이 중국 지식인들에게 의미 있는 것이 되었던 역사적 환경은 거의 고려하지 않고 추상적인 심리학적 관점에서 그러한 주제에 접근했다. 같은 이유로, 그의 해석은 역사적 유물론의 본질이 중국 지식인들에게 어떤 호소력을 가졌는지는 무시하고, 대신 상처 입은 민족적 자존심의 치료제로서의 기능만을 강조하였다. 그의 주제는 증명하기도 어렵거니와 증명하지 않기도 어렵다. 그러나 1930년대에 민족적 실체로서 중국의 정체성을 밝히는 것에 가장 몰두했던 타오시성(陶希聖)과 같은 마르크스주의자들이 중국 역사를 서구 역사의 모조품으로 바꾸는 관점의 가장 격렬한 반대파였다는 것을 지적할 필요는 있다. 더 의미 있는 것은 마르크스주의적 역사 사상을 최초로 중국 역사에 적용한 마르크스주의자는 중국인이 아니라 코민테른(Conmintern) 이론가인 칼 라덱(Karl Radek)이었다는 사실이다. 그는 중국 지식인들의 심리적 고통을 구원하겠다는 것 이상의 원대한 꿈을 마음에 품고 있었다. 슈워츠의 설명도 여전히 불완전하기는 하지만 더 그럴듯하다. 아시아적 사회 개념은 문화적 열등감과 사회적 · 정치적 원시성에 대한 경멸적인 의미를 띠고 있었는데, 이는 마르크스에게서 비롯된 것도 사실이었다. 그래서 중국 마르크스주의자들은 이에 분개할 충분한 이유가 있었던 것이다. 사회역사논쟁에

19) Schwartz, "A Marxist Controversy in China", p.150.

참여한 논자 중 후추위안(胡秋原)은 실제로 지리적 관계 때문에 이 개념에 반대했다. 그러나 리지(李季)가 후추위안에 대응하여, "아시아적"은 단순한 단어이고 심각하게 생각할 것이 아니라고 주장한 점도 주목해야 한다.[20] 상당히 민감한 논자였던 궈모뤄(郭沫若)도 이 용어가 초기 역사 단계를 가리키는 것이라는 가정하에, 이를 거리낌 없이 사용했다. 이 개념을 제국 중국을 언급하는 데 사용한 중국인도 있었다. 마지막으로 우리는 소련 역사가들 또한 그 개념을 거부했다는 사실 역시 상기해야만 한다. 그것은, 쉬테파(Shteppa)가 말했듯 이 개념이 스탈린 정권에 제시하는 함축적 의미뿐만이 아니라 중국 혁명의 운명에 대한 논의의 맥락에서 갖는 의미 때문이기도 했다.[21]

1937년 마르크스주의 역사학 연구에서 허간즈(何幹之)는 중국이 특수한 사회라는 주장을 반박함으로써 혁명을 구원한 이들에게 사의謝意를 표했다.[22] 분명 허간즈는 1926년에서 1927년에 제기된 혁명 전략의 문제가 역사 발전의 보편적 법칙에서 중국 역사가 예외가 되는지의 여부에 대한 논쟁의 출발점이 되었다고 주장했다. 그리고 논쟁 내내 혁명적 급진주의와 마르크스의 발전 "법칙"의 보편성에 대한 주장은 분명한 대응관계에 놓여 있었다. 계급투쟁을 반대한 타오시성과 신생명파新生命派의 다른 역사가들, 또는 아시아적 사회 개념이 잘못 수용되었다고 생각한 코민테른의 아시아적 사회 지지자들은 중국의 사회 구조의 복잡성을 주장하거나 유럽과 대비되는 중국 역사의 주요 모순이 국가와 사회 사이에 존재한다고 주장했다. 이 시기 다수의 마르크스주의자들이 주장했듯이, 중국이 아시아적 사회라는 주장과 과도기 사회라는 입장은 상당한 친연성이 있었다. 왜

20) 李季, 『中國社會史論戰批判』, p.491. 胡秋原, 「亞細亞生產方式與專制主義」, p.6.

21) Shteppa는 논쟁이 중국 혁명 때문에 일어났다는 것은 인지하지만 이 점을 무시하고, 아시아적 사회가 거부당한 것은 오직 스탈린 정전에 불리했기 때문이라고 주장했다.

22) 何幹之, 『中國社會史問題論戰』, (上海: 1937), p.4.

냐하면, 양측 모두 계급투쟁이 중국 역사 발전의 동기라는 관점을 견지했기 때문이었다.

계급 문제는 심지어 중국이 과도기 사회라는 데 동의한 이들과 봉건제의 소멸과 자본주의의 완전한 등장 사이에 있던 유럽의 과도기와의 비교를 통해 제국 중국 사회의 성질에 관해 이와 상당히 유사한 관점을 견지했던 이들을 갈라놓았다. 또 일부는 봉건제의 잔존세력이나 국가의 권력을 강조했던 반면에, 라덱이나 리지와 같이 당면한 혁명에 더 호의적이었던 이들은 다소 모호한 측면이 있지만 제국주의 사회 구조에서 한 계급이 다른 계급을 지배할 수 있기 때문에 중국 사회는 명확한 계급적 특징을 갖는다는 의견을 피력했다. 그러나 계급 문제에 대해 가장 단호한 이들은 주페이워(朱佩我), 궈모뤄, 허간즈와 같은 중국공산당 당원인 논자들이었다. 그들은 바로 이전 장에서 언급한 학술적 마르크스주의자였다. 이들은 중국 사회 구조에 어떤 모호함이 있기 때문에 중국 역사와 서구 역사 간의 어떤 차이가 있다는 생각을 부정했다. 이 점은 그들이 당시 중국 사회가 자본주의의 전야에 있기 때문에 마르크스주의적 발전관에 따라 봉건제 사회라는 완고한 주장을 펼쳤던 것에서 분명히 드러난다. 역사 분석의 정교함이나 채택한 발전론에 있어서 중대한 차이가 있었음에도 불구하고, 그들은 계급 분석을 현재부터 중국 문명의 시작까지 거슬러 적용할 수 있다는 데 동의했고 계급투쟁이 중국 역사 전체를 관통하는 발전 동력이라는 것을 재확인했다. 그리고 이에 따라 그들은 중국 역사에서 계급 구성이 복잡하게 얽힌, 긴 과도기가 존재했다는 것을 부정했다.

이 그룹의 저자들의 내적 차이는 유럽의 발전에 대한 그들의 이해—마르크스는 저작의 다양한 문맥에서 다양한 해석을 제공했다—와 중국 역사에 대한 그들의 관심 사이의 내적인 작용에서 비롯되었다. 그들은 역사 발전의 보편적 동일성에 동의하기는 했지만 보편적으로 적용할 수 있는 모델에 대해서는 생각이 달랐다. 3장에서 논의된 주페이워와 트로츠키주의자 같은 이들은 역사에 대해 거의 관심을 갖지 않은 채, 당대 사회에 관한 그들의 결론을 단순히 과거에 투사했을 뿐이다. 주페이위는 봉건제와 같은 역사적 범주를 잔여 범주로 축소시켰다. 이 범주에는 자본주의를 설명하는 표제어에는 부합하지 않는 모든 현상이 포함되었다. 그래서 원시 중국과 자본주의 중국 사이의 시기에 봉건제가 3,000년 동안 유지되었다는 결론이 나올 수 있었던 것이다. 궈모뤄, 뤼전위(呂振羽), 젠보짠(翦伯贊)과 같은 이들은 역사적 증거를 많이 고려하여 제국 시기가 시작되던 때의 변화의 의미를 강조했다. 마르크스주의 고전—이 경우에는 엥겔스의 『가족, 국가, 사유재산의 기원*The Origin of the Family, the State, and Private Property*』과 『정치경제학 비판 요강』 서문을 말한다—에 대한 경전經典 상上의 신뢰에서 나온 것이든 필요에서 나온 것이든, 제국 중국을 봉건 사회로 해석한 그들에게는 노예제 사회와 원시 사회 이외에 선택지가 거의 남아 있지 않았기 때문에 주대를 마르크스주의적 분기에서 노예제 사회로 분류했던 것이다. 이어서 그들이 노예제 사회의 경계를 얼마나 멀리 확장하는가는 초기 중국 역사의 다른 단계에서의 발전 수준을 그들이 어떻게 평가하는가에 달려 있었다. 이처럼 분기관은 서로 달랐지만 당대 중국을 봉건 사회로 보았던 이들은, 중국이 계급투쟁을 역사의 동력으로 삼는 보편적 기준을 벗어났고, 따라서 유럽 사회 발전 모델로부터도 벗어났다는 어떠한 주장도 거부했다는 점에서는 의견이 일치했다.

혁명적 급진주의와 역사 발전의 보편성을 긍정하는 것이 상응한다는 것은 쉽게 알아차릴 수 있지만, 그 의미를 해석하는 것은 더 어려운 문제이다. 어떤 의미에서 이것은 마르크스주의에서 의지론과 결정론 사이의 모순에 대한 보편적 사고와는 상반된다. 왜냐하면 이 경우에 역사적 필연성을 방어하는 이는 혁명적 마르크스주의자이기 때문이다. 그럼에도 불구하고 왜 중국 마르크스주의자들이 그 둘을 함께 묶어야 했는가는 마르크스주의에서 혁명과 역사 사이의 관계라는 측면에서 설명할 수 있다. 그들은 혁명의 맥락에서 계급투쟁을 신봉했기 때문에 마르크스주의 역사 이론과 정치이론에서 말하는 계급의 역할에 의한 역사 발전의 보편성을 부정하는 해석에 민감했던 것이며, 역사법칙의 보편성을 옹호함으로써 역사에서 계급투쟁이 중심적인 역할을 보증하는 역사적 유물론적 해석을 쉽게 받아들였던 것이다.

마르크스의 저작에서 보았을 때 역사 발전이 보편적 모델을 따른다고 간주할 필요는 없다. 그러나 역사 발전에서 혁명적 계급투쟁의 이론적 필요성을 포기하지 않고서 역사 발전의 보편성을 버리기는 어렵다. 앞에서 지적했듯이, 마르크스는 『정치경제학 비판 요강』 서문에서 사회경제적 토대에 내재하는 힘이 역사 발전을 추동한다는 관점과 자신이 열거했던 사회구성체를 병치했을 때, 역사 발전은 필연적이며 보편적인 모델을 따른다고 주장했던 것이다. 그는 다른 저서, 특히 『전 자본주의 경제양식 *Pre-capitalist Economic Formations*』에서 사회구성체에 대해 논했는데, 이것은 그가 이러한 형식의 필연성도, 보편성도 가정하지 않았으며, 오히려 그것들을 역사적 "유형(Type)"으로 인식했다는 것을 보여준다. 홉스봄(Hobsbawm)은 『전 자본주의 경제양식』을 토대로 이렇게 결론을 내렸다. "그래서 아시아적 양식, 고대적 양식, 봉건적 양식, 부르주아적 양식이 '발전하는' 것이라는 주장은 결코 모든 역사는 발전한다는 단선론적 관점을 의미하지 않는다. 그것은 단순히, 이 각각의 체제가 몇 가지 중요한 측면에서 인류의 원시적 상태를 벗어났다는 것을 말할 뿐이다."[23] 사실, 타오시성이 그랬던 것처럼, 마르크스가 주장한 과학성과 그에 따른 보편성은 특정한 사회구성체까지가 아니라 역사 발전의 메커니즘까지만 적용된다고 주장할 수 있다. 사회구조의 내재적 힘이 변화의 동력이라면, 그리고 사회들이 동일한 지점에서 출발하지 않고 동일한 패턴에서 생산력이 발전하지 않았다

23) Hobsbawm, *Pre-capitalist Economic Formations*, p.38.

면, 사회들은 다르게 변화했을 것이다.[24)]

이러한 주장들은 타당하며 역사적 유물론을 역사 분석의 효과적인 도구로 활용하는 길을 보여주지만, 반면에 마르크스주의 이론의 기본적 전제에 관해 문제를 제기하지 않는다면 지속적으로 지지를 받을 수 없다. 우선, 『정치경제학 비판 요강』 서문에서는 메커니즘과 양식이 병치되어 있는데, 그러한 맥락에서는 일방의 필연성과 보편성은 타자의 필연성과 보편성을 함축한다. 게다가, 서문에서 설명된 발전 순서의 필연성은 단순한 텍스트의 정통성의 문제가 아니다. 공교롭게도, 고대적 양식, 봉건적 양식, 자본주의적 양식은 유럽 사회의 진화에서 연속으로 이어진 단계였다. 그것들이 필연적인 순서가 아니라면, 홉스봄이 말한 대로 이러한 사회구성체가 유럽의 발전 단계 모두를 포괄하지 않는다고 결론을 내리거나, 혹은 설령 그렇다 하더라도 사회구성체는 내재적인 변화 동력의 추진력 아래에서 하나씩 자라나온 것이 아니라는 결론을 내려야 한다. 후자의 경우, 역사 발전에 대한 설명은 전체 사회구조에 있어서 내적이든 외적이든, 생산양식과 생산관계 바깥의 힘들의 역할을 고려해야만 한다. 이것이 홉스봄의 진정한 입장이다. 이것은 마르크스의 권위를 통해 뒷받침될 수 있지만, 홉스봄은 마르크스가 그랬던 것처럼, 이러한 입장이 마르크스의 변혁이론에 문제를 야기했다는 것을 무시했다.

그들의 저작으로부터 판단해보건대, 마르크스와 엥겔스는 사회구성체의 수가 유럽 역사의 수많은 단계를 모두 수용할 만큼 확대되어야 한다고 주장하지 않았다[이후 보그다노프(I. Bogdanov)나 듀브로브스키(S. M. Dubrovsky)와 같은 마르크스주의자들은 그렇게 했고 이로 인해 동료 마르크스주

24) 陶希聖은 역사적 유물론의 방법론을 화학적 방법론과 비교했다. 그는 화학적 분석을 물과 소금에 적용함으로써 다른 결과를 만들어내듯이, 역사적 유물론을 다른 사회에 적용함으로써 다른 결과를 얻어내야 하며, 이것이 진정 과학적인 것이라고 주장했다. 「社會科學講座」, 『新生命』 第2卷 第5期, (1929.5), p.1.

의자들의 경멸을 받았다]. 반면에, 마르크스는 봉건제로부터 자본주의가 발전해 나왔다는 것을 보여주려 많은 노력을 기울였고 엥겔스는 고대(노예제) 생산양식의 모순이 봉건제를 직접 만들어내지는 못했더라도, 어떻게 봉건제의 배경이 되었는지 설명하려고 노력했다. 이것은 그들이 이러한 사회구성체가 유럽 역사의 도가니 안에 우연하게 던져진 별종이라고 생각하지 않았다는 것을 보여준다. 비유럽적 맥락에서의 역사 발전을 설명하기 위해 만들어졌기 때문에 더 문제적이기는 하지만, 아시아적 생산양식도 그러했다. 실제로, 마르크스는 다른 글에서 "아시아적 소유 양식이나 인도적 양식은 유럽 곳곳에 처음에 있던 것들이다"고 말했다.[25)]

이러한 생산양식이 유럽 사회의 진화를 포괄하는 연속적인 단계라면, 마르크스 자신이 이러한 연속을 사회의 내적인 필연성의 결과가 아닌 역사적인 것으로 간주했다고 믿을 만한 타당한 이유가 있다 할 수 있다. 마르크스는 자본주의의 발전을 분석하면서 국제무역의 의미를 자본주의를 자극한 것에 두었다. 엥겔스의 봉건제 분석도 이와 유사했다. 그는 이전에 노예제 경제가 소규모 농업으로 쇠락했기 때문에 봉건제가 예기豫期되었지만, 게르만족이 로마제국의 강역으로 침입했기 때문에 봉건제의 성장이 촉발된 것 또한 명확한 사실이라고 주장했다. 이러한 경우, 외적인(그리고 우연적인) 요소들이 유럽 사회를 하나의 사회구성체에서 다른 사회구성체로 추동하는 충분조건이 되었던 것처럼 보인다.

그렇다고 하면 이러한 문제는 마르크스주의에 있어 이론과 역사 사이에 상당한 거리가 존재한다는 것을 말해준다. 마르크스는 역사 이론의 형식을 통해 역사 발전의 내재성을 제기했지만 모든 것이 사회경제적 관계의 내재적 필연성의 관점에서 설명되는 것은 아니며, 하나의 사회구성체로부터 다른 사회구성체로의 역사적 변형이 많은 요소들에 의해 매개된

---

25) 마르크스가 엥겔스에게 보낸 서신(1868.3.14.). Hobsbawm, *Pre-capitalist Economic Formations*, p.139.

다는 사실을 잘 알고 있었다. 게다가 그 차이는 본질적으로 마르크스주의 역사 이론뿐 아니라 혁명 이론에 중요한 영향을 미쳤다. 유럽 사회가 필연적인 다양한 단계를 통해 진화하지 않았다는 것을 인정하는 것은 사회 발전의 내재성에 대한 도전이며, 그래서 역사 변화의 중심으로서 계급투쟁의 역할에 대한 도전이었다. 마르크스는『정치경제학 비판 요강』서문에서 역사 발전의 동력을 논할 때 계급을 언급하지는 않았지만, 레이먼드 아론(Raymond Aron)이 언급한 것처럼 "우리는 혁명 시기—즉, 생산력과 생산관계 사이의 모순의 시기—에 한 계급은 생산력 발전에 장애가 되는 낡은 생산관계에 묶여 있는 반면에 다른 계급은 진보적이며, 생산력의 발전에 장애가 되는 것이 아니라 그러한 힘을 최대한 성장시키는, 새로운 생산관계를 대표한다고 가정해야 했다."[26] 계급관계는 생산관계의 필수적 내용이라는 것을 부정하는 사람은 거의 없다. 역사 발전에서 생산력과 생산관계 사이의 모순의 중심적 역할을 부정하는 것은 은연중에 "지금까지 존재하는 모든 사회의 역사는 계급투쟁의 역사"라는 마르크스의 전제를 본질적으로 부정하는 것이다.

그래서 마르크스주의자는 역사적 필연성을 쉽게 부정할 수는 없다. 왜냐하면 필연을 부정하는 것은 마르크스주의 혁명 이론의 기본적 전제에 의문을 제기하는 것이기 때문이다. 마르크스주의자들은 유럽에서의 자본주의 기원에 관한 1950년대 초반의 논쟁에서 보이듯이 이 위험을 감지했다. 이 논쟁은『자본주의 발전 연구*Studies in the Development of Capitalism*』에서 모리스 도브(Maurice Dobb)의 자본주의 기원에 관한 설명을 폴 스위지(Paul Sweezy)가 비판함으로써 촉발됐다. 스위지는 도브가 자본주의 기원의 외적 원인(국제 무역)의 역할을 경시했다고 비판했다. 스위지는 봉건제에서 자본주의로의 변화를 (도브가 무역의 동기로 제시했던) 봉건제의 내적인 모

26) Raymon Aron, *Main Currents in Sociological Thought*, vol.1, (New York: Anchor Books, 1968), p.157.

순이라는 관점으로만 설명할 수 있다는 것을 의심했다. 이를 뒷받침하기 위해 그는 봉건제의 쇠퇴에서 자본주의의 발상發祥으로 이어지는 두 세기(15세기와 16세기)를 제시했다. 이 시기는 자본주의가 봉건제로부터 직접적으로 성장하지 않고 과도기 동안 점진적으로 발전해왔음을 보여주었다. 이 시기 동안 봉건적이지도 않고 자본주의적이지도 않은 복잡한 계급 구조가 서구를 지배했다.[27)]

이 비판으로부터 야기된 논쟁에서 수많은 이론적 주장과 역사적 주장이 오갔다. 그러나 여기서 흥미로운 것은 일부 마르크스주의자들이 스위지의 주장에 대응한 방식이었다. 도브에 따르면 이렇다.

> 그래서 마지막 장면에서 이 두 세기는 분명 천국과 지상 사이의 창공에 불안하게 매달려 있다. 역사 발전의 과정에서 그것들은 거할 곳 없는 혼종으로 분류되어야 했다. **이러한 답은 연속적인 체제 혹은 단계를 경과하는, 순수한 진화론적 역사 발전관에 적합하지만, 나는 이것은 역사 발전의 혁명적 관점에는 어울리지 않는다고 생각한다. 혁명적 관점은 (한 계급의 다른 계급에 대한 권력의 이양이라는 관점에서) 역사 변화의 결정적 메커니즘인 사회혁명을 포함하는 계급 체제의 연속체로서의 역사관을 말한다.**(강조는 저자)[28)]

스위지의 또 다른 논적인 로드니 힐튼(Rodney Hilton)은 더 노골적으로 그 이유를 설명했다. "봉건제에는 '주요 동력', 즉 내적인 변증법이 없다는 주장은 사실 비마르크스주의적이다."[29)]

"계급 체제"의 계승을 통한 역사 발전의 필연성을 부정함으로써 마르크

---

27) P. Sweezy, "A Critique", *The Transition from Feudalism to Capitalism: A Symposium*, (New York: Science and Society, 1954), pp.1-20.

28) Dobb, "A Reply", 같은 책, p.25.

29) Hilton, "Comment", 같은 책, p.65.

스주의적 혁명관을 전복한다면, 그러한 체제의 보편성 역시 부정될 위험이 있다. 이것은 정확히 아시아적 생산양식 개념이 야기한 문제였다. 마르크스와 이후 플레하노프는 다시 한 번 사회의 내적 동력의 의미를 부정하는 지리학적 관점에서 아시아적 생산양식을 설명했다. 이 경우, 외적 힘은 계급과 계급투쟁을 무의미하게 만드는 정치권력과 사회 조직의 형식(그것은 전제주의와 사회의 공동체 조직 혹은 사유재산의 부재와 같은 것이다)을 탄생시킴으로써 사회의 역사적 진화를 이룩한다. 주요 모순은 국가와 사회 사이의 모순이었다. 마르크스와 엥겔스 둘 다 아시아적 사회의 "지배 계급"을 언급했다. 그러나 이들은 경제적 계급이 아니라 필수적인 사회경제적 기능을 수행함으로써 권력을 획득하는 정치적 계급이었다.[30] 사회경제적 정체停滯의 바탕에 깔려 있는 "외적" 원인을 다루거나, 하나의 계급의 압력이 아닌 국가 권력을 통제하는 이들의 억압에 반反하는 투쟁을 지도하는 것이 이러한 사회에서는 의미가 있다. 이것은 사실 중국에서 아시아적 사회의 지지자들의 정치적 주장의 논지였다. 그러나 타오시성이 주장한 과도기의 신사 "계급"이 그랬듯이, 혁명의 목표에 대한 이러한 정의는 혁명가들이 받아들이기는 어려운 것이었다. 왜냐하면 어떤 경우든, 이러한 관점의 효과는 경제적 계급들 사이의 투쟁의 필요성을 제거하는 것이었기 때문이다.

그래서 중국 마르크스주의 역사학에서 역사적 보편성이나 역사적 특수성 문제는 각 관점의 정치적 의미와 분리해서 바라볼 수 없다. 혁명가들 혹은 혁명적 관점에 얽매인 이들은 계급투쟁이 중심이라는 관점을 고집했고, 그래서 마르크스주의 역사관에 있어 역사 발전의 필연성과 보편성을 견지했던 것이다. 상기한 예들을 통해 보았듯이 이것은 어느 곳에서나 마르크스주의자들이 갖게 되는 유사한 문제들이었다. 다선성과 우연성을

30) Lichtheim, *The Concept of Ideology*, pp.90-93.

고려하는 역사적 유물론 해석을 취한 이들은 중국에서든 유럽에서든, 계급투쟁을 역사 발전의 동력의 중심에서 밀어내려고 하였다. 그들은 사회를 총체적 구조로 바라보는 필연성 대신에 계급을 기초이지만 중심은 아닌 역사적 전제로 바라보는 관점을 강조했던 것이다.[31)]

역사적 유물론의 해석에 정치적 고려가 개입하자 이러한 개입이 이론과 혁명의 관점에서 정당하다 하더라도 마르크스주의 역사학에 이익이 되는지 아닌지에 대한 문제가 제기되었다. 이에 대한 답은 분명 부정적이었다. 혁명을 사고하는 한 중국 마르크스주의자들은 더욱 더 중국 역사 발전의 "보편적" 모델을 받아들일 수밖에 없었고, 그 결과는 이론적 개념과 중국 역사 해석 양자의 단순화였다.

우선 정치에 몰두함으로써 마르크스주의자들은 역사에 대한 다양한 해석이 갖는 상대적 미덕을 제대로 평가할 수 없었다. 만약 이런 연구에 천착할 수 있었다면 그들은 아마도 중국 역사를 더 철저하게 이해할 수 있었을 것이며 해석의 수준을 높일 수 있었을 것이다. 그러나 실제로는 역사 해석에 있어 그것이 갖고 있는 장점보다는 정치적 기준에 의해 해석이 유효한지를 평가하려는 경향이 있었던 것이다. 레프(Leff)는 "마르크스가 말했듯이, 실천만이 진실의 유일한 검증 수단이다"[32)]라고 말했다. 분명, 중국 마르크스주의자들은 중국 역사와 마르크스주의 이론의 만남이 야기한 문제들보다 진리—혹은 혁명적 순수성—를 위한 투쟁에 더 많은 시간을 할애했다. 같은 이유로, 그들은 중국 역사를 설명하는 이론의 적합성을 논하기보다는, 역사에 상투적인 개념을 부여하거나 기껏해야 이론이 제공했던 개념을 단순화했고, 이로써 이 개념들은 역사를 제대로 설명할 수 없게 되고 말았다.

---

31) Hobsbawm, "Karl Marx's Contribution to History", R. Blackburn(ed.), *Ideology in Social Science*, (New York: Random House Vintage, 1973), pp.278-279.

32) Leff, *Tyranny of Concepts*, (University: University of Alabama Press, 1969), p.12.

둘째, 마르크스주의 역사가들이 중국 역사를 보편적 역사 발전의 다른 표현으로만 보려는 한, 이로 인해 중국 사회 발전의 복잡성을 설명하는 그들의 능력은 제한될 수밖에 없었다. 다양한 해석의 특정한 미덕이나 취약점은 충분히 논의되었기 때문에 여기서는 다양한 해석의 일반적 의미만을 지적하는 것으로 족하다. 적어도 역사적 개념을 단순화하거나, 반대로 중국에서의 역사적 현상을 가장 철저하게 설명하는 해석은 분명 계급 분석을 발견적 방법을 위한 목적(heuristic purposes)으로 사용하거나 중국 역사의 총체적 구조 내에서 계급 분석을 조정하려는 해석들이었다. 저우구청(周谷成)이나 타오시성과 같은 역사가들은 중국 역사 해석에 있어 계급에 제한된 역할만을 부여했는데, 이로 인해 외부 민족과 중국 민족의 관계와 같은 외적 요소뿐 아니라 정치권력과 이데올로기와 같은 중국 사회의 "상부구조"의 역할을 고려할 수 있었다. 아이러니하게도 타오시성과 같은 역사가가 중국 역사의 복잡성을 깨닫게 된 것은 그의 "반反혁명적" 의도 때문이었다.

반면에 유럽의 "계급 체제"가 중국에 이식되었다고 믿은 혁명 역사가들은 결국 마르크스주의 개념과 중국 역사 모두를 단순화시키고 말았다. 중국 역사에 적용할 수 있는 보편적 사고가 있다고 믿은 역사가들 중 가장 뛰어난 이들조차 노예제와 봉건제 같은 역사 개념을 (자급자족 혹은 고율의 착취와 같은) 최소한의 필요조건으로 단순화시키는 것을 대가로 지불하고서야 이러한 관점을 방어할 수 있었다. 이로 인해 이러한 개념들을 가지고 전前 자본주의적 사회구성체와 다른 사회구성체를 구분할 가능성은 현저히 낮아지고 말았다.[33] 중국이 정말로 이러한 사회구성체를 경험했다는

33) 이러한 정의상 간소화는 朱佩我 혹은 당 대변인과 학술적 마르크스주의자들 사이에서는 거의 차이가 없었다. 翦伯贊, 「關於"封建主義破滅論"之批判」, 『中山文化教育館季刊』 第4卷 第1期 , (1937, 봄), pp.1-30과 呂振羽, 『史前期中國社會研究』, (北京: 1934), pp.19, 51-52를 보라.

충분한 증거를 보여줄 수 없었기 때문에, 그들은 자료를 가지고 목적이 있는 해석밖에 할 수 없었다. 그들은 중국의 국가 권력과 같은 역사의 중요한 자료의 의미를 감추거나 무시하거나 둘러댔고, 제국 중국 사회에서 무역과 (봉건적 소유와 대비되는) 토지의 사적 소유와 같은 기본적 경제 현상의 의미조차 축소했던 것이다. 그러나 이것은 중국 역사학이나 마르크스주의, 아니면 다른 방면에 그들이 중요한 공헌을 하지 않았다는 뜻은 아니다.

초기 중국 역사 전문가들은 보편적으로 궈모뤄와 같은 역사가의 공헌을 인정해왔다. 게다가, 이러한 공헌은 마르크스주의적 역사단계론의 관점에서 중국 역사를 인식했음에도 불구하고가 아니라 그렇게 했기 때문에 가능한 것이었다. 상술한 대로 마르크스주의적 분기관은 역사가들에게 사회의 심층까지 파고들어 갈 것을 요구한다. 왜냐하면 역사 분기는 사료를 조직하는 편리한 방법이 아니라 기본적인 사회경제적 과정의 표현이기 때문이다.[34] 어떠한 메커니즘에서 마르크스주의적 분기에 접근했든지, 최고의 마르크스주의 역사가들은 자신들의 가정에 근거해 중국의 역사 흐름 속에서 사회경제적 경계선을 찾으려고 했다. 그 과정에서 그들은 초기 역사가들이 미미하다고 인식했거나 무시했던 역사의 중요한 측면들의 의미를 명확하게 보여주었다. 그렇지만 그들은 자신들이 밝혀낸 자료를 해석할 때 각자의 역사 발전론상의 편견 때문에 해석들을 왜곡했고, 결국 마르크스주의적 중국 역사 연구의 심화를 방해했다.

중국 역사가들의 분열은 "체제 분석(systematic analysis)"과 "계급 분석(class analysis)"에 상응한다. 이것은 마르크스주의 역사 분석의 최근 경향에 관한 토론에서 샤닌(T. Shanin)이 마르크스주의 내에서 수용되는 두 가지 분석 방법으로 정의한 것이었다. 샤닌에 따르면, 체제 분석은 "노동과 특정

34) E. Balibar, "On the Basic Concepts of Historical Materialism", L. Althusser, E. Balibar, *Reading Capital*, (London: NLB, 1970), pp.205-206.

한 정치경제, 생산양식과 사회적 상부구조로부터 나온 성과에 초점을 맞춘다." 반면에 계급분석은 "정치 경제와 마주한 계급들 사이에서 드러나는 이해利害의 충돌, 그리고 집단의식의 동력에 관심을 집중한다."[35] 이 두 가지 유형의 분석은 각각 다른 결론으로 이어졌는데, 샤닌은 그 이유를 인간은 "목표가 다르면 다른 것을 보는 법이다"라는 말로 설명했다.[36] 마지막 주장은 아마 모든 역사 저작에 해당하는 진실일 것이다. 그러나 이것은 마르크스주의 역사학에는 더 큰 문제가 되는 것이었다. 왜냐하면 마르크스주의자들은 일원론적 역사관을 고집했기 때문이었다.

그럼에도 불구하고 샤닌의 구분은 마르크스주의 역사 분석에서 활용되는 두 가지 사회 모델과 관련이 있다. 마르크스는 혁명과 역사 사이에서 갈등했기 때문에 두 모델을 모두 취했다. 계급 갈등이 사회의 모든 요소들의 배치를 결정하고 역사 발전의 궁극적 동력이 되는 양극 모델(bipolar model)과, 사회를 역동적으로 내적 연관된 요소들이 구성하는 복잡한 체제로 설명하는 구조 모델(structural model)이 바로 그것이다. 양극 모델은 분명 혁명적 상황에 가장 부합하는 모델이다. 혁명적 상황은 사회에서 기본적인(그리고 그 순간까지 추상적인) 계급이 분화되어 정치 영역과 이데올로기 영역뿐 아니라 사회 영역 전체에서, 사회에 충성스럽게 결합하도록 강제되는 상황을 가리킨다. 반면에 구조 모델을 통해서는 "정상적인" 역사적 상황을 더 잘 이해할 수 있다. 정상적인 상황은 정치적이고 이데올로기적인 관계와 사회적이고 경제적인 관계의 복잡성이 더 드러나는 상황을 말한다. 상술한 대로, 마르크스 자신은 그의 좀 더 "순수한" 사회-역사 분석들, 특히 『자본』에서 구조 모델을 활용했고,[37] 임박한 파국이라는 관

35) T. Shanin, "The Third Stage: Marxist Social Theory and the Origins of Our Time", *Journal of Contemporary Asia*, 6.3, (1976), p.305.

36) 같은 책.

37) B. Ollman, "Marxism and Political Science: Prolegomenon to a Debate on Marx's Method",

점에서 역사를 탐색할 때는 계급 충돌을 강조했다. 임박한 파국은, 복잡한 체제가 (혁명적 실천의 도움을 받아) 내적 모순 아래에서 혁명적 변화의 순간에 두 적대적인 진영으로 분열되려는 것으로 보이는 때를 말한다. 이러한 태도에 대한 대표적인 표현으로는 당연히 『공산당선언*The Communist Manifesto*』의 역사 담론을 들 수 있다.

일반적으로, 계급투쟁이 역사의 동력이라는 입장을 비타협적으로 견지했던 마르크스주의자들은 혁명적 상황이라는 패러다임으로 역사를 인식했고 사회의 구조 모델보다는 양극 모델을 선호했다. 이것은 분명히 사회적 양극 분열이 중국 역사의 본질과 과정을 결정한다고 믿으며 계급분할이 중국 역사의 "필수적인" 전제라 주장하는, 그들 중국 마르크스주의자들에 해당하는 말이었다. 이 역사가들은 주로 중국 역사에서 계급적 억압이 존재했음을 밝히는 것에 흥미를 느꼈다. 이러한 목적이 비난받을 이유는 없지만, 그들이 사회경제적 억압이라는 하나의 사실로부터 역사의 모든 면을 설명하고자 시도할 때 그들의 중국 역사관이 다소 단순화된(그리고 단순한) 방향으로 흘렀던 것도 사실이다. 그들은 이러한 관점을 빌려 그들 자신이 역사를 지향하는 순수한 혁명적 입장을 가졌다는 주장을 정당화했다. 또 그들은 이 때문에 계급관계 말고는 중국 역사를 만들어왔던 모든 요소들의 의미를 부정했던 것이다.

이러한 결론은 그렇게 놀랍지도 않다. 최근 마르크스주의적 연구들은 경제적 관계에 의해 결정되는 경직된 체제가 아닌 전체에 대해서뿐 아니라 상호 간에도 문제적인 관계에 있는 성분으로 구성되어 있는 구조로서 사회에 접근할 때 마르크스주의 역사분석이 가장 효과적이라는 것을 보여준다. 사회의 생산양식이 특정한 생산관계를 만들어내고 이어서 이것이 전체 사회구조를 형성한다는 주장을 통해 이러한 관계의 문제적인 본질

Politics and Society, (1973, 여름), pp.491-510.

을 부정한다면(이에 따라 역사적 유물론은 보편적 사회구성체의 묶음으로 격하된다), 마르크스주의 역사 이론은 유효성을 상실하며 역사적 방법론으로서는 쓸모없는 기본적 수준으로 단순화되고 만다. 더 나아가 어떤 사회의 사회구성체나 발전 과정이 유럽의 사회구성체에 관한 마르크스의 주장으로부터 충분히 예측될 수 있다면, 역사분석은 이러한 사회구성체의 연대를 구분하는 것 말고는 아무 쓸모도 없을 것이다. 실제로 대부분의 중국 마르크스주의 역사가들이 자신들의 임무라고 여겼던 것은 이러한 단순한 작업이었다.

역사에 대한 마르크스의 가장 중요한 공헌은 그 스스로 인정하듯이, 계급을 발견하는 것이 아니라,[38] 계급을 사회구조 발전의 맥락 안에서 배치(定位)하는 것이었다. 사회구조는 사회구조가 포함하는 특정한 계급관계의 특징을 결정하면서 한편으로는 계급관계들과 그 관계의 작용을 좌우한다. 마르크스주의 사회역사 분석은

> 사회를 인류의 관계 체제로 간주한다. 마르크스에게는 이 관계가 생산과 재생산을 목적으로 한다는 것이 의미가 있었다. 또한 마르크스주의 사회역사 분석은 이러한 체제들의 구조와 기능을 분석하는 것으로서 외부 환경—비인간과 인간—과 내적인 관계 모두에서 그것들 자신의 실체를 유지하는 것을 의미한다. 마르크스주의는 최초의 구조·기능주의 사회론이지만 결코 유일한 이론은 아니다. 다만 이것은 두 가지 면에서 다른 이론들과 구별된다. 먼저 이것은 사회 현상이 계층적으로 나뉜다(예를 들어 "토대"와 "상부구조")는 주장을 견지하며 둘째로는 내적 긴장("모순")은 어떠한 사회에도 존재한다는 입장을 고집한다. 이 모순은 사회 자신을 유지하려는 경향의 반작용으로 기능한다.

38) Marx, "to J. Weydemeyer(1852.3.5.)", *K. Marx and F. Engels, Selected Works*, vol.1, (Moscow: Progress Publishers, 1973), p.528.

마르크스주의의 이러한 특징은 역사에 있어서 중요하다. 왜냐하면 사회의 다른 구조·기능 모델과 달리 왜, 그리고 어떻게 사회가 자주적으로 변화하게 되는지 그 이유를 설명할 수 있기 때문이다. 다른 말로, 마르크스주의 사회이론이 사회 진화의 진실을 밝힐 수 있다는 것이다. 마르크스의 강점은 그가 사회 구조와 그 역사적 진실성, 즉 변화의 내적 동력이 존재한다는 입장을 견지했다는 것에 있었다. 오늘날에는 사회 체제의 존재가 보편적으로 받아들여지고 있지만 이는 비非역사적인, 만약 그것이 아니라면 반反역사적인 사회체제 분석의 대가였다. 그래서 바로 지금, 마르크스가 역사의 필연성을 강조한 것은 이전의 어느 때보다도 더 중요하게 다가온다.[39]

이론異論의 여지없이 가장 뛰어난 마르크스주의 역사가 중 하나인 홉스봄의 이러한 주장은 마르크스주의 역사 이론의 수많은 핵심이 담겨 있기 때문에 그만큼 수도 없이 인용되어왔다. 여기서 핵심은 사회를 "인류의 관계 체제로" 강조한 것이다. 마르크스 역사관의 가장 혁명적인 특징은 헤겔주의적 역사관에 대한 비판에서 분명하게 드러나는데, 바로 역사는 인간성(humanity)을 초월하지도 인간성에서 일탈하지도 않는다는 주장이었다. "역사는 그들의 목적을 추구하는 인간 활동 이상이 아니다."[40] 마르크스에 따르면, 역사의 헤겔주의적 실체화(hypostatization)는 "인간이 존재하기에 역사가 존재하고 역사가 존재하기에 진리가 드러날 수 있다"라는 함축적인 전제를 반영하는 것이다.[41] 같은 관점에서 우리는 마르크스주의자들이 이데올로기적 목적에 역사를 종속시킴으로써 역사를 실체화했고, 이로써 다시 한 번 그것에서 생명력을 빼앗아버렸다는 점을 덧붙일 수 있다.

---

39) Hobsbawm, "Karl Marx's Contribution to History", pp.273-274.

40) Marx, *The Holy Family*, Bottomore(ed.) *Karl Marx: Select Writing in Sociology and Social Philosophy*, p.63에서 재인용.

41) 같은 책, pp.57-58.

마르크스 자신은 살아 있는 인간이 역사의 주제가 되어야 한다는 자신의 전제에 항상 충실했던 것은 아니지만 그의 철학관은 사회는 "자연적 역사"라는 언술 이상의 것을 요구했다. 진정 혁명적으로 역사에 다가가기 위해서, "사회과학 연구를 자연과학 연구에, 그리고 인간을 비非인간에 동화시키는" 마르크스주의의 실증주의적 경향은 거부되어야만 한다.[42)]

둘째, 홉스봄은 마르크스주의의 구조·기능주의적 본질을 강조했으나 마르크스주의자들은 종종 마르크스주의에 대한 이러한 해석을 무시했다. 그들은 아마 이 점을 강조하는 것이 마르크스주의에서 혁명의 힘과 정체성을 앗아버릴지도 모른다고 생각했던 듯하다. 홉스봄이 마르크스주의와 이론적으로나 영감적으로 마르크스주의에 많은 빚을 지고 있는 구조·기능주의적 사회과학 이론 사이의 차이를 설득력 있게 제시하기 때문에 여기서 이에 대해 길게 논할 필요는 없다.[43)] 이러한 해석에서 계급은 역사에서 (우위는 아니지만) 중심적 지위를 어느 정도 상실한다. 그러나 이것이 마르크스의 관점과 어긋나는 것도 아니며 역사 분석에서 계급 개념을 더 효과적으로 사용하는 방법을 제시한다는 점 역시 사실이다. 마르크스는 그의 역사관이 "생계를 위한 단순한 물적 생산에서 비롯되는 진정한 생산과정에 관한 설명과, 이러한 생산양식과 연결되고 그에 의해 창조되는 교류양식에 관한 이해"를 따른다고 설명했다. "이 시작점으로부터 이 역사관은 모든 다양한 이론적 생산과 의식의 형식, 종교, 철학, 윤리학 등을 설명하고 이러한 것들의 기원과 성장을 추적한다. 물론 이것들은 전체로서—**그리고 결과적으로는 이러한 다양한 면의 상호 작용으로서도**—제시될 수 있다."(강조

42) Hobsbawm, "Karl Marx's Contribution to History", p.273.

43) 물론 근대 사회과학과 마르크스의 연관성은 뜨거운 논제이다. 19세기와 20세기 사회학에 있어 마르크스의 영향력을 확신하게 하는 확장된 논의로는 Bottomore, *Karl Marx*를 보라.

는 딜릭)[44]

생산양식과 계급 이외의 사회적 동력을 단순히 수동적인 "상부구조"로 간주하고 그 중요성을 무시하는 마르크스주의적 관점은 마르크스의 관점을 지나치게 단순화시킨 것이다.[45] 톰슨(E. P. Thompson)이 지적했듯이 계급 그 자체는 "관계이지 사물이 아니다."[46] 계급관계가 사회의 여러 양상들을 형성하는 데 도움을 주지만, 그러한 관계들 자체는 그것들이 존재하는 사회의 총체적 구조에 의해 결정된다. 사실, 마르크스를 신중하게 읽는다면 사회의 다양한 층위(경제, 사회, 정치 · 법률, 이데올로기 등) 간의 차이가 실제적이지 않고 분석적이라는 것을 알 수 있다. 왜냐하면 실제 역사 환경에서 각 층위는 그것의 구조에서 다른 층위의 특성을 드러내기 때문이다.[47] 따라서 계급을 사회 구조 안에 놓는 것은 많은 사회과학 연구가 그렇게 하듯이 그것의 존재나 중요성을 부인하려는 것이 아니라 그 복잡성을 인식하려는 것이다. 계급들이 순수한 형식으로 존재했다면, 그것은 추상적이거나, 혹은 이상적인 혁명 상황 아래에 있었을 것이다. 이것들은 같은 생각을 다르게 표현하는 것에 지나지 않는다. 마르크스가 역사분석에서 스스로 인정했듯이,[48] 역사에서 특정한 생산양식에 따라 사회가 양대 진영으로 분할되는 순수한 계급이나 순수한 계급관계를 찾는 것은 불가능하다. 사실, 마르크스의 관점에서 볼 때 새로운 생산양식과 이를 토대로 하는 새로운 생산관계는 이전의 생산양식을 "자궁"으로 삼아 탄생하기 때

---

44) Marx, *The German Ideology*, Bottomore, 같은 책, p.54.

45) Engels, "to J. Bloch(1890.9.21.)", *Marx and Engels, Selected Works*, vol.3, p.487.

46) E. P. Thompson, *The Making of the English Working Class*, (New York: Random House Vintage, 1963), p.11.

47) 이 문제에 관한 집중된 논의는 H. Lefebvre, *The Sociology of Marx*, (New York: Random House Vintage, 1969), chap.4를 보라. 또한 같은 관점에 대해서는 Althusser, Balibar, *Reading Capital*, pp.99-105와 Hobsbawm, "Karl Marx's Contribution to History"를 보라.

48) 프랑스에서의 계급의 복잡성에 대한 마르크스의 논의를 보라. *The 18th Brumaire of Louis Bonaparte*, (New York: International Publishers, 1967).

문에, 모든 역사는 복잡하며, 모든 역사는 과도기적이다. 어느 경우든, 하나의 지배적 사회 · 경제적 관계로부터 다른 것으로의 변화는 정치 · 법률 영역에서 가장 잘 드러난다.

역사적 유물론은 역사적 실재를 모사한 것이 아니라 그것을 추상화한 것이다. 그래서 그것은 다른 이론처럼 경험적 연구를 통해 "훈련되어야" 한다. 경험적 연구를 통하지 않는다면 그것은 중국 마르크스주의자들의 경우처럼 쉽게 역사와 큰 관련 없는 사변적인 추상으로 전락할 수 있다. 그들의 중국 역사 논쟁은 이론적이어서 일부 고유명사만 바꾸는 것만으로도 세계의 다른 어떤 사회라도 분석하는 데 적용할 수 있을 정도였다. 수많은 마르크스주의자들은 (경험적으로 드러날 수 없는 모든것을 무시하는) 경험주의에 대한 혐오 때문에 사료가 얼마나 역사 이해에 결정적인 역할을 하든지 간에, 그것을 분석에 있어 부차적인 것으로 미뤄버리고 말았다. 그러나 "역사 연구는 보편성과 특수성의, 즉 학자들이 개별적 사실을 배치하기 위해 만들어낸 사상관념과 특수한 역사 환경에 집중함으로써 알게 되는 상세 조목 사이의 변증법이어야만 한다."[49] 마르크스주의자들이 중국에서든 다른 곳에서든 역사의 증거를 무시한다면 이론은 이데올로기로 축소되고 그래서 역사와 사회를 이해하는 데 쓸모없게 되고 말 뿐이다.

마르크스주의를 학술적 이론으로 축소시키면 역사적 유물론에 대한 마르크스의 정의에 내포된 혁명적 의도를 포기하게 되기 때문에 논자들은 이것을 거부했을 것이다. 그러나 루카치(Lukacs)가 지적했듯이, 이론을 "전쟁의 도구"로서 사용한다면 이것 또한 이론이 마르크스주의적 혁명의 목표에 공헌할 수 있는 가능성을 빼앗는 것이 되고 만다. 혁명이 역사의 유효성을 판단하는 기준이 될 때, 역사와 혁명 간의 관계는 필연적으로 동어반복이 되고 만다. 즉 특정한 혁명의 목표가 역사 해석을 결정하고 이어

49) Levenson, *China: An Interpretive History*, (Berkley and Los Angeles: University of California Press, 1971), p.37.

서 역사가 다시금 이러한 목표에 내포된 혁명 활동의 특정한 과정을 정당화하게 되는 것이다. 이러한 동어반복은 프롤레타리아 혁명이 임박하기를 기대한 마르크스에게서 볼 수 없었는데, 아마도 이론에 대한 기대가 동시에 역사적으로 실현되는 혁명적 상황에서도 볼 수 없을 것이다.[50] 그러나 혁명적 상황이 아닐 때, 혁명과 역사의 변증법적 관계는 쉽게 동어반복으로 퇴보할 것이다. 혁명적 마르크스주의자들은 마르크스에 근거해, 혁명적 실천을 "역사를 바꾸는 틀로서, 그리고 역사 진화의 기준으로서" 간주했다.[51] 그러나 그들은 대개 혁명 활동과 역사의 관련성에 대한 마르크스 사상의 다른 특징을 간과했다. 아비네리(Schlomo Avineri)는 이렇게 말했다. "세계 혁명은 그것에 대한 충분한 이해에 따라 결정된다. 결국 이것이 『자본』에 일생을 바친 이유였다."[52]

중국 마르크스주의자들은 1927년의 혁명의 실패를 경험하고 그들 각자의 혁명관이 타당했다는 것을 보이기 위해 역사로 돌아섰다. 그리고 그것은 역사가 모든 혁명 전략들을 정당화할 수 있음을 증명해주었다. 사후 판단으로 본다면, 그들이 자신들이 만들어낸 동어반복의 덫에 빠져 역사 분석에 불리한 결론을 내리고 혁명에 거의 도움을 주지 못했다는 것은 분명하다. 성공적인 혁명 전략을 마련하기 위해서는 마르크스 역사가들이 취했던 단순한 양식, 즉 봉건제와 자본주의와 같은 추상적 개념으로는 불충분하다. 이에는 중국 사회의 사회정치적 관계에 대한 정확한 이해가 필요하다. 결국 실체화된(hypostatized) 역사 개념과 사고의 맹목적인 영향에 둔감했던 마오쩌둥(毛澤東)과 같은 혁명가들은 중국 사회의 복잡성을 더 잘 이해할 수 있었고, 그것에 의거해 역사의 도움이 거의 없이도 승리로

50) S. Avineri, *The Social and Political Thought of Karl Marx*, (Cambridge: At the University Press, 1971), p.144.

51) 같은 책, p.138.

52) 같은 책, p.137.

이끌 수 있는 혁명 전략을 내올 수 있었던 것이다.[53)]

1949년 이래로 중국에서 마르크스주의 역사학의 경우가 그랬던 것처럼, 마르크스주의자들은 마르크스주의 이론이 역사 이해에 부적절하다고 말하는 것을 대가로 계급 분석의 배타적인 유효성을 견지할 수 있다.[54)] 지난 30년간(1940년대부터 1970년대까지-역자), 중국 역사가들은 1930년의 해석에서 의미상 거의 한 걸음도 더 나아가지 못했고, 역사에 대한 도식적인 관점의 수렁에 빠져 있었다. 1930년대 초반 구조 모델과 계급투쟁 반대론이 결합됨으로써 이러한 관점이 중국인의 시각에서 역사 분석의 패러다임으로 받아들여졌다는 것이 그 하나의 이유가 될 것이다. 그러나 역사의 5단계론이 공식적인 정통론으로 채택된 1949년 이후에도 그 모델을 고수했던 중국 역사가들 모두가 이러한 모델의 해석상의 제한을 받아들였던 것은 아니다. 50년대 중국에서 벌어진 자본주의 맹아 논쟁은 그들이 중국 역사의 복잡성을 설명할 수 있는 해석을 지속적으로 탐색했다는 증거이다. 일부 역사가들은 복잡성, 즉 과거에 대한 다원론적 해석에 경의를 표하기까지 했다.[55)] 이러한 경향은 혁명이 다시 한 번 중국 사회에서 이슈가 되었던 1958년 이후 단절되었다. 이 시기에 타오시성과 같은 초기 마르크스주의자들의 관점에 대한 공격이 부활한 것도 우연이 아니었다. 아마도 그는 중국 역사의 복잡성을 지지한 논자로서 계급의식의 필요성을 "감추는" 대표적 인물로 규정되었을 것이다.[56)] 60년대 문화대혁명에 의해 중국

---

53) 일부 마르크스주의자들은 실질적인 혁명 분석과 역사 사이의 상관성을 거부하기까지 했다. 그들은 마침 혁명의 맥락 안에 주요한 역량들을 배치하는 문제에 몰두하고 있었다. Hirst & Hindess, "Conclusion".

54) Arif Dirlik, "The Problem of Class Viewpoint versus Historicism in Chinese Historiography", *Modern China*, 3.3, (1977.10)에서 이에 관한 나의 논의를 보라.

55) 翦伯贊. Cliff Edmunds, "Political and Historiography after the Great Leap: The Case of Chien Po-tsan", (The Mid-Atlantic Region Association for Asian Studies, Fifth Annual Meeting, 1976.10.30-31을 위한 예비 논문), p.18에서 인용. 저자의 양해 아래 인용.

56) 呂振羽, "The Struggle between Marxism and Pseudo-Marxism on History and Philosophy

사회가 혁명의 소용돌이에 빠져들게 되면서, 복잡성은 부정되었다. 이것이 중국에서 마르크스주의 역사학의 미래를 뜻하는 것이라고 말하기에는 너무 이른 감이 있다. 그러나 1970년대에 중국 사회가 다시 한 번 혁명투쟁에서 멀어지게 되었을 때, 60년대의 관점이 폐기될 것이라는 점이 이미 암시되었다는 것이 흥미롭다.[57)]

during the Time of the Secod Revolutionary Civil War", *Chinese Studies in History and Philosophy*, 1.2, (1967-1968, 겨울), pp.46-80을 보라. 또한 孫長江 외, 「批判陶希聖"前資本主義社會論"的反動觀點」, 『歷史硏究』 12期, (1958), pp.63-72를 보라.

57) 吳江, 「法家學說的歷史硏究」, 『歷史硏究』 第6期, (1976), pp.50-71을 보라.

8

에필로그: 사회적 변화와 역사

리히트하임(George Lichtheim)이 말했듯, "역사의 문제는 의식의 문제이다."[1] 여기에 하나 더 덧붙인다면, 의식의 문제는 사회적 존재의 문제이다. 20세기 중국의 역사의식은 중국 사회의 혁명화와 변증법적 관계 속에서 발전해왔다. 역사적 유물론의 수용은 "새로운 역사"를 탐색하는 새로운 단계를 보여주는 것이다. 이 단계는 새로운 정치적 요구가 촉발한 새로운 사회관을 바탕으로 세기 전환기에 시작되었다. 1920년대 중반까지 사회와 사회 변혁은 정치 변혁론의 중심이었다. 역사적 유물론은 중국 정치사상의 변화를 수반하는 새로운 역사의식을 분명하게 드러내는 데 도움을 주었다.

1920년대에 확연하게 나타난 급격한 사회 변화는 새로운 전망을 구체화하게 만든 주요 원인이었다. 그러나 지나고 나서 보니, 마르크스주의가

1) Lichtheim, *The Concept of Ideology*, p.43.

사회를 역사적 기준의 핵심으로 보는 생각이나 심지어는 사회학적 역사 개념을 중국의 역사 사상에 소개했다고는 말할 수 없다는 것이 분명해졌다. 사회에 관한 이러한 관심의 기원은 세기 전환기까지 거슬러 올라간다. 르페브르(H. Lefebvre)는 "혁명은 (…) 사회를 총체로 제시한다"[2]라고 말했다. 중국의 사회 인식의 심화는 결국은 20세기의 시작 이래 진행 중인 혁명적 변화의 산물이었다. 전통적 역사관에 대한 불만은 20세기 이전부터 표현되어왔는데, 이는 유교의 내적 모순에서 비롯된 것이었다. 그러나 전통적 역사관에 대한 비판은 20세기가 되어서야 역사에서 사회의 역할을 확인하는 관점과 결합되었다.[3]

변화의 필요성은 중국 지식인들로 하여금 전통 정치 이론의 전제를 회의하도록 만들었는데, 이에 따라 그들은 또한 전통 역사관에도 문제를 제기했다. 이러한 사실 자체는 그리 놀라운 일이 아니다. 시작부터 정치 개혁론자들은 역사를 정통성을 거래하는 교역소로서 바라보고 이에 대한 연구로 돌아섰다. 관습적 변화를 지지한 이들, 새로운 민족 정체성(新國民性), 새로운 시민(新民), 새로운 문화(新文化), 새로운 개인적이고 사회적인 혁명의 지지자들 모두는 이러한 요구가 합당하다는 것을 말해줄 목격자로 역사를 취했던 것이다. 특히 새로운 정치사상과 함께 나타난 민족의식(중국어판의 번역자는 national consciousness를 國族意識으로 번역했다-역자)의 등장은 중요한 의미가 있다. 레벤슨(Levenson)의 적절한 주장처럼, 중국인의 자기 형상에서 민족이 문명을 대신함에 따라, 지배의 전통적 기초는 흔들렸고, 그와 함께 전통 역사관도 흔들렸다.[4] 민족적 역량, 혹은 생존을 고

---

2) Lefebvre, *Sociology of Marx*, p.53.

3) 이 문제에 관련된 梁啓超 사상의 발전에 대해서는 張灝, *Liang Ch'i-ch'ao and Intellectual Trasition in China, 1890-1907*, (Cambridge: Harvard University Press, 1971)을 보라. 그는 이를 훌륭하게 논했다.

4) Levenson, *Confucian China and Its Modern Fate*, vol.1.

려할 수밖에 없게 되면서 이상적인 정치학에서는 통치자의 덕성보다는 민족 구성원인 인민의 단결이 더 중요한 문제가 되었다. 또한 불변의 기준에 충성하는 것이 아니라 진보하는 것이 강국으로 가는 길이 되었다. 역사는 이러한 목표를 달성하는 데 결정적인 요소였던 것이다. 때문에 량치차오(梁啓超)가 "신사학新史學"을 요구한 최초의 중국 사상가였다는 것, 그리고 1902년 동명의 논문 『신사학新史學』에서 이러한 다양한 사고를 종합적으로 논했던 것은 우연이 아니었다.

량치차오는 민족 정치의 기초로서 새로운 공동체의 필요를 인식하고 이러한 새로운 공동체의 실현은 새로운 중국인, 즉 "신민新民"의 창조를 요구한다고 주장한 최초의 중국 사상가였다.[5)] 그는 정치학 논문 『신민설新民說』을 쓴 그 해에 『신사학』을 썼다. 『신사학』에서 그는 중국의 약점을 민족의식의 부재에서 찾았으며 이어서 이것을 전통 역사관의 결함이라는 관점에서 설명했다. 그는 중국에서 역사는 인민을 그 범위에서 배제하고 "왕후장상"의 이야기로 제한되었기 때문에 중국인들의 민족의식이 발전할 수 없었다고 주장했다. 그는 『신사학』에서 인민의 역사학인 "신사학"을 요구했고 민족의식을 결핍한 이들은 망각된다는 다원주의적 역사관을 제기했다.[6)]

20세기 초기에 이러한 생각은 결코 량치차오에게만 국한된 것은 아니었다. 다른 주요 사상가들(예를 들어, 장빙린章炳麟)도 민족의식이 역사에 있어서 중요하다는 것을 인정했고 중국 역사 다시 쓰기를 요구하는 일에 동참했다. 역사 쓰기에서 사회를 더욱 강조할 것을 요구했던 것은 보편적이고 종합적인 역사(通史)를 강조하는 것으로 이어졌다. 이 사상가들은 제국 중

5) 이 개념에 대한 토론은 張灝, *Liang Ch'i-ch'ao and Intellectual Trasition in China, 1890-1907*, (Cambridge: Harvard University Press, 1971)와 Philip Huang, *Liang Ch'i-ch'ao and Modern Chinese Liberalism*, (Seattle: Unversity of Washington Press, 1972), pp.62-67을 보라.

6) 梁啓超, 『新史學』, 『飮冰室文集』 第4卷, (臺北: 中華書局, 1960), pp.1-32.

국의 왕조사보다는 통사가 더 좋은 역사 감각을 제공할 것으로 믿었다.[7] 량치차오는 1921년 『중국 역사연구법中國歷史硏究法』을 통해 역사학적인 긴장감을 유지하면서 자신의 사상을 정교화했다. 이 논문은 중국 역사 다시 쓰기에 대한 구체적인 계획과 함께 1927년 보충되었다.[8]

"신사학"에 대한 탐색은 중국인들이 새로운 차원, 특히 신문화운동과 함께 이루어진 변화에 접근해감에 따라 더 복잡해졌다. 특히 1920년대 초반, 역사에서 가장 두드러진 경향은 일반적인 반전통적 신문화운동의 일환으로서, 전통 역사관의 가설의 유효성을 검토하는 것이었다. "국고정리(整理國故)"에 대한 후스(胡適)의 요구는 고사변파古史辨派 역사가들의 고고학 연구에서 정점에 이르렀다. 그들은 전통 역사학의 가장 핵심적인 가설에 도전했다. 후스는 "정리"를 부정과 긍정의 양가적인 것으로 인식했다. 한편에서는 사료를 과학적으로 분석함으로써 전통 역사학에 문제를 제기했지만, 다른 한편에서는 과학적인 방법을 통해 중국 역사를 다시 써내려갔다. 그러나 끝에 가서는 "정리"의 부정적인 면이 긍정적인 면을 덮어버렸다. "정리"는 "마귀를 잡을(抓鬼)" 수 있고 "유령을 때릴(打鬼)" 수는 있었지만 역사를 다시 쓰기에는 부족했던 것이다.[9]

그러나 동시에 20년대 초반에 중국에서 사회학과 사회과학에 대한 관심이 고조되었다. 이것은 사회학 및 사회과학 자체뿐 아니라 역사학과 관련 있었다. 사회역사학적 분석의 방법론을 추구했던 중국의 자유주의 사상가들은 이러한 경향에 있어 중요한 역할을 수행했다. 이 시기 수년간 사회학적 역사학의 최고의 지지자는 미국에서 교육받은 역사가 허빙쑹(何炳

7) 通史에 대해 새로이 일어난 흥미에 대한 논의는 金毓黻, 『中國史學史』, (臺北: 1968, 1944년의 재간본), pp.296-326을 보라.

8) 『中國歷史硏究法』 增訂本, (臺北: 中華書局, 1968)

9) I. Eber, "Hu Shih and Chinese History: The Problem of cheng-li kuo-ku", *Monumenta Serica*, vol.27, (1968), p.179.

松)이었다. 그는 중국에 사회학적 역사학에 대한 동시대 미국의 관심을 전수했다. 그는 로빈슨(J. H. Robinson)의 『신역사*New History*』를 동일한 제목의 중국어 번역본으로 내놓았고 세뇨보(Charles Seignobos)와 랑그로와(Charles-Victor Langlois)의 『사회과학에 적용되는 역사적 방법*La Méthode historique appliquée aux sciences sociales*』의 번안본을 『통사신의通史新義』라는 의미 있는 제목으로 출간했다. 허빙쑹은 서문에서 새로운 통사는 사회학에 기반을 두었다는 점에서 전통 중국의 보편적 역사와는 다르다고 말했다.[10] 그는 이 시기 들어 풍성해진 일반 역사학 저작을 통해 자신의 저작들의 부족한 점을 보충했는데, 이러한 저작들은 1920년대 중국에서 사회학적 역사관이 점차 뿌리를 내리고 있었음을 보여주었다. 더 중요한 것은 허빙쑹이 번역한 것과 같은 서구의 저작들은 당시 가장 유행했던 서구 역사 사상의 산물이었으며, 이러한 역사 사상들은 마르크스의 사회 · 경제학적 역사 해석으로부터 상당한 영향을 받았다는 점이다. 중국인들이 역사적 유물론 사상을 알게 된 것은 실질적으로는 마르크스주의 저작을 통해서만은 아니었던 것이다.

그러나 1920년대의 이러한 발전은 학술적인 발전이었다. 구제강(顧頡剛)과 같은 역사가들은 당대 사회의 문제를 역사학에서 배제하자고 주장했다. 그럼에도 불구하고 그들의 역사관은 당대 사회의 주도적인 변혁 사상을 반영했다. 신문화사상은 본질적으로 비非역사적이었고 심지어는 반反역사적이었다. 신문화운동 사상가들은 전통에 대한 비판에서 역사에 묶여 있는 중국 문명의 가치에 반해, 이성과 과학을 항구불변의 기준으로 세웠다. 그들의 목표는 과학적 전망으로 고취된 자유로운 개인을 창출함으로써 중국을 변화시키는 것이었다. 그러나 그들의 입장은 사회 변혁에 대한 관심을 고조시켰다. 우선, 그들은 낡은 사회의 가치를 사회구조와 연관

10) 何炳松, 『通史新義』, (1928). 서문(여기서 언급된 것은 1965년 대만판)을 보라.

시켰다. 이것은 그들이 본래 추구했던 것은 아니지만 낡은 사회를 개혁하기 위해서는 낡은 사상을 제거해야 한다는 뜻이었다. 신문화운동의 사상가들은 대신에 사회 변혁의 수단으로 교육을 강조했다. 마찬가지로 그들은 낡은 사회가 사회의식의 성장을 가로막는다고 비판했다. 그들은 사회의식의 성장이 근대사회의 필수요소라고 생각했다. 또한 그들은 가족과 같은 사회적 관습이 받치고 있던 전통의 짐으로부터 개인을 해방시키고자 했다. 사실, 본서 2장에서 주장했듯이, 마르크스주의 그 자체는 1920년대 초반의 이러한 사상적 분위기 아래에서 중국에 도입되었다. 어쨌든 신문화운동 사상가들은 1900년대의 사상가들보다는 사회를 중국의 수많은 문제의 원천으로 간주했다.

과거 사회에 대한 고양된 관심을 중국 정치의 임박한 문제로 바꾼 것은 1920년대의 사회적 동원이었다. 1927년 혁명의 실패는 사회 문제의 중요성을 보여주었다. 1927년 중국의 급진주의자들은 "인류는 그들의 역사를 만들어간다. 그러나 그들은 그것을 그들이 염원하는 대로 만들지 않으며, 그들 자신이 선택한 환경에서 만들지도 않는다. 그들은 과거와 직면하고 과거로부터 주어지고, 과거로부터 전승된 환경에서 그들의 역사를 만든다"[11]라는 마르크스의 주장을 받아들였다. 이러한 깨달음을 얻음으로써 중국 지식인들은 그러한 환경을 발견하기 위해 역사 연구로 돌아섰던 것이다. 마르크스주의는 1920년대에 지배적 경향이었다. 그러나 중국 지식인들에게 가장 큰 영향을 끼친 것은 민족주의적 함의를 지닌, 1927년 이전 레닌 버전의 마르크스주의였다. 중국의 급진주의자들은 사회를 총체로 바라보고 나서야 총체적 사회이론으로서 마르크스주의 사회학의 의미를 완전히 이해할 수 있었다. 이러한 이해는 혁명이 사회구조의 변화를 요구한다는 깨달음을 동반했다. 초기 중국 사상가들은 사회의 중요성을 알

11) *The 18th Brumaire of Louis Bonaparte*, p.15.

고 있었지만, 중국 정치에서 혁명의 흐름이 정치 변혁과 사상 변혁의 궁극적인 기초로서 사회 변혁으로 전환된 것은 이 시기에 이르러서였다. 새로운 관점에서, 정치는 사회 구조의 확장이었고 사상은 사회의 이해利害를 반영하는 이데올로기였다. 역사적 유물론은 이러한 태도의 확산에 도움을 받았으면서 한편으로는 이러한 태도가 분명하게 드러날 수 있도록 만들었다.

궈잔보(郭湛波)는 1935년의 글에서 사회역사논쟁이 중국의 사회와 역사의 문제를 부각시키는 해석이라고 주장했다.[12] 마르크스주의 역사가들의 도전적인 중국 역사 해석은 심지어 비非마르크스주의 지식인들과 반反마르크스주의 지식인까지 이 논쟁에 뛰어들게 만들었다.

마르크스주의 역사관은 또한 이 시기에 사회사를 매개로 중국 지식인들 사이에서 전파되었다. 1935년 펑유란(馮友蘭)은 근대 중국 역사를 포괄적으로 논하면서 중국 역사에 대한 태도에서 근본적 차이를 보이는, 중국 역사학의 세 가지 연속적인 경향을 규명했다.[13] 펑유란이 밝힌 이 세 경향들은 추상적이었다. 그는 그의 범주를 특정한 그룹에 부여하지 않았다. 그러나 그 사이의 연관성은 명확하다. 첫 번째 경향 "신고信古"는 고대 전통을 역사적 진실로 간주하는 이들을 가리켰다. 이는 바로 전통주의자들의 방법적 특징이었다. "고문경파古文經派"든 "금문경파今文經派"든, 그들은 역사 해석에서 고대 전통의 권위에 의존했다. 펑유란은 1930년대에 이러한 유산의 상속자로 "독경讀經"의 지지자들을 들었다. 두 번째 경향 "의고疑古"는 옛 기록에 있는 모든 것을 의심하는 사람들을 가리켰다. 이것은 분명히 5·4 이후의 역사가들, 특히 "고사변"파의 특징이었다. 그중 하나인 첸셴퉁(錢玄同)은 심지어 "疑古"를 호로 삼기도 했다. 펑유란은 헤겔주의

12) 郭湛波, 『近五十年中國思想史』, p.338.

13) 馮友蘭, 「中國近年硏究史學之新趨勢」, 강연의 초고는 郭湛波, 『近五十年中國思想史』, pp.221-224.

적 범주를 사용해 전자를 정正이라 하고 후자를 반反이라 했으며, 그 합合으로 1930년대 역사관을 지배한 당시 최근의 경향, 즉 "석고釋古"를 제시했다. "석고파"들은 고서를 믿지도 의심하지도 않았다. 그들은 다만, 그러한 고서를 통해 "고대 사회의 실재를 흘깃 보기만이라도 할" 수 있을 것이라고 생각했다.[14)]

역사는 믿음이나 의심의 대상이 아니라 해석되어야 하는 것이라는 관점은 마르크스주의 역사가들의 역사적 태도의 특징이었다. 주도적인 마르크스주의 역사가였던 타오시성(陶希聖)은 명백히 사회역사논쟁의 태도를 "역사 해석"이라고 주장했다.[15)] 또 다른 유명한 마르크스주의 역사가인 리지(李季)와 량위안둥(梁園東)은 고사변파 역사가들이 사료를 넘어서서 사료를 만들어내는 사회역사적 맥락에까지 이르지 못했다고 비판했다.[16)] 물론, 마르크스주의 역사가들은 저작을 통해 사회경제적 토대의 관점에서 역사의 모든 현상을 설명하려고 노력했다.

"역사 해석"이라는 말은 은연중에 사회 구조를 통한 해석을 암시했다. "역사의 사회적 해석"은, 따라서 새로운 역사적 방법론의 기본적인 논지를 전해주었다. 이러한 방법은 마르크스주의 역사가들의 범위를 넘어서 확장되었는데, 이는 1930년대 중국 역사 사상의 방향이 재조정되었음을 말해준다. 구제강의 경우보다 그 경향을 잘 드러내는 예는 없다. 그는 고사변학파의 주도자로서 1919년 이후 20년 동안 계속해서 역사 저작을 저술했다. 로렌스 슈나이더(Laurence Schneider)는 사상전기思想傳記를 통해 구제강을 통찰했는데, 이 시기 구제강이 "문헌비평"에서 "사회비평"으로, 즉 역사

14) 같은 책, p.222.

15) 陶希聖, 「疑古與釋古」, 『食貨』 半月刊 第3卷 第1期, (1935.12.1.), p.1.

16) 李季, 「對於中國社會史論戰的貢獻與批評」, 『讀書雜誌』 第2卷 第2期, 第3期, (1932.3). 梁園東, 「古史辨的史學方法商榷」, 『東方雜誌』 第27卷 第22期, 第24期, (1930.11, 1930.12)

기록의 정확성에 집중하는 것에서 사료 왜곡을 결정하는 사회적 동기를 연구하는 것으로 연구의 중심을 이동시켰다고 말했다.[17] 마르크스주의 역사가들의 예가 구제강의 이러한 방법론상의 변화를 야기했다는 직접적인 증거는 없지만, 1930년대의 그의 역사 연구 방법은 당시 유행하던 역사학적 방법과 일치하며 적어도 방법의 변화가 마르크스주의적 비평의 방향과 어느 정도 일치한다는 점은 분명했다.

역사적 유물론의 의미를 이해하기 위해서는, 마르크스주의 역사학을 넘어 그 관점까지 살펴보아야 한다. 사회적 맥락에서 총체론적 역사관은 전통 역사관으로부터 급격하게 멀어졌을 뿐 아니라 마르크스주의 수용의 토대를 마련한 근대 중국 사상의 사회학적 경향으로부터도 벗어났다. 1930년대 이래로, 중국 역사가들은 초기 마르크스주의 역사가들의 저작을 넘어서 총체적 해석의 독창성이나 의미를 더하지 못했다. 반면, 마르크스주의 역사관은 지식인을 넘어 중국 대중에게까지 광범위하게 퍼져나갔다. 1960년대와 70년대 중국의 지도자들은, 농민들이 생계를 위해 노동하는 바로 그 들판에서 중국 역사의 마르크스주의적 해석을 토론하는 사진을 자랑스럽게 가리킬 수 있었다.

그러나 중국 역사관에 유물론적 관점이 결합됨으로써 중국 역사의식이 완전히 변화하였다고 주장하려는 것은 아니다. 과거를 마르크스주의적으로 역사화한다고 해서 레벤슨이 말한 대로 과거를 마음 편하게 포기할 수는 없었다. 확실한 중국 마르크스주의 역사학자들조차 전통 사회의 특정 가치들이 특정한 사회구성체와 맞아떨어지기 때문에 현재와는 무관하다는 주장을 불편하게 여겼다는 점에서 이를 확인할 수 있다.[18] 역사

---

17) Laurence A. Schneider, *Ku Chieh-kang and China's New History*, (Berkeley and Los Angeles: University of California Press, 1971), chap.6.

18) M. Goldman, "The Role of History in Party Struggle, 1962-1964", *China Quarterly*, 51, (1972.7-12), pp.500-519.

적 유물론에서 비롯된 역사 해석의 경향은 중국과 서구가 대면하면서 야기된 사상과 가치의 문제 이상의 것을 포함했다. 유물론적 역사관이 중국 역사의식에 공헌한 것은 사상과 가치가 초역사적이지도 보편적이지도 않으며 반면에 사회경제적 존재로부터 만들어졌다는 인식이었다. 이것은 진정 역사주의적 관점의 기본적인 특징이었다. 설령 (당시 중국의 공식적인 마르크스주의 입장을 포함하는) 마르크스주의가 비교적 기계론적인 학문에서는 사상과 가치를 단순히 계급 이해관계의 확장으로 해석하도록 조장했다 하더라도, 사상과 가치가 그것이 발생한 특정한 사회적 조건 바깥에서 그 유효성을 부정당할 필요는 없는 것이었다. 그러나 사상과 가치의 역사적 진실성에 대한 의식은 개인으로 하여금 사상적 선택의 사회적 의미와 정치적 의미를 인식하도록 강요하기 때문에 존재 문제를 더욱 복잡하게 만들었다. 급진적인 사회 변화는 중국의 지식인들로 하여금 이러한 인식을 갖게 만들었다. 특히 사회적 충돌은 이들 지식인들로 하여금 이데올로기의 영역에서 사회에 충성하도록 만들었다. 중국인들이 이러한 문제를 고통스럽게 인식했다는 증거는 많았다. 마르크스주의는 이러한 인식을 분명히 보여주었다. 중국 마르크스주의의 내적 충돌은 혁명적 변화와 마르크스주의적 사회이론 사이의 상호작용이 야기한 긴장을 여실히 보여주었던 것이다.

20세기 중국 역사학의 경험은 혁명적 사회변화를 겪은 다른 사회에서 유사점을 찾을 수 있다. 그 '다른 사회'에는 계몽주의 시대 이래의 서구, 특히 사회적 변화와 동원이 서구 지식인들에게 사회와 역사의 의미에 대한 새로운 인식을 부여한 19세기 초 이후의 서양 또한 포함된다.[19] 마르크스의 해석은 19세기 유럽의 문제를 가장 의미 있게 해석한 것으로서 분명 모

---

19) Karl J. Weintraub, "Toward the History of the Common Man: Voltaire and Condorcet", R. Herr & H. Parker (eds.), *Ideas in History*, (Durham: Duke University Press, 1965), pp.39-64.

든 문제의 근원을 사회경제적 토대에서 찾았다. 중국 사회의 근본적인 변화로 인해 중국 지식인들이 유사한 문제와 직접 대면하게 됐을 때, 그들은 당연하게도 역사적 유물론으로 돌아섰다. 1960년대는 중국 전통에 대한 마르크스주의적 역사화가 역사의 문제를 중국에서 매장한 것은 아니었다는 것을 분명하게 보여주었다. 역사 문제는 중국의 사회 혁명이 새롭게 변화하고 전환될 때마다 거듭해서 되살아났다. 그래서 혁명의 문제가 지속되는 한 역사의 문제도 그럴 것이라 예언해도 틀리지 않을 것이다.

역자 후기

1970년대에 1930년대 중국을 논한 미국 학자의 글을, '혁명'이 '시대적 착오' 혹은 '시대적 낙오'인 듯이 보이는 2015년 한국에서 다시 번역해서 출간하는 것이 무슨 의미가 있을까? 구체적 시간과 공간을 가려 본다면, 이것은 사실 이 책에만 해당되는 문제가 아니라 다른 시간, 다른 공간, 다른 언어의 글을 전하는 일에 있어서 늘 따라올 수밖에 없는 질문이라고 할 수 있다.

그런데 사실 그 의미를 찾는 것이 본서나 번역서 출간 작업의 직접적인 목적은 아니다. 중요한 것은 그것을 탐색하는 과정으로서 학술적 실천 자체와 이를 통한 새로운 모색의 가능성 여부이다. 우리가 작업해 내놓은 이 역서 자체가 존재하지 않는 의미를 우리가 선언함으로써 존재하게끔 하는 것이어서는 안 되며 누군가의 관점을 만들어내는 것이어서는 안 된다는 것은 우리의 확고한 믿음이다. 우리의 작업은 그저 드러나지 않는 문제가 보이도록 가림막을 걷어주는 작업이 되어야 하며 이를 통해 잊혀져 있던 것을 되살림으로써 새로운 모색을 제안하는 것이어야 한다. 즉, 시간과 공간의 거리가 만들어 놓은 뒤떨어졌다고 하는 상식과 편견이 가리고 있는 바로 현재의 문제를 드러내고 오늘의 맥락에서 '해석'과 함께 '실천'의 문제를 되살리는 것이 본 번역서 출간의 의의라고 할 수 있을 것이다.

한동안 우리는 누군가에 의한 일방적 통치로서의 정치에 순응해오고 있으며, 또 우리 사회에는 지배적 기준, 지배적 도덕을 극복하는 일에 대한 무기력이 퍼져 있다. 지배적인 것과의 싸움은 결국은 다른 기준과 도덕을 가지고 각축하는 것이다. 그것이 현재를 극복하고 미래를 구축할 수 있는 길임은 분명하다. 중심의 자리를 차지하고 지배를 과시하는 것에 대한 경계는 필요하지만, 고정된 현실을 넘어서려는 노력, 그 실천이 부정될 수는 없다. 각 세력, 각 담론이 각축하는 의미에서의 정치는 망각되어버리고 말았고, 이로 인해 결국 현실의 정치는 통치로서 누군가의 달콤한 승리로 고스란히 넘어가 버리고 말았다. 이런 상황에서 출로를 모색하고자 한다면, 우리는 결국 현 시점에서 '누구의', '무엇을 위해', '어떻게' 판단하고 '어떻게' 행위해야 하는가 하는 문제를, 즉 '누구의' 정치, '누구를 위한' 정치를 고민하지 않을 수 없다. 이는 곧 바로 현재의 현실에 대한 해석과 이를 바꿔나가려고 하는 이들의 실천적 덕목을 다시 세우는 문제라고 할 수 있다. 혁명이니 계급이니 하는 문제가 실천을 이끌지 못하고 지배의 이념이 되고 통치의 권위가 되면서, 우리는 그 현실성을 잃어버렸다. 그러나 또한 사람들이 계속해서 현실에서 각자의 힘을 잃어버리고 존재를 상실한 것은 한편으로는 해석된 '패배'를 그대로 받아들였던 그때였다. 해석의 방법과 함께 실천의 도덕을 잃어버렸을 때, 혹은 그것들을 망각했을 때 우리는 '시대 착오'라는 가림막을 스스로 씌우고 있었던 것인지 모른다. 해석과 실천의 문제는 함께 새로운 세계를, 혹은 정치를 만들어가는 싸움에 들어서 있다.

그런 의미에서 본서에서의 아리프 딜릭의 작업은 바로 그 시간 1930년대 중국에 대한 해석을 넘어, 그리고 현재의 우리에 대한 해석을 넘어 '실천'이라는, 또 하나의 낡은 언어를 되살려 보여주고 있다고 생각한다. 1930년대 중국 마르크스주의자 혹은 마르크스주의 역사가들 사이에서 벌어졌던 논쟁은 그들 사회에서 전개되어 왔던 혁명의 의미를 되새겨보고 이를 통해 지속되는 역사 속에서 새로운 사회를 만들어내려는 새로운 실천을 어떻게 조직할 것인가 하는 고민의 과정이었다고 할 수 있다. 그러나 그 토론과 논쟁의 진정한 의미가 그러했듯이 이러한 역사에 대한 검토는 그것을 박제화하는 작업이 아니라, 그것에 담겨 있던 문제의식을 지금 이 시점으로 끌어내 오는 것이다. 낡은 것이 아니라 현재의 시점에서 무엇인가를 조직하고 행동하게끔 하는, 도화선으로서의 문제의식 말이다.

그래서 그것이 현재의 우리에게 무엇을 계발해줄 수 있을 것인가? 그러나 이는 말을 전하는 우리의 몫은 아니다. 이제는 우리가 다리가 될 수 있는가 하는 것조차 이를 마주할 독자들에 달려 있다.

이 역서는 고려대학교 중국학연구소에서 중국 관련 해외 우수 저서를 번역하려는 사업을 기획하지 않았다면 나오지 못했을 것이다. 이 역서의 존재 자체를 가능케 한 중국학연구소의 피경훈 선생님께 가장 먼저 감사의 말을 전하고 싶다. 또한 기획이 연구소 사업으로 시행될 수 있도록 물심양면으로 지원해주신 중국학연구소 소장 장동천 선생님께도 감사드린다. 아울러 학술서적이 번역되어 소개되는 데 나타나는 많은 어려움에도 불구하고 본서의 출판을 맡아주신 산지니 강수걸 대표님과 오역과 오탈자 투성이인 원고를 꼼꼼히 점검해 수정하고 편집해주신 산지니 문호영 선생님께도 감사의 말을 전한다.

참고문헌

Chinese Periodicals Cited
Chien-she (Construction)
Ch'ien-chin (Forward)
Ch'ien-feng (Vanguard)
Chung-kuo nung-min (The Chinese Peasant; cited as *CKNM*)
Chung-kuo wen-hua chiao-yu kuan chi-k'an (Quarterly of the Chinese Cultural and Educational Institute)
Chung-shan wen-hua chiao-yu kuan chi-k'an (Quarterly of the Sun Yat-sen Institute of Culture and Education)
Hsin ch'ao (The Renaissance)
Hsin ch'ing-nien (New Youth)
Hsin ch'ing-nien chi-k'an (New Youth Quarterly)
Hsin sheng-ming yueh-k'an (New Life Monthly; cited as *HSM*)
Hsueh I (Wissen und Wissenschaft)
Hung ch'i (Red Flag)
Kuang-ming chih lu (The Road to Enlightenment)
Li-shih k'o-hsueh (Historical Science)
Li-shih yen-chiu (Historical Studies)
Pu-erh-sai-wei-k'o (The Bolshevik)
She-hui-hsueh k'an (The Journal of Sociology)
She-hui k'o-hsueh chi-k'an (Social Science Quarterly)
Shih huo pan-yueh-k'an (Food and Commodities Fortnightly)
Shuang shih yueh-k'an (Double Ten Monthly)
Ta Chung (Great China)
Tang tai shih sheng (Remnants of History)
Tu-che (The Reader)
Tu shu p'ing-lun (The Book Review)

Tu-shu tsa-chih (Research Magazine; cited as *TSTC*)
Tung-fang tsa-chih (The Eastern Miscellany)
Tung-li (Der Motor)
Wen-hsueh nien-pao (The Literature Yearly)
Wen-hua p'i-p'an (Cultural Critique)
Wen Shih (Literature and History)
Yen-ching she-hui k'o-hsueh (Yenching Social Science Journal)

Althusser, L., and E. Balibar. *Reading Capital.* Longon: NLB, 1979.

Aron, Raymond. *Main Currents in Sociological Thought*, vol. l. New York: Anchor Books, 1968.

Avineri, Shlomo, ed. *Karl Marx on Colonialism and Modernization.* New York: Anchor Books, 1969.

_______. *The Social and Political Thought of Karl Marx.* Cambridge: At the University Press, 1971.

Baron, Samuel H. "Marx's *Grundisse* and the Asiatic Mode of Production," *Survey*, 1-2 (winter-spring 1975).

_______. "Plekhanov, Trotsky, and the Development of Soviet Historiography," *Soviet Studies*, 24.3:380-395 (July 1974).

Beasley, W. G., and E. G. Pulleybank. *Historians of China and Japan.* London: Oxford University Press, 1971.

Black, Cyril E. *Rewriting Russian History.* New York: Vintage Books, 1962.

Blackburn, Robin, ed. *Ideology in Social Science.* New York: Vintage Books, 1973.

Bober, Martin. *Karl Marx's Interpretation of History.* New York: Norton, 1965.

Bogdanov, A. (pseud. A. A. Malinovskii). *A Short Course of Economic Science.* Revised and supplemented by S. M. Dvolaitsky in conjunction with the author; tr. by J. Fineberg. London: Communist Party of Great Britain, 1927.

Bottomore, Tom B. *Karl Marx: Selected Writings in Sociology and Social Philosophy.* New York: McGraw-Hill, 1964.

Bramson, Leon. *The Political Context of Sociology.* Princeton: Princeton University Press, 1961.

Brandt, C., B. Schwartz, and J. K. Fairbank, eds. *A Documentary History of Chinese Communism.* New York: Atheneum, 1967.

Briere, O., *Fifty Years of Chinese Philosophy, 1898-1948.* Tr. by L. G. Thompson, ed. by D. J. Doolin. New York: Frederick A. Praeger, 1965.

Bukharin, Nikolai. *Historical Materialism.* Translation from the third edition. New York: Russell and Russell, 1965.

Chang Ching-lu. *Chung-kuo ch'u-pan shih-liao* (Historical Materials on Publishing in China), supplement to *Chung-kuo hsien-tai ch'u-pan shih-liao* (Historical Materials on Publishing in Modern China). Peking, 1957.

Chang Hao. *Liang Ch'i-ch'ao and Intellectual Transition in China, 1890-1907.* Cambridge: Harvard University Press, 1971.

Chang Heng. "P'ing T'ao Hsi-sheng ti li-shih fang-fa lun" (A Critique of T'ao Hsi-sheng's Historical Method), *Tu-shu tsa-chih*, 2.2-3 (March 1932):1-21.

Ch'en Kung-po. "Nung-min yun-tung tsai kuo-min ko-ming ti ti-wei" (The Place of the Peasant Movement in the National Revolution), *Chung-kuo nung-min*, 6-7 (July 1926).

Ch'en Pang-kuo. "Chung-kuo li-shih fa-chan ti tao-lu" (The Path of China's Historical Development), *Tu-shu tsa-chih,* 1.4-5 (August 1931):1-20.

______. "Kuan-yu she-hui fa-chan ti fen-ch'i ping p'ing Li Chi" (The Periodization of Social Development and a Critique of Li Chi), *Tu-shu tsa-chih*, 2.7-8 (April 1933):1-30.

Ch'en Po-ta. "Chung-kuo she-hui t'ing chih chuang-t'ai ti chi-ch'u" (The Basis of the Stagnation of Chinese Society), *Wen shih* 1.4(December 1934):1-21.

______. "Yen-chiu Chung-kuo she-hui fang-fa lun ti chi-ko hsien chueh wen-t'i" (Some Questions that Need Determining Concerning the Method of Examination of Chinese Society), *Wen shih*, 1.3(August 1934):13-29.

Ch'en Tu-hsiu. "Chung-kuo kuo-min ko-ming yu she-hui ko chieh-chi" (The Chinese National Revolution and Classes in Chinese Society), *Ch'ien-feng*, 1.2(December 1923):1-9.

Cheng Hsueh-chia. *She-hui shih lun-chan ti ch'i-yin ho nei-jung* (Origins and Content of the Social History Controversy). Taipei, 1965.

______. "A Brief Account of the Introduction of Karl Marx's Works into China," *Issues and Studies*, 4.2(November 1967):6-16.

Ch'eng Ching. "Kuo Mo-jo Chung-kuo ku-tai she-hui yen-chiu" (Kuo Mo-jo's Research into Ancient Chinese Society), *Tu-shu p'ing-lun*, 1.2 (October 1932).

Chi Tzu (pseud. Li Chi). "Chung-kuo ku-tai she-hui shih ti yen-chiu" (Examination of the History of Ancient Chinese Society), *Chung-chan wen-hua chiao-yu kuan chi-k'an*, 1.1 (August 1934).

Ch'i Chen. "Chung-kuo she-hui shih yen-chiu fang-fa ti shang-chio" (Evaluation of the Method of Examining Chinese Social History), *Wen shih*, 1.2 (August 1934): 1.20.

Ch'i Lei. "Ma-k'o-ssu ti she-hui hsing-shih lun" (Marx's Theory of Social Formations), *Tu-shu tsa-chih*, 3.3-4 (April 1933): 1-71.

Ch'i Ssu-hou. "Chin pai nien lai Chung-kuo shih-hsueh ti fa-chan" (The Development of Chinese Historiography in the Last Hundred Years), in *Yen-ching she-hui k'o-hsueh,* 2 (October 1949).

______. "Hsien-tai Chung-kuo shih-hsueh p'ing-lun" (A Critical Discussion of Contemporary Chinese Historiography), *Ta Chung*, 1.1(January 1946):33-38.

Chiang Hsia-tseng. "Wei-wu shih-kuan tui-yu jen-lei she-hui li-shih fa-chan ti chieh-shih" (The Explanation of Historical Development in Historical Materialism), *Hsin ch'ing-nien*, 13.3 (August 1, 1924):356-372.

Chiang Kuang-ch'ih. "Ching-chi hsing-shih yu she-hui kuan-hsi chih pien-ch'ien" (Economic Formations and Changes in Social Relations), *Hsin ch'ing-nien chi-k'an*, 2 (December 20, 1923).

Chien Po-tsan. *Li-shih che-hsueh chiao-ch'eng* (A Course on the Philosophy of History). Shanghai, 1947. Third printing.

———. "Kuan-yu 'feng-chien chu-i p'o-mieh lun' chih p'i-p'an" (Critique of Theories that Abolish the Feudal System), in *Chung-shan wen-hua chiao-yu kuan chi-k'an*, 4.1 (spring 1937).

Chien-she. 1919-1920.

Ch'ien-feng. 1923.

Chin Yu-fu. *Chung-kuo shih-hsueh shih* (History of Chinese Historiography). Taipei, 1968.

Ching-yuan (pseud. Liu Ching-yuan). "P'ing liang pen lun Chung-kuo ching-chi ti chu-tso" (A Critique of Two Books on the Chinese Economy), *Tu-shu tsa-chih*, 1.4-5 (August 1931).

Chou Fo-hai. "Sheng-ch'an fang-fa chih li-shih ti kuan-ch'a" (A Historical Examination of the Modes of Production), tr. of H. M. Hyndman, *Socialist Economics*, Chapter 1, *Hsin ch'ing-nien chi-k'an*, 3 (August 1, 1924).

Chou Ku-ch'eng. *Chung-kuo she-hui chih chieh-kou* (The Structure of Chinese Society). Shanghai, 1930.

———. *Chung-kuo t'ung-shih* (General History of China). Shanghai, 1939.

———. "Hsien-tai Chung-kuo ching-chi pien-ch'ien kai-lun" (General Discussion of Economic Changes in Contemporary China), *Tu-shu tsa-chih*, 2.7-8(August 1932):1-69.

Chou Shao-chen. "Tui-yu 'Shih Shu shih-tai ti she-hui pien-ko chi ch'i ssu-hsiang ti fan-ying' ti chi-i" (Doubts on the "Social Changes at the Time of the Shih and the Shu and Their Reflection in Thought"), *Tu-shu tsa-chih*, 1.4-5(August 1931):1-31.

Chou Tse-tsung. *The May Fourth Movement*. Stanford: Stanford University Press, 1967.

Chu Ch'i-hua (pseud. Chu P'ei-wo). *Chung-kuo she-hui ti ching-chi chieh-kuo* (The Economic Structure of Chinese Society). Shanghai, 1932 (first published, 1931).

———. "Kuan-yu Chung-kuo ti feng-chien chih-tu" (On the Chinese Feudal System), *Tu-shu tsa-chih*, 1.1(February 1931):1-4.

———. "Tung-li p'ai ti Chung-kuo she-hui kuan ti p'i-p'an" (Critique of the Views on Chinese Society of the Der Motor Group), *Tu-shu tsa-chih*, 2.2-3 (March 1932):1-55.

Chu Hsin-fan (pseud. Chu P'ei-wo). "Chung-kuo tzu-pen chu-i fa-chan ti ch'ien-t'u" (The Future of Capitalist Development in China), *Hsin sheng-ming yueh-k'an*, 2.10 (October 1929):1-15.

______. "Kuan-yu Chung-kuo she-hui chih feng-chien hsing te t'ao-lun" (Discussion of the Feudal Nature of Chinese Society), *Tu-shu tsa-chih*, 1.4-5 (August 1931):1-54.

Chu I-chih. "Chin-tai Chung-kuo nung-ts-un sao-luan ti yen-chiu" (Examination of Rural Agitation in Modern China), *Hsin sheng-ming yueh-k'an*, 3.4 (April 1930):1-10.

______. "Ti-kuo chu-i yu Chung-kuo nung-ts'un ching-chi" (Imperialism and the Rural Economy of China), *Hsin sheng-ming yueh-k'an*, 3.9 (September 1930):1-14.

Chu P'ei-wo. "Chung-kuo nung-ts'un ching-chi hsien-chuang ti fen-hsi" (Analysis of the Present Condition of Rural Chinese Economy), *Hsin sheng-ming yueh-k'an*, 2.11 (November 1929):1-10.

Chu Po-k'ang. "Chung-kuo she-hui chih fen-hsi" (Analysis of Chinese Society), *Tu-shu tsa-chih*, 1.2 (June 1931):1-30.

______. "Chung-kuo she-hui chih feng-chien ti k'ao-ch'a" (The Examination of Feudalism in Chinese Society), *Hsin sheng-ming yueh-k'an*, 3.10, 11, 12 (October-December 1930).

______. "Hsien-tai Chung-kuo ching-chi ti p'ei-hsi" (The Anatomy of Contemporary Chinese Economy), *Tu-shu tsa-chih*, 1.4-5 (August 1931):1-26.

Ch'u Ch'iu-pai. *She-hui k'o-hsueh kai-lun* (Outline of Social Science). Shanghai, 1949 (first published 1924).

Chung Kung. "Liu Ching-yuan ti Chung-kuo ching-chi hsin lun" (The New Theory of Liu Ching-yuan on the Chinese Economy), *Tu-shu tsa-chih*, 2.7-8 (August 1932):1-11.

Chung-kuo nung-min (The Chinese Peasant). 1926.

Creel, Herlee G. *The Birth of China*. New York: Reynal and Hitchcock, 1937.

______. *The Origins of Statecraft in China*, vol. 1. Chicago: University of Chicago Press, 1970.

Dirlik, Arif. "Mass Movements and the Left Kuomintang," *Modern China*, 1.1 (January 1975).

______. "Mirror to Revolution: Early Marxist Images of Chinese History," *Journal of Asian Studies*, 33.2 (February 1974):193-223.

______. "National Development and Social Revolution in Early Chinese Marxist Thought," *China Quarterly*, 58 (April-June 1974): 286-309.

______. "T'ao Hsi-sheng: The Social Limits of Change," in C. Furth, ed., *The Limits of Change in Republican China*. Cambridge: Harvard University Press, 1976.

Dobb, Maurice. *Studies in the Development of Capitalism*. New York: International Publishers, 1963.

Eastman, Lloyd. *The Abortive Revolution.* Cambridge: Harvard University Press, Harvard East Asian Series, 1974.
Eber, Irene. "Hu Shih and Chinese History: The Problem of *Cheng-li kuo-ku*," *Monumenta Serica*, 27 (1968).
Eberhard, Wolfram, *Conquerors and Rulers*. Leiden: E. J. Brill, 1952.
Engels, Friedrich. *The Origins of the Family, Private Property and the State*. Moscow: Progress Publishers, 1960.
———. *Socialism: Utopian and Scientific*, Tr. by E. Aveling. New York: International Publishers, 1935.
Fan Chen-hsing. "Shang-yeh tzu-pen chu-i she-hui chih-i" (Doubts about Commercial Capitalist Society), *Shih huo pan-yueh-k'an*, 5.9 (May 1, 1937):1-9 and 5.10 (May 16, 1937):1-7.
Fan Wen-lan. *Chung-kuo t'ung-shih chien-p'ien* (Brief History of China). Shanghai, 1947.
Fang Chun-feng (pseud. T'ao Hsi-sheng). "T'uo-lo-ssu-chi p'ai chih Chung-kuo she-hui lun" (The Views of the Trotskyites on Chinese Society), *Hsin sheng-ming*, 3.5 (May 1930).
Fang Yueh (pseud. T'ao Hsi-sheng). "Feng-chien chih-tu chih hsiao-mieh" (The Demise of the Feudal System), *Hsin sheng-ming*, 2.3, 4, 5 (March-May 1929).
———. "Shang-jen tzu-pen hsiao-shih" (A Short History of Merchant's Capital), *Hsin sheng-ming*, 3.4 (April 1930).
Fei Ssu, "Chung-kuo she-hui shih fen-ch'i chih shang-chio (An Evaluation of the Periodization of Chinese Social History), *Shih huo pan-yueh-k'an*, 2.11 (November 1, 1935):1-13.
Fei Tun. "Chung-kuo ko-ming ti li-ch'ang yu ch'i pi-jan ti ch'u-lu" (The Standpoint of the Chinese Revolution and Its Necessary Solution), *Shuang shih yueh-k'an*, 1.1 (June 3, 1928).
Feuerwerker, Albert. *History in Communist China*. Cambridge: M.I.T. Press, 1969.
Fu An-hua, "Kuan-yu nu-li she-hui li-lun ti chi-ko wen-t'i" (Some Questions Concerning the Theory of Slave Society), *Shih huo pan-yueh-k'an*, 5.6 (March 16, 1937):11-27.
———. "Shang-yeh tzu-pen chu-i she-hui shang-chueh" (An Evaluation of Commercial Capitalist Society), *Shih huo pan-yueh-k'an*, 3.11 (May 1, 1936):1-9.
Gardner, Charles S. *Chinese Traditional Historiography*, Cambridge: Harvard University Press, 1961.
Grieder, Jerome B. *Hu Shih and the Chinese Renaissance*. Cambridge, Harvard University Press, 1970.
Harrison, James P. *The Communists and Chinese Peasant Rebellions*. New York: Atheneum, 1969.
Hindess, Barry, and P. Q. Hirst. *Pre-capitalist Modes of Production*. Boston: Routledge and Kegan Paul, 1975.

Ho Kan-chih. *Chung-kuo she-hui hsing-chih wen-t'i lun-chan* (Controversy on the Problem of the Nature of Chinese Society). Shanghai, 1937.

______. *Chung-kuo she-hui shih wen-t'i lun-chan* (Controversy on the Problem of Chinese Social History). Shanghai, 1937.

Ho Ssu-yuan. "Chung-kuo tsai shih-chieh ching-chi ti ti-wei ho Chung-kuo ti wei-chi" (The Place of China in the World Economy and China's Crisis), *Hsin sheng-ming yueh-k'an*, 2.5 (May 1929): 1-4.

Hsin Ch'ao. 1919-1922.

Hsin Ch'ing-nien. Old series and new series, 1917-1926.

Hsin sheng-ming yueh-k'an. 1928-1930.

Hsiung Teh-shan. "Chun-kuo nung-min wen-t'i chih shih ti hsu-shu" (A Historical Narrative of the Chinese Peasant Problem), *Tu-shu tsa-chih*, 1.4 (August 1931):1-27 and 3.3-4 (April 1933):1-44.

Hsu Cho-yun. *Ancient China in Transition*. Stanford: Stanford University Press, 1965.

Hsu Wen-shan. *Chung-kuo shih-hsueh kai-lun* (A General Discussion of Chinese Historiography). Taipei, 1967.

Hsueh Chia (pseud. Cheng Hsueh-chia). "Tzu-pen chu-i fa-chan chung chih Chung-kuo nung-ts'un" (The Chinese Village in the Midst of Capitalist Development), *Tu-shu tsa-chih*, 2.7-8 (August 1932):1-52.

Hu Ch'ieh. "Chung-kuo she-hui chih li-shih ti fa-chan chieh-tuan" (Stages in the Historical Development of Chinese Society), *Kuang-ming chih lu* (The Road to Enlightenment), 1.7, 8 (1931).

Hu Ch'iu-yuan. "Chuan-chih chu-i – chuan-chih chu-i chih li-lun yu Chung-kuo chuan-chih chu-i shih-chi" (Despotism: The Theory of Despotism and Its Reality in China), *Tu-shu tsa-chih*, 2.11-12 (December 1932).

______. "Chung-kuo shehui – wen-hua fa-chan ts'ao-chu" (Draft on the Development of Chinese Society and Culture), *Tu-shu tsa-chih*, 3.3-4 (April 1933):1-96.

______. "Hu Ch'iu-yuan tzu-chi" (Autobiography of Hu Ch'iu-yuan), *Tu-shu tsa-chih*, 3.1 (January 1933).

______. "Lueh fu Sun Chuo-chang chun ping lueh lun chung hsing-chih" (A Brief Reconsideration of Mr. Sun Chuo-chang and a Brief Discussion of the Nature of Chinese Society), *Tu-shu tsa-chih*, 2.2-3 (March 1932):1-47.

______. "Wo tui-yu i-wen li-lun yen-chiu ti i-p'ien tuan" (A Paragraph from My Studies on the Theory of Art and Literature), *Tu-shu tsa-chih*, 3.1 (January 1938):1-38.

______. "Ya-hsi-ya sheng-ch'an fang-shih yu chuan-chih chu-i" (The Asiatic Mode of Production and Despotism), *Tu-shu tsa-chih*, 2.7-8 (August 1932):1-23.

Hu Han-min. *Wei-wu shih-kuan yu lun-li ti yen-chiu* (Research in Historical Materialism and the Ethical Theory). Shanghai, 1925.

———. "Chung-kuo che-hsueh shih wei-wu ti yen-chiu" (A Materialist Research into Chinese Philosophy), *Chien-she*, 1.3 (October 1, 1919):513-543 and 1.4 (November 1, 1919):655-691.

———. "Ts'ung ching-chi ti chi-ch'u kuan-ch'a chia tsu chih-tu" (An Examination of the Family from Its Economic Basis), *Chien-she*, 2.4 (May 1, 1920):731-777.

Hu Shih et al. "Ching-t'ien chih-tu yu-wu chih yen-chiu" (The Examination of Whether or Not the Well-field System Existed), *Chien-she*, 2.1 (February 1, 1920):149-176; 2.2 (March 1, 1920):241-250; 2.5 (June 1, 1920):877-914.

I Ai. "Kuan-liao yu ko-ming ti chien-she" (Bureaucrats and Revolutionary Construction), *Ch'ien-chin*, 1.4 (July 1928):1-4.

Jen Shu. *Chung-kuo ching-chi yen-chiu hsu-lun* (Introduction to the Examination of the Chinese Economy). Shanghai, 1932.

———. "Lun Chung-kuo cheng-chih ching-chi wen-t'i chung ti tu-ssu – 'pan Ma-k'o-ssu chu-i' ti mai-pan hsing li-lun – ping kao Li Chi" (Discussing the Poison in the Chinese Economic and Political Problem – "Semi-Marxist Theory of the Comprador Nature" – and Counselling Li Chi), *Tu-shu tsa-chih*, 3.2 (February 1933): 1-27.

———. "Tsen yang ch'ieh-shih k'ai-shih yen-chiu Chung-kuo ching-chi wen-t'i ti chang-chio" (How to Really Start the Investigation of China's Economy), *Tu-shu tsa-chih*, 2.7-8 (August 1932):1-64.

K'ang Sheng. "Chung-kuo she-hui ti li-ts'e" (A Thorough Examination of Chinese Society), *Hsin sheng-ming yueh-k'an*, 1.12 (December 1928): 1-15.

———. (pseud. Hsiung K'ang-sheng). "Kuo-min ko-ming ti tui-hsiang ping ch'i chu-i chu-li-chun ti chien-t'ao" (Investigation of the Object of the National Revolution and Its Main Force), *Hsin sheng-ming yueh-k'an*, 1.8 (August 1928).

Kao I-han. "Wei-wu shih-kuan ti chieh-shih" (Explanation of the Materialist View of History), *She-hui k'o-hsueh chi-k'an*, 2.4 (July-September 1924):473-487.

Kawakami Hajime. "Chien yu tzu-pen-lun ti wei-wu shih-kuan" (Looking at the Materialist View of History in Capital), *Chien-she*, 2.6 (August 1, 1920):1151-1171.

———. "Ching-chi-hsueh p'i-p'ing hsu chung chih wei-wu shih-kuan kung-shih" ((The Materialist View of History in the Preface to The Critique of Economy), in *Hsueh I*, 4.1 (July 1922).

———. "Wei-wu shih-kuan chung suo-wei 'sheng-ch'an' 'sheng-ch'an li' 'sheng-ch'an kuan-hsi' ti i-i" (The Meanings of the So-called "Production," "Productive Forces," and "Relations of Production" in Historical Materialism), *Hsueh I*, 4.3 (September 1, 1922):1-18.

Kiang Wen-han. *The Chinese Student Movement*. New York: King's Crown Press, 1948.

Krader, S. *The Ethnological Notebooks of Karl Marx*. Assen, Netherlands: Van Gorcum, 1972.

Ku Chieh-kang. *Tang-tai Chung-kuo shih-hsueh* (Contemporary Chinese Historiography). Hong Kong, 1964. First published in 1947.

Kuhn, Thomas. *The Structure of Scientific Revolutions*. Chicago: University of Chicago Press, 1970.

Kuo Chan-po. *Chin wu-shih nien Chung-kuo ssu-hsiang shih* (Chinese Thought in the Last Fifty Years). Hong Kong, 1965. First published in 1935.

Kuo Mo-jo. *Chung-kuo ku-tai she-hui yen-chiu* (Research on Ancient Chinese Society). Shanghai, 1930.

_______. *Ko-ming Ch'un-ch'iu* (Annals of Revolution). Shanghai, 1951.

_______. *Nu-li chih shih-tai* (The Period of the Slave System). Peking, 1972.

_______. "Ch'ing-t'ung ch'i shih-tai" (Period of Bronze Implements), *Ch'ing-t'ung shih-tai* (The Bronze Age). Hong Kong, 1958. First published in 1945.

_______. "Ch'u Yuan shih-tai" (The Time of Ch'u Yuan), *Mo-jo wen-chi* (Collected Essays by Kuo Mo-jo), vol. 11. Peking, 1959.

_______. "Chung-kuo ku-tai shih ti fen-ch'i wen-t'i" (The Question of Periodizing Early Chinese History), *Hung Ch'i*, 7 (July 1, 1972).

_______. "Ku-tai yen-chiu ti tzu-wo p'i-p'an" (Self-Criticism of My Research on Antiquity), in *Shih p'i-p'an shu* (Ten Criticisms), *Mo-jo wen-chi*, vol. 15. Peking, 1961.

_______. "Lun ku-tai she-hui" (On Ancient Society), *Mo-jo wen-chi*, vol. 12. Peking, 1959.

_______. "She-hui fa-chan chieh-tuan chih tsai jen-shih" (Review of the Stages of Social Development), *Mo-jo wen-chi*, vol. 11. Originally published in 1936.

_______. "Ta Ma-po-lo hsien-sheng" (Response to Mr. Maspero), *Wen-hsueh nien-pao,* 2 (April 25, 1936).

Kushido Tamizo. "Wei-wu shih-kuan tsai Ma-k'o-ssu hsueh shang ti wei-chih" (The Place of Historical Materialism in Marxist Theory), tr. by Shih Ts'un-t'ung, *Tung-fang tsa-chih*, 19.11 (June 10, 1922):33-46.

Kwok, Daniel W. Y. *Scientism in Chinese Thought, 1900-1950*. New Haven and London: Yale University Press, 1965.

La-te-k'o (Karl Radek). *Chung-kuo li-shih chih li-lun ti fen-hsi* (A Theoretical Analysis of Chinese History). Tr. by K'o Jen. Shanghai, 1933. First published in 1929 as *Chung-kuo ko-ming yun-tung shih* (History of the Chinese Revolutionary Movement).

Lefebvre, Henri. *The Sociology of Marx*. New York: Random House Vintage, 1969.

Leff, Gordon. *History and Social Theory*. New York: Doubleday, Anchor, 1971.

———. *Tyranny of Concepts*. University: University of Alabama Press, 1969.

Lenin, V. I. *The Development of Capitalism in Russia, Collected Works*, vol. 3. Moscow: Progress Publishers, 1964.

———. *Imperialism, the Highest Stage of Capitalism*. Peking: Foreign Languages Press, 1969.

———. *Lenin on the National and Colonial Questions*. Peking: Foreign Languages Press, 1967.

———. *Lenin on the National Liberation Movement*. Peking: Foreign Languages Press, 1960.

Leo Ou-fan Lee. *The Romantic Generation of Modern Chinese Writers*. Cambridge: Harvard University Press, Harvard East Asian Series, 1973.

Levenson, Joseph R. *China: An Interpretive History*. Berkeley and Los Angeles: University of California Press, 1971.

———. *Confucian China and Its Modern Fate*. Berkeley and Los Angeles: University of California Press, 1968. Combined edition.

Li Chi. *Chung-kuo she-hui shih lun-chan p'i-pan* (Critique of the Chinese Social History Controversy). Shanghai, 1936. First published in 1933.

———. *Hu Shih Chung-kuo she-hsueh shih ta-kang p'i-p'an* (Critique of Hu-Shih's Outline of the History of Chinese Philosophy). Shanghai, 1931.

———. "Tui-yu Chung-kuo she-hui shih lun-chan ti kung-hsien yu p'i-p'ing" (Contributions to and a Critique of the Controversy on Chinese History), *Tu-shu tsa-chih*, 2.2-3 (March 1932): 1-150; 2.7-8 (August 1932):1-62; 3.3-4 (April 1936):1-86.

Li Li-chung. "Kuan-yu shang-yeh tzu-pen chu-i she-hui" (On Commercial Capitalist Society), *Shih huo pan-yueh-k'an*, 4.4 (July 16, 1936): 3-10.

———. "Shang-yeh tzu-pen chu-i she-hui" (Explaining Commercial Capitalist Society), *Shih huo pan-yueh-k'an*, 3.5 (February 1, 1936):3-21.

———. "Shang-yeh tzu-pen chu-i she-hui ti sheng-ch'an hsing-t'ai" (Production Modes of Commercial Capitalist Society), *Shih huo pan-yueh-k'an*, 5.2 (January 16, 1937):1-11.

———. "Shih t'an t'an Chung-kuo she-hui shih shang ti i-ko 'mi' t'i" (Discussing a "Puzzle" in Chinese Social History), *Shih huo pan-yueh-k'an*, 2.9 (October 1, 1935):14-16.

Li Li-san. "Chung-kuo ko-ming ti ken-pen wen-t'i" (Fundamental Problems of the Chinese Revolution), *Pu-erh-sai-wei-k'o*, (The Bolshevik), 3.2-3 (March 15, 1930).

Li Mai-mai. "Chung-kuo feng-chien chih-tu chih p'eng-k'uei yu chuan-chih chu-i chih wan-ch'eng" (The Fall of Feudalism and the Maturation of Despotism in China), *Tu-shu tsa-chih*, 2.11-12 (December 1932).

———. "P'ing Ku Mo-jo ti 'Chung-kuo ku-tai she-hui yen-chiu' " (Critique of Kuo Mo-jo's *Research on Ancient Chinese History*), *Tu-shu tsa-chih* 2.6 (June 1, 1932):1-30.

Li P'ing-fan. "T'u-ti wen-t'i yen-chiu" (Examination of the Land Problem), *Shuang shih yueh-k'an*, 1.3 (August 10, 1928):41-60.

Li Ta-chao. "Wei-wu shih-kuan tsai hsien-tai shih-hsueh shang ti chia-chih" (The Value of Historical Materialism in Contemporary Historiography), *Hsin Ch'ing-nien*, 8.4 (December 1, 1920):515-520.

———. "Yu ching-chi shang chieh-shih Chung-kuo chin-tai ssu-hsiang pien-tung ti yuan-yin" (An Economic Explanation of the Causes of Recent Intellectual Changes in China), *Hsin Ch'ing-nien*, 7.2 (January 1, 1920). Also in *Li Ta-chao Hsuan* (Collected Works of Li Ta-chao). Peking, 1962.

Li Yu-ning. *The Introduction of Socialism into China*. New York: Occasional Papers of the East Asian Institute of Columbia University, 1971.

Liang Ch'i-ch'ao. *Chung-kuo li-shih yen-chiu fa* (Method of Researching Chinese History), with supplement. Taipei: Chung-hua shu-chu, 1968.

———. *Hsin shih-hsueh* (The New History). In *Yin ping shih wen-chi* (Selections from the Ice Drinker's Studio) (Taipei, 1960), vol. 4, pp. 1-31. First published in 1902.

Liang Yuan-tung, "Chung-kuo ching-chi shih yen-chiu fang-fa chih chu wen-t'i" (Problems in the Examination of Chinese Economic History), *Shih huo pan-yueh-k'an*, 2.2 (June 16, 1935):1-2.

———. "Chung-kuo she-hui ko chieh-tuan t'ao-lun" (Discussion of the Stages of Chinese History), *Tu-shu tsa-chih*, 2.7-8 (August 1932):1-24.

———. Chung-kuo she-hui ti chi-ch'u" (The Foundation of Chinese Society), *Hsin sheng-ming yueh-k'an*, 2.6 (June 1929):1-20; 2.8 (August 1929):1-9; 2.9 (September 1929):1-14.

———. " 'Ku shih pien' ti shih-hsueh fang-fa shang-chio" (An Evaluation of the Historical Methodology of "The Critique of Ancient History"), *Tung-fang tsa-chih* 27.22 (November 1930):65-73 and 27.24 (December 1930):77-90.

Lichtheim, George. *The Concept of Ideology and Other Essays*. New York: Random House, 1967.

Lin Min. "Tzu-pen chu-i she-hui yen-chiu" (Examination of Capitalist Society), *Hsin sheng-ming yueh-k'an*, 3.12 (December 1930).

Liu Ching-yuan. "Chung-kuo ching-chi ti fen-hsi chi ch'i ch'ien-t'u chih yu-ts'e" (Analysis of the Chinese Economy and Evaluation of Its Future), *Tu-shu tsa-chih*, 2.2-3 (March 1932):1-47.

Liu Hsing-t'ang. "Chung-kuo she-hui shih shang chu wen-t'i chih ch'ing-suan" (The Purging of All the Problems Concerning Chinese Social History), *Wen-hua p'i-p'an*, 1.2 (June 1934):1-40.

———. "I-ku yu shih-ku ti shen-shuo" (Explication of Doubting Antiquity and Explaining Antiquity), *Shih huo pan-yueh-k'an*, 3.5 (February 1, 1936):1-2.

———. "Nu-li she-hui ti cheng-chieh" (The Stubborn Persistence of Slave Society), *Shih huo pan-yueh-k'an*, 5.11 (June 1, 1937):6-9.

Liu Kuang -yu. "P'ing T'ao Hsi-sheng suo-wei 'liu-k'ou chih fa-chan chi ch'i ch'ien-y'u" (Critique of T'ao Hse-sheng's So-Called "Development and Future of Roving Bandits") *Tung li,* 1.2 (September 1930):1-20.

Liu Meng-yun. "Chung-kuo ching-chi chih hsing-chih wen-t'i ti yen-chiu" (Examination of the Problem of the Nature of the Chinese Economy), *Tu-shu tsa-chih*, 1.4-5 (August 1931):1-81.

Liu Ning. "I-ko kung-jen ti kung-chuang" (The Public Stance of a Worker) in *I-ko kung-jen ti kung-chuang chi ch'i-t'a* (The Public Stance of a Worker and Others), 1938.

Liu Ssu-hua. "Wei-wu pien-cheng-fa yu Yen Ling-feng" (Dialectical Materialism and Yen Ling-feng), *Tu-shu tsa-chih*, 3.3-4 (April 1933):1-15.

Lu Chen-yu. *Shih-ch'ien ch'i Chung-kuo she-hui yen-chiu* (Examination of Prehistorical Chinese Society). Peking, 1934.

———. "Chung-kuo ching-chi chih shih ti fa-chan chieh-tuan" (Stages of the Historical Development of China's Economy), *Wen-shih*, 1.1 (May 1934):1-24.

———. "The Struggle between Marxism and Pseudo-Marxism on History and Philosophy during the Time of the Second Revolutionary Civil War" in *Chinese Studies in History and Philosophy*, 1.2 (winter 1967-1968):46-80.

Lukacs, George. *History and Class Consciousness*. Cambridge: M.I.T. Press, 1972.

Ma-chia (L. Madgyar). *Chung-kuo nung-ts'un ching-chi chih t'e-hsing* (Special Features of the Chinese Village Economy). Tr. by Tsung Hua. Shanghai, 1930.

Mannheim, Karl. "Historicism" in K. Mannheim, *Essays on the Sociology of Knowledge*, New York: Oxford University Press, 1952.

Marx, Karl. *Capital*, vols. 1, 3. New York: International Publishers, 1970.

———. *A Contribution to the Critique of Political Economy*. Tr. from the 2nd Jeiman edition by N. I. Stone, Chicago: Charles H. Kerr, 1904.

———. *The Eighteenth Brumaire of Louis Bonaparte*, New York: International Publishers, 1967.

———. *The German Ideology*. New York: International Publishers, 1969.

———. *The Poverty of Philosophy*. New York: International Publishers, 1969.

———. *Pre-capitalist Economic Formations*. Ed. with an introduction by E. Hobsbawm. New York: International Publishers, 1965.

———. and F. Engels. *Selected Works*. 3 vols. Moscow: Progress Publishers, 1973.

Maspero, Henri (Ma-po-lo). "P'ing Kuo Mo-jo chin chu liang liang chung" (Critique of Two Recent Works by Kuo Mo-jo), *Wen-hsueh nien-pao* April 1936.

Ma-ti-ya (L. Madgyar). "Chung-kuo ti nung-yeh ching-chi" (The Agricultural Economy of China), *Hsin sheng-ming yueh-k'an*, 2.8 (August 1929):1-17.

Mei Ssu-p'ing. "Chung-kuo she-hui pien-ch'ien ti kai-lun" (An Outline of Social Change in China), *Hsin sheng-ming yueh-k'an*, 1.11 (November 1928):1-12.

Mei Ya. "Feng-chien shih-li yu Chung-kuo" (Feudal Forces and China), *Shuang shih yueh-k'an*, 1.3 (August 10, 1928):91-108.

Meisner, Maurice. *Li Ta-chao and the Origins of Chinese Marxism*. Cambridge: Harvard University Press, Harvard East Asian Series, 1967.

_______. "The Despotism of Concepts: Wittfogel and Marx on China," *China Quarterly*, 16 (October-December 1963):99-111.

Morgan, Lewis H. *Ancient Society*. New York: Henry Holt, 1907.

Nisbet, Robert A. *Social Change and History: Aspects of the Western Theory of Development*. New York: Oxford University Press, 1969.

Nivison, David S. *The Life and Thought of Chang Hsueh-ch'eng (1728-1801)*. Stanford: Stanford University Press, 1966.

Ollman, Bertell. "Marxism and Political Science: Prolegomena to a Debate on Marx's Method," *Politics and Society*, 3.4 (summer 1973): 491-510.

Oppenheimer, Franz. *The State: Its History and Development Viewed Sociologically*. Tr. by J. M. Gitterman. Indianapolis: Bobbs-Merrill, 1914.

P'an Tung-chou. "Chung-kuo kuo-min ching-chi ti kai-tsao wen-t'i" (The Question of Changing the Chinese National Economy), *She-hui k'o-hsueh chiang-tso* (Symposium on Social Science), vol. 1. Shanghai, n.d.

Plekhanov, Georgi. *Fundamental Problems of Marxism*, New York: International Publishers, 1969.

_______. *The Monist View of History*. New York: International Publishers, 1972.

Po Ying. "Chung-kuo ching-chi wen-t'i chih shang-chio (An Evaluation of the Chinese Economic Problem), *Tu-shu tsa-chih*, 2.7-8 (August 1932):1-29.

Pokora, Timoteus. "Modern and Contemporary Chinese Historiography," *Revue de Sud-est asiatique* (Brussels), 2 (1967):191-202.

Pokrovsky, Mikhail N. *Russia in World History*. Ed. by R. Szporluk. Ann Arbor: University of Michigan Press, 1970.

_______. "Ma-k'o-ssu chu-i li-shih yen-chiu kuan" (The Marxist View of Historical Research), tr. by Wang I-wei, *Hsin ch'ing-nien*, 4 (May 25, 1926).

Saku Tatsuo. "Ya-hsi-ya sheng-ch'an fang-fa lun" (Discussion of the Asiatic Mode of Production), *Wen-hua p'i-i'an*, 1.4-5 (September 15, 1934).

Scalapino, Robert A., and George T. Yu. *The Chinese Anarchist Movement*, Berkeley: University of California Center for Chinese Studies, 1961.

Scalapino, Robert A., and Harold Schiffrin. "Early Socialist Currents in the Chinese Revolutionary Movement," *Journal of Asian Studies*, 16 (1957).

Schneider, Laurence A. *Ku Chieh-kang and China's New History*. Berkeley and Los Angeles: University of California Press, 1971.

Schwartz, Benjamin I. *Chinese Communism and the Rise of Mao*. New York: Harper Torchbooks, 1967.

———. *In Search of Wealth and Power: Yen Fu and the West*. Cambridge: Harvard University Press, 1961.

———, ed. *Reflections on the May Fourth Movement*. Cambridge: Harvard University Press, Harvard East Asian Series, 1972.

———. "A Marxist Controversy in China," *Far Eastern Quarterly*, 13.2 (February 1954).

———. "Some Stereotypes on the Periodization of Chinese History," *Philosophical Forum*, 1.2 (winter 1968):219-230.

Seligman, Edwin R. A., *The Economic Interpretation of History*. New York: Columbia University Press, 1924. First published in 1902.

Shanin, Theodore. "The Third Stage: Marxist Social Theory and the Origins of Our Time," *Journal of Contemporary Asia*, 6.3 (1976): 289-308.

She-hui chu-i t'ao-lun chi (Hsin ch'ing-nien she). 1922.

Shih Che. "Nu-li huo-i chih ti yen-chiu" (Investigation of the History of Slave Trade), *Li-shih k'o-hsueh* 1.5 (September 1933):1-26.

Shih Chun. "Chung-kuo nung-min wen-t'i chi ch'i tui-ts'e" (The Chinese Peasant Problem and Its Aspect), *Hsin sheng-ming yueh-k'an*, 2.7 (July 1929):1-10.

Shih huo pan-yueh-k'an. 1933-1937.

Shteppa, K. *Russian Historians and the Soviet State*. New Brunswick: Rutgers University Press, 1962.

Shuang-shih yueh-k'an. 1928.

Spellman, Douglas G. "Ch'in to Ch'ing in the Debates on Social History." Unpublished seminar paper presented to Professor Benjamin I. Schwartz. Harvard University, 1968.

Ssu Yun. "Chung-kuo ching-chi ti hsing-chih shih shen-mo" (What Is the Nature of China's Economy?), *Tu-che* 1.1 (July 15, 1931):29-50.

Stalin, Joseph. *Selections from V. I. Lenin and J. V. Stalin on the National Colonial Question*. Calcutta, 1970.

Sun Chia-hsiang et al. "P'i-p'an T'ao Hsi-sheng 'ch'ien-tzu-pen chu-i she-hui lun' ti fan-tung kuan-tien" (Critique of the Reactionary Viewpoint of T'ao Hsi-sheng's "Pre-capitalist Society Theory"), *Li-shih yen-chiu* 12 (December 1958): 63-72.

Sun Chuo-chang. "Ch'iu-yuan chun ye tung Ma-k'o-ssu chu-i ma?" (Does Ch'iu-yuan Understand Marx?), *Tu-shu tsa-chih*, 2.2-3 (March 1932): 1-8.

______. "Chung-kuo ching-chi ti fen-hsi" (Analysis of China's Economy), *Tu-shu tsa-chih*, 1.4-5 (August 1931):1-87.

______. "Chung-kuo t'u-ti wen-t'i" (The Land Problem in China), *Tu-shu tsa-chih*, 2.1 (January 1932):1-87.

Sun Yueh (pseud. Ku Meng-yu). "Chung-kuo ching-chi chih lu" (The Path of China's Economy), in T'ao Hsi-sheng, ed., *Chung-kuo wen-t'i chih hui-ku chan-wang* (The Chinese Problem: Retrospect and Prospect). Shanghai, 1930.

Sung Shee. "Development in Historical Studies in Mainland China," *Issues and Studies*, 5.7 (April 1969):18-28 and 5.8 (May 1969):24-33.

Sweezy, Paul, et al. *The Transition from Feudalism to Capitalism*: A *Symposium*, in *Science and Society*, 1950-1953.

Tai Chi-t'ao. "Ts'ung ching-chi shang kuan-ch'a Chung-kuo ti luan yuan" (Examination of the Origins of Disorder in China from the Economic Perspective), *Chien-she*, 2.1 (September 1, 1919):1-19.

Tai Hsing-yao. "Chung-kuo cheng-chih ti chin-hua" (Evolution of Chinese Politics), *Hsin sheng-ming yueh-k'an*, 3.9 (September 1930):1-13.

______. "Chung-kuo kuan-liao cheng-chih ti mo-lo" (The Decline of Bureaucratic Politics in China), *Tu-shu tsa-chih,* 1.4-5 (August 1931): 1-39.

______. "Chung-kuo shang-yeh ti fa-chan" (Development of Commerce in China), *Hsin sheng-ming yueh-k'an*, 3.12 (December 1930):1-19.

Tanaka, Tadao. "Chung-kuo she-hui wen-t'i shih yen-chiu shang chih ji-ko li-lun wen-t'i" (Some Theoretical Inventions Relevant to Research on Chinese Social History), *Tu-shu tsa-chih*, 2.2-3 (March 1932):1-29.

Tang tai shih sheng. Shanghai, 1933.

T'ao Hsi-sheng. *Ch'ao-liu yu tien-ti* (The Tide and the Drop cited as *CLTT*). Taipei, 1964.

______. *Chung-kuo cheng-chih ssu-hsiang shih* (History of Chinese Political Thought), 4 vols. Taipei, 1964. First published, 1937.

______. *Chung-kuo feng-chien she-hui shih* (History of Chinese Feudal Society). Shanghai, 1929.

______. *Chung-kuo she-hui chih shih ti fen-hsi* (Analysis of the History of Chinese Society). Shanghai, 1929.

______. *Chung-kuo she-hui shih* (History of Chinese Society). Chunking, 1944.

______. *Chung-kuo she-hui yu Chung-kuo ko-ming* (Chinese Society and the Chinese Revolution). Shanghai, 1931.

______, ed. *Chung-kuo wen-t'i chih hui-ku yu chan-wang* (The Chinese Problem: Retrospect and Prospect). Shanghai, 1930.

______. *Ko-ming li-lun ti chi-ch'u chih-shih* (Basic Knowledge of Revolutionary Theory). Shanghai, 1930.

———. *Pien-shih yu yu-hsia* (Dialecticians and Knights Errant). Shanghai, 1931.

———. "Chan-kuo chih Ch'ing tai she-hui shih lueh-shuo" (A Brief Discussion of Social History from Warring States to Ch'ing), *Shih huo pan-yueh k'an*, 2.11 (November 1, 1935):17-19.

———. "Chung-kuo she-hui hsing-shih fa-ta kuo-ch'eng ti hsin ku-tung" (A New Estimation of the Process of Development of Social Formations in China), *Tu-shu tsa-chih*, 2.7-8 (August 1932):1-9.

———. "I-ku yu shih-ku" (Doubting Antiquity and Explaining Antiquity), *Shih huo pan-yueh-k'an*, 3.1 (December 1, 1935).

Teng Ssu-yu. "Chinese Historiography in the Last Fifty Years," *Far Eastern Quarterly*, 8.2 (February 1949).

Terray, Emmanuel. *Marxism and "Primitive" Societies*. New York: Monthly Review Press, 1972.

Ting Tao-ch'ien. "Chung-kuo kuo-chien mei-yu ts'un-tsai kuo nu-li chih tu ma?" (Has China Really Not Had the Slave System?), *Shih huo pan-yueh-k'an*, 5.7 (April 1, 1937):1-9.

———. "Shang-yeh tzu-pen chu-i yu chuan-chih chu-i ti t'ou-shih" (A Perspective on Commercial Capitalism and Despotism), *Shih huo pan-yueh-k'an*, 3.11 (May 1, 1936):10-15.

———. "Tsai lun shang-yeh tzu-pen chu-i chi ch'i-t'a" (Discussing Commercial Capitalism and Others Once Again), *Shih huo pan-yueh-k'an*, 4.10 (October 16, 1936):1-4.

Ting Ti-hao. "Chung-kuo nu-li she-hui ti p'i-p'an" (A Critique of Slave Society in China), *Li-shih k'o-hsueh*, 1.5 (September 1933).

Trotsky, Leon. *Problems of the Chinese Revolution*. Tr. by Max Shachtman. Ann Arbor: University of Michigan Press, 1967.

Ts'ai Yu-ts-ung. "Chung-kuo she-hui hsueh fa-chan shih shang ti ssu-ko shih-ch'i" (Four Periods in the Development of Sociology in China), *She-hui-hsueh k'an*, 2.3 (April 1931):1-33.

Tu-shu tsa-chih. 1931-1933.

Tu Wei-chih. "Ku-tai Chung-kuo yen-chiu p'i-p'an yin-lun" (Preface to the Critique of Researches on Chinese Antiquity), *Tu-shu tsa-chih*, 2.2-3 (March 1932):1-35.

Tung li. 1930.

Varga, Eugene. "Chung-kuo ko-ming ti chu ken-pen wen-t'i" (Basic Problems of the Chinese Revolution), in Fan Chung-yun, ed., *Tung-hsi hsueh-che chih Chung-kuo ko-ming lun* (Views of Eastern and Western Scholars on the Chinese Revolution). Shanghai, 1929.

Wang Chih-ch'eng. "Chung-kuo ko-ming yu nung-yeh wen-t'i" (The Chinese Revolution and the Agrarian Problem), *Hsin sheng-ming pan yueh-k'an*, 1.10 (October 1928).

Wang Hsun. "Kuan-yu Chung-kuo ku-tai shih yen-chiu" (Research on Chinese Antiquity), *Tu-che*, 1.1 (July 15, 1931):55-66.

Wang I-ch'ang. "Chung-kuo feng-chien she-hui shih" (History of Chinese Feudal Society), *Tu-shu tsa-chih*, 3.3-4 (April 1933).
_______. "Chung-kuo nu-li she-hui shih fu-lun" (A Supplement to the History of Chinese Slave Society), *Tu-shu tsa-chih*, 2.7-8 (August 1932):1-78.
_______. "Chung-kuo nu-li she-hui yu feng-chien she-hui chih pi-chiao yen-chiu" (Comparative Examination of Slave and Feudal Societies in China), *Wen-hua p'i-p'an*, 1.6 (October 15, 1934).
_______. "Chung-kuo she-hui shih lun shih" (History of Discussions on Chinese Social History), *Tu-shu tsa-chih*, 2.2-3 (March 1932).
_______. "Chung-kuo she-hui shih tuan lun" (A Brief History of Chinese Society), *Tu-shu tsa-chih*, 1.4-5 (August 1937).
_______. "Feng-chien lun" (Feudalism), *Wen-hua p'i-p'an*, 2.2-3 (January 10, 1935).
_______. "Tsai wei nu-li she-hui pien-hu" (New Defense of Slave Society), *Wen-hua p'i-p'an*, 1.4-5 (September 15, 1934).
_______. "Wei nu-li she-hui pien-hu" (Defense of Slave Society), weekly social science supplement to the *Shih-chieh Jih-pao*, February 21, 1934.
Wang Li-hsi. "Chung-kuo she-hui hsing-t'ai fa-chan shih chung chih mi ti shih-tai" (The Puzzle Period in the History of the Development of Social Formations in China), *Tu-shu tsa-chih,* 2.7-8 (August 1932):1-39.
_______. "Chung-kuo she-hui shih lun-chan hsu-mu" (Introduction to the Chinese Social History Controversy), *Tu-shu tsa-chih*, 1.4-5 (August 1931).
_______. "Ku-tai ti Chung-kuo she-hui" (Ancient Chinese Society), *Tu-shu tsa-chih*, 3.3-4 (April 1933):1-30.
_______. "Wang Li-hsi hsiao chuan" (Short Biography of Wang Li-hsi), *Tu-shu tsa-chih*, 3.1 (January 1933).
Wang Po-p'ing. "Chung-kuo ku-tai she-hui yen-chiu chih fa-jen" (Beginnings of Research on Ancient Chinese Society), *Tu-shu tsa-chih,* 2.7-8 (August 1932):1-28.
_______. "I-ching shih-tai Chung-kuo she-hui ti chieh-kuo" (The Structure of Chinese Society at the Time of the *I Ching*), *Tu-shu tsa-chih*, 3.3-4 (April 1933):1-26.
Wang Shih-chieh. "Chung-kuo nu-p'ei chih-tu" (The Chinese Slave System), *She-hui k'o-hsueh ch'i-k'an*, 3.3 (April-June 1925).
Wang Ya-nan. "Feng-chien chih-tu lun" (Discussion of the Feudal System), *Tu-shu tsa-chih*, 1.4-5 (August 1931):1.47.
Wang Ying. "Yen-chiu Chung-kuo ching-chi shih ti ta-kang yu fang-fa" (An Outline and Method of Examining Chinese Economic History), *Shih huo pan-yueh-k'an,* 2.4 (July 16, 1935):1-14 and 2.5 (August 1, 1935): 12-31.
Wang Yu-ch'uan. "The Development of Modern Social Science in China", *Pacific Affairs* 11 (1938): 345-362.

Wen-hua p'i-p'an. 1934.
Wen shih. 1934.
Wittfogel, Karl. *Oriental Despotism: A Comparative Study of Total Power*. New Haven: Yale University Press, 1957.
———. "Chung-kuo chieh-chi chih shih ti k'ao-ch'a" (Historical Examination of Classes in China), *Hsin sheng-ming yueh-k'an*, 2.8 (August 1929).
———. "The Marxist View of China," *China Quarterly*, 11 (July-September 1962):1-20 and 12 (October-December 1962):154-169.
Wu Ming. "Chung-kuo she-hui shih lun-chan ti chien-t'ao" (Examination of the Controversy on Chinese Social History), *Chung-kuo wen-hua chiao-yu kuan chi-k'an*, 2.1 (January 1935):169-190.
Wu, Y. T. "Movements among Chinese Students," in *China Christian Year Book*, 17. Shanghai, 1931.
Yamakawa Hitoshi. "Ts'ung k'o-hsueh ti she-hui chu-i tao hsing-tung ti she-hui chu-i" (From Scientific Socialism to Socialism in Action), *Hsin ch'ing-nien*, 9.1 (May 1, 1921):7-10.
Yang, Lien-sheng. "Great Families of the Eastern Han," in E-tu C. Sun and J. DeFrancis, eds., *Chinese Social History*. Washington, D.C.: American Council of Learned Societies, 1956.
Yeh Fei-ying. "Chung-kuo chih feng-chien shih-li" (Feudal Forces in China), *Hsin sheng-ming yueh-k'an*, 2.7 (July 1929):1-9.
Yen Ling-feng. *Chung-kuo ching-chi wen-t'i yen-chiu* (Investigation of the Chinese Economic Problem). Shanghai, 1931.
———. "Kuan-yu Jen Shu, Chu Hsin-fan chi ch'i t'a" (Concerning Jen Shu, Chu Hsin-fan, and Others), *Tu-shu tsa-chih*, 2.7-8 (August 1932):1-19.
———. "Tsai 'chan-ch'ang' shang suo-fa-chien ti 'hsing-shih tsou-jou' " ("Walking Corpses" Discovered on the "Battlefield"), *Tu-shu tsa-chih*, 1.4-5 (August 1931):1-5.
———. "Wo yu she-hui k'o-hsueh" (Social Science and I), *Tu-shu tsa-chih*, 3.1 (January 1933):1-44.
Yu Shen. "Ching-yen chu-i ti, kuan-nien chu-i ti ho Ma-k'o-ssu chu-i ti Chung-kuo ching-chi lun" (Empiricist, Conceptualist, and Marxist Views of the Chinese Economy), *Tu-shu tsa-chih*, 3.3-4 (April 1933):1-50.
Yueh Chih (pseud. Ku Meng-yu). "Nung-min yu t'u-ti wen-t'i" (The Peasantry and the Land Question), in T'ao Hsi-sheng, ed., *Chung-kuo wen-t'i chih hui-ku yu chan-wang* (The Chinese Question: Retrospect and Prospect). Shanghai, 1930.

찾아보기

ㅈ

ㅊ

혁명과 역사

초판 1쇄 발행 2016년 2월 15일

지은이 아리프 딜릭
옮긴이 이현복
펴낸이 강수걸
편집장 권경옥
편집 문호영 양아름 정선재 윤은미
디자인 권문경
펴낸곳 산지니
등록 2005년 2월 7일 제14-49호
주소 부산광역시 연제구 법원남로15번길 26 위너스빌딩 203호
전화 051-504-7070 | 팩스 051-507-7543
홈페이지 www.sanzinibook.com
전자우편 sanzini@sanzinibook.com
블로그 http://sanzinibook.tistory.com

ISBN 978-89-6545-325-3 93910

*책값은 뒤표지에 있습니다.
*이 도서의 국립중앙도서관 출판예정도서목록(CIP)은 서지정보유통지원시스템 홈페이지(http://seoji.nl.go.kr)와 국가자료공동목록시스템(http://www.nl.go.kr/kolisnet)에서 이용하실 수 있습니다.(CIP 제어번호: CIP 2015031757)